四川师范大学学术著作出版基金资助

李洋 著

董事网络关系与股权资本成本

DIRECTOR
NETWORK RELATIONSHIP
AND COST
OF
EQUITY
CAPITAL

社会科学文献出版社
SOCIAL SCIENCES ACADEMIC PRESS (CHINA)

序

对于一个现代经济体而言，股票市场的重要意义是显而易见的。股票市场的健康稳定发展是对经济体未来发展前景的有效预期，是投资者对经济体发展信心的集中体现。

股票市场的健康发展依赖于高质量的上市公司，高质量的上市公司取决于优秀的公司治理，而决定公司治理水平的核心因素是董事会。没有高水平、高影响力的董事，就不会产生优秀的董事会。

优秀的董事会有一个基本的特征，那就是可以有效地保护投资者尤其是股东的利益，并尽力实现股东财富最大化的治理目标。在这个过程中，资本成本是一个极为重要的基准指标。换言之，优秀的董事会将有助于公司资本成本的下降；在其他因素不变的背景下，资本成本的下降，意味着企业价值的提高和股东财富的增加。这就是李洋这一研究的基本学术逻辑。

关于董事以及董事网络关系，在李洋的研究中已经做了系统的分析，这里重点就资本以及资本成本做一些简要的阐述。

近年来，人们对资本以及与资本有关的问题比如企业家等产生了很大的争议，但大多争议是情绪化的宣泄，而非严谨的学术分析。资本之所以称为资本（Capital），是因为其所有者放弃了目前的消费而以获得报酬为目的的一种使用形式。在中国的股票市场中，投资者成千上万，其中大多是勤俭持家的平民百姓。资本本身没有错，更没有罪。保护投资者利益，保护资本的收益性，自应成为上市公司、股票交易所以至于股市管理机构的最为重要的职责。

投资者一旦以"股权"的方式向公司进行投资，其对应产生的就是对公司治理的诉求，包括投票权、知情权等。所有股东对公司治理的诉求，最终都会体现在一个权利之上，那就是"收益权"。正是这种收益权派生出了其他的各种权利。

对于现代社会来讲，股票市场的发展绝非一个单纯的投融资机制，更重要的是它为整个经济系统提供了一个科学合理的定价机制。在股票市场中，公司的价值将通过股票价格予以体现和反映；在股票市场中，投资者的收益和其承担的风险之间实现了合理的配置。换言之，当股东投资于公司的时候，他必然有一个报酬率要求。这个报酬率要求一定是理性的、合理的。这就是资本成本的本质定义。任何非理性的报酬率要求都属于投机甚至是诈骗的范畴，与严格意义上的投资行为无关。

股东对股权投资的理性的报酬率要求就是公司的股权资本成本。了解股权资本成本，是股东利益保护的前提，也成为财务政策制定、财务行为实施的基准。毫无疑问，对于一个不了解自身资本成本水平的上市公司来讲，所谓的股东财富最大化目标就是虚妄的，是毫无意义的。

站在董事和董事会的角度，关于资本成本问题，应该切实地认识到如下两点。第一点，股权资本成本是股东对公司治理的基本诉求，是股东投资的终极要求。从这一点出发，公司首先要知道股东要求的、真实的报酬率水平，也就是股权资本成本水平；然后通过优秀的治理和高水平的管理，最大限度地实现股东财富最大化目标。只有当公司向股东提供的报酬率水平等于或者超过了股东的理性的要求报酬率也即股权资本成本水平的时候，才意味着实现了股东财富的最大化。第二点，董事会和管理层还要清楚地了解，优秀的公司治理和高质量的管理活动可以对股东的要求报酬率产生重大的影响。投资者是根据公司未来的发展来确定其要求报酬率的，而公司未来的发展质量最终将取决于公司的治理质量和管理水平。具体而言，公司治理质量越高，管理水平越高，股东对公司未来的展望就可能越乐观，主观上认为承担的风险会降低，故而下调其要求报酬率的水平，进而降低公司的股权资本成本。

作为一个基准数据，资本成本是董事会、管理层制定公司重大政策的依据；反过来，作为投资者对被投资公司的基本诉求，资本成本又会受到治理质量与管理水平的影响。

对董事会以及其中的核心要素——董事与资本成本之间的科学关系进行分析和论证，已经构成现代公司财务理论的主流内容之一。但是，这一领域的很多谜团依然有待人们去探索，去追寻科学的结论。

董事网络关系是李洋教授多年来一直关注的研究领域。读博以后，鉴于研究团队以"资本成本"为中心的特点，他决定基于资本成本对董事网络关系进行更加深入的研究。将董事问题与资本成本问题结合在一起进行研究，可谓天作之合。董事以及董事会的使命就是维护股东利益，追求股东财富最大化目标的实现。在这一过程中，了解股东投资对报酬率的基本诉求，一方面是开展董事会工作的前提和基础，另一方面是确定公司重大政策尤其是财务政策的量化基准。

李洋的这一研究对于上市公司董事会建设具有重要的应用价值。近年来，董事会改革成为一个国际学术界的热词，其之所以备受关注，无非是人们认识到了董事会的工作质量对公司发展的重要意义。在董事会改革中，董事的素质以及地位无疑是最应该引起关注的领域。李洋在这个领域的努力及其获得的成果将有助于人们对该领域的更深程度的理解。

希望中国的上市公司能够在提高董事质量、优化董事职能的基础上实现公司治理的改革与进步，这不仅对投资者和股票市场有着重大的意义，对中国宏观经济的持续稳定发展同样具有重大的意义。

汪平

2023 年 12 月 24 日于北京

摘 要

由于所有制问题、金融资源错配、供需矛盾突出等现象长期存在，其反映在实体经济层面，表现为融资难、融资贵。随着股票发行注册制改革的循序推进，以及新三板、区域股权交易、券商柜台交易、地方性金融资产交易等场外市场的逐步兴起，股权融资已经成为我国企业越来越重要的融资渠道，但股权资本成本始终呈现明显偏高的态势。将股权资本成本稳步下调并维持在一个合理界域，不仅是促进资本市场全面深化改革的政策导向，而且是推动实体经济持续高质量发展的根本要求。长期以来，学界针对股权资本成本的影响因素已经展开了深入探索，但鉴于股权资本成本问题的极端复杂性，"究竟谁影响了股权资本成本"，始终是一个充满争议的话题。传统研究聚焦于正式制度对股权资本成本的影响，却忽视了主流经济理论始终存在的"低度社会化"问题。任何行动者的理性经济行为都是在与诸多社会关系不断互动的过程中做出的综合权衡与优化选择，必然会受到社会网络中人情世故、关系认同等社会属性潜移默化的影响。我国正由层级社会向网状社会过渡，现代企业在社会结构中构建了分布广泛、层次密集的网络关系。与此同时，我国资本市场的正式制度还不健全，显性契约仍不完备。社会网络中镶嵌的社会资本可以充当正式制度缺陷的补充机制，成为企业拓展生存空间、提升竞争优势的有效手段。因此，引入社会网络关系这种非正式制度来探讨股权资本成本的影响因素，更是有着特殊意蕴和现实价值。

董事网络关系作为上市公司最为普遍且长期嵌入的一种社会网络形式，是在网络系统中传递知识信息、决策经验、商业机会和稀缺资源的重要媒介，为联结公司提供了信息传导路径与资源共享平台，能够发挥积极的资本成本治理功效。目前，这一研究领域还没有得到足够重视，二者之间的影响效应和作用机制也尚未完全明确。本书从董事网络位置特征、董事网络结构特征、董事会团队特征三个维度出发，系统构建了董事网络关系对股权资本成本内在机制的综合作用过程，一方面，试图解释董事网络位置怎样影响股权资本成本，以及在不同的董事网络结构情境下如何发生改变的问题；另一方面，试图解释董事网络位置通过什么传导路径影响股权资本成本，以及在不同的董事会团队特征下中介作用强弱如何发生改变的问题。为此，本书拟定了三个逻辑框架：一是董事网络位置对股权资本成本的总效应研究；二是董事网络结构在董事网络位置与股权资本成本之间的情境效应研究；三是企业风险承担在董事网络位置影响股权资本成本过程中的传导路径研究，以及董事会团队特征改变风险承担中介作用强弱的权变机制研究。这种创新性的分析思路，既有助于打开董事网络与董事会相互配合、协同治理的"黑箱"，也有利于驱动连锁董事的社会资本实质性转化为董事会的战略资源。

本书选取2009~2019年发生董事联结的中国主板A股上市公司作为样本，实证考察了董事网络关系对股权资本成本的影响效应及作用机制，主要得出以下结论。第一，2009~2019年我国主板A股上市公司的董事联结比例平均为93.22%，董事网络关系密集分布且总体呈现上升趋势。股权资本成本仍然偏高且在近三年大幅增长，与金融供给侧结构性改革的"降成本"任务不相匹配。第二，董事网络位置对股权资本成本具有降低作用，董事网络中心度越高，股权资本成本越低。在信息披露质量较低的公司，以及在财政透明度、投资者保护水平和市场化水平较低的地区，董事网络位置带来了更强的增量效果，对股权资本成本的降低作用更加显著。第三，董事网络结构在董事网络位置与股权资本成本之间呈现多样化的情境效应。①不同职务性质董事的信息传导和决策作用具有强弱之分,内部董事强联结关系抑制了董事网络位置对股权资本成本的降低作用,外部董事弱联结关系促进了董事网络位置对股权资本成本的降低作用。②连锁董事与控股股东的私人关系存在亲疏之别,相比高董事亲密度,连锁董事与控股股东的亲密度越低,董事网络位置对股权资本成本的降低作用越强。③联结公司之间信息传播链条的路径距离呈现长短差距,董事连锁距离越短,董事网络位置对股权资本成本的降低作用越强。此外,董事网络结构的内部情境因素和以媒体报道、分析师跟踪为代表的正式信息渠道之间存在替代效应。第四,董事网络位置通过提高风险承担水平降低了股权资本成本,企业风险承担在董事网络位置影响股权资本成本的过程中发挥了部分中介作用。第五,董事会团队特征改变了企业风险承担中介作用的强弱,经过企业风险承担的传导路径在董事会团队特征的影响下发生了权变。其中,董事会异质性通过进一步增强企业风险承担的中介作用,增大了股权资本成本的降低程度;董事会群体断裂带通过进一步削弱企业风险承担的中介作用,减小了股权资本成本的降低程度。

从理论层面来看,本书拓宽了董事网络关系与股权资本成本交叉融合的研究视阈;基于董事网络位置特征、董事网络结构特征、董事会团队特征三个维度,深化了董事网络关系与董事会协同治理的研究内涵;将连锁董事与控股股东的亲密关系纳入研究范畴,延展了董事网络关系的研究边界;将小世界网络理论的特征路径长度植入社会网络分析领域,开启了董事网络联结公司之间"双向配对"的研究视角。就现实意义而言,本书研究结论可以为上市公司完善董事选聘机制、优化董事网络关系、整合董事会团队配置、降低股权资本成本给予对策建议;为监管部门理解董事网络内涵、规范连锁董事运行、推进正式制度建设提供参考借鉴;为投资者领会风险承担本质、提升信息解读能力、实现合理要求报酬带来经验启示。

Contents

目　录

第一章　绪论 // 001
　　第一节　研究背景 // 001
　　第二节　研究意义 // 006
　　第三节　研究内容 // 010
　　第四节　研究方法 // 013
　　第五节　主要创新点 // 015

第二章　文献综述与概念界定 // 019
　　第一节　主要研究现状 // 019
　　第二节　核心概念界定 // 050

第三章　理论基础与作用机制 // 076
　　第一节　理论基础 // 076
　　第二节　作用机制 // 087

第四章　总效应研究：董事网络位置对股权资本成本的影响效应 // 094
　　第一节　董事网络位置的综合效应 // 095

第二节　研究设计 // 108

　　第三节　描述性统计 // 116

　　第四节　基本实证分析 // 134

　　第五节　进一步研究：信息环境与制度环境的异质性检验 // 158

　　第六节　本章研究结论 // 167

第五章　情境效应研究：董事网络结构的调节作用 // 170

　　第一节　董事联结强度的调节作用 // 171

　　第二节　董事亲密度的调节作用 // 192

　　第三节　董事连锁距离的调节作用 // 211

　　第四节　进一步研究：董事网络结构与正式信息渠道的替代效应 // 227

　　第五节　本章研究结论 // 247

第六章　传导路径研究：企业风险承担的中介作用与董事会团队特征的权变机制 // 251

　　第一节　企业风险承担的中介作用 // 253

　　第二节　董事会异质性对中介路径的权变机制 // 277

　　第三节　董事会群体断裂带对中介路径的权变机制 // 295

　　第四节　本章研究结论 // 317

第七章　结论、建议与展望 // 321

　　第一节　主要研究结论 // 321

　　第二节　研究建议与启示 // 325

　　第三节　研究局限与展望 // 330

参考文献 // 334

第一章
绪论

第一节 研究背景

由于所有制问题、金融资源错配、供需矛盾突出等现象长期存在，融资结构失衡状态并没有得到根本性转变，国有企业仍然占据了银行信贷的主体地位，银行间接融资渠道还远不能满足广大企业的资金需求。尽管债券市场在金融体系中的支持作用与日俱增，但流动性不足、品种结构单一、信用评价不健全等问题依旧突出，特别是近年来公司债券市场多起爆雷事件导致信用风险频发、评级分化明显、恐慌情绪剧增、发行规模骤降[①]，从而在国家宏观金融去杠杆的背景下显著抑制了企业的债务循环。我国实体经济融资难、融资贵的问题愈演愈烈，促进金融结构调整、矫正资金配置扭曲、扩大资金有效供给、深化金融体制改革已经刻不容缓、势在必行。2017年以来，中国证监会开创性地实施核准制与注册制并行的股票发行双轨制改革，旨在优化资本市场在资源配置中的重大作用，把企业上市的风险评估与价值判断真正交由投资者来决定，让股权融资成为市场化常态。2019年3月，国务院总理李克强在

---

① 2021年5月21日，国务院金融稳定发展委员会召开的第五十一次会议报告。

《政府工作报告》中强调，当前亟须"改革完善资本市场基础制度，促进多层次资本市场健康稳定发展，提高直接融资特别是股权融资比重"。2020年11月25日，国务院副总理刘鹤在《人民日报》发文指示，面对新冠疫情、逆全球化趋势带来的新矛盾新挑战，"坚持以服务实体经济为方向，对金融体系进行结构性调整，大力提高直接融资比重，改革优化政策性金融，完善金融支持创新的政策"。在创新驱动发展、科技引领增长的战略背景下，股权融资特性与科技创新项目对资金的需求特点更加契合，积极推进科技创新必须倚重股权融资的金融支持，这不仅是防范化解金融风险的迫切需要，也是加快构建新发展格局的主动选择。只有不断优化多渠道股权融资模式，才能减少对银行间接融资的过度依赖，从而在稳住杠杆率的同时，合理实现金融体系对实体经济服务力度不减的目标。

在股权融资受到更多关注的政策导向和未来趋势下，如何有效利用股权融资渠道，持续提升股权融资效率，进而促进实体经济高质量发展，成了当前的关键议题。国家密集出台了一系列改革举措，其中规范融资方式、降低资本成本是重中之重。2015年11月，党中央首次提出"供给侧结构性改革"的重大战略思路，"降成本"工作开始在全国范围内深入推进。2016年8月，国务院颁布了《降低实体经济企业成本工作方案》，其中重点提及的"完善证券交易所市场股权融资功能、规范全国中小企业股份转让系统（'新三板'）发展，规范发展区域性股权市场和私募股权投资基金"等举措，是实现多渠道股权融资、逐步降低股权资本成本的实施指引和发展方向。面对错综复杂的外部经济形势，2018年7月，中央经济工作会议提出了"六稳"方针，并着重强调稳步降低资本成本、努力维护市场平稳是"稳金融"的重点要务。2019年2月，中共中央政治局再次提出"金融供给侧结构性改革"的战略决策部署，旨在构建金融有效支持实体经济的体制机制，提高资金供给对需求的适应性和灵活性，不断健全现代金融体系，实质性降低企业融资成本。当前世界正处于百年未有之大变局，面对新冠疫情带来的全球经济下行风险，2021年中央经济工作会议继续紧抓金融供给侧结构性改革要务，一方面"稳金融"，持续防范系统性金融风险；另一方面"降成本"，有序降低整体性风险溢价。2021年3月，国家开发银行行长欧阳卫民在《学习时报》发表文章《深化金融供给侧结构性改革》，并指出健全多渠道股权融资是促进多层次资本市场平稳发展的基石，而股权资本成本则是实体经济企业综合竞争力的体现，在债务资本成本下调空间不大的情况下，当前亟须通过"稳金融"控制市场风险溢价水平，通过降低股权资本成本盘活实体经济。经过长期的政策引导与纵深发展，沪深证券交易所的股权融资规模呈现明显的上升势头，由2014年的10173.73亿元增长到2020年的14820.24亿元。① 随着新三板、区域股权交易、券商柜台交易、地方性金融资产交易等场外市场的逐步兴起，股权融资渠道不断拓宽、服务实体经济力度持续放大的趋势越来越凸显，而过高的股权资本成本不利于企业的健康发展，同时损害了投资者的基本利益，还会大大减缓资本市场的改革步伐。使股权资本成本稳步下降并维持在一个合理界域，不仅是促进资本市场全面深化改革的政策导向，而且是推动实体经济持续高质量发展的根本要求。

股权资本成本是投资者根据自身承担的投资风险所提出的要求报酬（汪平，2018），既是企业财务目标实现、投融资计划取舍的必要依据，也是资本市场在资金流向及资源配置等方面的核心参数。由于股权资本成本具有不可直接观察、难以准确估算、时刻动态变化等特性，所以我国企业普遍存在扭曲资本成本内涵、漠视资本成本效用的现象，这不仅导致没有受到财务约束的企业管理和公司治理丧失关键的方向指引、产生了严重的资源浪费，而且导致国民经济的可持续发展缺乏高质量的自运行机制和基准性参考。资本成本概念起源于19世纪末，在西方理财

---

① 根据国泰安（CSMAR）数据库整理所得。

学界历经了上百年的发展历史,不同学术流派长期致力于探索股权资本成本的影响因素及降低途径,但"究竟谁影响了股权资本成本",始终是一个充满争议的话题。众多研究成果表明,财务特征、治理机制、信息披露、内部控制等微观因素,以及通货膨胀、政治关联、法律环境、市场化程度等宏观因素都会对股权资本成本产生深刻影响。然而,传统研究聚焦于正式制度对股权资本成本的影响作用,却忽视了主流经济理论始终存在的"低度社会化"问题。镶嵌理论指出,任何行动者的理性经济行为总是以特定的社会网络结构为依托,是在与诸多社会关系不断互动的过程中做出的综合权衡与优化选择,一方面会受到其风险偏好、性格意愿等个人属性的影响,另一方面会受到人际互动网络中人情世故、关系认同等社会属性的影响。管理层财务政策的制定与财务活动的实施,董事会战略方向的规划与治理机制的建设,必然嵌入企业所处的社会网络结构之中,并承受着背后社会关系及其他网络成员潜移默化的影响与限制。儒家传统文化已在我国社会结构中流传了上千年,人情至上、关系为王的经营理念对企业的日常决策行为产生了较大的影响。同时,我国正处于经济转型加速升级的关键时期,投资者保护机制、政策法规监管体系、金融市场发育程度等正式制度亟待进一步完善。引入社会网络关系这种非正式制度来探讨股权资本成本的影响因素,不仅具备必要的理论依据,更是有着重要的特殊意蕴。

现代企业通过产业集群、战略联盟、技术合作、贸易协定、业务往来、交叉持股、董事联结等多样化形式构建了错综复杂的社会网络关系,期望从网络结构中寻求社会资本来打破信息资源的束缚瓶颈,从而弥补正式制度缺陷、获取额外竞争优势、打造"共荣共存"的多边格局。连锁董事在多家公司兼任所建立的董事网络关系,因为联结关系牢靠、维系成本低廉、辐射范围广泛而备受企业青睐,是上市公司之间最为普遍且灵活存在的一种社会网络结构。据本书统计,2009~2019 年主板 A 股上市公司的董事联结比例平均为 93.22%,联结程度远远超出欧美国家资本市场，这也进一步凸显了在我国制度背景下研究董事网络关系的现实意义。董事网络关系是上市公司非正式制度层面的结构性嵌入，连锁董事的决策行为是置于董事网络群体互动过程中动态修正的社会化结果，会通过所在的网络结构不断和其他网络成员进行信息交流与资源互通，由此汲取的多领域知识、跨行业先进经验、前沿性战略视野等关键信息，反过来又会在很大程度上改变连锁董事的最初决断，使其在个人偏好、制度环境与社会关系的反复博弈中寻求更加理性的科学决策。因此，连锁董事成了董事网络中的关系纽带，能够跨越社会阶层与企业边界发挥"边界人"的重要作用，从而在监督治理、咨询建议、战略服务等职能环节持续驱动个人社会资本实质性转化为联结公司迫切需求的核心资源。连锁董事制度作为西方"舶来品"，已经深深扎根于我国"关系型"的社会背景和文化土壤，蕴含于董事网络关系中的专业知识、决策经验、异质信息、个人声誉、商业机会等社会资本，成为联结公司提升竞争优势、拓展生存空间的重要平台，在企业高质量发展过程中充当着越来越重要的核心元素，带来了越来越显著的溢出效应，不断影响着公司治理水平。目前，基于董事网络关系视角研究股权资本成本的文献还相对匮乏，影响效应的不明晰、作用机制的模糊性令投资者不能准确判断公司价值，无法理性提出要求报酬，不仅导致其投资决策失误，而且降低了资源配置效率。本书试图丰富这一领域的相关研究成果，并拟定了三个逻辑框架：一是董事网络位置对股权资本成本的总效应研究，分析董事网络关系的位置特征对股权资本成本的影响机制；二是董事网络结构在董事网络位置与股权资本成本之间的情境效应研究，分析董事网络关系的结构特征在不同现实情境下表现出来的差异化调节效应；三是企业风险承担在董事网络位置影响股权资本成本过程中的传导路径研究，以及董事会团队特征改变风险承担中介作用强弱的权变机制研究，分析经过企业风险承担的作用路径在董事会团队特征影响下发生的有调节的中介效应。

第二节 研究意义

一 理论意义

第一,拓宽了董事网络关系与股权资本成本交叉融合的研究视阈。学界针对股权资本成本的影响因素已经展开了深入探索,并取得了丰硕的研究成果。但鉴于股权资本成本问题的极端复杂性,究竟是微观层面的内部治理因素占据主导,还是宏观层面的外部环境因素产生制约,抑或是政策层面的正式制度因素进行调控?目前学界还尚未达成权威性的共识。通过梳理国内外相关文献,以董事网络为代表的社会网络关系抑或非正式制度对股权资本成本的治理作用在现阶段并没有得到应有的重视。股东如何看待企业的董事联结现象?投资者要求报酬是否受到董事网络关系的影响?这些问题都还是尚未完全打开的"黑匣子",本书尝试在这一领域进行有益拓展。此外,学界基于不同的理论流派阐释了董事网络位置对经济行为及其后果的影响,但当前大多数文献只是从个别视角出发来论证其信息媒介与资源配置功能,并未充分考量连锁董事在面对各类复杂性事务时所产生的综合作用,进而导致研究结论还相对片面和分散。本书从信息资源效应、监督治理效应、学习模仿效应、声誉激励效应四个角度,更加全面地分析了董事网络位置对股权资本成本的影响机制,这在一定程度上丰富了董事网络经济后果的研究文献。

第二,从董事网络位置特征、董事网络结构特征、董事会团队特征三个维度,深化了董事网络关系与董事会协同治理的研究内涵。本书立足于董事网络中心度、董事联结强度、董事亲密度、董事连锁距离等层面综合系统地衡量了董事网络关系,全面展现了我国上市公司董事网络的联结现状,从整体上对连锁董事的网络位置差异、内部结构情境、联结关系强弱、人际交往亲疏、信息链条长短进行了客观反映。同时,本书以企业风险承担作为董事网络关系与股权资本成本之间的传导路径，以董事会异质性和董事会群体断裂带作为改变风险承担中介作用强弱的权变因素，从逻辑上为董事网络关系对股权资本成本的内在作用机制提供了理论依据。董事网络的资本成本治理机制同时体现了连锁董事的网络位置特征、网络结构特征与董事会集体层面的团队特征。本书一方面试图解释董事网络位置怎样影响股权资本成本，以及在不同的董事网络结构情境下如何发生改变的问题；另一方面试图解释董事网络位置通过什么传导路径影响股权资本成本，以及在不同的董事会团队特征下中介作用强弱如何发生改变的问题。这种创新性的分析思路，既有助于打开董事网络与董事会相互配合、协同治理的"黑箱"，也有利于驱动连锁董事的社会资本实质性转化为董事会的战略资源。

第三，针对我国关系文化背景及第二类代理问题，将连锁董事与控股股东的亲密关系纳入研究范畴，延展了董事网络关系的研究边界。董事网络本质上是各类社会关系的联结系统，但传统的网络中心度指标仅衡量了连锁董事依靠现任职务所形成的网络关系。近期文献基于灰色董事理论，开始研究连锁董事与CEO之间私人关系对其监督独立性的影响，但目前还较少涉足控股股东这一角度。本书认为，在我国现实环境中，连锁董事与控股股东之间的私人关系更值得深入探索。因为我国上市公司往往具有"一股独大"的特点，关联交易、资金占用、非法转移等控股股东掏空行为已然成了一大顽疾，中小股东的合法权益长期无法得到有效保障。中国证监会明确赋予了连锁董事保护中小股东利益的重要职能，其遴选和任命理应由中小股东提名，但事实上公司董事大都通过控股股东或CEO提名举荐，聘任依据往往是他们之间可能存在的亲密社会关系。那么有理由怀疑，连锁董事在履职过程中能否保持客观独立性？董事网络究竟是对中小股东忠诚，还是被控股股东俘获？本书将"董事亲密度"定义为连锁董事与控股股东人际交往的亲密程度，把董事长视作控股股东的代表，选取了老乡关系、校友关系、协会关系、共同工作经历四种关系作为连锁董事与控股股东的关系鉴别范围。这一尝试性的做法虽然还不够成熟，但能够在一定程度上突破与延伸董事网络后续研究的边界。

第四，将小世界网络理论的特征路径长度植入社会网络分析领域，开启了董事网络联结公司之间"双向配对"的研究视角。以往社会网络相关文献大都笼统针对"与 A 公司存在董事联结关系—B 公司决策行为"进行"单向"研究，不仅忽略了董事网络模仿效应为联结公司带来的"双向"参照作用，而且未能完整反映信息资源传输路径存在的长短差距。特征路径长度是小世界网络理论的主要特征之一，这一研究视角在国内主要集中于知识创新网络、风险投资网络等基于"抱团"的网络社群与合作联盟领域，但鲜有针对董事网络关系进行信息传播链条的路径差异研究。本书将"董事连锁距离"定义为不同董事联结关系下信息传播链条的路径长度，以连锁董事作为"信息桥"，从"A 公司信息流—直接或间接连锁董事—B 公司信息流"的视角进行"双向配对"研究，并划分为"直接连锁距离"（类似于"直接朋友"）、"间接连锁距离"（类似于"朋友的朋友"）和"3 步及以上连锁距离"（类似于"朋友的朋友的朋友……"）三种情形。这一大胆尝试可以推动小世界网络理论与社会网络理论之间的彼此渗透及交融发展，并基于信息流影响的双向性为董事网络后续研究提供一种新型视角。

二 实践意义

第一，为上市公司完善董事选聘机制、优化董事网络关系、整合董事会团队配置、降低股权资本成本给予对策建议。本书得出董事网络关系能够稳步降低股权资本成本，而且董事网络中心度越高，股权资本成本越低。该结论能够帮助上市公司高度重视董事网络在传播关键信息、获取核心资源、优化决策行为、改善治理环境、提升战略服务水平等方面的媒介功能及治理作用，不仅要严格考察连锁董事自身的个人属性，更要重点衡量连锁董事在网络结构中嵌入的社会属性。一方面,积极完善连锁董事的遴选与任命机制,通过市场化途径选聘个人声誉过硬、履职经验丰富、知识技术领先、战略视野开阔的优质连锁董事,从人力资本层面促进股权资本成本的下降;另一方面,深度挖掘董事联结的社会网络价值潜能,不断活跃联结公司之间的网络互动关系,着力构建网络位置居中、社会资本充裕、关系覆盖面广、决策影响力大的董事网络系统,从社会资本层面促进股权资本成本的下降。同时,上市公司应该深刻认识董事网络多样化的特征维度,着重关注董事网络结构的内部情境因素。一是明确区分内外部董事联结关系的强弱差异,充分凸显外部董事"信息桥"的弱联结优势,并警惕内部董事强联结产生的消极治理效应;二是有效识别连锁董事与控股股东私人关系的亲疏程度,尽力发挥低亲密度董事的独立性优势,并回避高亲密度董事带来的灰色董事关系;三是清晰界定联结公司之间信息传播链条的路径长短,主动缔造更短连锁距离的高效率优势,并防止联结路径过长导致的信息扭曲现象。此外,上市公司还需要科学看待董事会团队特征,一方面,提高成员背景的异质性程度,有效提升最高权力机构的科学认知水平、风险承担能力和战略变革质量;另一方面,弱化内部群体的断裂带强度,力争消除子群体分裂带来的关系摩擦、恶性竞争、决策冲突等现象,逐步打破现有边界隔阂,持续营造和谐团队氛围。

第二,为监管部门理解董事网络内涵、规范连锁董事运行、推进正式制度建设提供参考借鉴,为投资者领会风险承担本质、提升信息解读能力、实现合理要求报酬带来经验启示。本书不仅从位置特征与结构特征的双重视角系统剖析了董事网络关系对股权资本成本的作用机制,还进一步发现在财政透明度、投资者保护水平和市场化程度较低的地区,以及在以媒体报道、分析师跟踪为代表的正式信息渠道弱化的环境中,董事网络关系能够带来更大的增量影响。我国资本市场的显性契约仍不完备、正式制度还不健全,同时董事网络关系具有不同于发达国家的自身特征，连锁董事的整个运行过程缺乏相关制度的激励和约束。该结论为监管部门正确认识董事网络对正式制度的替代作用，长效推动法律体系、市场章程等正式制度的建设，合理规范连锁董事的运行机制、减弱负面效应，科学引导联结公司共同营造良好的网络信息环境与资源配置通道提供了有益的参考借鉴。与此同时，我国市场投资者特别是中小散户的理性投资意识薄弱、市场盲从心理严重，再加上大股东掏空现象广泛存在、投资者保护制度有待完善，因而更需要董事网络关系作为重要的市场补充机制。董事网络蕴含的信息渠道和资源平台，为联结公司风险行为的相互模仿创造了现实条件，为高风险投资活动缓解了资源依赖，为管理层风险承担意愿的提升带来了底气和信心，使投资者利益得到更为有效的保护，能在合理的风险区间内下调短期利益诉求、专注长期财富积累，从而抑制股权资本成本的上升。当前，我国企业的风险承担水平普遍较低，股权资本成本明显偏高，本书的研究结论为广大投资者理性面对风险承担行为、合理实现要求报酬诉求提供了增量证据。

第三节 研究内容

一 技术路线

本书基于董事网络的位置特征与结构特征以及董事会团队特征，系统构建了董事网络关系对股权资本成本作用机制的完整分析框架，具体的技术路线如图1.1所示。

二 内容安排

围绕以上技术路线，本书分为七个章节，每部分的内容安排如下。

第一章，绪论。这一章首先介绍了董事网络关系和股权资本成本的相关背景，接着阐述了本书的理论意义和实践意义，然后说明了本书的

```
研究脉络              研究内容                    研究方法

问题     ┌─────────────────────────────────────┐
提出  →  │ 研究背景   研究意义   文献综述   理论基础 │  ←  文献
         └─────────────────────────────────────┘     查阅
                          ↓
         ┌─────────────────────────────────────┐     文献
研究  →  │          核心概念界定                │     查阅
边界     │   ┌──────────────┐ ┌──────────────┐ │  ←  图论
         │   │董事网络二元属性│ │股权资本成本实质│ │     社会
         │   │董事网络位置衡量│ │股权资本成本估算│ │     网络
         │   └──────────────┘ └──────────────┘ │     分析
         └─────────────────────────────────────┘
                          ↓
         ┌─────────────────────────────────────┐
         │    作用机制  ⇒  逻辑结构             │
研究  →  │         董事网络结构                 │  ←  规范
框架     │    ┌────────┬──────────┬────────┐   │     研究
         │    │董事网络│企业风险承担│股权资本│   │
         │    │ 位置   │           │ 成本   │   │
         │    └────────┴─────┬─────┴────────┘   │
         │              董事会团队特征          │
         └─────────────────────────────────────┘
                          ↓
         ┌─────────────────────────────────────┐
实证     │    董事网络位置对股权资本成本的影响效应 │     实证
检验  →  │ ┌──────┬──────┬──────┬──────┐      │  ←  研究
 Ⅰ      │ │描述性│基准回归│稳健性│异质性│      │
         │ │统计  │分析   │检验  │检验  │      │
         │ └──────┴──────┴──────┴──────┘      │
         └─────────────────────────────────────┘
                          ↓
         ┌─────────────────────────────────────┐
         │         董事网络结构的情境效应        │
实证     │ ┌──────┬──────┬──────────┬──────┐   │     实证
检验  →  │ │董事联结│调节效│董事网络结构│双重调│  ←  研究
 Ⅱ      │ │强度  │应分析│与正式信息渠│节效应│   │
         │ │董事亲│      │道的替代效应│分析  │   │
         │ │密度  │      │            │      │   │
         │ │董事连│      │            │      │   │
         │ │锁距离│      │            │      │   │
         │ └──────┴──────┴──────────┴──────┘   │
         └─────────────────────────────────────┘
                          ↓
         ┌─────────────────────────────────────┐
         │企业风险承担的传导路径与董事会团队特征 │
实证     │          的权变机制                  │     实证
检验  →  │ ┌──────┬──────┬──────────┬──────┐   │  ←  研究
 Ⅲ      │ │企业风│中介效│董事会团队│有调节│   │
         │ │险承担│应分析│特征对中介│的中介│   │
         │ │      │      │作用强弱的│效应分│   │
         │ │      │      │改变      │析    │   │
         │ └──────┴──────┴──────────┴──────┘   │
         └─────────────────────────────────────┘
                          ↓
结论     ┌─────────────────────────────────────┐     经验
建议  →  │ 主要研究结论  研究建议与启示  研究局限与展望│  ← 归纳
         └─────────────────────────────────────┘
```

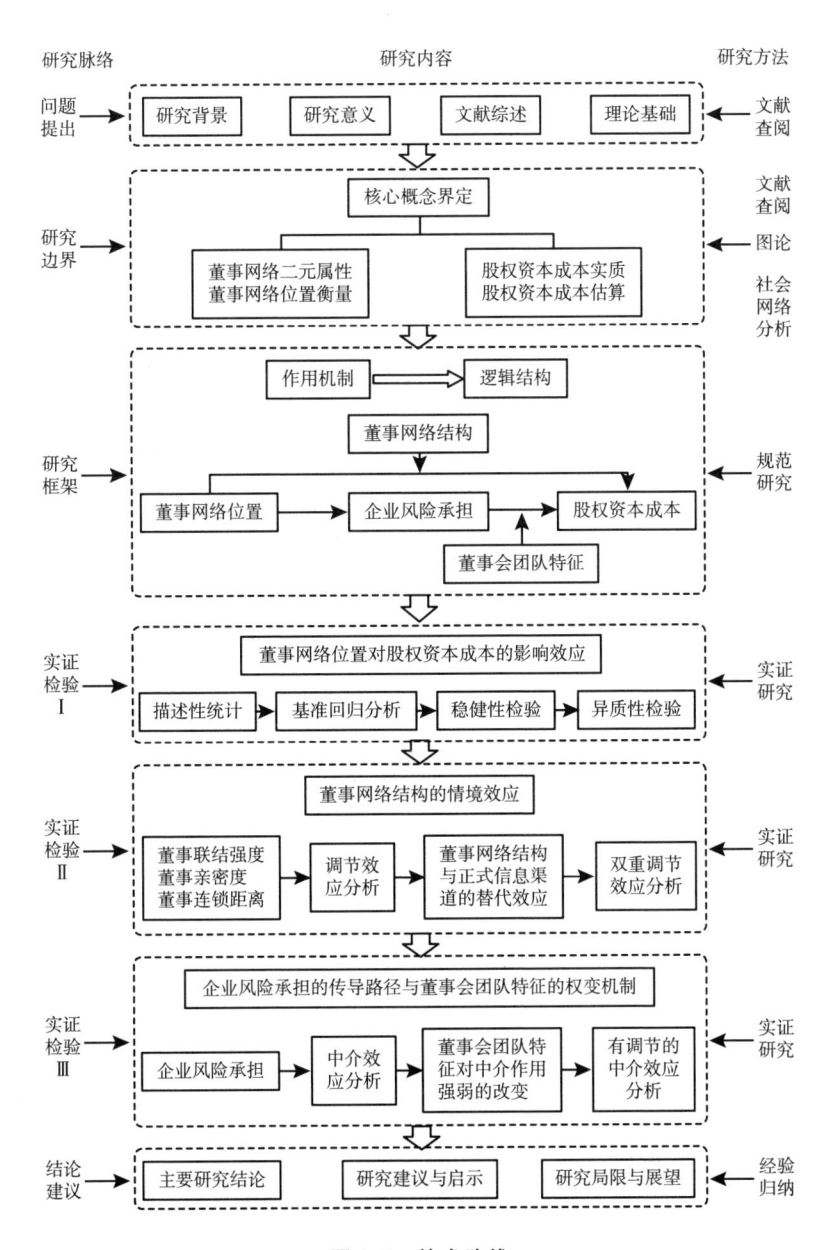

图 1.1 技术路线

技术路线、内容安排、研究方法及主要创新点。

第二章，文献综述与概念界定。这一章首先对董事网络关系和股权资本成本的国内外主要研究现状进行梳理，并针对董事网络关系与企业风险承担、企业风险承担与资本成本、董事网络关系与资本成本三个层面归纳了已有文献的贡献与不足，从而为本书的分析思路设计提供了新的视角和方向；接着界定了本书所涉及的核心概念，董事网络关系的概念包括连锁董事的定义与分类、董事网络的定义与二元属性、董事网络位置的内涵与衡量方法三个部分，股权资本成本的概念包括其定义与实质、衡量方法两个部分。

第三章，理论基础与作用机制。这一章首先介绍了本书所涉及的理论，并阐明理论观点对本书研究论点的支撑作用；接着分析了董事网络关系对股权资本成本的作用机制，搭建了本书的内在逻辑结构和实证分析框架。

第四章，总效应研究：董事网络位置对股权资本成本的影响效应。这一章是本书实证分析的基准部分，首先综合分析了董事网络关系的位置特征对股权资本成本的影响效应，并提出了本书的主假设；接着从多个角度全面揭示了董事网络关系的联结现状和股权资本成本的现实动态；然后运用多元回归分析验证了研究假设，并通过多种稳健性和内生性检验方法测试了基准回归结果的可靠性；最后还从信息环境层面与制度环境层面进一步将全样本进行分组异质性检验，以刻画主效应在不同情形下的现实差异。

第五章，情境效应研究：董事网络结构的调节作用。这一章深入考察董事网络关系的结构特征，可以视为第四章研究内容的扩展与深化。首先说明进一步剖析董事网络结构内部情境因素的必要性和现实意义；接着从董事联结强度、董事亲密度、董事连锁距离三个维度，分别设计了创新性的情境变量衡量指标，检验董事网络结构在董事网络位置与股权资本成本之间产生的情境效应；最后拓展性地验证了董事网络结构和以媒体报道、分析师跟踪为代表的正式信息渠道之间存在的替代关系。

第六章，传导路径研究：企业风险承担的中介作用与董事会团队特征的权变机制。这一章可以视为第四章研究内容的内部机制分析，首先阐释"董事网络位置→企业风险承担→股权资本成本"这一传导路径呈现的逻辑关系，并检验在董事网络位置影响股权资本成本的过程中，企业风险承担发挥的部分中介作用；接着以董事会团队特征（董事会异质性、董事会群体断裂带）作为改变中介作用强弱的调节变量，检验经过企业风险承担的中介路径在董事会团队特征的影响下可能发生的权变。

第七章，结论、建议与展望。这一章首先概括了本书主要的研究结论，接着提出了四个方面的对策建议，最后总结了研究局限，同时对今后的努力方向进行了研究展望。

第四节　研究方法

一　文献研究法

本书对董事网络关系与股权资本成本的现有成果进行收集鉴别、分类梳理，并重点关注二者交叉结合的相关文献，同时对机制分析所需要的董事联结强度、董事亲密度、董事连锁距离、正式信息渠道、企业风险承担、董事会异质性、董事会群体断裂带等相关变量也一并进行文献整理。通过总结当前研究的进展和不足，借鉴已有研究的思想和方法，发现现阶段未曾涉足的领域和切入点，从而确定本书的研究方向和研究内容。

二　规范研究法

本书在文献阅读与分类梳理的基础上，对当前关于董事网络关系与股权资本成本的研究成果保持客观和清晰的认识，综合运用多种理论构建了董事网络关系影响股权资本成本的作用机制，为本书研究假设的逻辑推导及后续章节的实证检验奠定坚实基础。由于"关系型"文化背景与社会情境的特殊性，董事网络关系对股权资本成本的影响机制、情境效应、传导路径和权变机制等研究内容无法直接照搬西方研究结论，而应该有效结合中国特色的制度环境，引入现实且普遍的内部情境因素，提出契合中国资本市场实践的逻辑架构。

三 实证研究法

本书运用描述性统计、单变量分析和相关性分析，全面了解我国上市公司董事网络关系、股权资本成本及其他机制变量的基础数据特征；运用混合最小二乘法进行多元回归分析，依次检验董事网络位置对股权资本成本的影响效应、影响效应在内外部不同环境下的现实差异、董事网络结构的多样化情境效应、董事网络结构与正式信息渠道的替代效应、企业风险承担的传导路径及董事会团队特征的权变机制；运用重新测度核心变量、外生事件冲击、工具变量估计、倾向得分匹配、遗漏变量检验、格兰杰因果检验、滞后期分位数回归等方法反复测试基准回归结果的稳健性。

四 图论法

本书在图论视角下描绘董事网络关系，将结点视作连锁董事个人或任职公司，将连线视作董事之间的联结关系或公司之间的联结关系。运用图论法阐明董事网络关系的二元属性、董事网络位置的基本内涵，有助于厘清连锁董事之间纵横交织的蛛网特征和盘根错节的网络关系。同时，在设计董事联结强度的算法时，本书运用图论法剖析内外部董事信息传导和决策作用的强弱差异；在诠释董事连锁距离的定义时，本书运用图论法描述直接与间接联结关系下信息传播链条的路径长度。

五 社会网络分析法

社会网络分析法旨在对社会环境中行动者的关系结构、行为模式及其属性特征加以客观量化分析，网络中心度作为社会网络分析领域一个关键的结构变量，用于刻画社会网络中不同行动者特定行为的重要性和影响力。本书首先基于样本公司不同观测年度的董事个人基本资料与专属 ID，构建"董事—公司"的 1-0 二维矩阵，反映每位董事联结的不同公司；接着利用社会网络数据分析软件 Pajek 的"2-mode to 1-mode"功能，把"董事—公司"二维矩阵转换为"董事—董事"一维矩阵，反映每位董事联结的其他董事；然后以连锁董事为结点剖析个人网络关系，得到连锁董事个人层面的网络位置指标；最后以公司为单位，将个人网络位置指标进一步换算为联结公司层面的网络位置指标。

第五节　主要创新点

第一，证实了董事网络的结构嵌入特征与情境演化性质，提出了董事联结强度、董事亲密度、董事连锁距离这三个现实且普遍的内部情境因素。目前学界主要基于社会网络分析视角，将网络位置作为连锁董事社会资本价值的研究主流，结论也基本肯定了董事网络位置正面的公司治理效果。然而，董事网络关系是一个复杂多变的综合系统，连锁董事的决策行为既表现了"自主性"的个人行为，又表现了"嵌入性"的社会行为，深深镶嵌于董事网络的内部结构之中。中心度或结构洞只能从位置特征的视角反映连锁董事占据的重要位置、拥有的控制优势，但在不同的结构情境下连锁董事的重要性和影响力会随之变化。而且，位置特征与结构特征不具有相互替代性，位置特征的作用效果依赖于结构特征的差异化影响。因此，在以网络位置特征作为研究主流的基础上，还需要嵌入"关系型"社会的现实情境，进一步剖析董事网络的结构特征，明确区分内外部董事在网络群体互动过程中联结关系的强弱差异，有效识别连锁董事与控股股东之间私人关系的亲疏程度，清晰界定董事联结公司之间信息传播链条中路径距离的长短差距。因此，本书从董事网络结构的角度另辟蹊径，引入联结强度、亲密度、连锁距离这三个情境因素，多层次探索董事网络结构对董事网络位置与股权资本成本之间关系在现实情境下表现出来的结构性差异。研究发现，董事网络在不同的联结强度、亲密度与连锁距离下呈现正反两面的情境效应。这在现有文献中并不多见，不仅丰富了以镶嵌理论为代表的复杂网络研究学派的文献成果，而且延展了董事网络结构情境因素研究的学术方向，从而为进一步界定董事网络关系的治理机制提供了新颖的研究视角和经验证据。

第二，设计了董事网络结构多样化情境变量的衡量方法，促进了网络结构特征从定性分析到定量实证的拓展深化。当前学界对董事网络结构情境因素的研究还处于起步阶段，现有文献基本只是概念性介绍，很少涉及具体的量化方法。本书基于弱联结优势理论和董事职务性质，定义了内部董事强联结与外部董事弱联结的界定标准，通过图论法剖析网络结构中内外部董事联结关系的强弱，构造了第一个情境变量——董事联结强度，并采取自然数列设计了连续变量的计量方法，突破了前人仅设置虚拟变量的瓶颈；基于灰色董事理论和儒家文化背景，定义了与社会格局相契合的关系鉴别范围，通过对连锁董事与控股股东之间老乡关系、校友关系、协会关系、共同工作经历四种社会关系的逐一识别，构造了第二个情境变量——董事亲密度，并对前人将董事灰色关系加总求平均数的做法进行了修正，设计了更加清晰直接的衡量指标；基于镶嵌理论和传播扭曲效应，定义了不同联结关系下信息传输的路径长度，通过同年度内联结公司的两两逐一配对，构造了第三个情境变量——董事连锁距离，并针对前人做法的不足，采用图论法辨析联结关系的不同类型，重新设计了直接连锁距离、间接连锁距离、3步及以上连锁距离的序列变量。本书构造的一系列关于董事网络结构内部情境因素的指标，尽管只是大胆尝试且有待科学性检验，但能够为相关研究领域的进一步推广应用提供有效的借鉴与启示。

第三，构建了董事网络位置、企业风险承担与董事会团队特征对股权资本成本作用机制的全新框架，从逻辑上为董事网络关系对股权资本成本的影响机制带来了增量贡献，也在一定程度上打开了董事网络与董事会相互配合、协同治理的"黑箱"。风险承担是现代企业赢得市场先行优势、促进长期价值创造的根本保障，要想充分利用董事网络所镶嵌的社会资本，从根源上帮助企业稳步降低股权资本成本，无论采取怎样的治理机制，必然无法绕开企业风险承担这一条传导路径。本书发现，董事网络位置提升了风险承担水平，而风险承担行为促使投资者下调短期利益诉求、专注长期财富积累，董事网络位置通过企业风险承担的中介作用降低了股权资本成本。此外，基于国务院国资委 2006 年发布的《中央企业全面风险管理指引》及 2021 年发布的《中央企业董事会工作规则（试行）》，董事会在企业风险承担战略的制定过程中具有举足轻重的核心地位，这就需要重点关注董事会团队特征对风险承担水平的作用程度以及连锁董事社会资本的转化效果。本书从董事会异质性与董事会群体断裂带两个层面出发，创造性地将二者同时作为企业风险承担在现实决策环境中的权变因素，并发现董事会异质性通过提升风险承担水平这一中介路径促进了股权资本成本的降低；董事会强断裂带通过降低风险承担水平这一中介路径抑制了股权资本成本的降低。以上结论拓宽了高阶梯队理论与社会认同理论的应用范围，并为后续研究带来了系统的逻辑框架与独特的分析思路。

第四，利用 Python 编程优化了董事会群体断裂带的 Fau 值算法，弥补了当前断裂带领域计量手段的缺陷。国内外学界关于董事会群体断裂带的研究还处于起步阶段，学界一直在努力寻求测度方法的改进，目前应用最广泛的方法是 Thatcher 等（2003）基于二分模式提出的 Fau 值算法。但 Fau 值算法需要把团队成员人为设定成两个子群体，且团队人数的增加会导致子群体的分类方式非常庞大，从而影响到计算机的运行速度和实现能力。在数据处理欠发达时期，学界普遍认为 Fau 值算法更适用于团队成员较少（7 人以下）的情况，而我国《公司法》将上市公司的董事会人数限制在 5~19 人，所以国内有些学者指出 Fau 值算法并不完全适合中国情境。本书利用 Python 编程对 Fau 值算法进行了优化处理，Python 语言会自动分析董事会成员多重属性特征所有可能存在的分类方式，并自动提取各分类方式的最大值。经过优化之后的 Fau 值算法能够实现 20 人以下团队的群体断裂带计算，但当人数达到 18 人时 Python 的运行速度仍然比较缓慢，这就为董事会群体断裂带未来的算法突破留下了很大的革新空间。

第二章

文献综述与概念界定

第一节 主要研究现状

一 董事网络关系的相关研究

（一）董事网络关系的研究历程

1. 国外研究历程

董事网络关系的形成并非个体现象，而是社会文化、制度安排共同作用的结果。由于各个国家文化背景和制度环境的不同，所以董事网络关系的发展演进过程也表现出明显的差异。有关连锁董事的理论研究最初起源于美国，并且在20世纪80年代以前基本都是来自美国的研究成果。1914年，美国制定的《克雷顿反垄断法》首次涉及连锁董事的相关条款，当时为了加强同业竞争、抑制共谋垄断，禁止处于同一竞争行业的企业相互派驻连锁董事。Dixon（1914）随即针对这一问题进行了初步探索，发现美国企业之间存在众多董事兼任现象，这种由连锁董事建立的联结关系一方面可以促进企业间的互惠交易，并缓解对外部资源的路径依赖；另一方面也成为诱发利益合谋、产生行业垄断的罪恶之源。《克雷顿反垄断法》中关于连锁董事的条款并未广泛应用于企业实践，在此后的很长一段时期，董事兼任现象也没有得到学界的重视。直到20世纪60年代，美国学者Dooley开创性地对连锁董事进行了专门研究，他于1969年在《美国经济评论》上发表了《连锁董事》一文，在学界正式提出了"连锁董事"概念，并发现财务依赖性越强的企业越倾向于聘请金融机构的连锁董事，由此拉开了这一领域的研究序幕。其后，随着组织间关系研究的广为盛行，连锁董事及其网络关系受到了社会学、政治学、法学、经济学、管理学等多个学科的广泛关注，并从20世纪80年代开始集中展开研究。作为这一阶段连锁董事研究的重要代表性人物，Burt（1983）认为，董事网络关系是衔接内部公司治理与外部资源共享的有效通道，能够大大缓解激烈竞争环境的不利冲击。Mizruchi和Stearns（1988）利用1956~1983年美国22家大型工业公司的数据，纵向考察了董事网络关系的作用机制与治理效果，明确界定了工业企业大量引入金融机构连锁董事的动机及影响因素。随着认知程度的深化，董事网络的相关研究从美国逐渐推广到了欧洲、日本等其他发达国家资本市场。如Stokman等（1985）对英国、德国、意大利、比利时等10个欧洲国家的连锁董事相关文献进行梳理和汇编，且证实了发展董事网络研究的重要性与普适性。Okazaki等（2005）对"二战"之前日本银行业的董事联结程度进行研究，发现超过80%的银行至少共享一名连锁董事。到了20世纪末期，董事网络研究从发达国家进一步扩展到了中国、泰国、巴西等发展中国家。如Peng等（2001）对泰国跨国公司的连锁董事模式进行了探索性描述，结果显示，与非跨国公司相比，泰国跨国公司有着更紧密的董事联结关系，并在董事网络中占据了更中心的位置。Santos等（2007）调查了2003~2005年巴西320家上市公司的董事网络关系，发现引入连锁董事已成为巴西大部分公司提升治理效率的常见手段，而更多的董事会人数、更分散的股权结构和更大的公司规模是董事联结比例较高的主要原因。相对于较为成熟的发达资本市场而言，新兴资本市场的区域发展并不均衡，显性契约仍不完备，投资者保护机制、政策法规监管体系、金融市场发育程度等正式制度的建设无法一蹴而就，而且由人情关系编织的社会网络更是深深嵌入决策主体的行为规则之中，连锁董事在企业之间的兼任现象更为普遍，在很大程度上成为正式制度缺陷的有效补充机制。

2. 国内研究历程

与其他发展中国家类似，我国学界对董事网络的研究相对较晚，直到20世纪末期，现代企业制度的普遍建立和董事会章程的逐步改进为连锁董事的兴起提供了必要条件，中国特色社会主义背景下的连锁董事网络研究才开始萌芽。美国学者Keister（1998）选取1988~1990年我国最大的40个企业集团及其所属的535家成员企业的数据，最早考察了我国企业的连锁董事现象，研究发现，样本中40%的企业集团以及集团内部19.5%的成员企业拥有连锁董事，而且构建董事网络的企业集团表现出更好的经营绩效，集团内部连锁董事的比例越高，绩效水平的上升趋势越明显。任兵等（2001）发表于《管理世界》的文章《企业连锁董事在中国》，开启了国内董事网络研究的新篇章。该文在西方理论和实证研究的基础上，分析了连锁董事的定义、分类、特征和成因，并以沪深两市1998年的140家上市公司、1999年的157家上市公司为样本，分阶段对其董事网络现状进行描述性统计分析，研究发现，超过50%的企业存在董事联结关系，而且大部分是直接联结关系，企业间的董事网络分布还比较松散，网络中出现了处于相对核心位置的企业。此外，该文还提出了西方可借鉴的研究领域和国内潜在的研究视角，比如结合企业行为、个人背景和地区差异等角度来拓展董事网络专题研究。任兵等（2004）基于镶嵌理论与社会网络分析法，实证分析了上海和广东两大地区董事网络关系对区域经济发展的影响，结果显示，两个地区企业具有不同的董事网络特征，上海企业的董事网络呈现整体性和广泛化，广东企业的董事网络呈现松散性和小型化，这种差异与市场经济运作模式、企业战略路径依赖相关，政府和企业要审时度势，利用地域优势，构建完善的董事网络体系。卢昌崇等（2006）通过梳理西方文献，将互惠理论、资源依赖理论、管理控制理论与金融控制理论作为连锁董事的四种成因理论，并考察每一种基础理论在我国资本市场的适用性，实证结果显示，资源依赖理论在我国的适用性最强。他们还指出不能否定每一种理论的价值，随着我国制度环境的不断改善，各种理论的解释力有待进一步检验。郑方（2011）从社会嵌入性的研究视角出发，以连锁董事网络为载体，详细解析了董事个人社会资本到联结企业社会资本的动态转化过程，并构建了连锁董事网络治理与战略双重属性的整合作用模型以及"差序格局"下的嵌入层次。谢德仁和陈运森（2012）发表于《会计研究》的文章《董事网络：定义、特征和计量》，对于我国董事网络领域的后续研究具有里程碑式的重要意义。该文基于大量国外相关文献，从"结点"与"关系"两个层面定义董事网络的社会边界，从多个理论视角剖析董事网络的基本特征，通过图论引入董事网络的中心度算法，并针对我国基本国情提出未来研究展望。

段海艳和仲伟周（2008）指出，西方有关董事网络关系的研究进程，经历了从"成因分析"到"后果分析"的发展演化。从人类认知规律来看，早期研究主要聚焦于探索董事网络的形成原因，当前研究则主要考察董事网络的经济后果。学界对于董事网络的成因研究已经相对成熟，学者们基于不同的研究视角和分析范式，分别从企业层面与个人层面形成了诸如资源依赖理论、互惠理论、阶层凝聚理论等多种成因理论。然而，每一种理论对于"连锁董事为何存在"都无法给予综合全面的有力解释。正如 Gulati（1998）所说，董事网络关系是一个兼具外生资源依赖和内生嵌入驱动的动态演化系统，其治理效应的两面性与作用机制的复杂性，需要通过多种经济后果检验才能层层揭晓。

（二）董事网络关系的经济后果研究

Mizruchi（1996）指出，连锁董事更具价值的研究意义表现为它对董事会的战略提升和对整个企业的决策影响。张祥建和郭岚（2014）也认为，连锁董事网络的主流研究方向将是与社会资本、法律制度、公司治理等问题结合起来探讨其影响效应。随着研究内容的丰富化、研究方法的科学化，目前学界的研究目光更多转向了董事网络的经济后果检验，主要考察董事网络的位置特征对企业行为、企业绩效这两大层面的影响作用和溢出效应，并且已经取得非常丰富的研究成果。

1. 董事网络关系对企业行为的影响研究

（1）董事网络关系与投资行为

目前，很多企业存在投资不足或投资过度等非效率投资问题。大部分观点认为，连锁董事网络蕴含的关键信息、项目经验和商业机会等社会资本，可以为联结企业指引投资方向、优化投资决策、提升投资效率、控制投资风险。Hochberg等（2007）通过1980~2003年美国风险投资公司的经验证据，考察了社会网络对联合投资组合的业绩后果，研究发现，具有更多网络关系的风险投资公司由于获取了丰富的投资经验而表现出更好的投资绩效。Kaustia和Rantala（2015）指出，董事网络增强了企业对风险投资机会的捕捉能力，加快了投资决策信息的传播速度，有助于联结企业了解并获取同类型项目的投资经验、执行要素与监管制度等相关知识，从而降低企业的非效率投资。Fracassi（2016）利用高管和董事的简历信息构建了一个社会网络关系矩阵，通过对偶模型将每一位高管和董事所在公司进行两两配对研究，结果显示，两家公司之间的联结关系越紧密，所实施的财务政策也就越趋同。Cheng等（2021）通过2001~2008年的大型企业数据实证检验了董事网络与信息技术投资的关系，研究表明，企业之间的董事网络越发达、彼此交流越活跃，越能实质性分享信息技术方面的知识和经验，从而提高联结企业信息技术投资的趋同程度以及焦点企业的绩效水平。国内有关董事网络关系与企业投资行为的研究成果比较丰富。陈运森和谢德仁（2011）最早对这一领域展开探索，发现我国上市公司独立董事的治理能力随着网络中心度的提高而增强,通过有效约束投资过度和投资不足来积极促进公司投资效率的提升。在此基础上,陈运森(2015)进一步通过结构洞指标考察董事网络对投资效率的影响,研究结果同样显示,联结公司所占据的结构洞位置越丰富,越能通过改善投资不足来提高公司投资效率,但对投资过度的作用效果并不显著。陈运森和郑登津(2017)通过剖析连锁董事的直接联结关系与间接联结关系,发现董事网络对公司之间投资水平和投资变化会产生明显的同群效应,而且随着董事网络关系强度的提升,投资同群效应会进一步增强。左晓宇和孙谦(2018)也得到了和前人类似的结论,即董事网络中心度对投资效率具有正向影响,而且该影响效应在市场化程度低的地区更为明显,说明董事网络关系成了一种重要的资源配置机制。郝云宏和马帅(2018)则指出,董事网络中心度越高,管理者过度自信与非效率投资的正相关性越弱,说明董事网络关系可以充分抑制管理者过度自信所造成的非效率投资行为。刘超等(2020)从混合所有制改革的视角进行研究,发现当国有企业关注社会目标时,董事网络的治理作用被政府干预行为抵消,无法提高投资效率;当国有企业关注经济目标时,董事网络的社会资本有助于改善投资决策,提高投资效率。周雪峰等(2021)的研究表明,董事网络位置越居中,企业风险承担水平越高,从而导致创新投资强度越大,而且在独立董事网络与非执行董事网络中都具有显著表现。但还有少量国内文献认为,董事网络在一定程度上加剧了企业的非效率投资。钟军委等(2017)指出,尽管董事网络可以提高联结公司的投资效率,但是较中心的董事网络位置却产生了关系过度嵌入、政治连带寻租、网络成本高昂等相关问题,进而削弱了董事网络对投资效率的正向作用。赵昕等(2018)认为,在多家公司董事会同时兼任的忙碌董事,因为履行义务不足并出于职业安全考虑,往往倾向于"软"监督和"弱"治理,导致董事网络的中心度和结构洞都扩大了企业过度投资;而董事网络的集聚性由于带来了更多的外部信息资源,则有利于降低企业过度投资。

（2）董事网络关系与融资行为

大多数观点认为，连锁董事网络有助于降低资金供求双方的信息不对称程度，提高融资企业的合规性和声誉，促使企业更容易获得银行贷款、风险资本等外部资金融通。有关社会网络与融资行为的研究最早始于 Uzzi（1999），他从嵌入性的视角探索社会网络如何影响融资效益，研究表明，银企之间互派董事有助于在联结企业内部共享金融资源，传递关于贷款机会和资金价格的私有信息，不仅能够满足企业极大的融资需求，还能使企业获得相对较低的信贷利率。Kroszner 和 Strahan（2001）考察了银行与非金融企业之间连锁董事的联结频率，以及网络关系是否会影响借贷行为，结果显示，拥有高比例有形资产和较稳定股票回报的大型公司更有可能与银行形成董事网络，也更容易从关联银行获取贷款，但银行要求的信贷协议没有因董事联结而明显改变。Field 等（2013）发现 IPO 公司往往会聘请兼任席位更多的连锁董事，这说明忙碌董事未必是合格的监督者，但通常是优秀的顾问，其丰富的融资经历和广阔的金融人脉，可以为董事会提供有关 IPO 的市场信息和政策动态。Braun 等（2019）针对 20 世纪初期连锁董事与银行信贷都不受到制度监管的市场环境进行准自然实验，以测试董事网络缓解融资约束的手段和作用，结果表明，与银行建立董事网络的公司更容易获得信贷融资，连锁董事在其中发挥了正向的溢出效应。国内学者段海艳（2009）较早考察了连锁董事网络对企业融资行为的影响，发现董事网络中心度与债务融资能力、债务期限结构之间不具有统计学上的相关性。刘颖等（2015）的实证结果显示，连锁董事网络能够有效抑制大股东利用高负债所产生的利益侵占动机，而且处于同一地域的连锁董事由于较高的信息沟通频率而具有更积极的治理效果，但网络位置居中产生的过度联结却弱化了连锁董事的监督作用。尹筑嘉等（2018）基于信息效应和治理效应探索了董事网络位置对融资约束的影响，研究发现，网络中心度与结构洞都通过抑制管理层的代理问题、降低内外部信息不对称程度来缓解融资约束。刘颖和钟田丽（2019）指出，具有防御行为的管理层倾向于缩小债务融资规模，存在保守的股权融资偏好，但连锁董事的嵌入性特征与结构性特征可以有效抑制管理层防御行为对债务融资的消极作用，进而激励管理层持续优化融资结构。李小青等（2020）认为，董事网络位置的提高能够增强企业与债权人之间的信息透明度，降低债券违约成本，并通过个人声誉机制改善公司治理效率，从而帮助联结企业缓解融资约束。张勇（2021）探究了董事网络位置与商业信用融资的关系，发现董事网络位置越重要，企业商业信用融资水平越高，而且在市场地位较低、诚信环境和法制环境较差的企业中，董事网络对商业信用的正向影响更为明显。

（3）董事网络关系与并购行为

西方学者关于董事网络关系对企业并购行为的影响主要从并购目标选择与并购绩效两方面展开研究，并逐渐划分为两类不同的作用机制。一类研究从模仿效应出发，认为董事网络促进了联结公司对于并购决策的模仿参照，获取了市场先行者的成功经验，降低了信息搜寻成本和决策模糊性，进而影响到目标公司选择及并购绩效。如 Haunschild（1993）考察了董事联结公司之间知识经验的彼此模仿如何影响并购决策，研究发现，在多家公司兼任连锁董事的管理者往往会积极效仿联结公司的并购目标特征和并购支付方式。Beckman 和 Haunschild（2002）基于组织学习理论的视角探索企业间网络结构对并购行为的影响，结果显示，收购方与具有异质并购经验的公司进行董事联结，通常会支付更少的并购费用，并产生更高的并购绩效。Field 和 Mkrtchyan（2017）同样检验了连锁董事并购经验对任职公司并购绩效的作用效果，结果显示，收购方在实施并购活动之前通常会新聘请并购经历丰富的连锁董事，通过学习模仿先行的成功做法来降低决策失败风险，以此促进并购绩效的提升。另一类研究从信息效应出发，认为董事网络传播了收购意图、产品特性、技术优势等保密信息，降低了交易成本与后期整合壁垒，进而对目标公司选择和并购绩效产生影响。如 Cai 和 Sevilir（2012）基于信息传递效率的视角考察了在并购双方兼任的连锁董事对并购绩效的影响，结果显示，同时来自并购双方的一阶联结和分别来自并购双方的二阶联结都能提高短期并购绩效，但只有二阶联结才能提高长期并购绩效。Cukurova（2012）通过构建私有信息模型，探究了连锁董事在并购决策过程中的信息传递作用，结果表明，与收购方发生董事联结的公司更有可能被选为目标公司。Barros 等（2021）调查了连锁董事对巴西国内和国际并购的影响效应，结果证实董事网络降低了并购中的信息不对称程度，并且网络中心度更高的公司更有可能参与并购交易。国内学者在考察董事网络对并购绩效的作用机制时，主要以信息不对称作为切入点。陈仕华等（2013）研究发现，董事网络有助于促成收购方与潜在目标公司发生现实的并购交易，并提高收购方的长期并购绩效，且在内部董事联结和双方处于不同地域时这一效应更为显著。万良勇和郑小玲（2014）认为，董事网络的结构洞位置越重要，越有助于企业快速捕捉并购信息、有效把握并购机会，而且在市场发育落后的地区，结构洞对并购行为的作用程度更大。晏国菀和谢光华（2017）认为，社会声誉高的连锁董事具有更勤勉的治理动机和更严谨的职业操守，为了进一步强化声誉口碑，他们会更积极地履行监督咨询和战略服务职能，更有效地缓解并购双方的信息不对称，从而提高企业的并购绩效。梁雯等（2018）同样认为董事网络位置越高，企业并购概率越大，而且拥有并购经验的连锁董事通过优化并购决策，进一步促进了网络中心度与并购行为之间的正向关系。江涛等（2019）基于董事网络的先验信息与信息交流这两种机制，指出董事网络位置通过增强并购过程中的信息透明度显著提升了并购绩效，但该影响效应呈现边际递减的趋势。此外，还有少数国内学者提出在我国制度环境下，董事网络位置对并购绩效存在负向影响或者非线性影响。如魏乐等（2013）认为，收购方越靠近董事网络的中心位置，凭借信息利益和控制利益等潜在优势可以增加并购行为的发生频率，但连锁董事的治理动机不强、监督独立性弱化等因素，会导致董事网络中心度无法改善并购绩效。曹廷求等（2013）发现，董事网络与交易双方的并购财富呈倒 U 形关系，伴随网络位置的提高，并购财富先上升并到达了最优点，然后网络中心度的信息边际效应开始递减，进而导致双方的并购财富不断下降，只有提高董事网络的信息传递质量才能带来更大的并购财富。王良辉等（2018）指出，董事联结对并购绩效产生了正反两方面的"双刃剑"效应，其中信息传递功能提高了并购绩效，人情影响功能降低了并购绩效。此外，一阶董事联结因存在明显的自我交易现象而降低了并购绩效，二阶董事联结因处于平等的谈判地位而提高了并购绩效。

2. 董事网络关系对企业绩效的影响研究

连锁董事网络通过影响企业的各种经济行为，最终会作用于企业的经营绩效水平，对于这一逻辑国内外学界基本已经达成了共识。然而，董事网络对企业绩效究竟产生了怎样的作用机制，现阶段还存在较大的争议，研究结果呈现正相关、负相关、关系不确定三种情况。

（1）董事网络关系与企业绩效正相关

持正相关观点的学者认为，董事网络关系给联结企业带来资源支持、信息交换、互惠共谋、监督控制等优势，进而提升了企业绩效。Ferris 等（2003）否定了"忙碌董事假说"，其实证结果发现，连锁董事为多家公司董事会服务的行为并没有损害企业绩效，反而由于决策影响力和资源控制力的增强而提高了企业绩效。Bang 和 Nielsen（2010）通过考察 1994~2007 年美国股票价格对连锁董事突然死亡的外生事件的反应，探索董事网络关系对公司价值提升的贡献，研究表明，连锁董事去世后股票价格平均下降 0.85%，反向证实了董事网络与公司价值的正相关关系。Larcker 等（2013）研究发现，连锁董事越靠近网络中心位置，越能带来关键的信息和重要的资源，从而使联结公司获取更高的未来股票回报，而且这一影响在成长机会较多、外部环境较差的公司中更加显著，反映出董事网络在促进价值增值、应对不利环境方面具有积极作用。Zona 等（2015）开发了综合代理资源依赖的研究视角，对 145 家意大利公司进行实证检验，结果显示，董事网络关系与企业绩效显著正相关，而资源约束、股权集中度和 CEO 权力会对二者关系产生差异化影响。Martin 等（2015）使用 2001~2009 年美国制造业 3745 家公司的样本数据，发现董事网络关系不一定会通过降低不确定性来提高企业绩效，反而是在企业面临更大的不确定性时，董事网络关系给企业绩效带来了更大的增量效益。国内大部分学者也认为董事网络关系能够提升企业绩效。Lin 和 Chang（2017）以台湾上市公司作为案例，考察台湾独立董事制度对董事会治理效率和公司绩效的影响作用，研究指出，独立董事比例及社会网络关系能够有效增强董事会职能，并积极提升公司绩效水平。田高良等（2011）探讨了董事网络关系对财务绩效和公司价值的影响，结果显示，董事联结关系越多、网络位置越重要，资产收益率、销售净利率与托宾 Q 值也越高，表明董事网络对绩效水平具有促进作用，并且其长期增长效应得到了投资者的认可。陈运森等（2018）将独立董事网络作为一种重要的非正式信息渠道，并指出独立董事网络中心度与公司业绩呈显著的正相关关系，并且这一关系在正式信息渠道较差的公司表现得更为显著，说明董事网络能够弥补正式信息渠道的缺失。张丹和郝蕊（2018）认为，连锁董事的网络中心度、低连锁程度、网络专业性有利于企业提高研发投资比重，并以此为中介来有效提升技术创新绩效。周军（2018）指出，独立董事网络中心度对企业创新绩效产生了显著的正向影响，并且拥有技术背景的独立董事进一步强化了这种促进作用。

（2）董事网络关系与企业绩效负相关

部分学者基于"忙碌董事假说""阶层凝聚假说""过度嵌入假说"等，得出了与前者截然不同的结论，即连锁董事的机会主义行为和时间精力有限性可能会损害企业绩效。Fich 和 Shivdasani（2006）提出了"忙碌董事假说",并基于美国500强企业的经验证据检验忙碌董事的负面影响,结果表明,连锁董事因兼任公司数量较多而过于忙碌时,会降低在任职公司董事会的治理效率,从而减少了股票回报与市场价值。Non 和 Franses（2007）利用 1994~2004 年荷兰 101 家大型公司的数据,实证发现连锁董事因为专注于"精英圈"的阶层凝聚利益和获取更多的潜在董事席位,从而对未来公司绩效产生明显的消极作用。Christian 和 Mirco（2013）对 2003~2006 年 133 家德国公司的样本进行检验,并指出在连锁董事网络中扮演核心角色的公司表现出较低的经营绩效,提高董事网络质量比增加连锁董事席位能够发挥更大的公司治理能力。Drago 等（2015）考察了 1998~2007 年意大利公司董事网络与公司绩效之间的关系,研究表明,由于当前连锁董事的兼职席位过多而无法发挥应尽的监督治理职能,其任职公司的收益水平下滑。Daniliuc 等（2021）则以澳大利亚公司为样本检验忙碌董事与公司绩效之间的关系,结果显示,当连锁董事获得的董事席位减少时,反而会导致任职公司的资产回报率和托宾 Q 值实现增长,由此证实董事网络过度嵌入对企业绩效产生了负面作用。在较早阶段,国内少数学者同样认为董事网络关系会降低企业绩效。任兵等（2007）选取我国在 1994 年末之前上市的 248 家公司,以 1994~2001 年作为数据窗口,检验连锁董事对公司绩效的作用效果,研究指出,由于转型经济环境下的制度漏洞,连锁董事沦为了社会凝聚工具而引发公司治理失灵,与公司绩效呈负向关系。曲亮和任国良（2014）认为,仅仅重视连锁董事的"量"会产生封闭资源和僵化思维的问题,过于密集的网络位置会导致董事和管理者之间有共谋私利的嫌疑,过多的任职席位还会分散连锁董事的精力,不利于企业绩效的提升。

(3) 董事网络关系与企业绩效关系不确定

还有少部分学者认为董事网络关系与企业绩效之间没有关系,或存在比线性更复杂的非线性关系,具有一定的不确定性。Pichard -

Stamford（2000）通过1988~1993年189家法国公司的样本数据发现，连锁董事网络能够帮助CEO获取市场信息和决策权力，但公司网络中心度的提升更有可能延长CEO的任期，却不会影响到业绩水平的波动。Silva等（2006）以智利企业为样本，分析董事网络关系对企业集团下属企业经营绩效的影响，研究表明，由于集团内部所有权控制结构的不同，董事网络对公司绩效的影响程度并不确定，还会受到控股股东投票权与其经济权利一致性的互动作用。Sánchez和Barroso-Castro（2015）利用2005~2008年西班牙88家上市公司的动态面板数据，考察连锁董事网络以何种方式影响公司的赢利能力，结果显示，执行董事和非执行董事共同构建的网络关系与公司绩效呈倒U形关系。段海艳（2012）基于资源依赖理论考察连锁董事、组织冗余与企业创新绩效的关系，研究指出，所有董事联结关系对企业创新绩效都不具有显著影响，只有较多的强联结数量才会提升企业创新绩效。刘亭立和曹锦平（2014）认为，独立董事的兼任数量与公司绩效之间呈现先下降后上升的正U形关系，只有董事兼任数量大于3家公司时才能显著提升公司绩效。陈逸同和董正英（2018）指出，从资源依赖视角出发，董事网络中心度会提升企业绩效；从过度嵌入视角出发，董事网络中心度会降低企业绩效；总体上，董事网络关系与企业绩效之间存在倒U形关系。

董事网络的经济后果涵盖了广泛的研究范围，除了涉及上述内容体系之外，国内学界目前还考察了董事网络对代理成本（陈运森，2012a）、信息披露质量（陈运森，2012b；高凤莲、王志强，2015）、高管激励（陈运森、谢德仁，2012；李留闯，2015）、成长性（李敏娜、王铁男，2014）、会计稳健性（梁上坤等，2018）、盈余管理（孟岩、周航，2018）、研发投入（张丹、郝蕊，2018）、薪酬粘性（李洋等，2019b）、避税同群效应（王营，2021）、金融化同群效应（杜勇、刘婷婷，2021）等方面的影响作用。当然，随着市场环境的变化与经济结构的转型，将来还有诸多未知领域亟待学者们进一步深入探索。

二 股权资本成本的相关研究

(一)资本成本的研究历程

资本成本既是财务决策与公司治理的重要参数,也是投资市场财富分配的核心基准。在财务理论的演进过程中,资本成本无疑是涉及学科最多、应用范围最广、复杂程度最高且贯通财务学发展主线的学术概念。在公司理财行为的实践活动中,股权资本成本在投资项目评估、融资方式选择、经济利润计量、经营绩效考核、激励机制构建、股利政策设计等众多环节都发挥着锚定效应(Bruner et al.,1998)。厘清资本成本的实质内涵,认识资本成本的基准功效,合理估算并科学运用资本成本,既是优化治理效率、增强竞争优势、积累股东财富的根本基石,也是保障广大投资者利益诉求、推动资本市场深化改革、促进宏观经济有效运行的基本前提。科学严谨的学术认知是一门学科走向成熟的重要标志,人们对资本成本的认知过程,历经了由宏观层面到微观层面的近百年的探索。本书沿用汪平(2018)的观点,将资本成本的研究历程大致划分为以下四个阶段。

1. 19世纪末至20世纪40年代

资本成本概念最初起源于经济学领域,马歇尔(2005)在其1890年出版的著作《经济学原理》中指出,资本成本的实质即是利息率,并将利息率作为企业投资决策的抉择标准。这个时期的资本成本被称为"货币成本"(Cost of Money)或"资金成本"(Cost of Fund)。Dewing(1921)则在《公司财务政策》一书中,专门讨论了"债务资本成本",从与"经营成本"相区别的角度来看待利息、折扣、租赁费等债务资本成本的表现形式,并对股利支付与债务利息进行了对照说明,由此隐现"股权资本成本"概念的影子。费雪(2013)在1930年将资本成本定义为"超过成本以外的收益率",并指出在该收益率下一切成本与收益的现值会相等,这就映射出了资本成本的内在含义——贴现率,对资本成本估算技术的发展具有里程碑式的意义。凯恩斯（2011）在1936年提出的"资本边际效率"观点，可以看作马歇尔与费雪思想的沿袭和深化。第一个阶段是资本成本的萌芽阶段，经济学家意识到了利息率的本质是投资者风险的载体和要求的补偿，偏向于从宏观视角将利息率视为资本成本的初始表达或简单替代，尤其是以风险调整后的利息率作为投资项目价值评估的贴现率，逐步形成了资本成本概念中"风险报酬"的最初理念，并构建了现代评估技术的理论基础。

2. 20世纪50年代

随着现代财务理论的日趋成熟，资本成本在这一时期由宏观的经济学领域逐渐转移到微观的财务学领域，并成为严格约束公司理财决策的重点因素之一。Durand（1952）科学诠释了资本成本的本质含义，即资本成本不是一种实际的成本付出，而是投资者选择当前投资项目而放弃掉的机会成本，也是该投资项目必须赚取的最低报酬率，且这一概念对于债券融资、股票融资与留存收益都同样适用。Soule（1953）立足于公司所有者的视角进一步提出，任何形式的资本融通与使用都会产生资本成本，普通股资本成本是公司为了获取新的股权资本而必须支付的单位普通股的净盈余。Solomon（1955）则从资本预算的角度认为，资本成本能够为资本性支出是否可行提供正确而客观的评价标准，可被称为资本性支出"要求的最低报酬率"或资本预算的"取舍率""临界利率"。Modigliani和Miller（1958）提出了MM理论，他们的《资本成本、公司财务和投资理论》一文被誉为现代公司理财学诞生的奠基之作，让资本成本正式引发了理论界与实务界的广泛关注。无税MM理论将资本成本确立为财务决策的核心要素，在公司价值评估过程中"与风险程度相适应的贴现率"即是资本成本，其中经营风险决定公司的总资本成本，经营风险与财务风险共同决定股权资本成本。股东因为负债率的提升而承担了更高的财务风险，因此对于股权资本投资，要求获得更高的风险报酬补偿。MM理论将资本成本与公司价值科学融合，从而将资本成本理论推向了一个崭新高度,也为后续系统性研究提供了翔实的分析框架。

3. 20 世纪 60~80 年代

尽管 MM 理论界定了财务风险对股权资本成本的决定性影响,但如何有效估算股东要求报酬率始终是一个技术性难题。这一阶段,学界对于资本成本的研究主要转移到了股权资本成本的数值估算领域,但估算技术的每一步发展,与人们对资本成本概念认知的不断深化有着密不可分的必然联系。以资本资产定价模型 CAPM(Sharpe,1964;Lintner,1965;Mossin,1966)为代表的资本定价理论成为现代金融学的研究焦点,并在客观上推动了资本成本估算技术的长足进步,为"到资本市场上寻找资本成本"观念的落地实施奠定了扎实的技术基础,也成为当时人们理解资本成本的主要渠道。CAPM 在证券组合状态下基于市场风险来量化股东的要求报酬率,从根本上颠覆了传统的股权资本成本理念,在资本市场有效、投资者充分理性、公司治理优异的假设条件下,CAPM 或许就是非常高效的估算方法。但 CPAM 毕竟只是市场风险的单因素模型,很少关注到公司个别风险,完全凭借资本市场风险来确定股权资本成本的做法显然存在一定缺陷,再加上风险信息存在较强的噪声干扰和较高的随机误差,且风险分析过多依赖历史数据却忽视了资本成本的预期特性,这就给股权资本成本估算技术的后续发展留下了很大的探索空间。以 Gordon 模型(Gordon,1962)为代表的股利增长模型与 CAPM 的提出几乎同步,它更加具体地着眼于公司个别风险因素,根据未来预期股利及股利增长状况来倒推内含报酬率,一经问世就立刻受到实务界的广泛推崇,并成为这一阶段企业进行股权资本成本估算的主流工具,且一直持续到了 20 世纪 80 年代。

4. 20 世纪 90 年代以后

这一阶段学界仍然以股权资本成本的估算技术作为研究重点,并进一步沿袭了以 CAPM 为代表的风险报酬率估算和以 Gordon 模型为代表的内含报酬率估算这两类并驾齐驱的"双线技术模式"。但不同的是,伴随 Sharpe 凭借 CAPM 斩获 1990 年度的诺贝尔经济学奖,同时美国企业在 80 年代以后逐渐减少了现金股利发放,理财实务界对 CAPM 的认可度不断攀升,CAPM 逐渐取代 Gordon 模型成了英美国家进行股权资本成本估算的主流方法。为了弥补 CAPM 单因素模型的缺陷,Fama 和 French(1993)经过多年努力,提出了基于实证分析的 Fama-French 三因素模型,综合考虑了市场风险溢价因子、公司市值规模因子、账面市值比因子,通过解释横截面上的证券组合期望收益率来估算股权资本成本,但有关证据表明,三因素缺乏强有力的理论支撑,且风险溢价及其影响因素难以准确把控(Aharoni et al.,2013;毛新述等,2012)。与此同时,随着股票市场交易数据的不断完善,加上公司估值对贴现率的客观需求,财务理论界延续 Gordon 模型倒推内含报酬率的思路,开始转移学术方向,充分考虑公司预期赢利能力、未来市场价格与股权资本成本之间的内在逻辑,采用会计盈余的预测数据来估算股权资本成本成了新的研究亮点,由此诞生了"隐含资本成本"估算技术。Ohlson(1995)基于"干净盈余"假设提出的剩余收益模型,将股东权益视为当前股票账面价值和未来各期收益现值的总和,而未来收益则是满足了股东要求报酬率之后的剩余收益,为隐含资本成本技术的蓬勃发展奠定了坚实基础。其后,学界采用不同的盈余预测数据创立了多种隐含资本成本的估算方法——内含报酬率模型,代表性的有 GLS 模型(Gebhardt et al.,2001)、OJ 模型(Ohlson and Juettner-Nauroth,2005)、PEG 模型和 MPEG 模型(Easton,2004)等。该时期是股权资本成本估算技术最为蓬勃发展、百花齐放的时期,呈现两大特点:其一,基于会计数据进行股权资本成本估算,将会计盈余数据中隐含的公司个别风险因素与股权资本成本估算值有机融合,具有更强的合理性;其二,基于预测数据进行股权资本成本估算,直观反映了股权资本成本估算值的预期性质,具有更强的科学性。然而,各类模型对每期盈余的处理方法、时间变化、超常增长率等假设存在巨大差异，很可能导致估算结果截然不同，不仅加剧了投资者对股权资本成本估算值的疑惑，而且提高了公司使用股权资本成本估算方法的难度。

（二）股权资本成本的影响因素研究

股权资本成本作为一种经济后果，具有不可直接观察、难以准确估算、时刻动态变化等特性，因此国内外学界的研究视角长期聚焦于股权资本成本的影响因素领域，但"究竟是谁影响了股权资本成本"，始终是一个充满争议的话题。众多研究成果表明，财务特征、治理机制、信息披露等企业层面的微观因素，政治关联、法制化水平、市场化进程等制度环境层面的宏观因素，都会对股权资本成本产生深刻影响。此外，在正式制度环境较差、社会网络盘根错节的新兴市场中，有少数学者开始关注到非正式制度和社会资本也逐渐成为股权资本成本不容忽视的重要影响因素。

1. 企业层面的影响因素

（1）财务特征

早期学者主要从财务特征着手研究股权资本成本的影响因素，大致包括公司规模、公司成长性、股票流动性、盈利波动性、财务杠杆、账面市值比、资产周转速度、经营现金流等方面。Modigliani 和 Miller（1958）提出的 MM 理论认为，负债水平的提升导致股东财富的不确定性增大，让股东承受了更高的财务风险，必然会要求更高的预期报酬作为风险补偿，因此财务杠杆是影响股权资本成本的重要因素。Fama 和 French（1993）利用美国资本市场截面数据进行实证研究，发现 CAPM 仅考虑外部市场风险溢价并不足以全面解释股票平均报酬率，而公司市值规模与账面市值比这两个内部财务特征因素也会对股权资本成本产生显著影响，由此提出了 Fama-French 三因素模型。Gebhardt 等（2001）更为综合系统地考察了传统财务特征与股权资本成本之间的关系，研究结果表明，行业收益水平、预期盈余波动、账面市值比、分析师盈余预测分歧等因素能够解释股权资本成本差异的 60%，而且在较长时期内都具有相对稳定性。Fama 和 French（2015）在三因素模型的基础上进一步加入赢利能力与投资模式这两个因素，并指出五因素模型比三因素模型能够更好地描述横截面上的股票预期报酬率。Bukvic 等（2016）为了测试 CAPM 模型应用于欠发达市场进行资本预算决策的可能性，对 2003~2014 年计划在克罗地亚东部实施的 62 个随机选择的项目提案进行了研究，结果显示，公司的现金流量、赢利能力和项目投资结构也会导致股权资本成本的波动。国内学界也围绕众多财务特征进行了广泛探讨。叶康涛和陆正飞（2004）以 2000~2001 年我国上市公司为样本，基于 11 个财务特征，通过逐步回归法来检验股权资本成本的决定性因素，结果显示，股票 β 系数具有最主要的影响作用，此外，资产负债率、公司规模、账面市值比同样是股权资本成本非常重要的影响因素，而且不同行业的股权资本成本存在显著差异。庞家任等（2020）以股权分置改革作为分界点，检验 Fama-French 五因素模型在我国资本市场的适用性，研究结果表明，公司规模与账面市值比对股权资本成本具有显著影响，而在股改之前市场风险占据主导地位，股改之后赢利能力与投资模式表现出显著的风险溢价。由于学界对财务特征因素的影响效应基本已经达成共识，所以近年来纯粹从财务特征视角研究股权资本成本的文献相对较少，往往是在实证分析时将财务特征作为控制变量进行处理。

（2）治理机制

随着委托代理理论的发展，学界关注到管理层的道德风险、逆向选择等机会主义行为，以及大股东的关联交易、资金占用、非法转移等掏空行为，必然会形成严重的代理问题，进而对股权资本成本产生重要作用。因此，国内外学者开始围绕股权结构、股东性质、董事会特征、管理层激励等公司治理机制来探索股权资本成本。Reverte（2009）基于董事会独立性、董事会规模、审计和薪酬委员会、董事长与 CEO 两职兼任、董事会委员会五个维度考察西班牙公司的治理效率与股权资本成本之间的关系，研究发现，与治理较弱的公司相比，治理较强的公司股本资本成本更低。Attig 等（2013）检验了机构投资者的投资期限对公司股权资本成本的影响，结果表明，由于监管力度和信息质量的提高，如果公司的机构投资者存在长期投资期限，将会导致股权资本成本的下降，而且长期机构投资者的监督作用对于代理问题较严重、治理效率较低的公司更为明显。Sukhahuta 等（2016）以泰国证券交易所上市公司作为样本，基于代理理论探讨 CEO 权力对股权资本成本的影响效应，研究发现，CEO 权力增大可能产生滥用职权、违规操作等机会主义行为，一系列代理问题将会提高股权资本成本，而良好的公司治理机制可以抑制 CEO 权力与股权资本成本之间的负相关性。Tseng 和 Demirkan（2020）考察了 CEO 过度自信与股权资本成本之间的关系，结果显示，过度自信的 CEO 倾向于把经济资源投放于高风险项目，降低对企业社会责任的履行程度，从而增大投资者的风险感知和要求报酬，提高股权资本成本。因为我国上市公司具有突出的国有属性特征，再加上股权分置改革、混合所有制改革的实施，所以国内学者更多地探讨股权性质的资本成本效应。肖作平和尹林辉（2015）揭示了终极所有权性质对股权资本成本的作用机制，结果表明，中央企业和外资企业由于治理效率更高、监督机制更完善，相比民营企业的股权资本成本更低，地方企业和事业单位相比民营企业而言，股权资本成本没有明显差别。汪平和王晓娜（2017）研究发现，管理层持股比例的变化与股权资本成本之间具有倒 U 形关系，而且这一效应在国有企业中更为显著。孙多娇和杨有红（2018）指出，高管薪酬激励通过缓解委托代理问题约束了投资者的风险溢价水平，从而降低了股权资本成本；控制权与现金流权偏离所导致的过度控制现象则引发了大小股东之间的利益冲突，从而提高了股权资本成本。

（3）信息披露

随着信息不对称理论的发展，学界在 20 世纪 90 年代末逐渐开始从信息披露质量的视角探讨股权资本成本的影响因素，并成为资本成本后续研究的经典思路。Botosan 和 Plumlee（2002）探究了年报披露水平与披露及时性对股权资本成本的影响，结果显示，年报披露水平越高的公司股权资本成本越低，但年报披露及时性越强的公司股票波动性反而越大，导致股权资本成本上升。Easley 和 O'Hara（2004）构建了一个包括知情者与不知情者的理性风险预期模型，深入探究信息不对称程度对股权资本成本的影响效应，研究发现，投资者对于蕴含更多非公开信息的股票要求更高的风险补偿，而知情者能够利用私有信息优化投资组合，从而降低股权资本成本；不知情者则处于信息劣势地位，无法对未来风险与报酬做出准确评价，从而提高股权资本成本。Mazzi 等（2016）考察了公司信息披露质量、商誉披露合规水平与股权资本成本之间的关联性，研究表明，在执法力度较大的国家，信息披露通过提升商誉披露合规水平起到降低股权资本成本的效果，合规水平的变化在信息披露影响股权资本成本的过程中发挥了中介作用。Vitolla 等（2020）首次对综合报告质量与股权资本成本之间的关系进行探索，并指出包括财务信息和非财务信息的综合报告是一种新的信息披露工具，代表了信息披露发展趋势的自然演变过程，对于公司和投资者来说都是极为重要的信息参数，能够显著降低股权资本成本。国内学者沿袭了国外研究观点，于 21 世纪初期从信息披露视角对股权资本成本展开了大量研究。支晓强和何天芮（2010）研究了强制信息披露与自愿信息披露的联合作用对股权资本成本的影响效应，研究结果显示，信息披露质量越高，股权资本成本越低，而且强制信息披露质量与自愿信息披露质量对股权资本成本的交互影响效果要高于两种信息披露各自的作用效果。喻灵（2017）从信息披露视角检验股价崩盘风险对股权资本成本的影响，研究发现，股价崩盘风险越高，股权资本成本越低，且高质量的信息披露不会改变股价崩盘风险的负面影响，但机构投资者起到了信息披露质量的有效替代作用，显著削弱了股价崩盘风险与股权资本成本的负相关性。张正勇和邓博夫（2017）基于信息传递理论考察社会责任报告鉴证是否可以为投资者提供有效信息并降低股权资本成本,研究指出,如果社会责任报告经过第三方专业机构鉴证,则会对股权资本成本产生积极的降低作用,而且在财务业绩较差、信息透明度较低的公司中这一影响效应更加显著。江媛和王治(2018)研究发现,董事会报告可读性作为投资者权衡未来风险和预期收益的参考依据,是降低股权资本成本的一个重要因素,而健全的外部制度环境会削弱董事会报告可读性的作用效果。企业应该不断增强非财务信息传递的可靠性,从而降低股权资本成本。

2. 制度环境层面的影响因素

(1) 政治关联

政府角色是制度环境的一个重要组成部分,政治关联在法律体系还不健全、市场发育相对落后的国家和地区更为盛行。Boubakri等(2012)利用倾向得分匹配模型,考察了政治关联对股权资本成本的作用效果,研究发现,具有政治关联公司的股权资本成本明显低于不具有政治关联的公司,而且政治关联的作用程度受到了国家制度环境和公司产业特征的异质性影响。Belkhir等(2017)研究了中东和北非地区政治风险对公司股权资本成本的影响,结果显示,缺乏民众合法性的独裁政权统治将导致投资者面临巨大的政治动荡和经济断层,政治风险产生了更高的股权资本成本。我国正处于转型经济的制度背景下,政府对经济行为的干预程度依然较高,甚至有些地方政府直接参与到企业决策活动之中,因此政治关联对我国企业股权资本成本的影响研究更加具有深远意义。徐浩萍和吕长江(2007)基于政府干预程度的差异,对政府角色转变与股权资本成本的关系进行研究,发现政府减少干预行为产生了"保护效应"和"可预期效应"两种截然不同的后果,前者通过减少对企业的保护、增大企业的风险提高了股权资本成本,后者通过增强未来经营环境的预期性降低了股权资本成本。赵峰和高明华(2012)认为,政治关联可以作为一种有效弥补正式制度缺陷的非正式机制,为地方企业提供融资便利、税收优惠、财政补贴等政策支持,从而显著降低民营上市公司的股权资本成本，并且这种降低效应在政府干预程度较高的公司更加明显。全进等（2018）考察了领导干部自然资源资产离任审计对股权资本成本的影响，并进一步解析了政治关联的作用效果，研究表明，领导干部自然资源资产离任审计事件会增大重污染、资源型企业的股权资本成本，但政治关联可以削弱这一负面影响，带来积极的增量效益。

（2）法制化水平

随着法律与财务交叉研究的快速发展，法律制度环境特别是与中小投资者利益保护相关的法规体系逐渐成为股权资本成本的又一重大影响因素。La Porta 等（2002）提出了一个中小股东法律保护和控股股东现金流所有权对公司估值影响的理论模型，实证发现，中小股东法律保护机制越完善则公司估值越高，而控股股东拥有的现金流所有权越大则公司估值越低。Himmelberg 等（2002）考察了投资者法律保护、内部所有权与股权资本成本之间的逻辑关系，研究指出，在投资者法律保护较差的条件下，内部人通过增持更多股份来向外部股东给予可信承诺，为此承担了更大的投资风险，进而提高了股权资本成本。Hail 和 Leuz（2006）从法律制度和证券监管的视角考察了 40 个国家公司股权资本成本的国际差异，研究结果显示，在信息披露要求更积极、法律执行机制更严格、证券监管政策更健全的国家，公司的股权资本成本显著更低。Chu 等（2014）调查了 21 个国家的法律制度在集中股权结构与股权资本成本之间的治理作用，结果表明，尽管集中的股权结构提高了股权资本成本，但一个国家较高的法制化水平会显著弱化集中股权结构的消极影响，在降低股权资本成本方面发挥了正向的溢出效应。我国上市公司控股股东与中小股东之间的第二类代理问题尤为突出，将投资者利益保护等法律机制与股权资本成本进行结合研究更具现实意义。沈艺峰等（2005）利用时间序列分析法，检验我国资本市场在不同时期中小投资者法律保护对股权资本成本影响程度的动态变化，发现随着中小投资者法律保护机制的健全完善，股权资本成本呈现逐步下降的变动趋势。姜付秀等（2008）通过问卷调查的方法，为我国上市公司设计了包含微观与宏观两个层面的投资者利益保护指数，同样认为投资者利益保护能够有效降低股权资本成本。陈旻等（2018）对会计准则趋同后股权资本成本下降的潜在制约因素进行异质性分析，结果显示，外部监管制度环境的改善是使股权资本成本受益于会计准则国际趋同的重要原因，持续推进制度环境建设是降低股权资本成本的有效路径之一。

（3）市场化进程

市场化进程直观体现了区域经济发展水平和资本自由流动程度，地区之间的发育层次差异对股权资本成本的影响不尽相同。Kim等（2015）研究了中国省级金融发展与股权资本成本之间的关系，结果显示，股票市场发展总体上降低了股权资本成本，但在国有企业和具有高增长潜力或高创新强度的企业中降低作用会显著减弱，股票市场的发展程度逐渐替代了会计质量、执法力度、股权分置改革等其他制度因素，对股权资本成本产生了更大的影响效应。Ghoul等（2018）以30个国家制造业企业作为研究样本，在控制企业特征以及行业、年份和国家固定效应之后发现，市场化水平越高的地区，企业环境责任越大，股权资本成本越低。我国作为新兴资本市场，区域发展程度并不均衡，正式制度建设不够完备，产权保护水平、政府监管效果与发达资本市场之间均存在较大差距，更有必要研究市场化进程对股权资本成本的作用机制。肖作平和周嘉嘉（2012）从多个维度考察了我国制度环境对股权资本成本的影响，研究表明，市场发育程度较高的地区通过缓解代理冲突、减少信息不对称、增加掠夺成本降低了股权资本成本。张军华（2014）指出，产品市场竞争通过减少公司特质风险从而抑制了股权资本成本，但在法制化水平高、政府干预少的地区这一效应会被削弱。汪平和张孜瑶（2014）检验了不同市场化进程下股权资本成本对高管与员工薪酬差距的影响机制，结果显示，股东要求报酬率的波动抑制了高管和员工之间的薪酬差距，而且随着我国市场化进程的推进，股权资本成本在薪酬方案制定中的锚定效应会更加显著。李慧云和刘镝（2016）探讨了市场化进程在自愿性信息披露影响股权资本成本过程中的外部环境作用，发现在市场化水平更高的地区，自愿性信息披露对股权资本成本的降低效果会得到进一步增强。

3. 非正式制度与社会资本层面的影响因素

以上研究主要探究的是正式制度安排下股权资本成本的影响因素，却忽略了"关系型"社会的任何经济行为都嵌入到社会网络结构之中，有可能受到人情世故、情感倾向、关系认同等非正式制度潜在的影响与限制（Granovetter，1985）。特别是在我国正式制度亟待进一步完善的市场环境中，非正式制度将会产生更大的替代效应。近年来，已经有学者基于非正式制度与社会资本的角度研究股权资本成本。Rossoni等（2018）从复杂性的社会学视角出发，剖析了董事会和股东所拥有的社会关系资源对股权资本成本的影响机制，并以巴西证券交易所上市公司作为实证样本，结果表明，镶嵌于董事会的关系资源降低了股权资本成本，镶嵌于股东的关系资源则提高了股权资本成本。游家兴和刘淳（2011）在国内较早开展这一领域的研究，他们基于嵌入性思想构建了企业家社会资本的评价体系，并实证检验其对股权资本成本的作用程度，结果显示，企业家拥有的社会资本通过网络关系、网络地位、网络声誉降低股权资本成本，并且在法律保护薄弱的地区具有更显著的影响效果。魏卉和李平（2020）将企业社会资本划分为权力性与市场性两种类型，考察了异质性社会资本与股权资本成本的关系，研究发现，权力性社会资本通过增加代理成本提高了股权资本成本，市场性社会资本通过缓解信息不对称降低了股权资本成本。孙彤等（2020）则将企业家微博作为非正式信息传递机制，检验其对所在公司股权资本成本的影响效应，研究结果显示，企业家微博的发布条数、评论条数、转发条数与股权资本成本显著负相关，而且个性化微博比例越高、@他人的数量越多、正向情感倾向的内容越丰富，股权资本成本下降越明显。

三 董事网络关系、企业风险承担与资本成本的相关研究

风险承担反映了企业追逐高额收益并愿意为之付出代价的意愿或倾向,是董事会与管理层面对未来收益不确定性所采取的风险行为的理性选择和进取精神(Lumpkin and Dess,1996;余明桂等,2013)。连锁董事网络作为一种传播异质信息、配置稀缺资源的非正式平台,能够充当正式制度的有效替代品对企业风险承担产生积极影响。本书认为,要想充分利用董事网络所镶嵌的社会资本,从根源上帮助企业稳步降低股权资本成本,无论采取怎样的治理机制,最终都要落实到股东所遭遇的投资风险层面,必然也就无法绕开企业风险承担这一传导路径。本节将细致梳理该领域的研究现状,为后文的作用机制分析和实证框架构建奠定坚实基础。

(一)董事网络关系对企业风险承担的影响研究

现有关于企业风险承担影响因素的文献主要从治理结构特征、外部环境特征、管理者背景特征等层面展开研究,而针对社会资本、董事网络等非正式制度对企业风险承担的作用效果还尚未进行广泛探讨,目前只有寥寥数篇这一领域的相关文献。Fourati 和 Affes(2011)为创业型企业构建了融资约束、人力资本、社会资本与风险承担的内在逻辑框架,并指出风险承担水平的提升是创业型企业保持高成长性的基本保障,人力资本的财富效应能够为企业带来更丰厚的社会资本,而嵌入个人和组织层面的社会资本又可以为风险决策行为提供资源支持,通过缓解融资约束,激发董事会和管理层的风险承担意愿。Ferris 等(2017)提供了 CEO 社会资本对企业风险承担影响的重要证据,研究表明,CEO 作为首席代理人会为企业政策定下风险基调,其风险厌恶特征对风险承担行为产生了消极影响。但 CEO 拥有的社会资本有助于强化其权力感,并减弱风险决策的不确定性,提高风险承担能力;同时有助于打造职业安全网,为其增加失业后再就业的可能性,刺激风险承担动

机。Panta（2020）探讨了社会资本对企业风险承担的影响作用，结果显示，社会环境将有价值的社会资本传递给个人层面并转移到组织层面，有效提升了企业风险承担水平。但如果滥用社会资本、盲目冒进，也会产生巨大的价值破坏效应，社会资本与风险承担的作用机制存在一个理性区间。Huang等（2021）考察了增选董事会成员对风险承担行为的治理效果，以及社会资本对这种关系的调节作用，研究发现，新成员加入并没有明显提升企业的风险承担水平，但社会资本的提高增强了管理者的风险承担倾向，激励了全体董事会聚焦于持续价值创造与长期财富增长的风险投资信心。近年来，国内学者也开始涉猎社会网络与风险承担的交叉研究。张敏等（2015）较早在这一领域展开探索，其研究结果显示，企业拥有的社会网络越丰富，风险承担水平越高，而且董事长构建的社会网络比总经理构建的社会网络更有利于增强企业风险承担能力。刘衡和苏坤（2017）在国内首次探索连锁董事网络与企业风险承担之间的直接效应，研究表明，董事网络为联结企业提供了信息传递的沟通渠道，创造了学习模仿的互动平台，对企业风险承担水平具有显著的正向影响，良好的市场化进程与充足的投资机会更有助于信号传递效应和行为效仿效应的进一步发挥，从而强化了董事网络对风险承担的促进作用。吴超和施建军（2018b）采用结构洞指标衡量独立董事网络的位置特征，认为处于结构洞位置的连锁董事为了规避风险投资失败可能造成的个人声誉损失和职位解聘危机，会阻挠企业的风险承担行为，由此降低了风险承担水平。这一结论违背了连锁董事制度的本质属性和企业风险承担的基本内涵，与主流观点并不相符，其合理性值得进一步商榷。张俊芝和谷杉杉（2020）基于"董事特征—董事网络—企业风险承担"的研究框架，探讨了董事网络在董事特征影响企业风险承担过程中产生的中介作用，结果显示，连锁董事可以通过丰富执业经验、优化社会声誉来提升网络中心度，进而为风险承担活动带来更多的有效信息与核心资源。高露丹等（2021）实证考察了连锁董事网络对企业风险承担的治理机制,研究表明,连锁董事的网络位置越高,其为联结企业获取优质投资机会及关键技术资源的可能性越大,进而通过促进创新研发、产品升级、技术进步来提升企业风险承担水平,管理层的股权激励程度越高,董事网络位置对企业风险承担的正面作用越强。除了董事网络关系与企业风险承担的结合研究之外,陈逢文和冯媛(2019)、宋鹏等(2019)、赵丽娟和张敦力(2019)还分别探索了新创企业网络、交叉持股网络、CEO社会资本对风险承担的影响效应,结论全都支持不同类型的社会资本及网络关系能够显著提升企业的风险承担水平。

(二)企业风险承担对资本成本的影响研究

企业风险承担与股权资本成本的关系目前尚未被学界广泛关注,国内外都只有少量文献涉及该领域,但大部分文献观点支持了风险承担水平对股权资本成本具有正面的抑制效果。Du(2013)基于代理理论与契约理论,以1992~2004年2017家美国上市公司为样本,使用联立方程同时考虑董事会薪酬决策与管理层风险决策的交互效应,研究表明,企业可以利用合理的股权薪酬契约促进管理层实施积极的风险承担行为,并通过缓解股票收益与价格的波动性来稳定投资者情绪,进而降低股权资本成本。Chen等(2015)利用标准普尔1500指数1992~2009年的样本观测值进行实证研究,结果显示,薪酬委员会通过权衡管理层的风险激励与投资者的风险感知,在高管薪酬合同中嵌入股票期权等组合式方案,激发管理层选择价值增值项目、优化风险承担战略,促进投资者提升未来财富期望、降低近期要求回报,从而达到约束股权资本成本的治理效果。Alhares(2017)将风险承担、资本成本、信用评级与公司治理共同纳入研究框架,以2010~2014年来自10个经合组织国家的200家公司作为跨国样本,实证考察了企业风险承担对于股权资本成本的影响机制,结果显示,良好的公司治理机制通过提高风险承担水平,提升投资者对目标公司的信任程度与信用评级,从而对股权资本成本产生了显著的抑制效应。国内目前鲜有涉及企业风险承担与资本成本关系的相关文献，为数不多的研究主要从债券信用利差、信用评级、发行定价等视角出发，探讨风险承担水平与债券融资成本的关系。李卓松（2018）剖析了发债公司不同生命周期的风险承担行为对债券融资成本的差异化影响，并指出成熟期公司由于赢利状况稳定、投资效率更高、发行时机更好，风险承担降低了债券融资成本，但初创期、衰退期公司的风险承担会提高未来不确定性和债券违约风险，提升了债券融资成本。艾珺（2020）以发行债券的民营上市公司为样本，研究现金股利和风险承担对债券融资成本的作用机制，结果表明，积极的风险承担能够保持技术创新热忱，获得市场领先优势，提升企业经济效益，不仅降低了债券融资成本，还增强了现金股利对债券融资成本的抑制作用。国内学界似乎忽略了一个事实，企业风险承担创造的价值增值最终归属于股东的剩余收益，风险承担水平对股权资本成本才具有更加鲜明的作用逻辑。桑广强等（2019）基于我国股利税差别化改革背景，以2012年股利税差别化征收作为外生事件，采用联立方程对沪深两市2009~2011年、2013~2014年两个阶段的样本数据进行对比分析，实证检验了企业风险承担对股权资本成本的影响效应，结果显示，差别化股利税政策降低了上市公司的风险承担水平，从而增大了政策发布之后的股权资本成本。

（三）董事网络关系对资本成本的影响研究

董事网络关系的信息媒介功能与公司治理效应已在多个角度得到证实，近年来有少数学者开始关注董事网络对资本成本的作用机制。Chuluun等（2014）以1994~2006年5402个债券年度观测值为样本，实证检验董事网络关系对公司债务资本成本的影响效应，发现越处于董事网络中心位置的公司，越可以获取更有利的媒体报道与更丰富的金融资源，由此带来更小的债券买卖价差，从而降低债务资本成本，而且这一负向关系在信息高度不对称的公司更加显著。Goncalves等（2019）以2002~2015年巴西证券交易所137家上市公司为样本，基于所有权和控制权类型的视角探讨董事会社会资本对股权资本成本的影响，结果表明，无论直接还是间接的董事会社会资本都有助于优化董事会结构与股权集中度，从而有效降低民营企业的股权资本成本，但该效应在国有企业中并不显著。陆贤伟等（2013）从社会网络的信息传递功能出发，探究董事网络关系对债务融资成本的影响机制，结果显示，国有上市公司的董事网络位置对债务融资成本并不具有显著的抑制效果，但在高代理成本、受到融资约束的公司中，二者关系则具有显著性。王营和曹廷求（2014）构建了"董事网络嵌入→债务融资获取"的逻辑框架，并指出董事网络通过扩大融资规模、降低融资成本、优化期限结构来促进债务融资。其中，董事网络增强了债权人、债务人的信任与合作，提高了交易过程的信息透明度和市场声誉，从而有效抑制了债务融资成本的提升。倪娟等（2019）从声誉担保、信息传递、资源联结三条路径出发，证实了连锁董事的社会人角色可以减少债务融资成本，而且这一影响在赢利能力差、有形资产少、行业竞争激烈、信息不对称程度高的企业中更大，并在进一步排除政治关联和金融关联的干扰后结论仍然成立。王永青等（2019）实证检验了连锁董事网络对股权资本成本的作用机制，结果显示，董事网络中心度越高，股权资本成本越低，董事网络位置可以通过抑制经营风险和信息风险这两条重要路径来降低股权资本成本。以上文献观点共同显示，董事网络具有正面的资本成本治理效果，但有关股权资本成本的研究还较少涉及，且研究过程缺乏现实情境下的权变机制。

四　研究现状述评

作为社会网络嵌入上市公司层面的代表，近年来董事网络关系在国内外学界引起了广泛关注，目前众多学者已就董事网络的定义、特征、成因、计量、后果展开深入探索并取得了丰硕的研究成果，而大部分文献观点都认为董事网络逐渐充当了正式制度缺陷的有效补充机制，能够产生积极的公司治理作用。同时，关于股权资本成本内涵、估算技术及影响因素的文献更是浩如烟海，虽然现阶段只有少量文献开始涉足董事网络关系与股权资本成本的交叉研究,但这些文献的研究视角和分析范式,能为本书在这一领域的有益拓展奠定坚实的前期基础。然而,本书认为,现有文献还存在以下几个方面的不足,有待进一步完善。

(一)影响效应不够全面

董事网络关系的研究方向已从早期的形成动机研究逐步转化为经济后果研究,学界基于不同的理论流派阐释了董事网络对企业行为及绩效的溢出效应。但由于每一种理论对于董事网络治理机制的解释力度有限,大多数文献只是从个别视角出发来论证其信息媒介作用与资源配置功能,并未充分考量连锁董事在面对各类复杂性事务时所产生的综合效应,导致研究结论还相对片面和分散。因此,本书在汇总文献观点的基础上,将从信息资源效应、监督治理效应、学习模仿效应、声誉激励效应四个角度,更加全面地分析董事网络关系对股权资本成本的影响机制,试图丰富董事网络经济后果的研究文献。

(二)研究内涵相对狭窄

学界衡量董事网络关系的主流做法是基于社会网络分析视角,以网络中心度和结构洞来考察董事网络的位置特征。但董事网络关系是一个复杂多变的综合系统,连锁董事的决策行为方式深深镶嵌于董事网络的内部结构之中,具有明显的结构嵌入特征与情境演化性质。中心度或结构洞只能反映连锁董事占据的重要位置、拥有的控制优势,并不足以全面认识连锁董事蕴含的整个网络资源价值,传统研究过程可能存在一定的局限性。因此,本书将另辟蹊径,进一步剖析董事网络关系的结构特征,多角度探索董事网络结构对董事网络位置与股权资本成本之间关系在不同现实情境下表现出来的结构性差异,试图从位置特征与结构特征的双重视角深化董事网络关系对股权资本成本的治理机制。

(三)检验视角有待创新

以往社会网络相关文献主要着眼于公司的独立个体行为,大都笼统针对"与 A 公司存在董事联结关系—B 公司决策行为"进行"单向"研究，不仅忽略了董事网络模仿效应为联结公司带来的"双向"参照作用，而且未能完整反映信息资源传输路径存在的长短差距。事实上，公司之间的"双向配对"研究才是检验董事网络治理作用的绝佳视角。本书以连锁董事作为"信息桥"，从"A公司信息流—直接或间接连锁董事—B公司信息流"的角度通过公司的两两配对，明确辨析公司之间联结关系的多种类型，探索不同董事联结关系下信息传播链条的路径长度差距，基于信息流影响的双向性为董事网络后续研究提供一种新型视角。

（四）作用机制比较模糊

在正式制度亟待完善、社会关系纵横交织的新兴资本市场中，社会网络及其嵌入的社会资本作为一种典型的非正式制度，对股权资本成本的影响研究目前尚处于起步阶段，还未引起学界的高度重视。连锁董事网络是上市公司之间最广泛存在的一种非正式合作模式，股权资本成本则是微观财务政策与宏观经济运行的基准性指标，二者之间的作用机制至今仍缺乏系统全面的解析。本书梳理了董事网络关系、企业风险承担与股权资本成本的相关文献，认为它们之间具有天然的内在逻辑，将以企业风险承担作为董事网络关系影响股权资本成本的传导路径，并进一步以董事会团队特征作为改变风险承担中介作用大小的权变因素，尝试从逻辑上打开董事网络与董事会协同治理、个人社会资本与企业社会资本持续转化的"黑箱"。

第二节　核心概念界定

一　董事网络关系的概念与衡量

（一）连锁董事的定义与分类

1. 连锁董事的定义

Mizruchi和Stearns（1988）将连锁董事定义为在两家及两家以上公

司董事会同时任职的董事个体。这一概念着重突出的是"连锁"二字,并体现了两方面含义:一是强调董事由于在多家公司兼任,与任职公司的其他董事发生联结,从而进一步导致其任职公司之间也形成了联结关系;二是重点考察公司与公司之间以连锁董事作为结点所构建的联结关系,而非单个公司内部的自我联结。

2. 连锁董事的分类

Pennings(1980)按照企业之间依赖关系的区别,将连锁董事分为垂直连锁董事与水平连锁董事。如果一位董事同时在具有上下游关系的公司董事会任职,则被称为垂直连锁董事;如果一位董事同时在一个行业内的公司董事会任职,则被称为水平连锁董事。Stokman 等(1985)按照连锁董事法定来源和职务性质的区别,将连锁董事分为内部连锁董事与外部连锁董事。如果某家公司将其内部(执行)董事派驻到其他公司的董事会兼任,以达到监督控制、互利互惠的目标,则被称为内部连锁董事;如果是外部(独立)董事在多家公司的董事会兼任,则被称为外部连锁董事。Scott(1991)按照董事之间联结方式的区别,将连锁董事分为直接连锁董事与间接连锁董事。如果一位董事同时在两家公司的董事会任职,则被称为直接连锁董事,这两家公司因为拥有同一位董事发生了直接联结关系;如果两位董事分别在两家公司的董事会任职,但同时又在第三家公司的董事会任职,则被称为间接连锁董事,这两家公司因为共同拥有第三家公司的董事发生了间接联结关系。由图2.1可以看出,A 公司的 a 董事同时也在 B 公司的董事会兼任,对于 A 公司和 B 公司而言,a 董事即是直接连锁董事,A 公司和 B 公司之间具有直接联结关系。由图 2.2 可以看出,A 公司的 a 董事和 B 公司的 b 董事最初并没有直接联结,但如果同时都在 C 公司的董事会兼任,对于 A 公司和 C 公司而言,a 董事即是直接连锁董事,A 公司和 C 公司之间具有直接联结关系;对于 B 公司和 C 公司而言,b 董事也是直接连锁董事,B 公司和 C 公司之间仍具有直接联结关系;对于 A 公司和 B 公司而言，a 董事和 b 董事即是间接连锁董事，A 公司和 B 公司之间具有间接联结关系。依据研究主题，本书所涉及的连锁董事涵盖了内部连锁董事与外部连锁董事、直接连锁董事与间接连锁董事这两种分类标准，不考虑垂直连锁董事与水平连锁董事的区分类型。

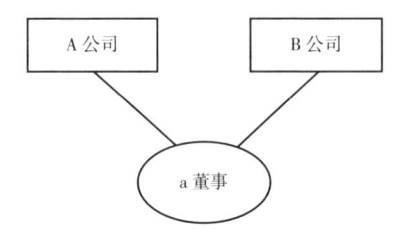

图 2.1　直接连锁董事的图示

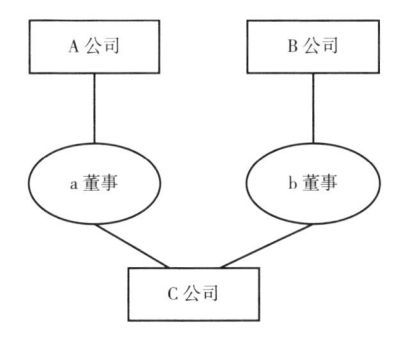

图 2.2　间接连锁董事的图示

尽管学界已经较为明确地界定了连锁董事的概念，但有些实证文献还在某种程度上扩大了连锁董事的外延，把监事人员和高管人员在公司间的兼任一并计入连锁董事的范畴。一是因为监事、高管兼职的覆盖面和影响力远低于董事联结；二是因为连锁董事尤其是独立董事具有多元化的背景特征，从而在监督咨询、战略服务的过程中带来了特有的信息、资源、声誉等优势，会产生不同于监事、高管的治理作用和决策效果，所以本书将连锁董事的范围严格定位于"在两家及两家以上公司董事会任职的董事会成员"，不包括监事会成员及高级管理人员。

（二）董事网络的定义与二元属性

1. 董事网络的定义

董事网络是指各个公司之间通过连锁董事兼任而构建的直接联结关系与间接联结关系的集合（Kilduff and Tsai，2003；谢德仁、陈运森，2012）。以图2.2为例，A公司和C公司、B公司和C公司之间构建的直接联结关系，A公司和B公司之间构建的间接联结关系集合在一起，就形成了一个董事网络。连锁董事是董事网络存在的前提条件，如果没有连锁董事作为网络关系的衔接纽带，每家公司的董事会就只是一个孤立而封闭的点集，仅能构成董事会内部成员之间的自我联结，无法跨越"信息桥"的社会阶层与企业边界。Lin（2002）指出，社会网络本质上属于正式性较弱的社会结构，因此由连锁董事产生的董事网络也是一种非正式的、松散的网络关系，并不凭借正式的行政等级来配置资源，而是通过网络中嵌入的社会资本为公司治理带来溢出效应，能够在很大程度上成为正式制度强有力的补充机制（罗家德，2010）。根据Granovetter（1985）提出的"弱嵌入"观点，连锁董事的行为模式是在与诸多社会关系不断互动的过程中做出的综合权衡与优化选择，因此董事网络在监督治理、战略服务、信息传播、资源配置等职能环节，将会驱动个人社会资本向企业社会资本的持续输出和动态转化。

2. 董事网络的二元属性

图论法被广泛应用于社会网络研究领域。在图论视角下描绘的社会网络，包含了结点与连线两种集合（Wasserman and Faust，1994）。其中，结点代表每一个行动者，连线代表行动者相互之间的联结关系。在一个社会网络中，结点的位置可以随意移动，连线的长度没有实际意义，重点考察的是各个结点组成的社会关系与网络结构。董事网络作为上市公司最普遍的一种社会网络形式，在图论中可以视作一张网络结构图，结点既可以是连锁董事个人，也可以是连锁董事所在的任职公司；连线既可以是董事之间的联结关系，也可以是公司之间的联结关系。因此，董事网络是个人网络与公司网络的统一，具有明显的二元属性特征。要想深刻理解董事网络的内涵，就需要对其二元属性及联结关系进行剖析。

图 2.3 形象地反映了董事网络的二元属性，其中，结点 ● 表示连锁董事个人，结点 ■ 表示联结公司，连线表示由连锁董事或联结公司所构建的联结关系。假设 7 位连锁董事（D_1 至 D_7）将 6 家任职公司（C_1 至 C_6）联结在一起，共同形成了一个董事网络系统，比如连锁董事 D_1 同时在 C_1 公司和 C_2 公司的董事会任职，或 C_1 公司和 C_2 公司共同拥有连锁董事 D_1，C_1 公司和 C_2 公司通过连锁董事 D_1 建立了联结关系，其余结点之间的联结关系以此类推。由此可见，图 2.3 既包含了连锁董事个人结点，也包含了联结公司结点，呈现典型的二元网络特征。需要说明的是，本书采用谢德仁和陈运森（2012）的观点，假设董事网络是无向图，即网络图中的连线不设定方向性，只要结点与结点之间存在信息的沟通与传递，就意味着两个结点都获取同样的信息，不存在信息的发出者和接收者，这样的设定也更符合董事网络个体在互动交流过程中互惠互利的基本原则。

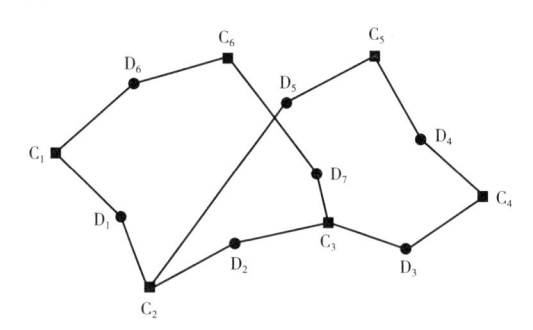

图 2.3　董事网络的二元属性图示

图 2.4 在图 2.3 的基础上，去掉了联结公司结点 ■，只保留连锁董事个人结点 ●，形成了以连锁董事为结点的个人网络图。连线表示两位连锁董事通过在同一家公司董事会任职所构建的联结关系。比如连锁董事

D_1 和 D_6 同时在 C_1 公司的董事会任职，D_1、D_2 和 D_5 同时在 C_2 公司的董事会任职，可以用连线将 D_1-D_6、D_1-D_2、D_1-D_5、D_2-D_5 两两联结起来。

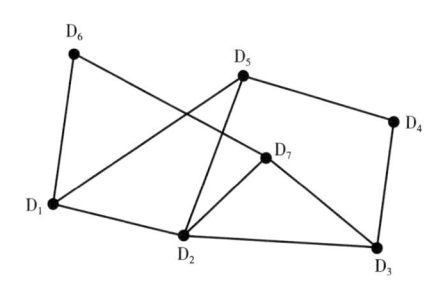

图 2.4　以连锁董事为结点的个人网络图示

图 2.5 在图 2.3 的基础上，去掉了连锁董事个人结点●，只保留联结公司结点■，形成了以联结公司为结点的公司网络图。连线表示两家联结公司通过共同拥有连锁董事所构建的联结关系。比如 C_2 公司和 C_1 公司之间共有连锁董事 D_1，和 C_3 公司之间共有连锁董事 D_2，和 C_5 公司之间共有连锁董事 D_5，可以用连线将 C_1-C_2、C_2-C_3、C_2-C_5 两两联结起来。

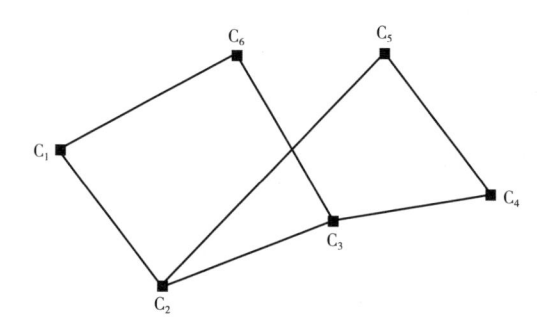

图 2.5　以联结公司为结点的公司网络图示

本书侧重于探索公司层面董事网络对股权资本成本的治理效果。鉴于董事网络同时具备了个人网络与公司网络的二元属性，后续内容应当以公司网络作为直接的研究对象。然而，公司与公司之间之所以形成社会网络关系,是以连锁董事个人在多家公司董事会兼任并与其他董事联结作为前提条件的,即连锁董事的行为模式与社会资本在公司之间搭建了"信息桥",进而促进了联结公司嵌入更广泛的社会结构之中,董事个人行为最终影响着公司组织行为。陈运森(2015)指出,董事网络蕴含的信息传播与资源交换的特定渠道,本质上来源于镶嵌在网络结构中的个人具体网络,公司网络所联结的社会关系需要以个人网络充当"媒介"。个人网络和公司网络之间存在社会资本输送与被输送的内在逻辑,这种对"首先个人层面网络输入,然后公司层面网络输出"的定义,是现有社会网络研究的主流做法,Jackson(2008)将其称为"以行动者为基础的组织溢出"。因此,本书并不直接针对公司层面董事网络(见图2.5),而是主要探讨个人层面董事网络(见图2.4),后续内容所涉及的网络结构均以连锁董事为结点,再以公司为单位将个人网络进一步转换为公司网络,这样的研究思路更加遵循了董事网络二元属性的本质特征。

(三)董事网络位置的内涵与衡量方法

1. 董事网络位置的内涵

Wasserman 和 Faust(1994)指出,社会网络所包含的诸多结点和连线的交叉集合中,各个结点网络位置的高低对于网络个体行为有着直接影响,表现出不同的信息传播能力与资源配置能力。Woolcock(1998)认为,网络结构中蕴含的社会资本才是网络价值的内在体现,但社会资本的获取途径及利用效率具有结构性约束,取决于网络行动者所在的结构位置。董事网络是上市公司之间最普遍的一种互通信息、共享资源的社会网络形式,连锁董事在盘根错节的联结过程中形成了不同的网络位置,进而导致其所能控制和利用的社会资本也存在显著差异,并对公司治理行为产生不同程度的作用效果。

董事网络位置是指连锁董事作为结点在网络关系中所表现出来的层级地位、重要水平和影响力度,是衡量董事网络治理效率与决策质量最核心的指标（Gulati，2015；梁上坤等，2018）。由于连锁董事兼任的公司数量不同，在网络系统中所构建的联结关系也有很大差别，因此每一位董事占据的结构位置或扮演的社会角色并不一致。一般来说，连锁董事获得的董事席位越多，在董事网络中处于较高层级、靠近关键位置的概率也越高，这就有利于形成更多直接或间接的联结关系，也更容易跨越社会边界带来丰富的社会资本和广阔的信息渠道，可以借此获得优化治理行为的隐性知识与执行经验，并增强在整个董事网络中的资源控制力与决策影响力。为了更清晰地描述董事网络中连锁董事作为结点所呈现的位置差异，本节绘制了图 2.6。

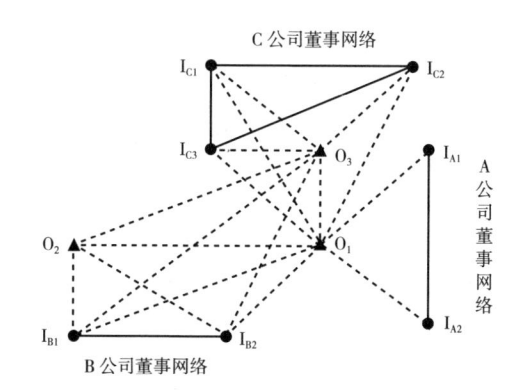

图 2.6 不同联结关系下董事网络结点的位置差异

假设 A、B、C 三家公司形成了一个董事网络系统，结点表示连锁董事个人，其中 • 代表内部董事 I，▲ 代表外部董事 O；连线表示连锁董事构建的联结关系，其中实线代表内部董事之间建立的相对更紧密的联结关系，虚线代表内部董事与外部董事之间、外部董事之间建立的相对更松散的联结关系。A 公司的董事会有两名内部董事 I_{A1}、I_{A2}，一名外部董事 O_1；B 公司的董事会有两名内部董事 I_{B1}、I_{B2}，三名外部董事 O_1、O_2、O_3；C 公司的董事会有三名内部董事 I_{C1}、I_{C2}、I_{C3}，两名外部董事 O_1、O_3。在这个董事网络中，外部董事 O_1 在 A、B、C 三家公司的董事会同时任职，O_2 只在 B 公司的董事会任职，O_3 在 B、C 两家公司的董事会同时任职。可以看出，外部董事 O_1 与其他所有董事都建立了联结关系，在 A、B、C 三家公司架起了信息传播与资源交换的桥梁。即使 O_1 无法做到对各类专业知识的全面吸收把握，但其他董事所带来的关键信息、决策经验和战略资源，将会以 O_1 作为媒介在整个网络系统中实现高效、准确的流通扩散。外部董事 O_3 在 B、C 公司的董事网络中产生了与 O_1 同样的溢出效果，但和 A 公司并没有形成直接的联结关系，因此在 B、C 公司董事会里 O_3 的治理作用要稍弱于 O_1。外部董事 O_2 则完全是"偏居一隅"，只和 B 公司内部的董事建立了联结关系，无法像 O_1 与 O_3 那样直接接触外部的异质信息和稀缺资源，属于相对封闭而孤立的网络结点，因此在 B 公司董事会里 O_2 的治理作用要远远弱于 O_1 与 O_3。以上分析说明，外部董事 O_2 处于网络边缘地带，对联结公司治理效率的提升作用并不明显；外部董事 O_1 处于网络关键位置，在董事网络中不仅拥有更大的话语权和更重要的影响力，同时也会为其带来更高的声誉评价和更丰厚的社会资本，进而对联结公司产生更积极的正外溢性。

谢德仁和陈运森（2012）认为，采用矩阵编码有助于对图论中的董事网络信息进行更加直观的表达，而且矩阵运算也为董事网络位置的衡量提供了基础数据来源。根据图 2.6 的相关信息，首先，构建"董事—公司"二维矩阵（如果某位董事在某家公司董事会任职取 1，否则取 0），用来反映每位董事联结的不同公司，如表 2.1 所示。

表 2.1 "董事—公司"二维矩阵示例

公司＼董事	O_1	I_{A1}	I_{A2}	O_2	O_3	I_{B1}	I_{B2}	I_{C1}	I_{C2}	I_{C3}
A	1	1	1	0	0	0	0	0	0	0
B	1	0	0	1	1	1	1	0	0	0
C	1	0	0	0	1	0	0	1	1	1

然后，运用 Pajek 软件的"2-mode to 1-mode"功能将表 2.1"董事—公司"二维矩阵转换为"董事—董事"一维矩阵（如果两位董事至少在一家公司董事会同时任职取 1，否则取 0），用来反映每位董事联结的其他董事，即以连锁董事为结点的个人网络关系，如表 2.2 所示。

表 2.2 "董事—董事"一维矩阵示例

董事＼董事	O_1	I_{A1}	I_{A2}	O_2	O_3	I_{B1}	I_{B2}	I_{C1}	I_{C2}	I_{C3}
O_1	0	1	1	1	1	1	1	1	1	1
I_{A1}	1	0	1	0	0	0	0	0	0	0
I_{A2}	1	1	0	0	0	0	0	0	0	0
O_2	1	0	0	0	1	1	1	0	0	0
O_3	1	0	0	1	0	1	1	1	1	1
I_{B1}	1	0	0	1	1	0	1	0	0	0
I_{B2}	1	0	0	1	1	1	0	0	0	0
I_{C1}	1	0	0	0	1	0	0	0	1	1
I_{C2}	1	0	0	0	1	0	0	1	0	1
I_{C3}	1	0	0	0	1	0	0	1	1	0

同理，运用 Pajek 软件的"2-mode to 1-mode"功能还可以将表 2.1"董事—公司"二维矩阵转换为"公司—公司"一维矩阵（如果两家公司至少拥有同一位连锁董事取 1，否则取 0），用来反映每家公司联结的其他公司，即以联结公司为结点的公司网络关系，如表 2.3 所示。

表 2.3 "公司—公司"一维矩阵示例

公司＼公司	A	B	C
A	0	1	1
B	1	0	1
C	1	1	0

可以看出，"公司—公司"矩阵反映的公司层面联结信息太过于简略和粗糙，而"董事—董事"矩阵提供的个人层面联结信息则要详尽

和丰富得多。如前所述，本书在计算董事网络位置时，并不直接针对公司网络，而是首先以连锁董事为结点剖析个人网络，得到连锁董事个人层面的网络位置指标，然后以公司为单位，将个人网络位置指标进一步换算为联结公司层面的网络位置指标。具体操作方法详见第四章第二节有关解释变量的定义。

2. 董事网络位置的衡量方法

当前国内外学界对于董事网络位置的衡量已经有了成熟的系统化方法，主要分为网络中心度与结构洞两大类型。网络中心度包括了社会网络分析中常用的程度中心度、中介中心度、接近中心度、特征向量中心度（Freeman，1979；Kilduff and Tsai，2003），分别用于考察某一行动者与其他行动者的直接联结数量（交流活跃性）、必须通过该行动者将其他行动者联结起来的路径控制程度（交流主动性）、以较短的距离与其他行动者联结的最短路径长度（交流独立性）、与处于网络中心位置的行动者建立的特定联结关系（交流质量），总体上代表了连锁董事在网络中担当核心枢纽、传播关键信息、聚焦战略资源的重要性水平。结构洞强调将两个没有直接联系的网络个体联结起来的第三方所拥有的信息优势与控制优势（Burt，1992），占据结构洞地带的连锁董事相比关系稠密地带更容易成为关键结点，更能够取得主导地位，更有利于推动异质信息传播与稀缺资源交换。与中心度最明显的区别在于，结构洞不是强调"搭桥者"掌握信息的能力，而是通过占据网络空隙把信息优势转化为控制优势，最终提升连锁董事的网络影响力。

（1）网络中心度

Freeman（1979）提出的网络中心度旨在通过指标来刻画社会网络关系中结点的重要性和影响力，目前已经成为衡量网络位置、评价社会资本的主流标准。董事网络中心度是对连锁董事在董事网络关系中所处的中心位置进行测度的指标总称，本书借鉴现有文献中使用频率最高的三类指标——程度中心度、中介中心度、接近中心度，分别从不同视角来反映董事网络的位置特征。

①程度中心度（Degree）：衡量董事网络中某位连锁董事与其他董事之间形成直接联结关系的数量总和。如果连锁董事在网络系统中发生的直接联结关系越多，说明该董事的交流活跃性越高，交际广泛度越大，占据核心位置的可能性也越大。该指标的取值范围为[0，1]，0表示连锁董事处于网络边缘位置，没有与任何一位董事发生直接联结关系，信息交换的参与程度与吸收能力最弱；1表示连锁董事处于网络中心位置，与其他所有董事都建立了直接联结关系，异质信息的来源渠道与传播途径最丰富。其计算公式为：

$$Degree_i = \frac{\sum_j X_{ij}}{g-1} \tag{2.1}$$

其中，i 表示某位连锁董事；j 表示当年除了 i 董事之外的其他董事；X_{ij} 表示董事网络的联结关系，如果 i 董事与 j 董事至少在一家公司董事会同时任职取值为1，否则为0；g 表示公司当年的董事人数，$g-1$ 表示消除不同公司、不同年度董事人数的规模差异。需要说明的是，如果 i 董事与 j 董事在两家及以上公司董事会同时任职，X_{ij} 仍然设定为1，g 取同时兼任公司董事人数的均值。

②中介中心度（Betweenness）：衡量董事网络中某位连锁董事对其他董事联结路径的控制程度。如果连锁董事在其他董事建立联系的路径上起着不可或缺的桥接作用，说明该董事占据了网络系统中的关键结点与被其他董事所依赖的中介位置。该指标的取值范围为[0，1]，0表示连锁董事处于网络边缘位置，不能控制任何董事的联结路径；1表示连锁董事处于网络中心位置，100%控制着其他董事的联结路径，即通过控制信息传递在网络群体相互交流过程中形成了最大的影响力和主动性。其计算公式为：

$$Betweenness_i = \frac{\sum_{j<k} g_{jk}(n_i)/g_{jk}}{(g-1)(g-2)/2} \tag{2.2}$$

其中，i 表示某位连锁董事；j、k 表示当年除了 i 董事之外的其他董事；g_{jk} 表示 j 董事与 k 董事相联结所必经的最短路径数量，$g_{jk}(n_i)$ 表示在 j 董事与 k 董事联结的最短路径中经过 i 董事的数量；$g_{jk}(n_i)/g_{jk}$ 表示在 j 董事与 k 董事联结的最短路径中经过 i 董事的数量比例；分子表示整个董事网络所有董事联结的最短路径中经过 i 董事的数量比例总和；g 表示公司当年的董事人数，$(g-1)(g-2)/2$ 表示消除不同公司、不同年度董事人数的规模差异。

③接近中心度（Closeness）：衡量董事网络中某位连锁董事与其他董事之间形成的最短联结路径。如果连锁董事在网络系统中接触到其他董事的距离越近，说明该董事不依靠其他董事进行信息交流的独立性越大，异质信息传播的速度就越快、效率就越高。该指标的取值范围为 [0，1]，0 表示连锁董事处于网络边缘位置，信息传递过程完全依赖他人，信息传递效果受到其他董事的限制；1 表示连锁董事处于网络中心位置，与其他所有董事都最大限度地接近，不受他人控制，保持独立性的能力最强。其计算公式为：

$$Closeness_i = \left[\sum_{j=1}^{g} d(i,j)\right]^{-1} \cdot (g-1) = \left[\frac{\sum_{j=1}^{g} d(i,j)}{g-1}\right]^{-1} \quad (2.3)$$

其中，i 表示某位连锁董事；j 表示当年除了 i 董事之外的其他董事；$d(i,j)$ 表示 i 董事联结 j 董事的最短距离，即两个结点之间最短路径的长度；$\sum d(i,j)$ 表示 i 董事与其他所有董事之间的最短距离总和，之所以对 $\sum d(i,j)$ 取倒数，是因为接近中心度的核心思想是中心度和距离呈负相关性，于是将指标设定为 i 董事与其他所有董事距离总和的反函数；g 表示公司当年的董事人数，如果其他董事都没有联结到 i 董事，$[\sum d(i,j)]^{-1}$ 达到最小值 0，如果其他董事都与 i 董事相邻，$[\sum d(i,j)]^{-1}$ 达到最大值 $(g-1)^{-1}$，因此将 $[\sum d(i,j)]^{-1}$ 乘以 $(g-1)$ 来消除不同公司、不同年度董事人数的规模差异。需要说明的是，计算接近中心度时需要考虑整个董事网络中所有可能存在的联结关系，但当两位连锁董事之间的联结路径大于 2 步时，信息传播链条过长，信息沟通效果较差，他们可能发生的实际联系已经微乎其微，从而降低了该指标的准确性。

（2）结构洞

Burt（1992）在其著作《结构洞：竞争的社会结构》中将"有洞网络"定义为，某一网络行动者只与部分行动者建立了直接联结关系，与未发生直接联结的行动者之间存在关系间断的现象，这就导致社会网络结构中出现了一个个"洞穴"，即所谓的"结构洞"。占据结构洞地带的行动者更容易获取来自"洞穴"两端的大量异质信息，并通过居中"搭桥"填充信息流缺口，以第三方的身份将两个没有直接关系的行动者联结起来，从而赢得信息先行优势和决策主导地位。整个上市公司的董事网络系统充斥着诸多结构洞，处于结构洞位置的连锁董事就成了"信息桥"的关键结点，并拥有更多的信息资源、商业机会等社会资本，进而增强了该董事在董事网络结构中对于差异化信息的控制力和影响力。因此，结构洞作为董事网络位置的另一类代表性指标，与中心度指标一样可以很好地印证董事网络位置的治理作用。

Burt（1992）提出的结构洞指数包括约束系数、有效规模、等级度与效率四种类型，由于约束系数能够较为准确地衡量社会网络关系中结构洞的匮乏程度，所以其在学界的应用范围最为广泛。本书参考 Tortoriello（2015）、万良勇和郑小玲（2014）、陈运森（2015）、吴超和施建军（2018b）的做法，采用 1 减去约束系数来反映结构洞丰富程度（STH）。其计算公式为：

$$STH = 1 - C_{ij} = 1 - (P_{ij} + \sum_k P_{ik} P_{kj})^2 \qquad (2.4)$$

其中，i 表示某位连锁董事；j 表示当年除了 i 董事之外的其他董事；k 表示当年除了 i 董事与 j 董事之外的第三方董事，即 $k \neq i, j$；P_{ij}、

P_{ik}、P_{kj}分别表示i董事与j董事之间、i董事与k董事之间、k董事与j董事之间的直接联结关系所占比例；$P_{ik}P_{kj}$表示i董事通过k董事与j董事建立的间接联结关系所占比例；$\sum_k P_{ik}P_{kj}$表示i董事与j董事之间所有间接联结关系所占比例的总和；$C_{ij}=(P_{ij}+\sum_k P_{ik}P_{kj})^2$即约束系数，表示$i$董事因为与$j$董事进行接触所需直接联结关系和间接联结关系受到的约束程度，C_{ij}值越大，意味着i董事拥有结构洞的匮乏程度越高。如果j董事是i董事唯一的联结路径，C_{ij}取最大值1，表示i董事在网络系统中占据的结构洞数量最少。为了理解上的方便，学界一般采用$1-C_{ij}$来反向表示结构洞丰富程度，$1-C_{ij}$值越大，意味着i董事拥有结构洞的丰富程度越高，在与j董事建立联结关系时受到的约束程度最低。

二　股权资本成本的概念与衡量

（一）股权资本成本的定义与实质

1. 股权资本成本的定义

纵观资本成本发展演进的百年历史，不难看出资本成本的学术定义是一个科学而严谨的自然演变过程，完全顺应了各个时代经济运行的现实需求与公司理财的发展趋势。由于债务资本成本取决于债务契约的约束，可以通过借款合同及金融市场直接获取，属于显性的、相对稳定的资本成本，因此学术界与实务界对资本成本定义的认知进程主要表现为对股权资本成本隐含性质的探索性与估算方法的多样性。资本成本估算技术的逐步发展，直接反映出人们对股权资本成本定义的认识程度在不断深化。

20世纪90年代以后，财务学界对于股权资本成本基本已经实现了一致性的认知。Gitman（1991）认为，股权资本成本是公司为了维持市场价值或吸引所需资金在从事项目投资时必须达到的报酬率，或为了稳定股票价格而必须赚取的投资回报率。《新帕尔格雷夫货币金融大辞典》界定了股权资本成本权威性的概念，从投资者视角来看，股权资本成本是商业资产投资者要求获得的最低收益率；从公司视角来看，股权资本成本是以价值最大化为目标的公司评价投资项目可行性的最低回报率或贴现率。不难看出，以上两个定义都确立了投资者对于股权资本成本的决定性地位。如果投资项目面临较高的投资风险，投资者要求获取的期望回报理应随之增大，但如果被投资公司所支付的实际回报无法达到与投资风险相匹配的预期回报，理性投资者就会撤出资金转投其他回报更高的项目。被投资公司为了"挽留"投资者或维持市场声誉及保证股价稳定，必然对投资者做出相应的报酬补偿。因此，股权资本成本的大小不是由企业自身决定的，而是由市场投资者根据投资风险所要求的期望回报来决定的。然而，我国大多数财务管理学教材却将资本成本表述为"企业为筹措和使用资本而付出的代价"。这一定义仅仅从被投资公司的角度来定义资本成本，并将资本成本视为一种静态要素，这是对我国传统会计理论中成本概念的自然沿袭，并未真正反映资本成本（包括股权资本成本）的实质内涵。

2. 股权资本成本的实质

Solomon（1955）指出，股权资本成本的实质是投资者对未来预期现金流量进行贴现来确定当前股票价格的贴现率。这一观点蕴含了投资者对被投资公司未来风险的预期估计与综合权衡，也意味着投资者的要求报酬率包含了两个方面的特征：一是投资者理性要求的机会成本率；二是投资者期望实现的必要报酬率。

一方面，由于资源的稀缺性和资本的有限性，理性投资者在市场上往往不可能选择所有净现值大于0的资本投资项目，只能从价值最大化的原则出发，在同等风险条件下选择最优投资项目，而次优投资项目所能获取的潜在经济收益即是投资者从事当前投资行为所需要承受的机会成本。因此，投资者进行资本投资所要求的报酬率，主观上至少应该达到机会成本的收益水平，对于被投资公司而言也就是需要付出的股权资本成本。从机会成本的视角来解释，股权资本成本的实质是投资者在相同风险条件下放弃的其他投资项目的最高投资报酬率。

另一方面,股权资本成本是衔接投资者、公司、资本市场的财务关系纽带,无论外部理财环境还是内部财务活动都存在各种风险因素,而投资者作为风险的最终承担者,其要求报酬率必然会随着被投资公司或投资项目的风险水平而不断波动。这就意味着,公司无法左右投资者的报酬率诉求,股权资本成本归根结底是由投资者决定的,是受资本市场风险评价所左右的,由此强调了投资者对于风险补偿具备天然的神圣权利,这是界定股权资本成本实质的关键要点。从必要报酬的视角来解释,股权资本成本的实质是投资者根据其资本投向在权衡风险与收益的基础上所要求的最低风险报酬率。

综上所述,只有充分保障投资者的财富积累与利益诉求,积极营造完善的投资环境与良好的投资前景,才能促使投资者理性下调要求的报酬率。董事会是优化公司治理、制定战略规划的公司最高权力机构,在董事会的决策框架中,股权资本成本是一个必须重点考虑的核心要素,并以此为基准持续提升公司价值创造能力,有效实现股东财富最大化的理财目标。

(二)股权资本成本的衡量方法

由于投资者的要求报酬率难以直接观察且影响因素复杂多变,股权资本成本数值的确定历来都是困扰理论界和实务界的重大难题,被称为"资本成本估算之谜"。半个多世纪以来,财务学界经过锲而不舍地深入探索,已经涌现出了多种股权资本成本估算技术。但 Bruner 等(1998)指出,因为缺乏一套完整权威的股东报酬率数据,所以人们在实践中更倾向于使用抽象而间接的股权资本成本估算方法,若干假设前提下对于关键因素的不同选择,将会导致估算值出现很大的差异,进而带给人们更多新的困惑。这就意味着,目前学界还未真正找到破解"资本成本估算之谜"的密匙。

股权资本成本估算技术可以分为基于历史数据的事后风险报酬模

型、基于预测数据的事前内含报酬率模型两大类型。风险报酬模型假设投资者均为理性投资者，将历史报酬率（已实现收益）作为衡量未来报酬率（预期收益）的无偏估计，体现了资本成本的"理性"特征。内含报酬率模型则利用预测的会计盈余数据，将股东未来现金流量现值等于现行股票价格时倒推的贴现率作为市场隐含的预期报酬率，体现了资本成本的"预期"特征。总体来看，内含报酬率模型在当前股权资本成本的估算研究领域已经占据了主流地位。本书采用现有文献中使用频率较高的七种估算方法，其中风险报酬模型包括 CAPM、Fama-French 三因素模型，内含报酬率模型包括 Gordon 模型、GLS 模型、OJ 模型、PEG 模型、MPEG 模型，力求从多个角度更加全面地衡量股权资本成本水平。

1. 事后的风险报酬模型

（1）资本资产定价模型（CAPM）

在 CAPM 问世之前，资本市场投资行为缺乏有效的理论指导，存在强烈的主观臆断性。Sharpe（1964）、Lintner（1965）、Mossin（1966）同时聚焦于风险条件下资本市场均衡时的定价问题，几近同步地创立了经典的资本资产定价模型，因此 CAPM 又被称为夏普-林特纳-莫森模型。CAPM 首次构建了市场风险与投资者要求报酬之间的均衡关系，引领了现代金融理论的一场革命。其计算公式为：

$$RE = R_F + \beta(R_M - R_F) \qquad (2.5)$$

其中，RE 表示投资者要求的必要报酬率，由无风险报酬率和系统性风险补偿两部分内容构成，即股权资本成本；R_F 表示无风险报酬率；R_M 表示市场平均报酬率；$R_M - R_F$ 表示市场平均风险溢价；β 表示市场风险系数，即某项证券投资的报酬率相对于市场平均报酬率变动的敏感性，用于衡量系统性风险的大小；$\beta(R_M - R_F)$ 反映了投资者因为承担系统性风险而要求获取的额外风险补偿。

CAPM 相关参数的设定如下。对于 R_F，本书采用每年的十年期国债到期收益率的算术平均值来近似替代。对于 R_M，如果选择历史数据将会大量出现 $R_M<R_F$ 的异常情况，从而导致 R_M-R_F 产生多个负值。因此，本书借鉴 Brigham 和 Ehrhardt（2014）的做法，假设在市场均衡的条件下，市场要求的报酬率（R_M）等于市场期望的报酬率，采用 Gordon 模型（$R_M=DPS_1/P_0+g$）的研究思路来计算隐含的 R_M。其中，DPS_1 为第 1 年每股股利，P_0 为上年末收盘价，g 为市场平均股利增长率，参考 Damodaran（2021）的做法直接用每年的 R_F 替代。首先，通过 DPS_1/P_0 得到个股年股利回报率；其次，将个股年股利回报率以每年所有股票的总股本为权数进行加权平均，得到市场平均股利回报率；最后，将每年的市场平均股利回报率加上市场平均股利增长率，即可得到市场平均报酬率 R_M。对于 β，本书借鉴朱宝宪和何治国（2002）的做法，建立回归模型 $R_i-R_F=\alpha+\beta_i(R_M-R_F)+\varepsilon$，采用月数据进行回归得到 β。其中，R_i 为个股月回报率，R_F 为每月的十年期国债到期收益率的算术平均值，R_M 为综合月市场回报率。

（2）Fama-French 三因素模型

CAPM 将市场风险系数 β 作为投资者要求报酬率的唯一决定因素，但 Fama 和 French（1993）发现 β 系数并不能完全解释某些特定的反常情况，比如市值规模较小的公司、账面市值比较高的公司往往拥有更高的股票报酬率。因此，他们运用时间序列回归的方法，在 CAPM 仅考虑市场风险溢价的基础上，通过实证模拟进一步加入了公司市值规模与账面市值比这两个风险因素，由此创立了 Fama-French 三因素模型（简称 FF3M）。与 CAPM 相比，FF3M 可以更加全面地解释不同股票报酬率的差异，但由于 FF3M 只是经验检验的结果，缺乏强有力的理论支撑。其计算公式为：

$$RE=R_F+\beta_1(R_M-R_F)+\beta_2 SMB+\beta_3 HML \qquad (2.6)$$

其中，RE、R_F、R_M、R_M-R_F 的含义同上；SMB 表示公司市值规模因子，即小市值规模公司与大市值规模公司之间股票报酬率的差额；HML 表示账面市值比因子，即高账面市值比公司与低账面市值比公司之间股票报酬率的差额。

FF3M 相关参数的设定如下。对于 R_F 与 R_M，和 CAPM 的处理方式相同。对于 SMB，根据 $t-1$ 年第 12 月末的流通股市值，将 t 年 1 月至 12 月的公司按照市值规模大小平均分为两组，即 S 和 B。对于 HML，根据 $t-1$ 年第 12 月末的股权账面价值/流通股市值，将 t 年 1 月至 12 月的公司按照账面市值比根据 30%、40%、30% 的比例分为三组，即 L、M 和 H。通过构造 6 个组合，即 S/L、S/M、S/H、B/L、B/M、B/H，据此计算每个月的 SMB =（S/L+S/M+S/H）/3-（B/L+B/M+B/H）/3，HML =（S/H+B/H）/2-（S/L+B/L）/2。对于 β_1、β_2、β_3，也和 CAPM 的处理原理相似，建立回归模型 $R_i-R_F=\alpha+\beta_1(R_M-R_F)+\beta_2 SMB+\beta_3 HML+\varepsilon$，采用月数据进行回归得到 β_1、β_2、β_3，回归模型中各指标的定义参见 CAPM 部分。

2. 事前的内含报酬率模型

内含报酬率模型本质上是基于预测数据的现金流量贴现模型，使股东未来现金流量现值刚好等于当前股票市场价格的贴现率——内含报酬率，即隐含的股权资本成本。股东可以获取的现金流量包括股利收入与资本利得，但股利和股价的预测存在极大的主观性及不确定性，而诸多实证研究均发现公司公布的会计盈余数据可以补充甚至替代股东未来现金流量在股票估值中的作用。正是因为不同模型在预测会计盈余数据时提出了不同的假设，所以内含报酬率模型可以分为三大类型：不变收益增长模型、剩余收益模型、非正常盈余增长模型。

（1）不变收益增长模型（Gordon 模型）

不变收益增长模型的代表主要是 Gordon 模型，也叫股利增长模型（Gordon，1962）。Gordon 模型假设股东长期持有公司股票，且股东未来现金流量仅来源于股利收入，公司在永续经营状态下未来股利可以预测，并按照一个固定不变的比例逐年递增。Gordon 模型对成熟期的公司来说具有较强的适用性，因为这类公司自由现金流充足、投资机会较少，股利发放通常处于稳中有增的状态。而我国资本市场多数公司的股利政策较为随意，永续经营也难以保证，这就限制了 Gordon 模型的可操作性，但并不能就此否定 Gordon 模型的重要价值。如前文所述，Gordon 模型构成了后续一系列内含报酬率模型的理论基础。其计算公式为：

$$RE = \frac{DPS_1}{P_0} + g \qquad (2.7)$$

其中，RE 的含义同上；DPS_1 表示第 1 年每股股利；P_0 表示上年末收盘价；g 表示股利固定增长率，且 $g<RE$。

Gordon 模型相关参数的设定如下。对于 DPS_1，本书同时采用混合截面回归模型（HVZ 模型）与分析师预测数据得到第 1 年每股盈余预测值 EPS_1，再通过 $DPS_1 = EPS_1 \times K_0$ 计算第 1 年每股股利预测值，K_0 为上年末实际股利支付率。对于 g，本书采用公司每年的可持续增长率来替代。

（2）剩余收益模型（GLS 模型）

Ohlson（1995）提出的剩余收益模型基于"干净盈余"假设，将公司收益归属于股东，剩余收益是公司账面收益与股东要求报酬的差额。股东收益表现为当前股票账面价值与未来各期剩余收益的现值之和。剩余收益模型的代表主要是 GLS 模型。

GLS 模型（Gebhardt et al.，2001）令现行股票市场价格等于当前每股账面价值加上未来预测期剩余收益现值，并将未来预测期设定为 12 年。其中，前 3 年为短期预测期，需要逐期预测股权资本报酬率 ROE；假设整个行业的 ROE 会在较长时间内趋于平均化，从第 4 年起，各公司的 ROE 向着行业历史平均水平趋同，且将第 12 年的 ROE 定义为行业中位数；第 4~11 年为中期衰减期，此时不需要再预测 ROE，ROE 排列成等差数列的形式，并按照（$ROE_{12}-ROE_3$）/9 的等差逐期递减。GLS 模型最大的局限性表现为两方面：一是 ROE 等差递减的假设并不符合现实情况；二是现代企业跨行业经营导致 ROE 的行业中位数无法有效界定。但 Hou 等（2012）认为，GLS 模型的估算结果比 CAPM、FF3M 具有更高的准确度。其计算公式为：

$$P_0 = BPS_0 + \sum_{t=1}^{3} \frac{(ROE_t-RE) \, BPS_{t-1}}{(1+RE)^t} + \sum_{t=4}^{11} \frac{(ROE_t-RE) \, BPS_{t-1}}{(1+RE)^t} + \frac{(ROE_{12}-RE) \, BPS_{11}}{RE \, (1+RE)^{12}} \quad (2.8)$$

其中，RE、P_0 的含义同上；BPS_0 表示上年末每股账面价值；BPS_{t-1} 表示第 $t-1$ 年每股账面价值；ROE_t 表示第 t 年股权资本报酬率，其中前 3 年为预测值，第 4~11 年为等差递减值，第 12 年为行业中位数。

GLS 模型相关参数的设定如下。对于前 3 年 ROE，通过 $ROE_t = EPS_t/BPS_{t-1}$ 计算前 3 年预测的股权资本报酬率，其中 EPS_t 为第 t 年每股盈余，本书同时采用混合截面回归模型（HVZ 模型）与分析师预测数据得到；BPS_{t-1} 为第 $t-1$ 年每股账面价值，采用"干净盈余"的关系式 $BPS_{t-1} = BPS_{t-2} + (EPS_{t-1} - DPS_{t-1})$ 计算，关系式中 DPS_{t-1} 为第 $t-1$ 年每股股利，通过 $DPS_{t-1} = EPS_{t-1} \times K_{t-2}$ 计算，K_{t-2} 为第 $t-2$ 年实际股利支付率。对于第 4~11 年 ROE，根据等差 $d = (ROE_{12}-ROE_3)/9$ 计算第 4~11 年逐期递减的股权资本报酬率，如 $ROE_4 = ROE_3 - d$，$ROE_5 = ROE_4 - d$，以此类推，$ROE_{11} = ROE_{10} - d$。对于 ROE_{12}，采用公司上市之后截止到目前的行业中位数来表示。

（3）非正常盈余增长模型（OJ 模型、PEG 模型、MPEG 模型）

Ohlson 和 Juettner-Nauroth（2005）提出的非正常盈余增长估价模型脱离了"干净盈余"假设，认为在预测期之外，股东除了能够获取正常盈余增长率（即股权资本成本），还能获取超过股权资本成本的非正常盈余增长率。股东收益表现为当前股票账面价值与未来各期正常盈余以及非正常盈余增长额的现值之和。非正常盈余增长模型的代表主要有 OJ 模型、PEG 模型和 MPEG 模型。

OJ 模型（Ohlson and Juettner-Nauroth，2005）在 Gordon 模型的基础上修正了股利必须全部支付的严格假设，现行股票市场价格并非取决于未来股利，而是受到下一年的每股盈余、每股盈余的短期增长率和长期增长率、股权资本成本的共同约束。OJ 模型不需要再预测每股账面价值与股权资本报酬率，而是直接根据每股盈余数据进行估算，并将未来预测期仅设定为 1 年，预测期外的非正常盈余增长额从第 1 年开始，将以长期增长率永续增长。其计算公式为：

$$RE = A + \sqrt{A^2 + \frac{EPS_1}{P_0}[g-(\gamma-1)]}$$
$$A = \frac{1}{2}\left(\gamma-1+\frac{DPS_1}{P_0}\right), g = \frac{EPS_2 - EPS_1}{EPS_1}, \gamma-1 = \lim_{t \to \infty}\frac{EPS_{t+1}}{EPS_t} - 1 \qquad (2.9)$$

其中，RE、P_0、DPS_1 的含义同上；EPS_1、EPS_2 分别表示第 1 年与第 2 年每股盈余；g 表示每股盈余的短期增长率；$\gamma-1$ 表示每股盈余的长期增长率，且 $0 \leq \gamma-1 < RE$。

OJ 模型相关参数的设定如下。对于 EPS_1、EPS_2，本书同时采用混合截面回归模型（HVZ 模型）与分析师预测数据得到第 1 年与第 2 年每股盈余预测值。对于 g，借鉴 Hope 等（2009）的做法，如果 $EPS_1 > EPS_2$，即 $g>0$，通过 $g = (EPS_2 - EPS_1)/EPS_1$ 计算；如果 $EPS_1 < EPS_2$，即 $g<0$，令 $g=0$。对于 $\gamma-1$，借鉴 Hope 等（2009）的做法，如果 $g=0$，或 $g>0$ 但 $g<\gamma-1$，令 $\gamma-1=0$；如果 $g>0$ 且 $g>\gamma-1$，$\gamma-1$ 采用每年的十年期国债到期收益率的算术平均值来替代。对于 DPS_1，与 Gordon 模型的处理方式相同，即通过 $DPS_1 = EPS_1 \times K_0$ 计算第 1 年每股股利预测值。需要说明的是，Gordon 模型要求股利固定增长率 $g<RE$，但 OJ 模型允许每股盈余的短期增长率 $g>RE$，因此 OJ 模型拓宽了 Gordon 模型的适用范围。

PEG 模型和 MPEG 模型同是由 Easton（2004）提出，二者本质上共同属于 OJ 模型的特例。其中，PEG 模型假设既不考虑当期股利支付，也不考虑每股盈余的长期增长率，即 OJ 模型中的 $DPS_1=0$，$\gamma-1=0$，通过公式（2.9）就能推导出 PEG 模型的计算公式：

$$RE=\sqrt{\frac{EPS_2-EPS_1}{P_0}} \qquad (2.10)$$

MPEG 模型考虑了当前股利支付，但仍然假设不考虑每股盈余的长期增长率，即 OJ 模型中的 $\gamma-1=0$，通过公式（2.9）同样能推导出 MPEG 模型的计算公式：

$$RE=\sqrt{\frac{EPS_2+DPS_1 RE-EPS_1}{P_0}} \qquad (2.11)$$

（4）盈余预测：混合截面回归模型（HVZ 模型）

应用内含报酬率模型估算隐含资本成本的过程中，可靠地预测会计盈余数据是最基本的技术前提，数据来源主要包括分析师预测与计量模型预测。尽管分析师预测的盈余数据在准确度和反应系数等方面具有更大的优势（邹颖等，2019），但由于我国分析师行业起步较晚，许多上市公司尤其是小规模公司和财务困境公司并未受到分析师的关注，而且分析师很少提供两年以上的预测数据（毛新述等，2012），这就造成分析师预测的盈余会出现大量缺省值，同时还存在过度乐观的现象（孙多娇、杨有红，2018）。用计量模型预测公司盈余始于 20 世纪 70 年代末期，最初采用的是时间序列回归模型，但公司必须具有较长存活期才能达到相对合理的预测效果。20 世纪 80 年代，通过截面回归模型预测公司盈余的研究潮流逐渐兴起，因为对公司存活期的要求较低、横截面数据的统计量更大，可以有效克服时间序列模型的不足。Hou 等（2012）指出，截面回归模型不仅解决了盈余预测数据缺省值过多、窗口期较短的问题，而且比分析师预测数据具备更小的偏差与更高的可靠性。此外，Hou 等（2012）在数据期间、量纲处理等方面整合拓展了前人的预测模型,进一步提出了混合截面回归模型——HVZ模型。邹颖等(2019)比较了HVZ模型、RI模型(Li和Mohanram于2014年提出的另一种截面回归模型)以及分析师的盈余预测数据对于股权资本成本的估算质量,发现HVZ模型对我国上市公司的盈余预测结果相对最优。因此,本书采用HVZ模型来估计五种内含报酬率模型所需要的未来每股盈余数据,如公式(2.12)所示:

$$E_{i,t+\tau} = \alpha_0 + \alpha_1 A_{i,t} + \alpha_2 D_{i,t} + \alpha_3 DD_{i,t} + \alpha_4 E_{i,t} + \alpha_5 NegE_{i,t} + \alpha_6 AC_{i,t} + \varepsilon_{i,t+\tau} \quad (2.12)$$

其中,$E_{i,t+\tau}$表示公司i在第$t+\tau$年扣除非经常性损益前的净利润;τ表示未来的预测年度;$A_{i,t}$表示公司i在第t年的资产总额;$D_{i,t}$表示公司i在第t年支付的股利;$DD_{i,t}$表示股利虚拟变量,如果公司i在第t年支付股利则取值为1,否则为0;$E_{i,t}$表示公司i在第t年扣除非经常性损益前的净利润;$NegE_{i,t}$表示盈余虚拟变量,如果公司i在第t年公司盈余为负则取值为1,否则为0;$AC_{i,t}$表示公司i在第t年的应计利润,参照Hou等(2012)的观点,应计利润采用现金流量表法来计算,即应计利润=净利润-经营活动的现金流。

本书在对HVZ模型中所有连续变量进行上下1%的Winsorize缩尾处理后,借鉴Hou等(2012)的做法,利用向前滚动10年的数据来预测未来5年的公司盈余。比如,在第t年预测第$t+1$年的盈余时,方程左边使用第$t-9$年至t年的数据,右边使用第$t-10$年至$t-1$年的数据,即滞后1年进行混合回归得到第$t+1$年的回归系数,再乘以第t年的会计数据,就可获取第$t+1$年的盈余预测数据($E_{i,t+1}$)。以此类推,在第t年预测第$t+5$年的盈余时,方程左边使用第$t-9$年至t年的数据,右边使用第$t-14$年至$t-5$年的数据,即滞后5年进行混合回归得到第$t+5$年的回归系数,再乘以第t年的会计数据,就可获取第$t+5$年的盈余预测数据($E_{i,t+5}$)。本书的样本区间是2009~2019年,根据以上滚动时间轴的基本原理,在2009年依次预测未来第1年至第5年的盈余时,方程左边对应的数据年度都是 2000~2009 年，右边对应的数据年度分别是 1999~2008 年（预测第 1 年，$E_{i,2010}$）、1998~2007 年（预测第 2 年，$E_{i,2011}$）、1997~2006 年（预测第 3 年，$E_{i,2012}$）、1996~2005 年（预测第 4 年，$E_{i,2013}$）、1995~2004 年（预测第 5 年，$E_{i,2014}$）；同理，在 2019 年依次预测未来第 1 年至第 5 年的盈余时，方程左边对应的数据年度都是 2010~2019 年，右边对应的数据年度分别是 2009~2018 年（预测第 1 年，$E_{i,2020}$）、2008~2017 年（预测第 2 年，$E_{i,2021}$）、2007~2016 年（预测第 3 年，$E_{i,2022}$）、2006~2015 年（预测第 4 年，$E_{i,2023}$）、2005~2014 年（预测第 5 年，$E_{i,2024}$）。最后，将各样本公司第 t 年的滚动盈余预测数据 $E_{i,t+1}$、$E_{i,t+2}$、$E_{i,t+3}$、$E_{i,t+4}$、$E_{i,t+5}$ 分别除以第 t 年末的总股数（假定公司未来 5 年的总股数保持稳定），即可得到每股盈余预测数据，将其代入五种内含报酬率模型中进行隐含资本成本的估算。

需要说明的是，五种内含报酬率模型所需的公司盈余预测值，将同时采用 HVZ 模型预测和分析师预测两套数据进行估算。其中，基于 HVZ 模型预测的内含报酬率模型作为主变量进行基准回归分析，基于分析师预测的内含报酬率模型以及 CAPM、FF3M 作为替换变量对基准回归结果进行稳健性检验。

第三章

理论基础与作用机制

第一节 理论基础

本书主要涉及社会网络理论（包括弱联结优势理论、镶嵌理论、社会资本理论）、资源依赖理论、委托代理理论、组织学习理论和声誉理论。本节通过梳理这一系列理论的核心思想，并阐明理论观点对本书研究论点的支撑作用，旨在为后续研究的深入开展奠定坚实的理论基础。

一 社会网络理论

现实社会中广泛存在各种社会关系，所有个人、组织等行动者都会与外界产生相互之间的特定联结，并在彼此信息交流、资源共享的过程中形成相对稳定的网络系统（Wellman and Berkowitz, 1988）。行动者借助社会关系构建了一张巨大的"网"，信息与资源通过社会网络可以在个体成员之间快速流动，进而实现异质信息的辐射传播与核心资源的有效配置。社会网络理论起源于20世纪30年代，Radcliffe-Brown 被誉为最早的社会网络研究者之一，他在1940年首次提出了"社会网络"思想,并将社会网络定义为人与人之间的社会关系集合,以及在不同社会角色下形成的阶级分类总和。其后,Barnes(1954)运用社会网络概念,以挪威一个渔村为样本探索人与人之间的跨亲缘关系与阶层关系。至此,社会网络逐步由模糊化认知演变为较为精确的实质性定义,学术界也开始聚焦于这一新兴研究领域,诸多学者分别基于网络基础、表现形式、关系类型、构建动机等研究视角对社会网络进行了深入探讨。Mitchell(1969)指出,社会网络是由社会行动者组建的特殊联结关系,行动者涉及社会结构的方方面面,覆盖了个人、群体、组织、国家以及经济共同体。Laumann等(1978)进一步规范了社会网络的界限,即社会网络是由各类结点(个人、组织等)通过特定的社会关系(血缘、地缘、业缘等)所形成的联结纽带。Coleman(1988)则更加具象化了社会网络的表达,他认为个人拥有的财产资源广泛分布于社会结构和人际关系之中,成为社会结构内部的关键要素,社会网络即是具有社会结构特征的个人财产资源集合。Putnam(1995)将社会网络表述为任何组织都具备的诸如人际网络、行为规范及社会信任等属性特征,能够为组织内部的利益协调与团队合作带来重要的促进功效。以上观点百花齐放,但彼此之间还缺乏系统化整合,尚未形成统一的理论体系。Davern(1997)对社会网络的概念边界进行了有效拓展,从四个维度来界定社会网络的构成要素:结构要素是社会网络个体之间联结关系的表现形式与强度大小;资源要素是个体行动者从社会网络中获取资源的程度高低;规则要素是所有个体必须遵守的各种社会网络规则;动态要素是影响社会网络形成与变化的各类不确定性因素。

结合社会网络理论的内涵,董事网络是上市公司之间最为普遍且灵活存在的一种社会网络关系,其构成基础来自连锁董事在多家公司兼任所建立的联结关系,表现形式是连锁董事拥有的知识和信息、战略资源、声誉等社会资本,而且因为董事网络位置的高低不同,会导致其公司治理过程具有差异化的决策影响力和资源控制力。此外,本书所探讨的董事网络关系是建立在特定规则之上的社会关系集合，连锁董事在网络中的互动行为除了受到国家法定条例、公司规章制度和履职规范的制约，"精英"集聚效应演变出来的圈层规则还具有激励连锁董事恪尽职守与约束连锁董事不端行为的双重功效。

早期关于社会网络的研究主要集中于探索社会网络的内涵与成因，但随着社会网络理论的日趋成熟，学界逐渐以社会和经济之间的关系作为对象，从不同视角分析社会网络对经济行为和企业绩效的影响效应。由此在传统社会网络理论的基础上衍生出了一系列相关理论，其中最具代表性的有弱联结优势理论、镶嵌理论与社会资本理论。

（一）弱联结优势理论

Granovetter 于 1973 年在《美国社会学刊》上发表了一篇文章《弱联结的力量》，开创性地提出联结强度的概念，并诞生了弱联结优势理论。Granovetter（1973）认为，联结是指嵌入社会网络结构中的个体行动者或社会组织之间因为相互接触、彼此交流所产生的纽带关系，而这种纽带关系可以划分为强联结与弱联结两个等级，网络个体之间的认识时间、互动频率、情感力量、互惠交换四个维度共同决定了联结强度的大小。联结关系的强弱对于行动者在社会网络结构中的信息传播、资源获取等经济行为产生了差异化的作用，强联结通常形成于学历背景、社会地位、职业领域、收入程度等社会经济特征相似的个体之间，虽然有利于维持组织内部的关系稳定，增强网络成员彼此的信任，但也会导致行动者看待问题的认知水平趋于同质化，传递、共享的信息资源呈现冗余性，从而放大了关键信息的整体噪声，加剧了战略资源的匮乏程度。弱联结则往往存在于社会经济特征迥异的个体之间，由于成员隶属于不同的社会阶层、来自不同的生活环境，因此接纳的人群范围更宽泛、分布的信息类型更多样、输送的信息含量更充足，更可能跨越社会界限扮演"信息桥"的关键角色，从而给形成弱联结关系的行动者提供更丰富的创新机会和更广阔的发展空间。

基于弱联结优势理论的观点，在董事网络结构中，连锁董事职务性质的不同，导致其联结关系存在较大的强弱差异。内部董事（执行董事）一般为企业管理层，彼此之间互动交流频繁、利益往来密切，共同工作环境下认知相对有限、信息重叠度高，属于强联结；外部董事（独立董事）主要是行业专家、协会领导、高校教授或职业人士，与管理层的接触频率不高且利益牵绊较少，其多元化的专业背景和知识经验在联结企业之间发挥了"信息桥"的主导优势，属于弱联结。由于内部董事与外部董事之间以及外部董事之间的互动频率不高、紧密程度较低、情感关联较少，因此构建了弱联结关系，反之，内部董事之间则构建了强联结关系。

（二）镶嵌理论

"理性经济行为部分嵌入社会网络结构之中"，是镶嵌理论研究的核心思想。在此之前，以比较优势理论与边际理论为代表的主流经济理论，长期忽略了社会关系对个体行动者经济行为的影响，即"零嵌入"观点下的"低度社会化"现象。而经典社会学研究则认为，个体行动者的经济行为完全受制于社会关系，却尚未考虑该行为是否理性，即"强嵌入"观点下的"过度社会化"现象。Granovetter（1985）指出，"零嵌入"观点与"强嵌入"观点都缺乏严谨考量且相对极端，从而在弱联结优势理论的基础上进一步提出了"弱嵌入"观点，由此诞生了镶嵌理论。镶嵌理论认为，任何行动者都身处社会网络结构之中，既不可能完全丧失自我意识，也不可能完全脱离社会关系，其经济行为都是在与诸多社会关系不断互动的过程中做出的综合权衡与优化选择。也就是说，理性行动者一方面会受到其风险偏好、性格意愿等个人属性的影响，另一方面会受到人际互动网络中人情世故、关系认同等社会属性的影响，同时表现出"自主性"和"嵌入性"双重特征。"弱嵌入"观点的实质在于，个体经济行为总是以特定的社会网络结构为依托，必然承受着背后社会关系及其他网络成员的影响与限制，但个体同时也具备独立思想、自主判断和私有利益，必然不会完全成为社会网络结构的"牵线傀儡"。经济行为只能部分嵌入社会网络结构之中，经济制度应该与社会关系彼此融合，才能使二者共同产生更大的作用空间。因此，镶嵌理论主张"低度社会化"与"过度社会化"互为补充，理性经济行为不仅需要充分融入所处的社会网络结构有效构建良性互动状态，而且需要准确把握外部制度环境与宏观经济走势自主实现科学决策目标。

依据镶嵌理论可以从两个层面解释董事网络的"弱嵌入"行为：一方面，连锁董事在行使监督咨询、信息传播、资源配置等职能时，极大程度地保留了自我认知与独立意见，会凭借个人的专业知识、履职经历、风险偏好、逻辑思维进行自由决策；但另一方面，连锁董事的决策行为又是置于董事网络群体互动过程中动态修正的社会化结果，会通过所在的网络结构不断和其他网络成员进行信息交流与资源互通，由此汲取的多领域知识、跨行业先进经验、前沿性战略视野等关键信息，反过来又会在很大程度上改变连锁董事的最初决断，使其在个人偏好、制度环境与社会关系的反复博弈中寻求更加理性的科学决策。因此，连锁董事的决策行为既是独立自主的，又是部分嵌入董事网络结构之中的，存在明显的"弱嵌入"特征，并且持续地协调"低度社会化"与"过度社会化"之间的矛盾冲突。

（三）社会资本理论

尽管镶嵌理论将经济制度与社会关系有效衔接，将组织决策置于同时考虑制度环境与社会网络的现实背景下，然而该命题的本质在于社会网络结构中蕴含的社会资本的丰富程度，即社会资本才是网络价值的内在体现（Woolcock，1998）。20世纪70年代后期，社会资本理论在社会网络理论的基础上萌芽，并在理论演进过程中逐步形成了资源观、结构观和能力观等学术流派。资源观的代表Coleman（1988）认为，社会资本表现为人与人之间利用社会关系所获取的潜在资源，可以帮助社会网络结构内部的个人行动带来经济利益并实现特定目标。早期的社会资本研究主要针对个人层面，结构观的代表 Burt（1992）则将社会资本由个人层面拓展到企业层面，并指出社会网络的结构洞越多，嵌入的社会资本越丰富，社会网络的结构位置决定了资源的利用程度。能力观的代表 Portes（1998）认为，个人或组织在社会网络中对于稀缺资源的整合控制，不仅取决于行动者本身，而且受到与其他行动者之间关系强度的制约，社会资本的获取能力是社会网络嵌入性特征的直观表现。从以上观点可以看出，社会资本和社会关系、稀缺资源、网络结构、获取能力等要素紧密关联。Lin（2002）在综合考量前人研究的基础上，基于嵌入性视角提出了相对成熟完善的概念，即社会资本是镶嵌于社会结构中的一切社会资源，是网络内部的行动者依据特定目标从社会关系中所能获取利用的资源或能力的集合。社会资本的嵌入性特征至关重要，如果脱离了社会网络，就不存在社会资本，而社会网络又必须凭借嵌入其中的社会资本才能对行动者的经济行为产生正向影响。现代社会已经形成了分布广泛、层次密集的网络结构，传统意义上的资本认知观念正在从"以物为中心"向"以人为中心"改变。与物质资本和人力资本最本质的区别是，社会资本深深嵌入社会关系的互动网络结构里，既不会单纯寄托在独立的自然人之上，又不会直接依赖于物质资源的生产过程之中。此外，社会资本存在于行动者个人与企业法人两个层面，二者彼此交织却无法等同，只有将个人社会资本向企业社会资本真正做到持续输出和动态转化，才能对企业提升竞争优势产生更大的溢出效应。

董事网络具有明显的二元属性特征，网络结点既可以代表连锁董事个人，也可以代表联结企业法人，董事网络关系被视为个人网络和公司网络的结合体（郑方，2011），因此董事网络蕴含的社会资本体现在连锁董事个人层面与联结公司法人层面。由于现实环境中连锁董事大都出于提高专家声誉、获得关系认同、强化阶层凝聚等个人目标而构建董事联结关系，所以董事个人社会资本在董事网络社会资本总量中占据了绝对比例,这就需要实现连锁董事的个人社会资本向公司层面不断迁移和有效转化。连锁董事在多家公司董事会兼任,成为董事网络中的关系纽带,能够跨越社会阶层与企业边界发挥"边界人"的重要作用,从而在监督治理、战略服务、资源配置等职能环节持续驱动个人社会资本实质性转化为联结公司迫切需求的核心资源。

二 资源依赖理论

资源依赖理论起源于组织理论,而组织理论的早期研究把组织视为一个封闭的系统,主要着眼于组织的员工激励模式、内部规则制定等问题,却忽视了外部环境与组织运行之间的相互依存关系。20 世纪 60 年代以来,面对越发激烈的市场竞争,组织成长需要源源不断的关键资源来维系,但任何组织都无法脱离所处环境,也不可能自给自足地创造各类资源或完全掌控自身的生存条件,因此不可避免地与环境在互动过程中产生了资源交换需求。在这一背景下,组织理论意识到了外部环境不确定性对组织发展的约束作用,与时俱进地修正了早期观点,把组织视为一个开放的系统,并将研究重心转向组织与环境的关系、环境对组织的影响等问题。Pfeffer 和 Salancik(1978)正式提出了组织依赖理论,其核心思想在于外部环境具有高度的不确定性,关键资源具有极大的稀缺性,组织对资源的需求被迫演变为组织对环境的依赖。而且,所需资源的稀缺性越高、不可替代性越大,组织对环境的依赖程度就越强。资源依赖理论最本质的要点是,组织如何降低对核心资源的依赖程度,如何应对外部环境的不确定性。组织与环境之间呈现的是彼此作用的动态关系,当组织之间的资源竞争越来越白热化时,环境不确定性往往会超出单个组织的掌控范围,组织必须在尊重所处环境的前提下,积极主动调整战略方向,不断适应外部环境变化,有效拓宽资源获取通道。但关键资源通常被少部分其他组织所控制,这就需要资源需求组织灵活制定战略安排、及时变更决策行为,尽量与资源供给组织建立持续高效的联结关系，打造资源共享的合作模式。资源需求组织与资源供给组织之间的合作类型可以选择多种策略，既可以采取正式机制来实现彼此融合，如收购兼并重组、产权交易转让等法律规定渠道；也可以利用非正式机制协调组织间的相互依赖，如产业集群、技术合作、贸易协定、战略联盟、董事联结等社会关系渠道。

董事网络作为最普遍灵活、最容易实施且维持成本最低的一种组织间合作模式，被誉为资源依赖理论在"关系型"社会中最有效率的现实表现（Wernerfelt，1984），成为联结公司之间信息传播、资源交换的重要平台。Mizruchi 和 Stearns（1988）发现，企业在销售业绩下滑时更有可能向大客户公司派驻连锁董事来缓解市场压力。Lang 和 Lockhart（1990）指出，企业在偿债能力较差时更倾向于和金融类公司形成董事联结来降低财务风险。由此说明，对于资源匮乏的企业来说，董事网络可以持续搭建资源获取通道，主动应对环境不确定性；对于资源丰富的企业来说，董事网络可以不断强化企业对稀缺资源的控制能力，显著提升其他企业的依赖程度和社会结构的中心位置。

三 委托代理理论

20 世纪 30 年代，随着生产力的发展与进步，企业内部经营环节的职能要求越来越精细、岗位分工越来越明确，资本投入者（所有者）由于受到知识、技能、精力等方面的限制，已经无法胜任亲力亲为的经营管理工作。与此同时，专业化分工产生了一大批具有先进管理能力、前沿战略视野的职业经理人，相比所有者来说，他们能够更加科学地管理日常经营事务、更为有效地实现资本价值增值。在这样的社会经济背景下，Berle 和 Means（1932）通过《现代公司与私有财产》这一经典著作提出了现代企业制度下所有权与经营权相分离的重要思想。其后，众多学者开始基于两权分离的视角深入探索信息不对称及监督激励机制，并于 20 世纪 70 年代逐渐凝练出委托代理理论，成为现代企业公司治理结构的逻辑起点。Jensen 和 Meckling（1976）将委托代理关系定义为，一个行为主体（委托人）基于契约关系，雇用另一行为主体（代理人）来代表自己做出决策或采取行动，在授予代理人一定决策权力的同时，根据代理人的工作数量与服务质量支付相应的报酬补偿。但两权分离会产生代理问题，一方面，委托人和代理人的目标效用函数并不一致，在缺乏科学的治理模式与制度安排的情况下，代理人很可能会做出偏离契约目标最终损害委托人利益的行为；另一方面，委托人和代理人的信息掌握程度也不相同，委托人往往凭借代理人输出的信息间接了解企业的财务状况和业绩表现，代理人很可能利用信息优势来为自己谋取私利。委托代理理论的核心任务在于，如何设计有效的监督体系和激励模式，促使代理人为实现委托人利益而采取合理的决策行为。

为了解决代理问题，委托代理理论分别从保持利益一致性、降低信息不对称程度等层面提出了各种内外部治理机制，比如货币薪酬激励方案、股权激励计划、董事会、监事会、审计委员会、内部控制制度、独立董事制度、经理人市场等。其中，连锁董事在多家公司兼任而形成的董事网络关系，本就是在竞争环境中出于相互牵制、互利互惠目的而产生的一种监督治理机制，可以在很大程度上有效地缓解委托代理冲突。从主观动机的角度来看，连锁董事能够因为专家身份被公司聘任，已经代表其赢得了业界的高度认可。为了进一步扩大社会声望并谋求更多董事职位，连锁董事将会激发更强的治理动机，不仅严格监督管理层的机会主义行为和寻租行为，还会尽力协调股东与管理层之间利益目标的统一。从客观效果的角度来看，连锁董事具有提升信息披露质量、保护中小股东利益等方面的法定职责，董事网络的信息媒介功能有助于拓宽异质信息的传播渠道与辐射范围，降低股东与管理层、控股股东与中小投资者之间的信息不对称程度。

四 组织学习理论

20世纪70年代，市场规则的改变与环境不确定性的加剧，使人们意识到组织之间通过相互学习和彼此模仿来增强核心能力、提升竞争优势的重要性，进而引起了学术界的广泛关注。Argyris 和 Schon（1978）在其经典著作《组织学习：行动理论之观点》中首次提出了"组织学习"的概念，即对组织内部的各类信息进行有效归集、科学探究，并凝练创新知识、优化组织行为的过程。而组织的学习方式可以分为自我学习与替代式学习，前者来自组织亲身经历的工作实践，后者则需要组织对外部经验进行观察模仿。在组织运行过程中，一方面，需要将被反复证明是正确的且很大可能会成功的实践经验与专门化知识，以操作流程、管理制度、系统规范等形式进行自我学习；另一方面，当市场环境越来越复杂、决策结果越来越不确定时，会更加倾向于观测先行者的策略模式、实施步骤、成功经验乃至失败教训，通过替代式学习来抵御外部风险因素、寻求知识外溢效果。自我学习有助于构建标准化惯例、掌握专门化知识，但需要在大量重复行为中逐步形成，学习成本较高，且结果反馈模糊；替代式学习的观测模仿过程则更加直接高效，结果反馈也有明显参照，可以降低学习成本、规避经验不足风险、减少错误决策概率、降低市场环境不确定性，并促进知识信息跨越组织界限得到有效转移。其后，Nonaka 和 Takeuchi（1995）基于知识创新的角度，指出组织学习是组织运用内在逻辑创造新知识、研发新技术，并相互传播、推动创新的认知系统，同时将组织学习内容分为显性知识与隐性知识两大类型。显性知识是在组织运行过程中形成的具象化、可表达的信息集合，隐性知识则是隐藏在组织行为之中高度情境化、难以形式化的经验技巧。隐性知识相比显性知识不容易直接获取，也难以学习模仿，但往往是构成组织竞争力的主要来源。Gherardi 和 Nicolini（2002）开创性地实现了组织学习与社会网络的交叉融合，提出组织学习是嵌入社会网络结构的各类组织在彼此交织的人际关系互动过程中，以共同发展为目标而相互学习、彼此模仿的社会化进程。

Almeida 和 Kogut（1999）研究发现，知识信息在社会关系越密切的企业之间互动频率越高，信任与承诺是促进组织进行知识共享的关键要素。社会网络为组织之间的替代式学习提供了绝佳条件，能够进一步提升网络结构内部组织之间知识的转移速度和学习效率。董事网络是现代企业分布最为广泛的联结形式，连锁董事由于特殊的职务权力，可以从联结公司获取有关决策活动从前期讨论、具体执行到结果反馈的全方位知识与战略性视野，从而为联结公司在知识学习、行为模仿过程中带来后动者优势。因此，董事网络关系为企业之间的学习模仿搭建了更加真实可靠、更为准确适用的知识平台与效仿渠道，并且极大地降低了企业对创新知识的掌握难度，同时也加快了新旧知识的融合。

五　声誉理论

声誉的重要性毋庸置疑，正如美国著名管理大师戴维斯·扬所言，良好的声誉可以为企业成功带来巨大的潜在价值。作为声誉理论的代表性人物，Fama（1980）基于经理人市场竞争的视角，把声誉视作委托代理框架下保证契约诚实执行的重要机制。其核心观点是，当存在有效的经理人市场时，即使企业没有设计如薪酬、福利、股权等显性激励契约，经理人出于对职业前途、社会地位、长远利益等考虑，仍然会恪尽职守地努力工作来证明个人才华、实现自我价值。经理人对声誉的持续追求成了一种长效的隐性激励机制，在一定程度上会替代显性激励契约来缓解委托代理冲突。但声誉往往具有不可观测性，而 Herbig 等（1994）提出个人声誉可以从个性特征与历史表现两方面进行综合评价，构成要素包括性格、道德、素质、智力等个性层面的印象认知，以及为任职公司创造的业绩、在任期间的表现等行为层面的工作绩效。因此，在有了明确的评价标准之后，经理人的个人声誉可以作为反映其内在特质和行为属性的有效信号,在声誉市场中及时释放并快速传播,从而影响到雇主对该经理人的认知判断和行动策略。一旦经理人因为机会主义行为导致其个人声誉受损,不仅降低了业界认可度、社会地位,损害了职业前景,而且还面临解聘风险、违规处罚和法律制裁。经理人的个人声誉越高,其在市场上的讨价还价能力越强,获取的声誉激励回报越多,但为此付出的声誉损失代价也越大,所以对声誉就更加重视与珍惜,其行为就更加谨慎与理性。

在经理人市场竞争思想的基础之上,Fama 和 Jensen(1983)进一步针对董事执业市场激发的声誉机制进行研究,采用兼任公司数量作为外部(独立)董事个人声誉的代理变量,发现获取更多的任职席位是外部董事积累专家声誉、扩大社会名望的激励动机与重要来源,且外部董事的监督独立性会随着个人声誉的提高而不断增强。为了建立良好的专家声誉、收获更多的社会资本,外部董事需要勤勉尽责地履行监督与咨询的基本职能,尽力为董事会提供高效的决策建议和战略服务。如果外部董事在任职期间切实提升了公司的经营业绩与治理效果,他们的履职表现及成功经验就会作为专家信号积极传递给外部声誉市场,从而帮助其获得在该公司连任乃至被更多公司聘请的机会。然而,一旦外部董事在任职期间发生违规乱纪行为与重大舞弊事件,或者与管理层合谋损害投资者利益,他们将会承担严厉的处罚制裁和高昂的声誉成本。因此,外部董事为了维持并提高个人声誉,会尽力帮助任职公司树立优质的企业形象,把良好的专家声誉转化为卓越的企业声誉,把个人职业发展的激励动机转化为企业可持续发展的内核驱动力。

第二节 作用机制

本书从董事网络位置特征、董事网络结构特征、董事会团队特征三个维度出发,系统构建了董事网络关系对股权资本成本内在机制的综合作用过程，一方面试图解释董事网络位置怎样影响股权资本成本，以及在不同的董事网络结构情境下如何发生改变的问题；另一方面试图解释董事网络位置通过什么传导路径影响股权资本成本，以及在不同的董事会团队特征下中介作用强弱如何发生改变的问题。为了回应以上问题，本书拟定了三个逻辑框架：一是董事网络位置对股权资本成本的总效应研究，分析董事网络关系的位置特征对股权资本成本的影响机制；二是董事网络结构在董事网络位置与股权资本成本之间的情境效应研究，分析董事网络关系的结构特征在不同现实情境下表现出来的差异化调节效应；三是企业风险承担在董事网络位置影响股权资本成本过程中的传导路径研究，以及董事会团队特征改变风险承担中介作用强弱的权变机制研究，分析经过企业风险承担的作用路径在董事会团队特征影响下发生的有调节的中介效应。

一 董事网络位置对股权资本成本的总效应研究

股权资本成本理应与投资者估计的风险水平正相关，其本质是投资者在眼前利益与未来收益的博弈过程中所提出的要求报酬。然而现实资本市场并非完全有效，股权资本成本受到诸多内外部因素不同程度的影响，既是困扰财务学界的一个极端复杂性问题，也是企业经营过程中面临的基本困惑之一。现阶段我国正式制度对股权资本成本的治理作用还相对较弱，董事网络关系作为联结公司之间传递异质信息、共享稀缺资源的非正式平台，能在很大程度上弥补正式制度的缺陷（李洋等，2019a），对合理抑制股权资本成本发挥了极其重要的正外溢性。社会资本理论突出了组织成员在社会关系中的嵌入性特征，强调了社会资本的获取途径及利用效率取决于网络个体的位置差异（Woolcock, 1998; Lin, 2002）。因此，网络中心度成为衡量董事网络关系中社会资本价值的主流标准，连锁董事的网络位置居中，不仅能为联结公司带来数量更多、质量更高的关键信息与核心资源，还能以更强的声誉激励、更大的治理动机去提升对战略规划的决策能力与对寻租行为的识别能力，推进联结公司之间的异质信息传播与相互学习模仿，缓解信息不对称程度、委托代理冲突及决策模糊性，可以使投资者更加准确地判断预期风险并理性提出要求报酬，进而将股权资本成本维持在一个合理界域。学界立足于不同的理论流派阐释了董事网络位置对企业决策行为及经济后果的溢出效应，但大多数文献只是从个别视角出发论证董事网络的媒介功能，并未充分考量连锁董事在面对各类复杂性事务时所产生的综合作用，进而导致研究结论还相对片面和分散。本书在梳理现有成果的基础上，基于资源依赖理论、委托代理理论、组织学习理论、声誉理论，分别从信息资源效应、监督治理效应、学习模仿效应、声誉激励效应四个角度，全面分析董事网络位置对股权资本成本的影响机制，具体内容详见第四章第一节。

我国上市公司尽管受到统一的政策监管与规则约束，但不同公司面临的信息环境参差不齐，各个省份之间的制度环境并不均衡。因此，董事网络位置对股权资本成本的影响作用或许不可一概而论，全样本分析可能掩盖了其中的异质性特点。本书进一步从信息环境层面（包括信息披露质量、财政透明度）与制度环境层面（包括投资者保护水平、市场化程度）着手，将全样本进行分组异质性检验，力求更加精准地刻画董事网络关系对股权资本成本的溢出效应在不同情形下的现实差异，具体内容详见第四章第五节。

二 董事网络结构的情境效应研究

当前学界大都将网络位置作为连锁董事社会资本价值的研究主流，普遍认为网络中心度可以产生积极的溢出效应。然而，如果仅仅通过网络中心度考察董事网络关系对股权资本成本的作用效果，只能从位置特征的视角反映连锁董事占据的重要位置及控制优势，但并不足以全面认识连锁董事拥有的整个网络资源价值。事实上，董事网络是一个兼具外生资源依赖和内生嵌入驱动的动态演化系统（Gulati，1998），连锁董事的决策行为方式深深镶嵌于董事网络的内部结构之中，会受到人际互动网络中信息交换、资源分享、理性观察、模仿借鉴、人情世故、关系认同等社会属性的影响，具有明显的结构嵌入特征与情境演化性质（Watts and Strogatz，1998；Simsek et al.，2003）。如果从董事网络结构的视角进一步嵌入我国"关系型"社会的现实情境，内部董事与外部董事之间信息传导和决策作用是否具有强弱之分？连锁董事与控股股东之间私人关系是否存在亲疏之别？联结公司之间信息传播链条的路径距离是否呈现长短差距？董事网络中心度对股权资本成本的正外溢性是否受到以上情境的差异化影响？本书分别从董事联结强度、董事亲密度、董事连锁距离三个层面，进一步剖析镶嵌于董事网络结构的内部情境因素，全面地揭示董事网络结构对董事网络位置与股权资本成本之间关系在不同现实情境下产生的调节作用，具体内容详见第五章第一节至第三节。

在"互联网+大数据"背景下，信息技术飞速发展，现代企业面临的信息环境正在经历革命性转变，信息媒介可以分为正式信息渠道与非正式信息渠道两种类型（孙彤等，2020）。在我国正式信息渠道仍不健全的市场环境中，董事网络关系成了我国资本市场最普遍存在的一种非正式信息渠道（陈运森等，2018），其网络位置带来的溢出效应能够有力弥补正式信息渠道的不足，而董事联结强度、董事亲密度、董事连锁距离等镶嵌于网络结构的内部情境因素，则直接关系到董事网络关系的信息媒介功效和信息传递质量。那么，董事网络结构的现实情境变量和以媒体报道、分析师跟踪为代表的正式信息渠道之间能否形成彼此渗透、相得益彰的整体合力？外部董事"信息桥"的弱联结优势、较低董事亲密度的独立性优势、较短董事连锁距离的高效率优势能否带来更大的增量效益？这些是本书亟待进一步探索的问题，具体内容详见第五章第四节。

三 企业风险承担的中介作用与董事会团队特征的权变机制研究

企业要想确保股权资本成本实现稳步下降，同时又能切实满足投资者的要求报酬，无论采取怎样的治理机制，最终都要落实到投资者所遭遇的风险层面（Artiach and Clarkson，2014）。企业创新已经成为实现我国经济增长、改革深化与结构转型的重要助推器（陈逢文、冯媛，2019），但任何创新创业行为必将面临诸多不确定性因素的考验，企业愿意以高风险损失换取高投资回报的积极态度和进取精神，不仅是企业长期保持高质量发展的内核驱动，同时也为投资者利益诉求的实现带来了行为承诺，进而决定着投资者在眼前利益与长期回报之间的博弈权衡（Alhares，2017）。企业风险承担相当于给投资者带来了一份看涨期权，使投资者在眼前利益与未来回报的博弈过程中，往往更有信心聚焦于股东财富的长期增长，也就更有可能下调当前的要求报酬来满足企业未来项目投资和可持续发展的资金需求（Cain and McKeon，2016）。因此，董事网络位置对股权资本成本的影响机制，必然无法绕开企业风险承担这一作用路径，它们之间具有天然的内在逻辑。本书着重探讨企业风险承担在董事网络位置影响股权资本成本的过程中所发挥的中介传导作用，具体内容详见第六章第一节。

鉴于风险承担行为的极端复杂性与风险决策结果的高度不确定性，经过企业风险承担的中介路径还可能受到诸多内外部因素的差异化影响。2006年，国务院国资委发布的《中央企业全面风险管理指引》，重点强调董事会是企业全面风险管理工作的主要负责人和重要参与者。2021年，国务院国资委发布的《中央企业董事会工作规则（试行）》，明确提出董事会是企业经营决策与风险战略的主体。董事会作为监督治理、咨询建议与重大决策的企业最高权力机构，在企业风险承担战略的制定过程中具有举足轻重的核心地位（Tuggle et al.，

2010），其团队特征必然会深远影响企业风险承担的决策行为及实施成效（孟焰、赖建阳，2019）。风险承担活动往往关系到企业的长期战略规划，绝不应该被个人意志所掌控，理应由董事会团队成员进行集体决策，所以需要重点关注董事会集体层面的差异化特征对风险承担水平的作用效果。因此，本书进一步将董事会异质性与董事会群体断裂带作为企业风险承担在现实决策环境中的权变因素，深入考察经过企业风险承担的中介路径在不同的董事会团队特征下可能发生的权变机制，具体内容详见第六章第二节和第三节。

四　逻辑结构

综上所述，本书首先遵从董事网络社会资本价值的研究主流，采用网络中心度来刻画董事网络关系的位置特征，基于信息资源效应、监督治理效应、学习模仿效应、声誉激励效应，深刻探究董事网络位置对股权资本成本的影响机制，并从信息环境层面与制度环境层面着手对该影响效应进行分组异质性检验；其次，进一步剖析董事网络关系的结构特征，引入镶嵌于网络结构内部的董事联结强度、董事亲密度、董事连锁距离作为现实且普遍的情景因素，多角度探索董事网络结构对董事网络位置与股权资本成本之间关系在不同现实情境下产生的调节作用，并契合信息时代背景，拓展性地验证董事网络结构和正式信息渠道之间可能存在的替代效应抑或互补效应；最后，着重探讨企业风险承担在董事网络位置影响股权资本成本的过程中所发挥的中介作用，并基于董事会在风险承担战略制定过程中的核心地位，以董事会团队特征（董事会异质性、董事会群体断裂带）作为改变中介作用强弱的权变因素，深入考察企业风险承担这一中介路径与董事会团队特征交互形成的权变机制。董事网络关系对股权资本成本作用机制的逻辑结构如图 3.1 所示，本书后续的实证分析框架将围绕这一整体思路来开展实施。

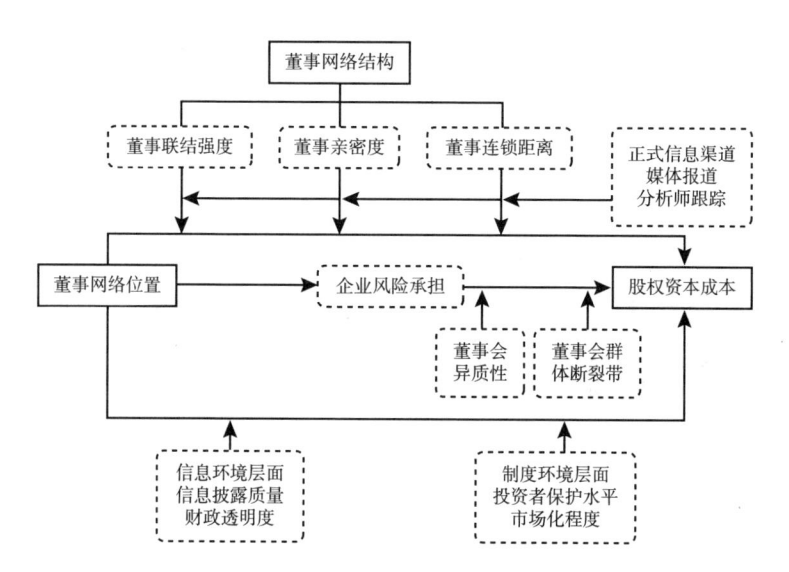

图 3.1　董事网络关系对股权资本成本作用机制的逻辑结构

第四章

总效应研究：董事网络位置对股权资本成本的影响效应

近年来，融资难、融资贵的问题日渐突出，信贷歧视、金融错配、结构失衡、供需矛盾等现象长期存在，企业资本成本呈现明显偏高的态势（邹颖等，2017）。股权资本成本的本质内涵，是投资者基于自身承担风险所提出的要求报酬（汪平，2018），而投资者估计未来收益的风险水平在其中起着决定性作用。也就是说，股权资本成本不是由企业自身决定的，而是由市场投资者在权衡风险与收益的基础上决定的，要想稳步降低股权资本成本，前提是充分满足股东利益诉求。国内外大量文献基于微观层面的内部治理因素、宏观层面的外部环境因素和政策层面的正式制度因素，从理论和经验上解析了股权资本成本的治理机制，但如果进一步嵌入我国特殊的社会文化背景，是否还有其他因素尚未引起学界的重视？

由于长期受到儒家传统处世哲学的影响，加上当前转型经济环境的特殊性，我国正由层级社会向网状社会过渡，在社会结构中形成了分布广泛、层次密集且普遍存在的网络关系。同时，我国资本市场还不成熟，显性契约仍不完备，社会网络这种非正式制度逐渐成为正式制度缺陷的有效补充机制，网络系统中镶嵌的各种社会资本可以在内部成员之间快速流通、相互模仿,实现稀缺资源的优化配置、合理共享(Uzzi,1999)。而连锁董事同时在多家企业兼任所构造的董事网络关系,已经成为社会网状体系的主要表现形式,是我国上市公司最突出的特征之一(谢德仁、陈运森,2012)。董事网络具有独特的信息媒介功能,其蕴含的专业知识、决策经验、人脉关系、社会声誉、商业机会等战略资源,越发成为联结公司提升竞争优势、拓展生存空间的重要平台(Gulati,2015)。那么,董事网络能否显著降低股权资本成本?本章分别从信息资源效应、监督治理效应、学习模仿效应、声誉激励效应四个角度,全面深入地分析董事网络位置对股权资本成本的影响机制。

第一节 董事网络位置的综合效应

一 信息资源效应

资源依赖理论认为,任何组织不可避免地会对外界环境产生一定的资源依赖,而各类资源的获取路径和稀缺程度共同决定着组织对环境的依赖性大小(Pfeffer and Salancik,1978)。这些资源涉及关键信息、战略资源、客户关系、融资渠道、财政支持、知识产权、创新技术、高端人才等方方面面,资源交换成为企业与外界环境之间相互作用的基本纽带。如果企业能够建立起彼此交织的内外部联系,将会有效降低其资源依赖,赢得更大的竞争优势。我国是一个典型的"关系型"社会,在源远流长的传统文化演进过程中,无论个人还是组织都具有强烈的社会关系属性,"关系为王"的理念对百姓日常活动及企业经营行为产生了较大影响(Zhou et al.,2003)。这种非正式的网络结构及其嵌入的社会资本,自然而然成为企业之间资源交换的重要渠道,并在很大程度上影响着企业的经营业绩和战略规划(陈运森等,2018)。作为上市公司最普遍存在的社会网络,连锁董事网络是促进信息传播、资源交换和内外联结的"黏合剂",被视为公司与公司之间的关键结点和聚集通道(Freeman,1979),为联结公司提供了极其重要的信息传导路径和资源共享平台。连锁董事在社会网络结构中占据的位置越居中,就越可能建立更多直接或间接的联结关系,借此获取重要的关键信息与核心资源,并增强联结公司在整个网络系统中的资源控制力与决策影响力(李洋等,2019b),这就为投资者判断未来风险报酬、评估价值创造能力带来了更多的参考依据。董事网络位置对股权资本成本的信息资源效应具体表现为以下两个方面。

其一,促进关键信息快速传播,降低信息不对称程度。信息是公司治理的语言和契约关系的基础,已经成为信息时代非常重要的战略资源,特别是在不确定性高的资本市场中,如果能对关键信息进行准确把控与提前布局,就能保证现代企业充分应对不利环境所带来的冲击。然而,董事会与管理层通常获取的是可接触到的公开信息(Piskorski,2005),如其他公司发布的财务报表、业绩预告、重大事项等,以及分析师公开的盈余预测、数据解读、投资建议等,对于诸多保密信息则缺乏相应获取渠道,进而导致决策过程中掺杂了很大程度的主观臆断成分。董事网络作为非正式制度层面的结构性嵌入,是网络系统中传递专业知识、政策动态、项目经验、商业机会、创新技术、战略方向乃至失败教训等保密信息的重要媒介,可以为联结公司不断拓展关键信息的覆盖范围和传递渠道,并对经营决策与治理行为提出优化建议(Burt and Burzynska,2017)。连锁董事不仅扮演着管理层日常经营活动的监督角色,而且充当了董事会提升治理水平的智囊团队。作为利益纽带的共同体,连锁董事不仅利用社会网络系统中的信息优势,积极协助联结公司挖掘投资机会、改善商业环境、调整战略规划,而且还能减少关键信息的甄别时间及搜寻成本,提高信息来源的真实性与可信度。连锁董事越靠近网络中心位置,越容易在联结公司之间发生密切的沟通和良性的互利互惠(Deutsch et al.,2015)。一方面,可以通过较短的路径接触更多渠道的异质信息，增加信息资源的获取数量；另一方面，可以通过较高的声望控制更有价值的关键信息，提升信息资源的获取质量。而且，这些保密信息还能够在网络系统中更为快速地传播与扩散，大大增加联结公司之间彼此交流、相互模仿的机会（Gherardi and Nicolini, 2002），显著降低治理环境的不确定性和决策过程的模糊性（Lieberman and Asaba, 2006）。正因如此，董事网络位置的提升，可以帮助联结公司抑制非效率投资（郝云宏、马帅，2018），提高信息披露质量（陈运森，2012b；高凤莲、王志强，2015），增强商业信用（张勇，2021）、成长能力（李敏娜、王铁男，2014）和创新绩效（周军，2018），同时还能大大缓解公司与投资者之间的信息不对称程度（Rossoni et al., 2018；李慧云、刘镝，2016），进而合理降低股东的投资风险和要求报酬，有效约束股权资本成本。

其二，推动核心资源有效获取，缓解资源依赖。企业的生产经营、技术研发和项目投资等决策行为都要依赖大量的资源消耗，其生存发展取决于能否拥有竞争对手难以复制的战略性资源，以及能否将核心资源转化为自身的资源控制优势与资源整合能力（Berardo, 2014）。面对高度不确定的经营环境与核心资源的不可替代性，企业如果仅依靠自身积累来解决资源需求，必将浪费大量的搜寻时间、付出高昂的交易成本，且在我国现阶段正式制度环境较差、稀缺资源争夺激烈的现实背景下，诸如知识资源、信息资源、人才资源、金融资源等都存在极大的瓶颈约束。"单枪匹马"已经无法适应经济环境的转型要求，现代企业往往通过产业集群、技术合作、贸易协定、战略联盟、董事联结等形式，试图从网络关系中寻求社会资本来减小资源束缚（周雪峰等，2021），从而营造"共荣共存"的多边格局。连锁董事网络因为联结关系牢靠、维系成本较低、辐射范围广泛而备受企业青睐，大量经验证据肯定了其在投融资方面发挥着重要的资源支持作用。第一，董事网络关系能够拓宽融资渠道、缓解融资约束（尹筑嘉等，2018）。连锁董事越靠近网络中心位置，越能凭借良好的银企关系为联结公司获取银行信贷资金，并进一步拓宽其他金融化渠道（杜勇、刘婷婷，2021）；越能提高交易双方的信任程度，帮助联结公司在上下游供应链环节顺利达成商业信用协议（张勇，2021）；越能完善创业项目的商业策划，为联结公司赢得更多的风险资本（Jiang et al.，2018）；有政府背景的连锁董事甚至还能为联结公司带来财政补贴、土地使用权及绿色融资通道（余明桂等，2010）。第二，董事网络关系能够提升技术水平、驱动研发创新（周雪峰等，2021）。连锁董事越靠近网络中心位置，越能通过知识成果转化，促进联结公司的产品创新与技术进步（Cuevas-Rodríguez et al.，2014）；越能积累同类型项目的先进经验，为联结公司挖掘更多的投资机会并提高投资效率（Hochberg et al.，2007）；越能通过冗余资源的有效整合，加大联结公司的创新研发投入力度（严若森等，2018）；越能在创新过程中探索优势互补的合作模式，显著提升联结公司的技术创新绩效（张丹、郝蕊，2018）；还能不断强化外部知识的吸收能力，加快新产品、新项目的开发进度（Mazzola et al.，2016）。核心资源的有效获取，增大了创新驱动发展战略的成功概率，增强了投资者的未来信心和财富保障，从而促进了股权资本成本的下降。

二 监督治理效应

委托代理理论认为，现代企业本质上是由多方利益相关者基于契约制度构建的一种法定联结，信息不对称所引发的事前逆向选择与事后道德风险，是导致企业出现代理问题的内在动因，且在显性契约仍不完备、非正式制度还不健全的市场环境中，管理层与投资者、大股东与中小股东之间的代理冲突越发严重。Bernanke 和 Gertler（1989）研究发现，由代理问题产生的高管寻租、融资约束等非效率治理行为及内部人控制现象，会加剧外部投资者特别是中小股东的信息劣势，提高代理成本。为了补偿投资过程中的委托代理风险，投资者只能向被投资公司提出更高水平的风险溢价，进而增大公司的股权资本成本。董事会的基本职能是监督管理层的信息披露及经营活动，但绝不仅限于此，同时还要致力于利益关系的协调、发展方向的规划、战略资源的获取等治理职能。但随着公司治理的变革及经济环境的转型，单靠董事会传统的"单打独斗"职能似乎已经无法满足现实需求。Mizruchi 和 Stearns（1988）指出，连锁董事形成的根本原因是为了有效缓解代理问题所产生的一种监督治理机制，即某家公司通过向另外一家公司董事会派驻董事，达到对该公司进行监督控制的目标和效果，而彼此占据对方公司的董事席位，是激烈竞争环境里形成相互牵制、共谋互惠利益的制度性变革。在董事网络的演进过程中，连锁董事的监督治理职能被逐步嵌入社会网络结构中（Hannan and Freeman，1984），且处于网络中心位置的董事更能有效发挥其建议咨询功能，更能通过网络系统把自身积累的专业知识、行业经验、价值创造信息有效传递给董事会，从而将其个人拥有的社会资本转化为联结公司的社会资本，成为董事会在行使监督治理职能时强有力的智囊团。董事网络位置对股权资本成本的监督治理效应具体表现为以下两个方面。

其一，监督管理层寻租行为，降低投资者信息风险。长期以来，管理层通过操纵信息披露、增加在职消费、进行非效率投资等寻租手段引发的第一类代理问题，以及大股东凭借利益输送、资金占用、关联交易等掏空方式引发的第二类代理问题，成为我国上市公司的顽疾。而管理层与投资者之间较为严重的信息不对称，则是两类代理问题表现最突出的矛盾点（高凤莲、王志强，2016）。管理层作为信息发布者，很可能出于个人私利的意愿驱动，采取虚构信息内容、隐藏不利信息、选择披露时机等手段，使外部投资者面临更高的信息风险（Johnstone，2021）。因此，提高上市公司的信息透明度，是缓解委托代理冲突、降低投资者信息风险、提高资本市场效率的重要渠道（Botosan and Plumlee，2002）。早在2001年中国证监会发布的《关于在上市公司建立独立董事制度的指导意见》，就赋予了独立董事在监督信息披露、保护中小股东、降低代理成本等方面的重要职能，但我国大部分上市公司的独立董事比例仅仅满足不少于1/3的监管要求，强制性制度变迁下的趋同化特征往往让人质疑独立董事"不独立""不懂事""不作为"的"花瓶"现象（高凤莲、王志强，2016；陈运森等，2018），所以连锁董事网络所嵌入的社会资本，才是检验其监督治理效应的最佳视角。第一，连锁董事的网络位置居中，能够促进管理层健全内部控制体系（廖方楠等，2021），不仅可以完善信息与沟通机制、监督会计信息生成过程、减少财务重述发生频率，而且可以向市场释放积极信号，提高投资者的信任程度。因此，董事网络位置提升了内部控制质量，协助联结公司充分应对内外部环境的变化，有效识别、修复制度运行的缺陷，促使管理层发布真实的财务报告、准确的业绩预告以向外界传递可靠信息。第二，连锁董事的网络位置居中，有助于拓宽公司信息的覆盖范围和传播渠道，缓解利益相关者之间的委托代理冲突（陈运森，2012a；尹筑嘉等，2018），进而提高联结公司的信息透明度，使管理层寻租行为更容易受到监管机构、主流媒体、分析师及投资者的共同监督，就可以在很大程度上有效治理委托代理问题。总之，处于网络中心位置的连锁董事可以通过约束管理层寻租行为，提升信息披露水平，改善公司治理环境，将投资者的信息风险降低到合理区间，进而抑制股权资本成本的上升。

其二，优化董事会治理决策，降低公司经营风险。连锁董事通过盘根错节的社会网络关系嵌入董事会的治理过程，能够在机会发现、资源整合、风险控制等方面协助董事会不断提升公司治理效率，具有难以模仿性和不可替代性，是公司获取竞争优势、保持高质量发展的重要来源（Deutsch et al.，2015）。能够创造价值的决策行为往往伴随较高的经营风险，这既是企业持续成长的内核驱动，也是董事会实现投资者回报的行为承诺。董事会需要针对各种复杂的经营环境为公司制定战略规划，这一过程无疑会产生不同程度的经营风险，进而影响到股权资本成本的高低。董事网络蕴含的社会资本为董事会治理能力的提升带来了积极的溢出效应。第一，连锁董事的网络位置居中，往往具备较强的机会发现能力，对于市场动向及行业趋势的变化极其敏感，善于将碎片化的零散信息转化为系统性与指导性兼备的操作建议，为公司快速挖掘潜在的商业机会，并科学评估其内在价值及风险水平（花冯涛，2021）。尤其是在外界环境不确定性较大的情形下，连锁董事能够凭借以往的项目经历和行业经验，通过前瞻性眼光协助管理层可靠地预测市场需求，有效把握投资时机，在提高经营业绩的同时控制经营风险。第二，连锁董事的网络位置居中，一般拥有较强的资源整合能力，有助于董事会准确把控市场布局、行业状况、产品推广、交易模式等核心事务，尽力实现经营活动中战略资源供给的及时性、高效性（Zhong et al.，2017）。卓越的连锁董事不仅擅长整合重组现有资源，而且善于通过长期规划助力公司达到资源配置的效用最大化，以保证公司经营过程的持续稳定。第三，连锁董事的网络位置居中，通常匹配了相应的风险承担意愿与风险控制能力（张敏等，2015），能够为董事会带来更多有关政策监管、环境变化、市场波动等风险信息，促使公司勇于进行风险投资、积极从事创新研发、不断增强竞争优势、努力提升绩效水平（刘衡、苏坤，2017），同时帮助公司科学构建预警系统、充分识别风险因素、合理评估风险等级、有效制定应对方案（Cain and McKeon，2016）。总之，处于网络中心位置的连锁董事可以优化董事会决策行为，提升公司治理效率，将公司的经营风险降低到合理区间，使投资者报酬率诉求理性下调，进而有效约束股权资本成本。

三 学习模仿效应

组织学习理论认为，组织行为活动的优化来自组织对各类信息的有效归集、科学探究并创造新知识的过程，包括自我学习与替代式学习两种方式（Argyris and Schon，1978）。其中，自我学习的知识信息通过亲身经历的工作实践获取，替代式学习的知识信息通过外部经验的观察模仿获取。组织学习的信息内容可以划分为显性知识与隐性知识两大类型（Nonaka and Takeuchi，1995）。显性知识是企业在生产经营过程中形成的具象化、可表达的信息集，如产品制造的技术和程序、财务系统的结构化数据、绩效考核的标准和模式等，通过口头传授或利用书籍文献来记载，凭借自我学习就可以很方便地获取；隐性知识则是储存在个人头脑之中、难以言述并与特定情境密切相关的经验技巧，如战略方向的制定与调控、投资项目的评估与筛选、商业布局与宏观政策的匹配等，通常"只可意会不可言传"，一般不容易直接获取，可以采用替代式学习来观察模仿（Arnett et al.，2021）。面对复杂多变的外部环境，企业在决策之前往往无法充分获取以隐性知识为主的环境信息，决策执行过程中也无法准确评估最终结果，所以任何决策行为所需要的知识信息都不可能仅靠自己"闭门造车"，而是通过各种直接与间接、正式与非正式的信息传递渠道，在企业之间彼此学习交流、相互模仿参照（Gherardi and Nicolini，2002）。此时替代式学习的急迫性和重要性不言而喻，能让企业从外部快速收集并学习模仿以往取得成功的、被反复证明是正确的经验总结，帮助企业调整决策方向、适应环境波动（Arnett et al.，2021）。当企业面临的决策过程或结果高度不确定性时，董事会和管理层通常会将替代式学习作为抵御外部风险的常规手段，尽可能去观察、模仿其他企业曾经参与过的类似决策活动，利用社会关系寻求隐性知识的外溢效应（Kaustia and Rantala，2015）。为了有效应对风险频发的不利环境和信息劣势，企业越来越倾向于通过替代式学习来模仿先行者的成功经验，这不仅提高了企业之间知识信息的转移速度，而且更高效快捷地提高了决策效率，降低了信息搜寻成本和决策过程的模糊性。

知识人才只有在更大的网络群体和空间范围中产生互动行为，才能进一步提高知识体系的传播频率和创新速度（Almeida and Kogut，1999）。作为上市公司最广泛存在的社会关系，董事网络充当了知识信息的传输纽带和媒介，为联结公司彼此之间的知识学习和行为模仿提供了"天然土壤"（Beckman and Haunschild，2002）。Lieberman 和 Asaba（2006）认为，决策环境的不确定性和模糊性是引发董事网络中学习模仿效应的主要原因，存在董事联结关系的公司不仅更容易通过替代式学习彼此效仿借鉴（Cai and Sevilir，2012；陈运森、郑登津，2017），而且随着外部环境不确定性的上升，董事网络带来的学习模仿效应会更加强烈（Cheng et al.，2021）。连锁董事服务于多家公司的董事会，蕴含了丰富的隐性信息和经验技巧，全方位涉及任职公司决策活动的执行背景、执行要素、执行过程和执行后果，覆盖了项目投资、政策变动、技术研发、战略调整等公司运营层面，以及信息披露、薪酬设计、内部控制、股权激励等公司治理层面，深刻影响到连锁董事的认知基础及决策能力，为联结公司学习模仿行为的实施奠定坚实基础。因此，相比外部其他显性信息，董事网络传递的隐性信息更加直接、及时、高效，能在复杂环境下提供更为真实可靠、更具可操作性的参照系（Haunschild，1993）。

连锁董事兼具个人属性与社会属性双重特征。就个人属性而言，每位董事具有各自不同的专业背景、知识体系和决策经历，导致其对各类信息不可能做到全面把握和充分吸收。为了提高信息转化效率，降低知识学习成本，连锁董事比较理性的做法是模仿或复制董事网络中其他公司的同类决策，这样会显著降低决策过程的模糊性，并有效维护个人职业声誉的权威性（李洋等，2019b）。就社会属性而言，连锁董事嵌入网络结构后具有不同的社会关系和网络位置，导致其所能掌控的异质信息与核心资源有着很大差异，进而决定了学习模仿效应也存在强弱之分。处于网络中心位置的连锁董事，深度参与公司运营的决策经历越多，覆盖的知识范围越大，传递的信息渠道越广，对网络资源的控制力和对其他公司的影响力也就越强，更容易让其任职公司成为标杆企业，积极促进其他公司全方位的学习模仿。反之，处于网络边缘位置的连锁董事，无论决策经历还是信息资源都比较匮乏，在很大程度上制约了学习模仿效应的发挥。

目前大量研究证实了董事网络位置与学习模仿效应之间的关系。Oh和Barker（2015）发现，CEO在兼任连锁董事时，倾向于按照兼任公司的技术标准来决定研发创新投资强度，而且网络中心度越高，模仿程度越高。李留闯（2015）指出，我国上市公司会选择董事联结公司作为相对业绩评价的参照对象制定CEO薪酬，且董事网络关系越密切，薪酬水平越接近。陈运森和郑登津（2017）发现，随着董事网络位置的提升，联结公司间的投资趋同效应更加显著。梁上坤等（2019）认为，我国上市公司的高管薪酬契约在董事联结公司之间具有明显的参照效应，且联结公司数量越多，参照效应越大。Cheng等（2021）认为，越强的董事联结关系下，IT技术投资水平及投资回报的趋同性特征越明显。王营（2021）指出，董事联结公司之间的避税行为具有显著的同群效应，并在不同董事位置下表现出较大的异质性。对于任何公司来说，股权资本成本都是一项具有极端复杂性、高度不确定性的核心参数，受到诸多内外部因素的共同影响，它不仅是投资可行性评估的重要准绳，而且是企业价值最大化目标是否实现的判别标准，被称为"资本成本之谜"（汪平、邹颖，2012）。既要充分满足股东要求报酬，又要稳步降低股权资本成本，是现代企业面临的基本困惑之一。因此，如何有效抑制股权资本成本，迄今为止还有很多尚未打开的"黑箱"，决策环境存在很大的不确定性和模糊性，这就给董事网络学习模仿效应的有效发挥带来了绝佳的"试验田"。董事网络位置越居中，联结公司就越有机会学习模仿稀缺的隐性知识与丰富的异质信息，并随着网络中心度的进一步提升，这些知识信息在联结公司之间传递的速度更快，彼此互动交流、学习借鉴的频率更高，决策效率得到显著提高，决策成本与决策风险也得到有效控制。因此，在更高的董事网络位置下，学习模仿效应强化了隐性知识的外溢程度，增强了连锁董事在治理过程中的影响力和权威性，缓解了公司和投资者之间的信息不对称，能够促进股权资本成本的下降。

四 声誉激励效应

声誉理论认为，连锁董事监督治理的履职程度主要源于董事网络中嵌入的声誉资本（谢德仁、陈运森，2012），且董事网络位置越高，获取的声誉激励回报越大，同时，如果业务处理失败而出现负面口碑，付出的声誉损失代价也越大（Fich and Shivdasani，2007）。声誉资本作为一种内在激励机制，是连锁董事监督管理层合规经营、保障中小股东利益、提高信息披露质量、提高公司治理效率的重要动因（Fama and Jensen，1983）。连锁董事被赋予了监督咨询与战略服务的基本职能，其在任期内的履职表现和治理水平，被视为一种能力信号在外部声誉市场中及时释放，直接影响到该董事未来的职业生涯前景和社会资本价值（刘浩等，2014）。因此，连锁董事的个人价值观与行为方式受到了声誉市场的严格约束，声誉市场会有效甄别连锁董事的声誉高低并在业界广泛传递，为高声誉董事带来了更多的社会关系、升迁机会和董事席位，并对低声誉董事产生了更高的契约成本、职业风险和解聘概率。声誉资本的形成是连锁董事长期积累、辛苦付出的社会网络价值体现，如果一旦曝光丑闻，声誉受损只在朝夕之间，并导致一系列的严重恶果，轻则被市场排斥，其个人名声、社会地位、职业前途、经济利益将付诸东流，重则还会受到行政处罚甚至法律制裁。

大量研究已经证实了声誉机制对连锁董事治理动机和勤勉程度的激励作用。Fama 和 Jensen（1983）指出，连锁董事能够被更多的公司聘任，本身就是其专业能力、业务经验、治理水平和任职表现的有力证明，可以为其带来更高的声誉资本及更好的激励效果。Kaplan 和 Reishus（1990）发现，在业绩较差的公司任职，相当于向市场传递了该董事治理能力弱化的不良信号，导致其获取额外董事席位的难度增大。Fich 和 Shivdasani（2007）以被指控财务舞弊公司为对象，发现这类公司的连锁董事在业界的认可程度较低，且其将来的兼任席位会大幅减少。周繁等（2008）认为，独立董事跳槽的行为动机来源于任职公司的知名度和公信度、个人的社会声望和职业风险等声誉因素，而并不太关注薪酬水平等物质利益。刘浩等（2014）以在 ST 公司任职作为连锁董事声誉受损的替代变量，研究指出，ST 公司董事未来的职位选择机会变窄，且该公司在董事任期内如果摘帽失败，董事获得额外席位的可能性会进一步降低。廖方楠等（2021）认为，连锁董事的兼任公司数量越多，社会网络关系越强，声誉激励效果也就越好，任职公司的内部控制质量得到显著提升。以上成果均从不同侧面表明，声誉资本具有激励连锁董事恪尽职守与约束连锁董事不端行为的双重功效。由于兼任公司数量的差异，连锁董事处于不同的网络位置，形成不同的联结关系，从社会网络结构中积累的专家声誉、产生的激励作用也具有明显区别。随着网络位置的提升，连锁董事对于业界认同感与社会信用证明会产生更高的追求（Zhong et al.，2017）。网络中心位置赋予了连锁董事"名利双收"的个人声誉资本，同时也为联结公司带来了值得信赖的市场声誉资本，稳固了外部投资者的信任程度和风险评价，必然会对股权资本成本产生重要影响。董事网络位置对股权资本成本的声誉激励效应具体可以从以下两个方面来理解。

一方面，董事网络位置促进了社会声望提升。连锁董事通过更多的联结关系，造就了业界认可的信用名片，积累了更为广阔的人脉关系，收获了战略决策的知识经验，同时也为其履职公司带来了有关治理行为的关键信息与核心资源（Zaheer et al.，2010）。越靠近网络中心位置的连锁董事，在网络群体互动过程中具有越高的活跃性，对联结公司间的信息资源也具有越强的控制力，成为社会关注度更高、业界影响力更大的信用符号（Macaulay et al.，2018）。这类优质董事多为社会各界的精英人士，集知识、智慧、专业技能和社会关系于一身，通常不会受到单纯的物质诱惑，追求的是社会公信度与自我价值实现，对个人声誉有着更加强烈的重视程度及未来诉求。连锁董事如果因为玩忽职守、同流合污而被媒体曝光或受司法制裁，其多年培育的社会网络及声誉资本必将毁于一旦。为了巩固并进一步扩大社会声望，连锁董事将会以更大的动机和激情恪守尽责、谨慎勤勉，对内严格监督管理层盈余操纵、在职消费、无效率投资等寻租行为，协助董事会改善公司治理环境、增强价值创造能力，对外促进联结公司不断提高核心竞争优势，合理满足股东利益诉求，进而降低股权资本成本。

另一方面，董事网络位置强化了关系认同。Davis等（2003）提出董事联结形成的原因之一在于，连锁董事希望进入"精英圈子"，进一步提升其社会地位、扩大其职业前景。连锁董事的网络位置越高，也就越容易吸引其他董事围绕该董事自发凝聚成"精英团体"，而相似的社会地位和优质的专家声誉，更能够促使团体成员之间产生高度信赖的关系认同（Zhong et al.，2017）。精英集聚效应演变出约定俗成的圈层规则与行为准绳，为了维护并扩大阶层的整体利益及个人回报，精英们会通过分享更多的董事席位而形成更为紧密的联结关系，形成更加强大的控制优势。董事之间关系认同程度越高，越能促进异质信息以更广的辐射面快速传播，核心资源以更有效的模式优化配置，避免连锁董事在知识受限、沟通不畅、资源匮乏等情形下的"孤立无助"（高凤莲、王志强，2016）。由此带来的群体联动优势让圈子成员非常在意其他精英的认同和评价，具有更大的意愿避免个人声誉受损，也有更强的能力去约束管理层私利动机、提升公司绩效水平、实现股东财富积累、提高信息披露质量，为了赢得更多的"职业光环"，也会尽力降低股权资本成本。

综上所述，本章在梳理现有研究成果的基础上，分别从信息资源效应、监督治理效应、学习模仿效应、声誉激励效应四个角度，更加综合全面地分析了董事网络位置对股权资本成本的影响机制。需要说明的是，以上四种效应并非简单的平行关系，它们之间相互关联、无法割裂，构成了一个系统性的整体。比如，学习模仿效应一方面意味着连锁董事促进了联结公司之间知识信息的快速传播、核心资源的有效共享，增强了信息资源效应；另一方面也意味着连锁董事掌握了稀缺、优质的隐性知识，在推动其他公司效仿借鉴的同时还提高了自身话语权和影响力，增强了监督治理效应。再比如，声誉激励效应一方面意味着连锁董事为了追求更高的社会声望和关系认同程度，赢得更好的职业前途和升迁机会，增强了监督治理效应；另一方面也意味着高声誉董事的信息渠道更加广阔、战略资源更为丰富，增强了信息资源效应。

总体而言，董事网络位置越居中，越能促进关键信息快速传播，降低信息不对称程度；越能推动核心资源有效获取，缓解资源依赖；越能监督管理层寻租行为，降低投资者信息风险；越能优化董事会治理决策，降低公司经营风险；越能增强隐性知识的外溢程度，推动公司之间的学习模仿；越能提高连锁董事的社会声望与关系认同程度，激发强大的治理动机和决策能力，从而将股权资本成本降低至合理界域。因此，本章提出研究假设 H1。

H1：董事网络位置对股权资本成本具有降低作用，即董事网络中心度越高，股权资本成本越低。

第二节　研究设计

一　样本选择与数据来源

本书以 2009~2019 年沪深两市主板 A 股上市公司作为研究样本。选择该年度区间的原因是，2008 年爆发了国际金融危机，2020 年新冠疫情则给全世界带来经济下行风险，不可避免地会对研究结论造成异常影响，所以本书以金融危机之后、新冠疫情之前的数据窗口作为样本区间。

整个样本处理过程遵循以下步骤。其一，保证样本特征的可比性。首先，基于2009~2019年沪深A股上市公司名单，排除在上海证交所上市的科创板（股票代码688开头）、深圳证交所上市的中小板（股票代码002、003开头）与创业板（股票代码300开头）；然后，剔除ST、*ST、金融类公司，总共得到16810个初始研究样本。其二，手工筛选个人层面构建董事网络关系的样本，计算个人董事网络中心度。首先，从CSMAR数据库"人物特征系列"的"董监高个人特征文件"中，获取每家样本公司不同观测年度的董事个人综合资料，从姓名、籍贯、性别、年龄、学历、专业、职称、个人简历、职业背景、人物关系等角度确保每位董事的专属ID，避免重名董事对结果造成的干扰，以此获得不同年度下各公司的董事信息，避免遗漏同名不同人的董事；然后，细致梳理每位董事在不同公司的职务性质（内部执行董事与外部独立董事）、兼任情况及兼职公司数量，并排除仅在一家公司任职的董事，分年度计算每位连锁董事个人的程度中心度、中介中心度、接近中心度三个网络中心度指标，共得到306496条个人层面的董事网络中心度数据。其三，手工筛选公司层面构建董事网络关系的样本，计算公司董事网络中心度。首先，全方位识别公司和公司之间通过连锁董事构建的董事网络，严格区分每家公司在董事网络体系中的联结公司数量，并排除董事个人资料缺失的公司和尚未形成董事联结的公司；然后，以公司为单位，计算各年度内每家公司所拥有的连锁董事个人的程度中心度、中介中心度、接近中心度的均值，并取三个中心度均值的平均数，用来代表该公司董事网络中心度的平均水平（Garcia – Bernardo and Takes，2018），由此得到15671个构建董事网络关系的公司年度观测值，其公司层面董事网络中心度的样本年度分布结构如表4.1的第2、3列所示。其四，剔除股权资本成本估算的缺失样本。本书基于HVZ模型的每股盈余预测数据，采用五种事前内含报酬率模型（Gordon、GLS、OJ、

PEG 和 MPEG）的平均数估算隐含的股权资本成本进行基准回归分析。因为股权资本成本在估算过程中会出现较多缺省值与异常值，为了避免样本观测值缺失太多，本书借鉴孙多娇和杨有红（2018）的处理方法，当其中某一种内含报酬率模型不能得到估算值时将其保留，只有当所有的内含报酬率模型都无法得到估算值时才予以剔除，而在不同方法下样本观测数量的差异较大，详见表4.8。此外，本书进一步参考Dhaliwal等（2016）、毛新述等（2012）、冯来强等（2017）的做法，将股权资本成本估算值的合理范围限定为（0，1），估算结果小于0、大于1的样本观测值则设置为缺省值，最终获取五种内含报酬率模型下15339个公司年度观测值作为主检验样本，股权资本成本的样本年度分布结构如表4.1的第4、5列所示。

表4.1 样本年度分布结构

单位：个，%

年份	公司层面董事网络中心度的观测值	比例	五种内含报酬率模型下股权资本成本的观测值	比例
2009	1141	7.28	1108	7.22
2010	1151	7.34	1112	7.25
2011	1199	7.65	1172	7.64
2012	1268	8.09	1238	8.07
2013	1313	8.38	1289	8.40
2014	1375	8.77	1350	8.80
2015	1442	9.20	1418	9.24
2016	1521	9.71	1501	9.79
2017	1721	10.98	1674	10.91
2018	1763	11.25	1757	11.45
2019	1777	11.34	1720	11.21
合计	15671	100.00	15339	100.00

注：全方位识别公司与公司之间的董事网络关系，获得15671个公司层面董事网络中心度的观测值；以此为基础，采用五种内含报酬率模型估算股权资本成本，剔除缺省值后获得15339个主检验样本。

第四章 总效应研究：董事网络位置对股权资本成本的影响效应

本书的基础数据主要来自 CSMAR 数据库，个别缺失的指标通过 RESSET 数据库、Wind 数据库以及公司年报、新浪财经、巨潮资讯尽量补齐。为了减小异常数据可能带来的偏误，对所有连续变量的极端值采用上下 1% 的 Winsorize 缩尾处理，且通过聚类稳健标准误（Robust Std. Err.）回归解决异方差问题。本章的核心变量都是来自手工收集整理，其中，董事网络中心度通过社会网络数据分析软件 Pajek 计算，具体计算方法如第二章第二节所述；股权资本成本通过 Stata 14.0、Matlab 和 Excel 计算，其盈余预测及估算模型如第二章第二节所述。实证研究过程中所有的统计分析采用 Stata 14.0 完成。

二 变量定义

（一）解释变量：董事网络位置

本书采用社会网络中心度来刻画董事网络的位置特征，最常见的是 Freeman（1979）提出的程度中心度（Degree）、中介中心度（Betweenness）、接近中心度（Closeness）三类指标。程度中心度反映的是连锁董事在董事网络中交流的活跃性，但只考虑了董事之间的直接联结而忽视了更为复杂的间接关系。中介中心度考察的是连锁董事在其他董事沟通路径上所占据的中介位置与发挥的主动性，即其他董事必须通过该中介董事"搭桥"才能发生联结关系。接近中心度则通过尽可能短的平均距离来体现连锁董事信息传播的速度和效率，以及摆脱他人控制的独立性。本书借鉴陈运森和谢德仁（2011）、李敏娜和王铁男（2014）、万良勇和胡璟（2014）、张丹和郝蕊（2018）的做法，首先，基于 CSMAR 数据库中获取的董事个人综合资料，在 Excel 中分年度构建"董事—公司"二维矩阵（如果 a 董事在 A 公司董事会任职取 1，否则取 0）；然后，运用 Pajek 软件的"2-mode to 1-mode"功能将二维矩阵转换为"董事—董事"一维矩阵（如果 a 董事与 b 董事至少在一家公司董事会同时任职取 1，否则取 0），再依次计算样本公司连锁董事个人层面的三个网络中心度指标,详见第二章第二节的具体方法;最后,以公司为单位求得各年度内每个中心度的均值,用来反映公司层面的董事网络位置。Wasserman 和 Faust(1994)指出,每类中心度指标各有优劣和效用,都只能代表网络位置定义的某一侧面。Larcker 等(2013)、陈运森和谢德仁(2012)也认为只有将多个指标综合考虑才能更好地刻画网络中心度的内涵。因此,本书进一步计算三个中心度均值的平均数作为董事网络位置的代理变量,用来综合体现公司层面董事网络中心度的平均水平,如公式(4.1)所示。

$$CEN\_mean = \frac{\text{Mean}(Degree_{i,t}) + \text{Mean}(Closeness_{i,t}) + \text{Mean}(Betweenness_{i,t})}{3} \quad (4.1)$$

其中,Mean 表示对公司 i 在第 t 年度连锁董事个人的网络中心度指标取均值;CEN_mean 表示公司 i 在第 t 年度三个董事网络中心度均值的平均数。

(二)被解释变量:股权资本成本

股权资本成本的估算是公司财务领域的一大难题。学者们基于不同的盈余数据,做出不同的预测期假设和增长率假设,进而提出多种股权资本成本估算技术,主要分为事后的风险报酬模型和事前的内含报酬率模型两大类型。风险报酬模型包括资本资产定价模型(Sharpe, 1964; Lintner, 1965; Mossin, 1966)、Fama – French 三因素模型(Fama and French, 1993)等,是基于已经实现的盈余数据,并假定在有效资本市场上风险能够准确预期,且已实现盈余是对未来收益水平的无偏估计。但国外大量经验证据显示,事后盈余数据存在很大的噪声干扰和随机误差(Elton, 1999; Campbell et al., 2012),降低了风险报酬模型估算结果的准确性。剩余收益模型(Ohlson, 1995)、非正常盈余增长模型(Ohlson and Juettner–Nauroth, 2005)的出现,大大推进了内含报酬率估算技术的蓬勃发展,并占据了财务学界的研究主流。毛新述等(2012)认为,内含报酬率模型充分体现了股权资本成本的预期特征,不仅优于风险报酬模型，而且更适用于我国的市场环境。因此，本书借鉴当前学界的主流做法（Goncalves et al., 2019；Vitolla et al., 2020；江媛、王治，2018；甘丽凝等，2019；孙彤等，2020），采用 Gordon（Gordon, 1962）、GLS（Gebhardt et al., 2001）、OJ（Ohlson and Juettner-Nauroth, 2005）、PEG 和 MPEG（Easton, 2004）五种内含报酬率模型估算股权资本成本。此外，内含报酬率模型高度依赖会计盈余的预测数据，本书参考 Hou 等（2012）提出的混合截面回归模型（HVZ 模型）计算每股盈余预测值。盈余预测及估算模型的具体方法详见第二章第二节。Attig 等（2013）、Sukhahuta 等（2016）认为，各类内含报酬率模型对于关键因素的不同选择将导致估算结果产生巨大差异，而多种模型的结合可以在很大程度上降低单一模型的估计值偏差。因此，本书进一步计算五种内含报酬率模型估算结果的平均数作为股权资本成本的代理变量，如公式（4.2）所示。

$$RE\_hvz = \frac{Gordon\_hvz + GLS\_hvz + OJ\_hvz + PEG\_hvz + MPEG\_hvz}{5} \quad (4.2)$$

其中，Gordon_ *hvz*、GLS_ *hvz*、OJ_ *hvz*、PEG_ *hvz*、MPEG_ *hvz* 表示内含报酬率模型的每股盈余数据通过 HVZ 模型进行预测的结果；*RE_ hvz* 表示基于 HVZ 模型的五种内含报酬率模型估算值的平均数。

（三）控制变量

为了控制其他因素的介入性影响，本书参考主流文献，基于财务特征、治理特征和宏观因素三个层面选取控制变量。所有的研究变量定义如表 4.2 所示。

（1）财务特征变量。选取期末总资产的自然对数控制公司规模（*Size*）（Botosan and Plumlee, 2002；董南雁等，2017），选取营业收入增长率控制成长能力（*Growth*）（Ghoul et al., 2018；孙彤等，2020），选取资产负债率控制财务杠杆水平（*Lever*）（Tseng and Demirkan, 2020），选取总资产周转率（*Assturn*）控制资产的周转速度和利用效率

（孙彤等，2020），选取经营现金流在总资产中的占比（OCF）控制资金的约束程度（Vitolla et al.，2020；冯来强等，2017），选取年度换手率控制股票流动性（Liquid）（甘丽凝等，2019）。

（2）治理特征变量。选取产权性质（State）反映我国上市公司的国有控股特征（杨旭东，2018；孙多娇、杨有红，2018）。多数观点认为，非国有公司没有受到政府干预和政治约束，更加致力于监督和治理效率的提升，其股权资本成本低于国有公司（Goncalves et al.，2019；肖作平、尹林辉，2015）；也有观点指出，国有公司的经营压力更小且享受了融资便利、政策扶持，股权资本成本相对更低（喻灵，2017；陈旻等，2018）。选取第一大股东与第二大股东持股比例的比值控制股权制衡度（Zidex）（Sukhahuta et al.，2016；杨旭东，2018）。在我国一股独大的制度背景下，其他大股东的合理制衡可以在很大程度上约束第一大股东的控制权私有收益，增强价值创造能力，降低股权资本成本。选取独立董事比例控制董事会独立性（Indep）（Tseng and Demirkan，2020；甘丽凝等，2019）。能否保持独立性是董事会发挥监督治理职能的基本前提，董事会独立性越强，越能提高公司信息透明度，减少代理成本与非效率投资，提高股价信息含量，进而促进股权资本成本的下降。此外，还选取董事长与总经理是否由同一人兼任控制两职兼任（Dual）情况（江媛、王治，2018），选取独立董事与上市公司是否在同一地点（Place）控制独立董事的履职勤勉程度（Vitolla et al.，2020）。

（3）宏观因素变量。选取流通市值加权的市场年度β值控制系统性风险（Beta）（喻灵，2017；张正勇、邓博夫，2017）。β系数反映公司个体与市场组合之间平均收益变化的关联情况，代表了资本市场的宏观风险水平，直接影响到投资者未来风险报酬即股权资本成本的高低。此外，还设置了行业虚拟变量（Industry）和年度虚拟变量（Year），分别用来控制行业固定效应和年度固定效应。

表 4.2 研究变量定义

变量类型	变量名称	变量符号	变量定义
被解释变量	股权资本成本	RE_hvz	基于 HVZ 模型的每股盈余预测数据,取五种内含报酬率模型估算值的平均数
解释变量	董事网络中心度	CEN_mean	董事网络中心度综合指标,取公司层面三个网络中心度均值的平均数
控制变量	公司规模	Size	期末总资产的自然对数
	成长能力	Growth	(本期营业收入−上期营业收入)/上期营业收入
	财务杠杆水平	Lever	期末总负债/期末总资产
	总资产周转率	Assturn	营业收入/期末总资产
	经营现金流	OCF	经营活动现金净流量/期末总资产
	股票流动性	Liquid	总股数年换手率+1,取自然对数
	产权性质	State	国有公司为1,非国有公司为0
	股权制衡度	Zidex	第一大股东持股比例/第二大股东持股比例
	董事会独立性	Indep	独立董事人数/董事会总人数
	两职兼任	Dual	董事长与总经理由同一人兼任为1,否则为0
	独立董事履职地点	Place	独立董事与公司在同一地点为1,否则为0
	系统性风险	Beta	流通市值加权的市场年度 β 值
	行业虚拟变量	Industry	行业固定效应,基于2012年中国证监会《上市公司行业分类指引》,制造业按二级代码分类,其他行业按一级代码分类
	年度虚拟变量	Year	年度固定效应,基于样本区间的范围(2009~2019年)

三 模型设计

本书构建了多元回归模型（4.3），采用 OLS 回归方法来验证研究假设 H1。CEN_mean 的回归系数 α_1 表示董事网络位置与股权资本成本之间的相关性。根据假设 H1，如果董事网络中心度越高，股权资本成本越低，则预期 α_1 显著为负。

$$RE\_hvz = \alpha_0 + \alpha_1 CEN\_mean + \alpha_2 Size + \alpha_3 Growth + \alpha_4 Lever + \alpha_5 Assturn +$$
$$\alpha_6 OCF + \alpha_7 Liquid + \alpha_8 State + \alpha_9 Zidex + \alpha_{10} Indep + \alpha_{11} Dual +$$
$$\alpha_{12} Place + \alpha_{13} Beta + \sum Industry + \sum Year + \varepsilon \quad (4.3)$$

第三节 描述性统计

一 董事网络中心度的描述性统计

为了更为清晰准确地刻画我国沪深主板A股上市公司董事网络关系的联结现状，本节对董事网络中心度的描述性统计，是基于15671个构建董事网络关系的公司年度观测值，在这部分保留了估算股权资本成本时所发生的缺省值。

（一）联结现状描述

Larcker等（2013）指出，美国资本市场在2000~2007年约有75%的公司与其他公司构建了连锁董事网络。陈仕华等（2013）的研究结果显示，我国A股上市公司在2003~2010年平均有85%的公司存在董事联结关系。然而，近年来鲜有文献对我国上市公司董事网络的联结现状进行统计描述。

表4.3揭示了沪深主板A股上市公司董事网络关系的联结比例。可以看出，在观测年度内，2009年有1141家公司与其他公司形成了董事网络，联结比例为87.30%；之后我国主板市场的董事联结比例虽略有起伏但总体呈现上升趋势，2019年具有董事网络关系的公司已经达到1777家，联结比例为94.87%。在2009~2019年平均有93.22%的主板A股上市公司构建了董事网络关系，连锁董事在公司之间的兼任现象远远超出西方主要资本市场。由此说明董事网络已经成为现代企业生存和发展的重要手段，特别是在中国经济转型加速升级的关键时期，资本市场各项制度仍不健全，正式信息传递渠道相对狭窄，上市公司更加需要依赖嵌入董事网络之中的社会关系来获取异质信息和稀缺资源。同时，这也进一步凸显了在中国制度背景下研究董事网络关系的特殊性与重要性。

表 4.3　沪深主板 A 股上市公司董事网络关系的联结比例

单位：家，%

年份	沪深主板 A 股上市公司数量(去除 ST 与金融业)	构建董事网络关系的公司数量(去除 ST 与金融业)	董事联结比例
2009	1307	1141	87.30
2010	1331	1151	86.48
2011	1357	1199	88.36
2012	1375	1268	92.22
2013	1378	1313	95.28
2014	1431	1375	96.09
2015	1498	1442	96.26
2016	1622	1521	93.77
2017	1800	1721	95.61
2018	1838	1763	95.92
2019	1873	1777	94.87
合计	16810	15671	93.22

资料来源：根据中国主板 A 股上市公司数据手工整理所得。

表 4.4 更详细地描述了沪深主板 A 股上市公司董事网络联结公司的数量分布情况。其中，有 10.41% 的公司只与 1 家公司构建了董事网络，有 11.13% 的公司与 2 家公司构建了董事网络，而与更多公司形成联结关系的比例在逐步提高，有 58.92% 的公司与 5 家以下（包含 5 家）公司构建了董事网络，高达 41.08% 的公司甚至与 5 家以上公司构建了更为密集的网络系统。这不仅说明董事联结现象在国内资本市场已经非常普遍，而且反映了连锁董事的网络密度越来越大，表现出纵横交织的蛛网式特征和盘根错节的社会网络结构。连锁董事制度作为西方"舶来品"，已经深深扎根于中国"关系型"的社会背景和文化土壤，其内嵌于网络关系中的社会资本，在企业高质量发展过程中充当了越来越重要的核心元素，带来了越来越显著的溢出效应，不断影响着公司治理水平。

表 4.4　沪深主板 A 股上市公司董事网络联结公司的数量分布情况

单位：家，%

年份	1 家	2 家	3 家	4 家	5 家	>5 家	合计
2009	115	136	143	151	152	444	1141
2010	113	134	148	150	147	459	1151
2011	123	141	147	150	154	484	1199
2012	135	146	160	163	166	498	1268
2013	141	149	164	167	173	519	1313
2014	146	153	172	182	185	537	1375
2015	146	158	169	181	192	596	1442
2016	160	164	172	184	197	644	1521
2017	181	184	190	206	220	740	1721
2018	180	184	189	222	219	769	1763
2019	191	195	203	216	225	747	1777
合计	1631	1744	1857	1972	2030	6437	15671
占比	10.41	11.13	11.85	12.58	12.95	41.08	
累计占比	10.41	21.54	33.39	45.97	58.92	100.00	

资料来源：根据中国主板 A 股上市公司数据手工整理所得。

（二）年度特征分析

表 4.5 显示了董事网络中心度的年度波动情况。可以看出，每个年度董事网络中心度的均值都大于中位数，总体呈现一定的右偏分布状态。在样本观测期内，董事网络中心度的标准差在 1.3 左右波动，均值与中位数都在 4.5 左右波动。从图 4.1 更能直观地看到，在 2009~2014 年董事网络中心度表现为稳步上升的趋势，其均值从 2009 年的 4.2101 逐年攀升至 2014 年的最大值 5.3309。2014 年以后，董事网络中心度在总体下降的趋势下经历了较大的波动，特别是在 2017 年呈现震荡式下降，2018 年又大幅上升，2019 年则小幅下降，近三年随机波动性较强。由此说明，我国主板 A 股上市公司在 2014 年以前更热衷于提高自身的董事网络位置，而在 2014 年以后有了一定程度的降温且波动趋势加剧。这或许意味着董事网络关系蕴含的社会资本与外部治理能力的提升存在某种替代关系（高凤莲、王志强，2016）。随着我国经济转轨过程中市

场化进程的不断推进、投资者保护环境的持续改善，以及正式信息传递渠道的有效拓宽，上市公司对董事网络这种非正式社会关系的依赖性有了相应的减弱。

表 4.5 董事网络中心度的分年度描述性统计结果

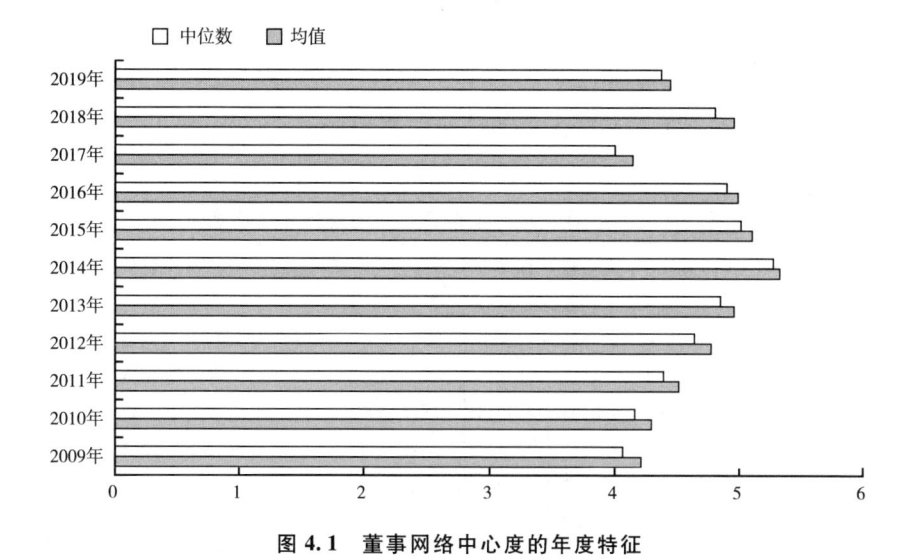

年份	观测值	均值	中位数	标准差	年份	观测值	均值	中位数	标准差
2009	1141	4.2101	4.0634	1.3178	2015	1442	5.1039	5.0120	1.5636
2010	1151	4.2944	4.1593	1.2971	2016	1521	4.9882	4.8967	1.5100
2011	1199	4.5165	4.3921	1.3374	2017	1721	4.1435	4.0012	1.2820
2012	1268	4.7768	4.6419	1.4224	2018	1763	4.9556	4.8042	1.4988
2013	1313	4.9581	4.8499	1.5091	2019	1777	4.4466	4.3727	1.3939
2014	1375	5.3309	5.2769	1.6063	合计	15671	4.7077	4.5704	1.4870

图 4.1 董事网络中心度的年度特征

（三）行业特征分析

根据 2012 年中国证监会发布的《上市公司行业分类指引》，表 4.6 显示了各行业董事网络中心度的描述性统计结果，图 4.2 则显示了各行业董事网络中心度的均值和中位数对比情况。除 Q 行业外，其他所有行业董事网络中心度的均值都大于中位数，可以推测我国主板 A 股上市公司的董事网络位置整体呈现右偏的特征，大部分公司的董事网络中心度都低于均值。其中，董事网络中心度较高的行业依次为P行业（教育）、Q行业（卫生和社会工作）、H行业（住宿和餐饮业）和G行业（交通运输、仓储和邮政业）。这四类行业的董事网络中心度均高于5.2。董事网络中心度较低的行业依次为A行业（农、林、牧、渔业）、M行业（科学研究和技术服务业）、E行业（建筑业）、N行业（水利、环境和公共设施管理业）和C行业（制造业）。这五类行业的董事网络中心度均低于4.6。从中可以看出，不同行业上市公司构建的董事网络关系存在较大差异，一方面可能是农、林、牧、渔业以及建筑业、制造业等传统行业在吸引优质董事加盟的过程中处于劣势地位；另一方面也可能是这些行业的其他信息传递渠道较为充足，或受到国家资源的政策倾斜，从而对董事网络起到了一定程度的替代作用。总而言之，需要控制行业因素才能更为准确地揭示董事网络关系的公司治理效应。

表4.6 董事网络中心度的各行业描述性统计结果

行业	观测值	均值	中位数	标准差	行业	观测值	均值	中位数	标准差
A	217	4.0082	3.8546	1.4248	L	190	4.7364	4.6151	1.4050
B	592	4.7885	4.7063	1.4889	M	86	4.4445	4.2937	1.1797
C	8687	4.5979	4.4511	1.4624	N	180	4.5749	4.4053	1.3722
D	865	5.1152	5.0002	1.5217	O	14	4.8177	4.3444	1.2734
E	435	4.5604	4.4847	1.3129	P	12	5.6111	5.3017	1.5036
F	1277	4.7942	4.7192	1.4600	Q	15	5.4296	5.5027	1.0039
G	792	5.2274	5.2129	1.6366	R	229	4.8500	4.6866	1.3864
H	85	5.3397	5.2937	1.4579	S	302	4.6762	4.5256	1.5557
I	468	4.7010	4.4904	1.5115	合计	15671	4.7077	4.5704	1.4870
K	1225	4.8649	4.7688	1.4981					

注：A表示农、林、牧、渔业，B表示采矿业，C表示制造业，D表示电力、热力、燃气及水生产和供应业，E表示建筑业，F表示批发和零售业，G表示交通运输、仓储和邮政业，H表示住宿和餐饮业，I表示信息传输、软件和信息技术服务业，K表示房地产业，L表示租赁和商务服务业，M表示科学研究和技术服务业，N表示水利、环境和公共设施管理业，O表示居民服务、修理和其他服务业，P表示教育，Q表示卫生和社会工作，R表示文化、体育和娱乐业，S表示综合。

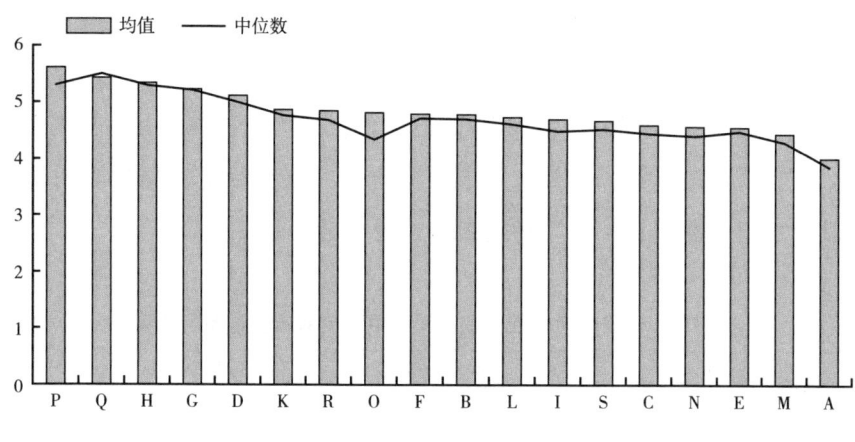

图 4.2　董事网络中心度的行业特征

（四）分样本单变量分析

由于董事网络中心度的差异可能受到公司特征的较大影响，本节以公司规模（Size）的中位数、产权性质（State）的虚拟变量作为分组标准，分别使用均值 t 检验、中位数 Mann-Whitney 检验，对不同组别样本的董事网络中心度进行组间比较，进一步考察董事网络位置的分类特点。表 4.7 报告了不同公司特征下董事网络中心度的单变量检验结果。从均值来看，大规模公司组与小规模公司组的董事网络中心度均值分别为 5.0679、4.3475，国有公司组与非国有公司组的董事网络中心度均值分别为 4.9246、4.4086，t 检验结果表明，样本均值在 1%的水平下都存在显著差异。从中位数来看，大规模公司组与小规模公司组的董事网络中心度中位数分别为 4.9891、4.2224，国有公司组与非国有公司组的董事网络中心度中位数分别为 4.8239、4.2512，Mann-Whitney 检验结果表明，样本中位数在 1%的水平下仍然存在显著差异。进一步地，由图 4.3 可以看出，大规模公司的董事网络中心度明显高于小规模公司。这或许是因为大规模公司更容易吸引处于网络中心位置、拥有丰富社会资本的优质董事，在关键信息传播、核心资源把控、社会影响力塑造等方面具有天然优势。而图 4.4 显示，国有公司的董事网络中心度明显高于非国有公司。

据刘超等（2020）的观点，国有公司在遴选连锁董事时往往带有行政任命色彩而弱化网络位置，非国有公司则更看重连锁董事的信息资源和治理能力。但图4.4的结果刚好相反，这或许是因为在我国所有制歧视背景下，拥有政治关联和绿色投融资通道的国有公司能给优质董事带来更高的社会声望，在"精英圈"中也能产生更大的关系认同。

表4.7 不同公司特征下董事网络中心度的单变量检验结果

分组变量	观测值	均值t检验		中位数Mann-Whitney检验	
		均值	t值	中位数	z值
大规模公司	7836	5.0679	−31.253***	4.9891	−30.374***
小规模公司	7835	4.3475		4.2224	
国有公司	9086	4.9246	−21.763***	4.8239	−21.745***
非国有公司	6585	4.4086		4.2512	

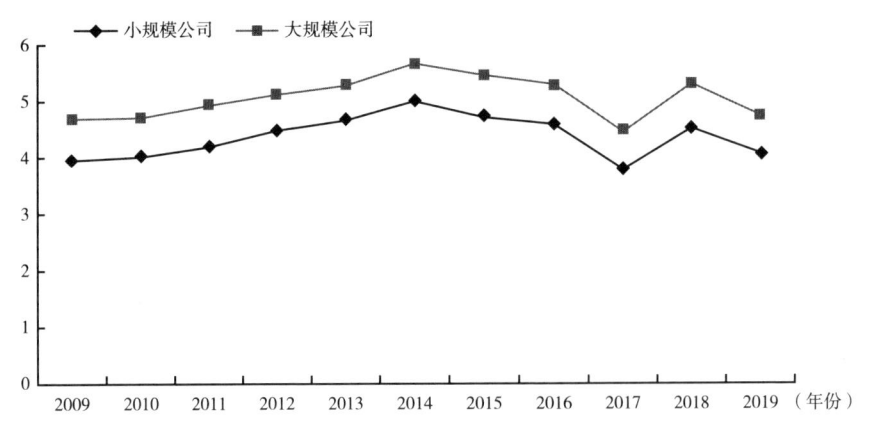

注：*、**和***分别表示在10%、5%和1%的水平下显著，下同。

图4.3 不同规模公司董事网络中心度的年度均值对比

二 股权资本成本的描述性统计

与上一部分对董事网络中心度进行描述性统计时所使用的样本量不同，本节对股权资本成本的描述性统计，是基于五种内含报酬率模型下

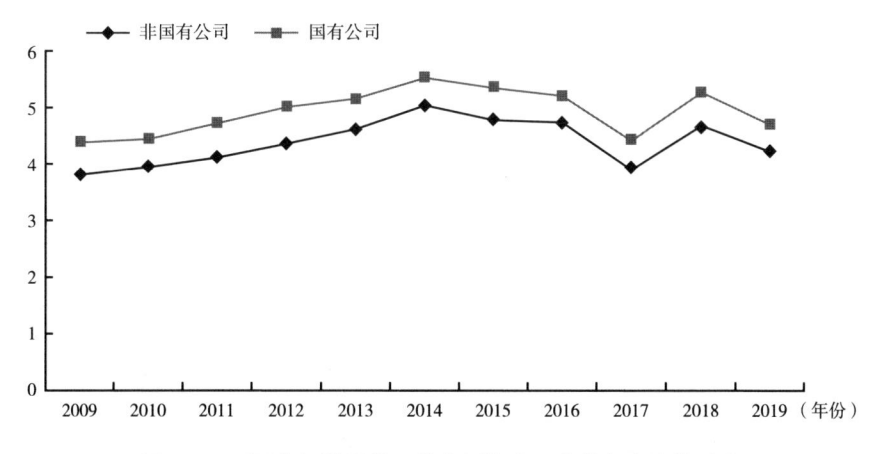

图 4.4 不同产权性质公司董事网络中心度的年度均值对比

15339个删除缺失样本后的公司年度观测值。

（一）估算方法比较

表4.8显示了股权资本成本在五种内含报酬率模型（Gordon、GLS、OJ、PEG和MPEG）下的描述性统计结果。可以看出，通过HVZ模型预测相关参数，采用不同估算方法获取的有效观测值参差不齐。在剔除缺失值和异常值后，PEG模型的样本观测值最多，有14331个，而GLS模型的样本观测值最少，只有10222个。如前所述，为了保留更多的有效样本，当其中某一种模型不能得到估算值时将其保留，只有当所有模型都无法得到估算值时才予以剔除，且将股权资本成本估算值的合理范围限定为（0，1），估算结果小于0、大于1的样本观测值也设置为缺省值。通过进一步计算五种内含报酬率模型的平均数综合衡量股权资本成本，最终获取了15339个主检验样本观测值。

在不同的估算方法下，股权资本成本的估算结果也有较大差异。Gordon、OJ、PEG、MPEG这四类模型的均值相对较高，且均值水平都比较接近，保持在0.0925~0.0992的范围之内。而GLS模型的均值明显低于其他模型的均值。此外，Gordon模型的最大值为0.4069，最小值为0.0036，标准差最高，说明其估算值存在较大的波动性。OJ、

PEG、MPEG 模型的最大值与最小值之间的差距相对稳定，且标准差都在 0.0406~0.0463 范围内。GLS 模型的最大值与最小值之间的差距最小，且标准差也相对最低。五种估算方法及五法平均数的均值都大于中位数，原因可能在于内含报酬率模型高度依赖于公司盈余的预测数据，而本书的盈余数据来源于 HVZ 模型预测，预测结果将一些市值被高估的股票也包含在内，无法把资本市场中的非理性投机风险排除在外（邹颖等，2019）。

表 4.8 股权资本成本在五种内含报酬率模型下的描述性统计结果

变量	观测值	均值	标准差	最小值	中位数	最大值
Gordon_hvz	12054	0.0926	0.0726	0.0036	0.0758	0.4069
GLS_hvz	10222	0.0497	0.0229	0.0096	0.0464	0.1287
OJ_hvz	13506	0.0992	0.0463	0.0043	0.0969	0.2328
PEG_hvz	14331	0.0925	0.0430	0.0173	0.0861	0.2301
MPEG_hvz	12593	0.0947	0.0406	0.0225	0.0891	0.2232
RE_hvz	15339	0.0914	0.0391	0.0273	0.0835	0.2363

（二）年度特征分析

表 4.9 显示了股权资本成本的年度波动情况。可以看出，在样本观测期内，股权资本成本的均值与中位数都在 0.08 左右波动，标准差在 0.03 左右波动。从图 4.5 更能直观地看到，股权资本成本的均值在 2009 年金融危机之后处于较高水平，高达 0.1182，但 2010 年大幅降至 0.0719，这可能与我国政府当时实施宽松的财政货币政策有着一定关系。2010~2013 年股权资本成本保持了稳步上升的趋势，均值逐年攀升至 2013 年的 0.1010。2013 年以后，股权资本成本又经历了稳步下降的趋势，均值逐年降低至 2016 年的最小值 0.0698，接着又开始大幅增长，特别是 2019 年跳跃式上涨到观测期内的最大值 0.1238。一个值得深入思考的问题是，在近三年股权资本成本维持着大幅增长的势头，这与国

家供给侧结构性改革的"降成本"举措不相匹配。自 2016 年以来，国内多个省份陆续出台相关政策并打出"组合拳"，"降成本"工作在全国各地深入推进且取得显著成效。然而，实体经济成本的下降并不等同于股权资本成本的下降，我国信贷歧视、金融错配、结构失衡、供需矛盾等现象仍然长期存在，如何将股权资本成本维持在一个合理的较低界域还任重而道远。

表 4.9 股权资本成本的分年度描述性统计结果

年份	观测值	均值	中位数	标准差	年份	观测值	均值	中位数	标准差
2009	1108	0.1182	0.1073	0.0517	2015	1418	0.0831	0.0779	0.0295
2010	1112	0.0719	0.0669	0.0277	2016	1501	0.0698	0.0661	0.0266
2011	1172	0.0760	0.0714	0.0317	2017	1674	0.0814	0.0746	0.0366
2012	1238	0.0960	0.0899	0.0347	2018	1757	0.0914	0.0885	0.0317
2013	1289	0.1010	0.0933	0.0350	2019	1720	0.1238	0.1198	0.0432
2014	1350	0.0897	0.0835	0.0330	合计	15339	0.0914	0.0835	0.0391

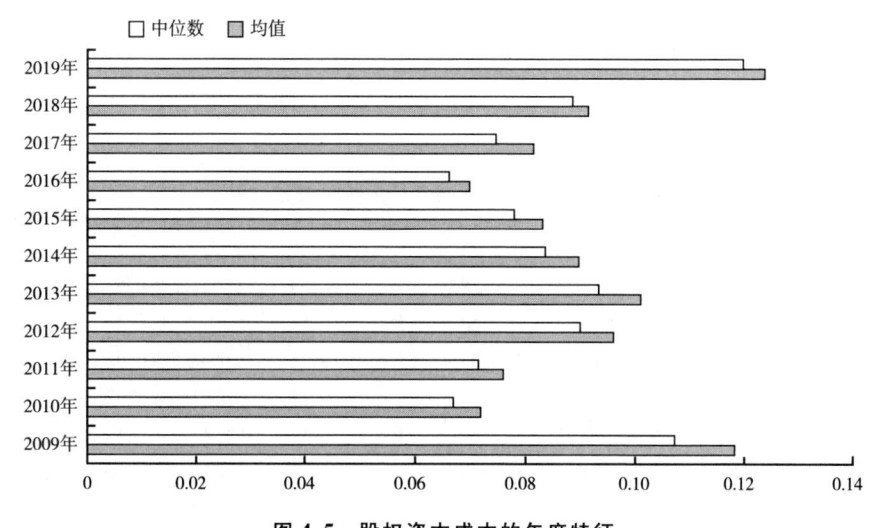

图 4.5 股权资本成本的年度特征

（三）行业特征分析

根据2012年中国证监会发布的《上市公司行业分类指引》，表4.10显示了各行业股权资本成本的描述性统计结果，图4.6则显示了各行业股权资本成本的均值和中位数对比情况。其中，股权资本成本较高的行业依次为M行业（科学研究和技术服务业）、E行业（建筑业）、N行业（水利、环境和公共设施管理业）、D行业（电力、热力、燃气及水生产和供应业）。这四类行业的股权资本成本均高于0.096。股权资本成本较低的行业依次为R行业（文化、体育和娱乐业）、O行业（居民服务、修理和其他服务业）、I行业（信息传输、软件和信息技术服务业）、B行业（采矿业）。这四类行业的股权资本成本均低于0.085。通过对图4.6与图4.2进行比较，发现一个有意思的现象，股权资本成本排名最高的前三类行业M行业（科学研究和技术服务业）、E行业（建筑业）、N行业（水利、环境和公共设施管理业），其董事网络中心度则处于排名最低的第二、三、四位。该现象在一定程度上初步证明了假设H1的合理性，即董事网络中心度越高，股权资本成本越低。当然，也不排除股权资本成本越低，导致董事网络中心度越高这一结论的存在，需要在后续研究中进行反向因果关系的内生性检验。

表4.10 股权资本成本的各行业描述性统计结果

行业	观测值	均值	中位数	标准差	行业	观测值	均值	中位数	标准差
A	216	0.0864	0.0738	0.0429	L	190	0.0852	0.0787	0.0361
B	586	0.0842	0.0780	0.0350	M	86	0.1014	0.0951	0.0396
C	8508	0.0917	0.0829	0.0404	N	176	0.0966	0.0902	0.0385
D	859	0.0963	0.0879	0.0382	O	14	0.0801	0.0767	0.0356
E	425	0.0991	0.0953	0.0338	P	12	0.0943	0.0846	0.0495
F	1262	0.0951	0.0883	0.0382	Q	15	0.0912	0.0892	0.0377
G	756	0.0874	0.0822	0.0317	R	229	0.0773	0.0691	0.0329
H	80	0.0905	0.0879	0.0310	S	286	0.0893	0.0795	0.0459
I	461	0.0813	0.0741	0.0364	合计	15339	0.0914	0.0835	0.0391
K	1178	0.0935	0.0872	0.0379					

图 4.6 股权资本成本的行业特征

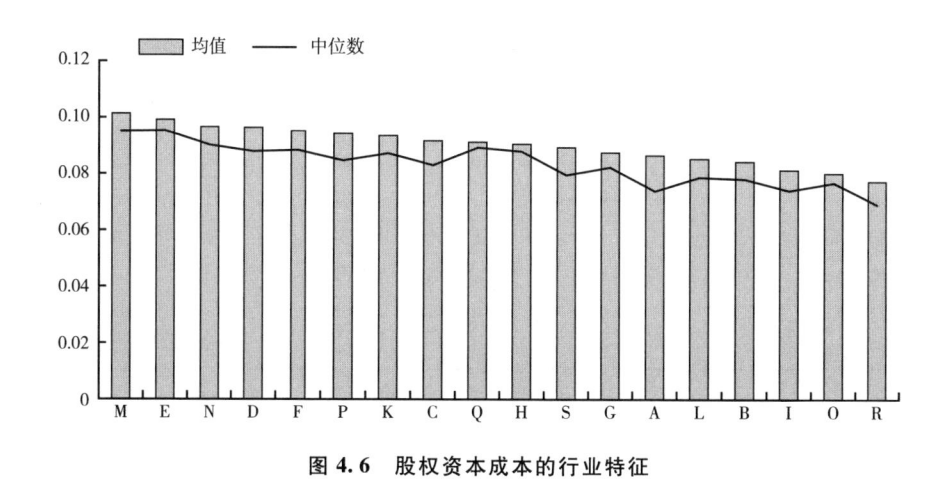

(四)分样本单变量分析

为了初步探讨股权资本成本是否受到董事网络位置的影响,本节以董事网络中心度(CEN_mean)的中位数作为分组标准,分别使用均值 t 检验、中位数 Mann-Whitney 检验,对两组样本在五种内含报酬率模型下的股权资本成本估算值以及五法平均数进行组间比较。表 4.11 报告了不同董事网络中心度下股权资本成本的单变量检验结果。本部分先着重分析五法平均数 RE_hvz。从均值来看,董事网络中心度高组的 RE_hvz 均值为 0.0885,董事网络中心度低组的 RE_hvz 均值为 0.0944,t 检验结果表明,两组样本的均值在 1% 的水平下存在显著差异。从中位数来看,董事网络中心度高组的 RE_hvz 中位数为 0.0813,董事网络中心度低组的 RE_hvz 中位数为 0.0861,Mann-Whitney 检验结果表明,两组样本的中位数在 1% 的水平下仍然存在显著差异。由图 4.7 可以更直观地看出,与董事网络中心度低的上市公司相比,董事网络中心度高的上市公司股权资本成本均值明显更低,以上结果初步证实了假设 H1,但还需要通过多变量回归分析进行实证检验。

表 4.11　不同董事网络中心度下股权资本成本的单变量检验结果

变量	均值 t 检验 董事网络中心度高	均值 t 检验 董事网络中心度低	t 值	中位数 Mann-Whitney 检验 董事网络中心度高	中位数 Mann-Whitney 检验 董事网络中心度低	z 值
RE_hvz	0.0885	0.0944	9.407***	0.0813	0.0861	8.187***
Gordon_hvz	0.0932	0.0921	-0.781	0.0771	0.0738	-2.474**
GLS_hvz	0.0516	0.0479	-8.216***	0.0481	0.0443	-8.148***
OJ_hvz	0.0953	0.1031	9.779***	0.0930	0.1011	10.070***
PEG_hvz	0.0884	0.0966	11.489***	0.0827	0.0892	10.399***
MPEG_hvz	0.0914	0.0980	9.165***	0.0855	0.0925	8.898***

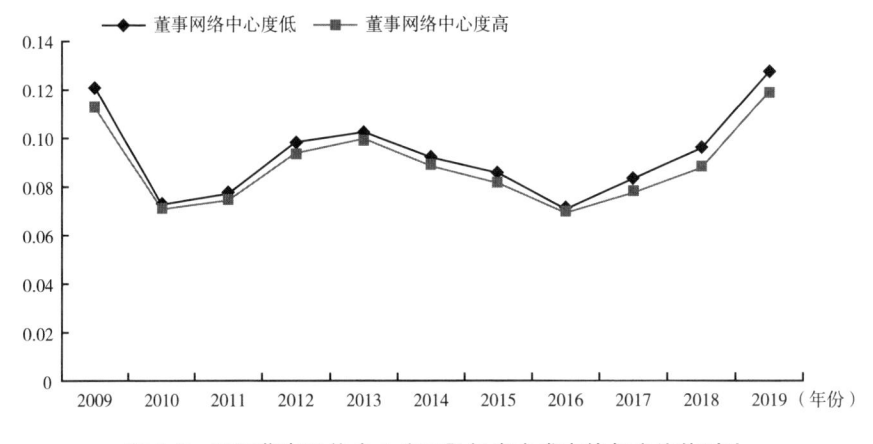

图 4.7　不同董事网络中心度下股权资本成本的年度均值对比

进一步对两组样本的五种内含报酬率估算值进行组间比较，Gordon、GLS 模型的检验结果与假设 H1 相悖，董事网络中心度高组的股权资本成本，无论均值还是中位数都大于董事网络中心度低组，Gordon 模型的 t 检验结果不显著，Mann-Whitney 检验结果在 5% 的水平下显著，GLS 模型的 t 检验与 Mann-Whitney 检验结果都在 1% 的水平下显著。而 OJ、PEG、MPEG 模型的检验结果则与假设 H1 相符，董事网络中心度高组的股权资本成本，无论均值还是中位数都在 1% 的水平下显著小于董事网络中心度低组。考虑到本书采用五法平均数来综合衡量股权资本成本,且 RE_hvz 的组间检验结果支持假设 H1,所以 Gordon、GLS 模型并不影响研究结论的合理性与有效性。

三 总体描述性统计

表 4.12 报告了主要变量的描述性统计结果。通过对股权资本成本(RE_hvz)的最小值(0.0273)、中位数(0.0835)与最大值(0.2363)的比较可以发现,最小值至中位数的差异程度远低于中位数至最大值的差异程度,表明至少 50%的样本公司承担了较高的股权资本成本,我国大多数主板 A 股上市公司的股权资本成本还处于相对偏高的态势,这与邹颖等(2017)的观点吻合,金融供给侧结构性改革的"降成本"工作还需要持续推进。RE_hvz 的均值为 0.0914,标准差仅为 0.0391,说明在样本观测期内股权资本成本的波动幅度较小,这应该是与"六稳"方针等宏观政策导向有一定关系。但其最大值为 0.2363,远高于最小值 0.0273,反映出投资者对不同上市公司所要求的风险报酬差距较大。此外,本书通过 Gordon、GLS、OJ、PEG、MPEG 五种内含报酬率模型估算的股权资本成本均值和中位数,与汪平和王晓娜(2017)采用 Gordon、GLS、OJ、PEG、MPEG 五法平均数,邹颖等(2017)采用 Gordon、GLS、OJ、PEG、MPEG、CT 六法平均数,罗孟旎(2018)采用 Gordon、GLS、OJ、PEG、MPEG、CAPM 六法平均数,庞家任等(2020)采用 GLS、OJ、PEG、MPEG、CT 五法平均数,孙彤等(2020)采用 OJ、PEG、MPEG 三法平均数的估算结果基本相似,表明本书计算得到的股权资本成本数据具有较高的合理性与准确性。

表 4.12 主要变量的描述性统计结果

变量	观测值	均值	标准差	最小值	25%分位数	中位数	75%分位数	最大值
RE_hvz	15339	0.0914	0.0391	0.0273	0.0646	0.0835	0.1092	0.2363
CEN_mean	15339	4.7131	1.4877	1.6668	3.6306	4.5767	5.6716	8.9375

续表

变量	观测值	均值	标准差	最小值	25%分位数	中位数	75%分位数	最大值
$Size$	15339	22.4937	1.3951	19.5234	21.5299	22.3457	23.3402	26.4382
$Growth$	15339	0.3412	1.0684	-0.6312	-0.0360	0.0948	0.2593	5.1848
$Lever$	15339	0.4928	0.2040	0.0742	0.3373	0.4972	0.6484	0.9333
$Assturn$	15339	0.6504	0.4835	0.0459	0.3244	0.5401	0.8262	2.7453
OCF	15339	0.0453	0.0754	-0.1962	0.0051	0.0453	0.0890	0.2535
$Liquid$	15339	5.6673	0.7842	3.4619	5.1643	5.7177	6.2394	7.2122
$State$	15339	0.5821	0.4932	0.0000	0.0000	1.0000	1.0000	1.0000
$Zidex$	15339	14.2177	23.4537	1.0159	2.0626	5.0900	15.2683	143.0183
$Indep$	15339	0.3723	0.0537	0.3077	0.3333	0.3333	0.4000	0.5714
$Dual$	15339	0.1761	0.3809	0.0000	0.0000	0.0000	0.0000	1.0000
$Place$	15339	0.4331	0.4955	0.0000	0.0000	0.0000	1.0000	1.0000
$Beta$	15339	1.0928	0.2873	0.3242	0.9153	1.0929	1.2663	1.9148

董事网络中心度（CEN_mean）的均值为 4.7131，大于其中位数 4.5767，表现出较为明显的右偏分布特征，反映了我国大部分主板 A 股上市公司的董事网络中心度小于均值，社会网络所带来的资源配置平台与信息传递渠道还有进一步提升的空间和潜力。CEN_mean 的标准差高达 1.4877，且最大值为 8.9375，远高于最小值 1.6668，说明虽然在我国资本市场中普遍存在董事联结现象，但不同公司的董事网络位置具有很大的差异。此外，陈运森和谢德仁（2012）、左晓宇和孙谦（2018）、江涛等（2019）都曾采用程度中心度、中介中心度、接近中心度来综合衡量董事网络位置，本章计算的董事网络中心度均值和中位数与上述文献基本一致，证实了本章样本数据能够表现中国上市公司董事网络位置的客观现状。

各控制变量的数据分布都处于合理范围，没有出现明显的极端值。公司规模（$Size$）的统计结果基本正常，但其标准差为 1.3951，说明我国主板 A 股上市公司的资产规模差距较大。成长能力（$Growth$）的最小值与 25% 分位数均为负数，说明少部分样本公司的发展情况较差，且均值远高于中位数，最大值与最小值有较大的差异，表明绝大多数公司的营业收入增长率小于平均水平，并处于参差不齐的状态。财务杠杆水平（Lever）的均值为0.4928，中位数为0.4972，75%分位数为0.6484，最大值为0.9333，反映出大多数样本公司的资产负债率接近50%，超过1/4公司的资产负债率高于65%，说明我国主板A股上市公司的负债水平及财务风险长期偏高。总资产周转率（Assturn）的均值为0.6504，75%分位数为0.8262，最大值为2.7453，表明样本公司的营业收入占期末总资产比例平均高达65%，超过1/4公司的营业收入在期末总资产中占据了80%以上的比例，反映出我国主板A股上市公司总资产的周转速度较快，但同时也需要关注是销售能力增强还是固定资产处置导致的总资产周转率提升。经营现金流（OCF）的均值和中位数都是0.0453，样本数据服从正态分布，最小值为-0.1962，75%分位数为0.0890，表明少数公司的现金流为负值，且3/4公司的经营活动现金净流量在期末总资产中的占比仅为9%左右，我国主板A股上市公司的现金创造能力还有待增强。股票流动性（Liquid）的均值为5.6673，小于中位数5.7177，样本数据呈左偏分布特征，说明大多数公司的股票转手买卖频率大于均值，表现出比较活跃的交易状态，最小值为3.4619，最大值为7.2122，反映不同公司之间的股票换手率还存在较大差距。产权性质（State）的均值为0.5821，中位数、75%分位数、最大值都为1，代表大部分样本公司为国有公司，我国主板A股上市公司表现出明显的国有控股属性。股权制衡度（Zidex）的均值为14.2177，表明我国主板A股市场的股权过于集中，其他大股东对第一大股东的制衡程度比较低，且标准差为23.4537，最大值高达143.0183，最小值仅为1.0159，说明国内上市公司并购频繁，股权结构波动性很强，公司之间的股权制衡情况具有很大的差异。董事会独立性（Indep）的均值为0.3723，25%分位数和中位数都为0.3333，75%分位数为0.4000，说明一半以上样本公司的独立董事人数仅满足了《公司法》规定不低于1/3

的法定要求，只有不到 1/4 公司的独立董事比例超过 40%，表明我国主板 A 股上市公司的董事会结构仍然存在迎合政策要求的现象，或许会造成董事网络资源的较大损失。两职兼任（Dual）的均值为 0.1761，最小值、25%分位数、中位数和 75%分位数都为 0，表明我国董事长与总经理由同一人兼任的情况已经得到改善，公司治理结构越来越优化。独立董事履职地点（Place）的均值为 0.4331，最小值、25%分位数和中位数都为 0，说明大部分样本公司的独立董事与上市公司不在同一地点，董事网络关系突破了空间距离的束缚，能够为上市公司带来更为丰富的信息资源，但同时也反映出连锁董事直接参与公司监督治理的程度受到一定限制。系统性风险（Beta）的均值为 1.0928，中位数为 1.0929，基本服从正态分布，样本公司流通市值加权的市场年度 β 值在观测期内处于相对均衡的状态。

四 相关性分析

表 4.13 报告了主要变量的 Pearson 相关性分析结果。董事网络中心度（CEN_mean）与股权资本成本（RE_hvz）在 1%的水平下显著负相关，说明董事网络位置能够降低股权资本成本，初步支持了假设 H1 的观点。在控制变量方面，公司规模（Size）、产权性质（State）、独立董事履职地点（Place）、系统性风险（Beta）与 RE_hvz 都在 1%的水平下显著负相关，表明大规模公司的内部管理相对规范、经营状况较为稳健，国有公司享受了融资便利、政策扶持与光环效应，独立董事与上市公司在同一地点有助于直接发挥其监督治理职能及资源支持作用，这些因素对于投资者来说能够缓解投资风险，使股权资本成本得以降低。然而 Beta 与 RE_hvz 负相关不符合现实情况，照理说市场系统性风险越大，投资者的要求报酬应该更高。这有可能是因为在信息不对称的市场环境中，投资者的关注点更多聚焦于企业显性的财务特征，忽视了宏观风险和要求报酬的匹配程度。成长能力（Growth）、财务杠杆水平

（Lever）、总资产周转率（Assturn）、经营现金流（OCF）、股票流动性（Liquid）、两职兼任（Dual）与 RE_hvz 都在1%的水平下显著正相关，表明公司的成长性越强、资产周转速度越快，将会动用越多的资金满足各类投资需求，资产负债率越高、股票转手买卖频率越高、董事长和总经理兼任现象越严重，投资者遭遇的风险程度越高，公司的经营活动现金净流量越充裕，投资者要求的报酬补偿越多，这些因素均会导致股权资本成本上升。需要注意的是，董事会独立性（Indep）与 RE_hvz 之间关系不显著，这与梁雯等（2018）的研究结论一致，说明我国主板A股上市公司的独立董事比例仅达到中国证监会的硬性规定，并未给股权资本成本带来直接的治理效果，也从侧面映射出董事网络关系中的社会资本作为公司治理补充机制的现实意义。

此外，解释变量与控制变量之间的相关系数、各个控制变量之间的相关系数基本上均较小，表明解释变量和所有控制变量共同进入回归模型不会存在多重共线性问题。

表4.13 主要变量的 Pearson 相关系数矩阵

变量	RE_hvz	CEN_mean	Size	Growth	Lever	Assturn	OCF
RE_hvz	1						
CEN_mean	-0.094***	1					
Size	-0.182***	0.288***	1				
Growth	0.075***	-0.065***	-0.072***	1			
Lever	0.149***	0.135***	0.403***	-0.097***	1		
Assturn	0.035***	0.005	-0.025***	0.045***	0.067***	1	
OCF	0.056***	0.024***	0.059***	0.019**	-0.174***	0.116***	1
Liquid	0.116***	-0.109***	-0.421***	-0.089***	0.004	0.002	-0.101***
State	-0.049***	0.168***	0.253***	-0.155***	0.182***	0.048***	0.013
Zidex	0.003	-0.027***	0.007	-0.075***	0.066***	0.047***	-0.008
Indep	-0.013	-0.071***	0.068***	0.001	0.016*	-0.020**	-0.034***
Dual	0.061***	-0.076***	-0.125***	0.097***	-0.096***	-0.029***	-0.007
Place	-0.040***	0.042***	0.015*	-0.006	0.029***	0.014*	-0.032***
Beta	-0.021***	-0.058***	-0.037***	0.055***	-0.005	-0.003	-0.049***

续表

变量	Liquid	State	Zidex	Indep	Dual	Place	Beta
Liquid	1						
State	-0.023***	1					
Zidex	0.041***	0.177***	1				
Indep	-0.038***	-0.028***	0.003	1			
Dual	0.017**	-0.262***	-0.087***	0.072***	1		
Place	-0.009	0.120***	0.073***	-0.015*	-0.038***	1	
Beta	0.275***	0.015*	0.038***	-0.007	0.010	0.026***	1

第四节 基本实证分析

一 基准回归分析

表 4.14 报告了假设 H1 的基准回归分析结果。第（1）列在不加入控制变量的情况下，董事网络中心度（CEN_mean）的回归系数为 -0.0020，且在 1% 的水平下显著，说明董事网络位置对股权资本成本（RE_hvz）具有显著的降低作用，假设 H1 得到了验证。

第（2）列只对控制变量进行回归，个别变量的回归结果与表 4.13 相关性分析结果不一致。其中，总资产周转率（Assturn）与 RE_hvz 负相关且不显著，独立董事履职地点（Place）与 RE_hvz 正相关且不显著，说明解释变量与控制变量共同进入回归模型之后，公司资产的周转速度与利用效率、独立董事与上市公司是否在同一地点，对股权资本成本不具有明显的影响。而产权性质（State）与 RE_hvz 在 10% 的水平下显著正相关，反映公司的控制权属性是影响股权资本成本的重要因素，非国有公司的股权资本成本显著低于国有公司，该结果与 Goncalves 等（2019）、肖作平和尹林辉（2015）、董南雁等（2017）、罗孟旎（2018）、杨旭东（2018）的结论相符，但产权性质对股权资本成本的影响目前在学界还未达成共识。其余控制变量的回归结果与表 4.13 相关性分析结果保持一致。公司规模（Size）与 RE_hvz 在 1% 的水平下显著负相关，反映公司的资产规模越大，经营业务越成熟，赢利状况越稳定，内部管理越规范，越能降低股权资本成本，这与 Botosan 和 Plumlee （2002）、董南雁等（2017）的结论相符。系统性风险（Beta）与 RE_hvz 在 5% 的水平下显著负相关，上市公司与总体市场波动性的关联程度越高，投资者遭遇的市场风险越大，股权资本成本理应越高。这一结果似乎存在现实悖论，却与冯来强等（2017）、孙多娇和杨有红（2018）、杨旭东（2018）、甘丽凝等（2019）、王永青等（2019）的结论吻合，表明我国资本市场的信息传递效应还比较弱，公司股票价格中反馈的市场信息含量有限，导致投资者忽视了对宏观风险所要求的补偿程度。成长能力（Growth）、财务杠杆水平（Lever）、经营现金流（OCF）、股票流动性（Liquid）、两职兼任（Dual）都与 RE_hvz 在 1% 的水平下显著正相关，这与 Sukhahuta 等（2016）、Ghoul 等（2018）、Vitolla 等（2020）、李慧云和刘镝（2016）、甘丽凝等（2019）、孙彤等（2020）的结论基本一致，表明上市公司的销售业务增长速度越快、资产负债率越高、经营活动现金净流量越充足、股票转手买卖频率越高、董事长和总经理兼任现象越严重，投资者面对当前的赢利水平要求越高的投资回报，面对未来的不确定性同样上调了风险报酬，进而提高了股权资本成本。

第（3）列在加入控制变量之后，与第（1）列的 Adj. R^2 和 F 值相比，回归模型的拟合优度和总显著性都有了较大的提升，董事网络中心度（CEN_mean）与股权资本成本（RE_hvz）同样在 1% 的水平下显著负相关，即董事网络中心度越高，股权资本成本越低，假设 H1 进一步得到验证。这表明董事网络位置的提升，一方面能激励连锁董事严格实行监督治理职能，对高管利己动机进行有效约束，促使管理层提升治理意愿、强化信息渠道、控制内外部风险；另一方面能推动连锁董事积极实现资源支持职能，为治理能力增强提供有利条件，协助董事会改善商业环境、挖掘投资机会、优化决策行为。董事网络关系能够发挥正向的溢出效应，从而将股权资本成本逐步调整至合理界域。

表4.14 董事网络中心度与股权资本成本的回归结果

变量	RE_hvz (1)	RE_hvz (2)	RE_hvz (3)
CEN_mean	-0.0020*** (-10.25)		-0.0005*** (-2.71)
$Size$		-0.0088*** (-29.89)	-0.0086*** (-28.92)
$Growth$		0.0051*** (13.71)	0.0051*** (13.65)
$Lever$		0.0532*** (31.02)	0.0533*** (31.08)
$Assturn$		-0.0001 (-0.12)	-0.0001 (-0.06)
OCF		0.0475*** (11.49)	0.0476*** (11.50)
$Liquid$		0.0033*** (6.59)	0.0033*** (6.58)
$State$		0.0011* (1.82)	0.0012** (2.04)
$Zidex$		-0.0001 (-1.15)	-0.0001 (-1.26)
$Indep$		0.0004 (0.09)	-0.0007 (-0.15)
$Dual$		0.0032*** (4.39)	0.0032*** (4.35)
$Place$		0.0004 (0.81)	0.0004 (0.82)
$Beta$		-0.0025** (-2.11)	-0.0025** (-2.09)
$Industry$	控制	控制	控制
$Year$	控制	控制	控制

续表

变量	RE_hvz (1)	RE_hvz (2)	RE_hvz (3)
常数项	0.1204*** (38.95)	0.2523*** (29.49)	0.2515*** (29.36)
Adj. R^2	0.2262	0.3423	0.3425
F 值	75.52***	104.40***	103.14***
N	15339	15339	15339

注：小括号内为 t 值，下同。

二 稳健性检验

（一）重新测度核心变量

为了排除变量选取方法给实证结果带来的偏误，本节替换了核心变量的测度方式，对模型（4.3）进行稳健性检验。

1. 重新测度解释变量

（1）采用公司层面程度中心度、中介中心度、接近中心度最大值的平均数重新衡量董事网络位置（CEN_max）。陈运森和谢德仁（2012）、李敏娜和王铁男（2014）都认为，网络中心度最高的连锁董事通常拥有最大的决策主导权，进而对董事网络治理效应产生决定性影响。因此，本节基于样本公司连锁董事个人的三个中心度指标，以公司为单位重新求得各年度内每个中心度的最大值，并进一步计算三个中心度最大值的平均数，替换了基准回归中三个中心度均值的平均数，用来代表公司层面董事网络中心度的最高话语权，如公式（4.4）所示。样本观测值与基准回归保持一致。

$$CEN\_max = \frac{Max(Degree_{i,t}) + Max(Closeness_{i,t}) + Max(Betweenness_{i,t})}{3} \quad (4.4)$$

其中，Max 表示对公司 i 在第 t 年度的个人网络中心度指标取最大值；CEN_max 表示公司 i 在第 t 年度三个中心度指标最大值的平均数。

（2）采用公司层面结构洞丰富程度的均值重新衡量董事网络位置（STH_mean）。结构洞作为度量董事网络位置的另一类指标，代表信息流中出现的缺口，强调的是将两家没有直接关系的公司联结起来的第三者（即连锁董事）所拥有的信息优势与控制优势，最终增强联结公司在网络体系中的信息异质性和决策影响力，可以很好地从侧面印证董事网络中心度对股权资本成本的治理作用。本节借鉴万良勇和郑小玲（2014）、吴超和施建军（2018b）的研究，首先，运用 Pajek 软件计算样本公司连锁董事个人的结构洞丰富程度，详见第二章第二节的具体计算方法；其次，以公司为单位求得各年度内结构洞丰富程度的均值，替换了基准回归中三个中心度均值的平均数，用来代表公司层面董事网络结构洞位置的平均水平。样本观测值与基准回归保持一致。

（3）采用公司层面结构洞丰富程度的最大值重新衡量董事网络位置（STH_max）。本节借鉴 Tortoriello（2015）的做法，基于样本公司连锁董事个人的结构洞丰富程度，以公司为单位重新求得各年度内结构洞丰富程度的最大值，替换了基准回归中三个中心度均值的平均数，用来代表公司层面董事网络结构洞位置的决策主导权。样本观测值与基准回归保持一致。

2. 重新测度被解释变量

（1）采用分析师的每股盈余预测值重新估算内含报酬率五法平均数（RE_fxs）。内含报酬率模型高度依赖于公司盈余的预测数据，数据来源主要包括分析师预测与计量模型预测。孙多娇和杨有红（2018）认为，我国的分析师预测数据过于乐观，且由于不追踪小规模公司和财务困境公司，存在大量缺失值。但邹颖等（2019）肯定了分析师预测在准确度和盈余反应系数等方面具备的优势。本节采用分析师的每股盈余预测值代替 HVZ 模型的每股盈余预测值，重新估算五种内含报酬率模型的股权资本成本，并进一步计算五法估算结果的平均数，如公式

第四章 总效应研究：董事网络位置对股权资本成本的影响效应

（4.5）所示，得到11018个公司年度观测值。

$$RE\_fxs = \frac{Gordon\_fxs + GLS\_fxs + OJ\_fxs + PEG\_fxs + MPEG\_fxs}{5} \quad (4.5)$$

其中，$Gordon\_fxs$、GLS_fxs、OJ_fxs、PEG_fxs、$MPEG\_fxs$ 表示内含报酬率模型的分析师每股盈余预测值；RE_fxs 表示基于分析师的五种内含报酬率模型估算值的平均数。

（2）采用资本资产定价模型（CAPM）重新估算股权资本成本。虽然事前内含报酬率模型是目前的主流做法，但事后风险报酬模型中的CAPM以其简明易懂的一元函数阐释了资产报酬与市场风险的逻辑关系，即投资者要求回报等于无风险利率加上系统性风险所决定的市场风险溢价，在企业实务中一直具有较高的使用频率。Bukvic 等（2016）的调查结果显示，80%以上的最佳实践企业在使用CAPM估算值度量股权资本成本。毛新述等（2012）认为，CAPM能够屏蔽掉公司规模、资本结构等个体特征，可以在一定程度上体现宏观层面因素对我国投资者整体风险偏好的影响。因此，本节采用CAPM估算值替换了基准回归中五种内含报酬率模型的平均数，具体估算方法如第二章第二节所述，得到15407个公司年度观测值。

（3）采用Fama-French三因素模型（FF3M）重新估算股权资本成本。事后风险报酬模型中的另一种方法——Fama-French三因素模型，综合考虑了市场风险溢价因子、公司市值规模因子、账面市值比因子，在CAPM的基础上更加全面地解释不同股票报酬率的差异。尽管FF3M缺乏强有力的理论支撑，且风险溢价及其影响因素难以准确把控（Aharoni et al.，2013；毛新述等，2012），但也有少量文献证明了该模型的应用价值（Busato et al.，2019）。本节采用FF3M估算值替换了基准回归中五种内含报酬率模型的平均数，具体估算方法如第二章第二节所述，得到15333个公司年度观测值。

表4.15报告了重新测度核心变量的回归结果。其中，第（1）~

（3）列变更了解释变量，董事网络位置的替代变量（CEN_max、STH_mean、STH_max）都在1%的水平下与股权资本成本（RE_hvz）显著负相关。第（4）~（6）列变更了被解释变量，董事网络中心度（CEN_mean）与股权资本成本的替代变量（RE_fxs、CAPM、FF3M）至少在5%的水平下显著负相关。以上测试结果都很稳健，假设H1仍然得到验证。

表4.15 重新测度核心变量的回归结果

变量	重新测度解释变量			重新测度被解释变量		
	RE_hvz	RE_hvz	RE_hvz	RE_fxs	CAPM	FF3M
	(1)	(2)	(3)	(4)	(5)	(6)
CEN_max	-0.0002*** (-3.24)					
STH_mean		-0.0110*** (-3.38)				
STH_max			-0.0115*** (-4.32)			
CEN_mean				-0.0006** (-2.17)	-0.0001** (-2.23)	-0.0004*** (-2.72)
Size	-0.0086*** (-29.17)	-0.0086*** (-28.72)	-0.0086*** (-29.12)	0.0041*** (8.67)	-0.0009*** (-11.38)	-0.0062*** (-29.42)
Growth	0.0051*** (13.66)	0.0051*** (13.63)	0.0051*** (13.67)	0.0025*** (5.32)	0.0016*** (10.42)	0.0024*** (6.55)
Lever	0.0532*** (31.05)	0.0533*** (31.12)	0.0534*** (31.12)	0.0458*** (14.45)	-0.0002 (-0.48)	0.0099*** (8.70)
Assturn	-0.0001 (-0.07)	-0.0001 (-0.04)	-0.0001 (-0.05)	0.0026** (2.46)	-0.0007*** (-4.24)	-0.0007 (-1.56)
OCF	0.0475*** (11.49)	0.0475*** (11.48)	0.0474*** (11.46)	0.0485*** (7.06)	-0.0014 (-1.30)	-0.0081*** (-2.83)
Liquid	0.0033*** (6.60)	0.0033*** (6.58)	0.0033*** (6.60)	0.0024*** (3.09)	-0.0010*** (-6.06)	-0.0012*** (-3.11)
State	0.0012** (2.01)	0.0013** (2.20)	0.0013** (2.16)	-0.0095*** (-9.87)	-0.0017*** (-10.44)	-0.0026*** (-5.74)
Zidex	-0.0001 (-1.22)	-0.0001 (-1.31)	-0.0001 (-1.19)	-0.0001*** (-3.58)	-0.0001 (-0.30)	-0.0001*** (-2.96)

续表

变量	重新测度解释变量			重新测度被解释变量		
	RE_hvz	RE_hvz	RE_hvz	RE_fxs	CAPM	FF3M
	（1）	（2）	（3）	（4）	（5）	（6）
Indep	-0.0002	-0.0022	-0.0006	0.0039	-0.0033**	0.0080**
	(-0.05)	(-0.47)	(-0.12)	(0.53)	(-2.53)	(2.17)
Dual	0.0033***	0.0032***	0.0033***	0.0012	0.0014***	0.0020***
	(4.42)	(4.34)	(4.45)	(1.00)	(5.95)	(3.24)
Place	0.0005	0.0004	0.0004	-0.0012	0.0003**	0.0007
	(0.84)	(0.74)	(0.73)	(-1.49)	(2.23)	(1.58)
Beta	-0.0025**	-0.0025**	-0.0025**	0.0018	0.0089***	0.0082***
	(-2.07)	(-2.10)	(-2.09)	(1.01)	(21.31)	(8.08)
Industry	控制	控制	控制	控制	控制	控制
Year	控制	控制	控制	控制	控制	控制
常数项	0.2509***	0.2561***	0.2579***	0.0014	0.0740***	0.2002***
	(29.27)	(29.77)	(29.84)	(0.10)	(32.83)	(33.57)
Adj. R²	0.3427	0.3428	0.3432	0.2011	0.4497	0.2319
F值	103.14***	103.35***	103.38***	42.68***	237.65***	76.36***
N	15339	15339	15339	11018	15407	15333

（二）外生事件冲击

为了贯彻党中央从严管理干部的规定，并进一步加强反腐倡廉建设，2013年10月19日，中共中央组织部印发了《关于进一步规范党政领导干部在企业兼职（任职）问题的意见》（中组发〔2013〕18号，以下简称"18号文"），严格禁止现职和离退休党政领导干部在企业兼职（任职），并要求于意见下发3个月内将该意见的执行情况以书面形式上报中共中央组织部。在我国特殊的转型经济背景下，很多地方政府部门往往代替市场机制履行了资源配置功能，官员型连锁董事通常占据了董事网络的中心位置（吴伊茵、董斌，2020），能够促使任职公司与政府部门建立起广泛的政治关联。上市公司聘请现任党政领导干部担任连锁董事，一方面更容易获取诸如土地开发、投资动向、行业监管等关键信息，另一方面更可能拥有税收优惠、政府补贴和融资通道等核心资源（范建红、陈怀超，2015）。"18号文"出台之后，掌控着大量稀缺资源的官员型连锁董事纷纷被动离职，从而导致上市公司的董事网络位置发生了大幅震荡（王营，2021），那么有理由怀疑，官员型连锁董事所在任职公司的董事网络中心度可能会呈现剧烈的下降态势。因此，为了排除基准回归结果的内生性干扰，本章将这一政策视作一个外生冲击事件进行准自然实验，检验董事离职伴随的董事网络关系变动对股权资本成本的作用效果。Helmers等（2017）以印度于2000年颁布的公司治理改革方案作为自然实验场景，通过受改革影响的公司调整董事会结构的外生变化，解决连锁董事在促进研发支出过程中的内生性问题。本节借鉴其做法，建立双重差分模型（DID），如公式（4.6）所示。

$$\begin{aligned}RE\_hvz = &\alpha_0 + \alpha_1 Leave + \alpha_2 Post + \alpha_3 Leave \times Post + \alpha_4 Size + \alpha_5 Growth + \\ &\alpha_6 Lever + \alpha_7 Assturn + \alpha_8 OCF + \alpha_9 Liquid + \alpha_{10} State + \alpha_{11} Zidex + \\ &\alpha_{12} Indep + \alpha_{13} Dual + \alpha_{14} Place + \alpha_{15} Beta + \sum Industry + \varepsilon\end{aligned} \quad (4.6)$$

其中，Leave表示政策性虚拟变量，考察某公司是否出现连锁董事因为"18号文"而离职的事件。尽管"18号文"要求不符合任职规定的相关人员在3个月内辞去兼任职务，但据新浪财经报道，2014年1月1日至3月4日期间，沪深两市共发布了84份涉及90人的独立董事辞职公告，这些董事大都因为"18号文"而被动离职，即这一政策导致的董事离职事件主要集中在2013~2014年。因此本节将2009~2019年的全样本划分为受到"18号文"影响的公司（处理组）与不受"18号文"影响的公司（对照组），如果2013~2014年有董事由于"18号文"而离职，Leave定义为1，否则定义为0。Post表示时间虚拟变量，以"18号文"发布的2013年作为时间节点，2013年及之后Post定义为1，2013年之前则定义为0。此外，该模型已经考虑了政策时间的虚拟变量Post（控制处理期前后的时间效应），就不能再控制时间固定效应（控制每一期的时间效应），否则会引起严重的多重共线性。本节需要重点观测的是交互项Leave×Post的回归系数α_3，如果2013年"18号文"发布之后因为官员型连锁董事被动离职而导致任职公司的董事网络中心度下降,其股权资本成本就会随之上升,则预期 α_3 显著为正。

使用双重差分法的一个重要前提是研究样本满足平行趋势假定,即处理组在未受到政策冲击的情况下,其变化趋势必须与对照组是平行的,否则 Leave×Post 的回归系数 α_3 就不能完全反映真实的政策效应,其中有一部分是由处理组和对照组本身的差异带来的。本节采用事件研究法,先生成各时点时间虚拟变量(Year - 2013)与政策性虚拟变量(Leave)的交互项,Before_i 表示"18号文"发布之前的交互项,Current 表示"18号文"发布当年(2013年)的交互项,After_i 表示"18号文"发布之后的交互项。同时,为了避免多重共线性问题,本节采用常规做法,选择政策发布之前的第1期(Before_1)作为模型的基准组。表4.16的第(1)列报告了平行趋势检验结果,可以看出,"18号文"发布之前交互项(Before_i)的回归系数均不显著,说明政策发布之前的第2~4期(2009~2011年)处理组和对照组之间不存在显著差异,即平行趋势假设成立。

表4.16的第(2)列进一步报告了双重差分(DID)模型的检验结果,可以看出,交互项 Leave×Post 与股权资本成本(RE_hvz)在5%的水平下显著正相关,表明"18号文"发布之后大批官员型连锁董事的离职事件降低了任职公司的董事网络中心度,进而提高了股权资本成本,由此反向证实了本章的基准回归结果没有明显的内生性。

表 4.16 外生事件冲击的回归结果

平行趋势检验		双重差分(DID)检验	
变量	RE_hvz	变量	RE_hvz
	(1)		(2)
Before_4	0.0031	Leave	0.0025*
	(0.73)		(1.85)
Before_3	0.0020	Post	0.0014
	(0.86)		(1.04)

续表

平行趋势检验		双重差分(DID)检验	
变量	*RE_hvz*	变量	*RE_hvz*
	(1)		(2)
Before_2	-0.0032	*Leave×Post*	0.0037**
	(-1.23)		(2.38)
Current	0.0046***		
	(3.87)		
After_1	-0.0070***		
	(-5.61)		
After_2	-0.0138***		
	(-11.97)		
After_3	-0.0234***		
	(-22.41)		
After_4	0.0024		
	(0.82)		
After_5	0.0013		
	(1.30)		
After_6	0.0335***		
	(27.82)		
Size	-0.0088***	*Size*	-0.0087***
	(-30.14)		(-28.32)
Growth	0.0051***	*Growth*	0.0027***
	(13.44)		(7.06)
Lever	0.0534***	*Lever*	0.0514***
	(30.88)		(26.24)
Assturn	0.0000	*Assturn*	-0.0004
	(0.06)		(-0.53)
OCF	0.0476***	*OCF*	0.0623***
	(11.44)		(13.50)
Liquid	0.0030***	*Liquid*	0.0015***
	(6.13)		(3.43)
State	0.0010*	*State*	-0.0005
	(1.72)		(-0.68)
Zidex	-0.0000	*Zidex*	-0.0000**
	(-1.17)		(-2.16)

续表

平行趋势检验		双重差分（DID）检验	
变量	RE_hvz	变量	RE_hvz
	（1）		（2）
Indep	0.0010	Indep	0.0051
	（0.20）		（0.94）
Dual	0.0032***	Dual	0.0048***
	（4.33）		（5.65）
Place	0.0002	Place	-0.0027***
	（0.41）		（-4.53）
Beta	-0.0022*	Beta	-0.0051***
	（-1.91）		（-4.54）
Industry	控制	Industry	控制
常数项	0.2397***	常数项	0.2428***
Adj. R²	0.3309	Adj. R²	0.1435
F值	94.56***	F值	38.12***
N	15339	N	15339

（三）工具变量估计

股权资本成本较低的绩优公司，往往更有可能聘请网络中心度较高的优质董事加盟，进而导致董事网络位置与股权资本成本之间存在反向因果关系。此外，本书的核心变量都是来自手工收集整理，或许存在一定程度的测量误差。而且，股权资本成本受到众多内外部因素的共同影响，还可能因为遗漏变量而使研究结论产生偏误。为了解决潜在的内生性问题，本节运用"簇效应"工具变量（于晓华，2014），并参考梁上坤等（2018）、姚立杰等（2020）、周雪峰等（2021）的做法，选取"除本公司外的同行业董事网络中心度均值"（CEN_mean_ind）、"除本公司外的同省份董事网络中心度均值"（CEN_mean_pro）作为内生变量董事网络中心度（CEN_mean）的工具变量。选择这两个工具变量的理由如下：一是符合工具变量的相关性要求，因为同行业、同省份上市公司面临的市场化程度、监管政策、经营风险和信息环境往往相似，连锁董事需要具备的知识体系、决策经验、治理能力和社会关系也较为接近，所以除本公司外的同行业或同省份董事网络中心度均值，与该行业、该省份其他公司的董事网络位置存在较高的相关性；二是满足工具变量的外生性假设条件，因为同行业、同省份其他上市公司的董事网络中心度对本公司的股权资本成本并不具有直接影响。此外，Macaulay 等（2018）、张敏等（2015）指出，董事年龄可以在很大程度上代表其所拥有的公司治理经验及信息传导能力，年长的连锁董事职业经历多，时间的沉淀让其收获了更高的声誉资本，积累了更广的人脉，强化了"精英团队"的关系认同，在董事网络系统中拥有更大的话语权。所以，连锁董事年龄与其网络中心度通常息息相关，却不会直接影响到公司股权资本成本的高低，本节进一步选取"连锁董事平均年龄的自然对数"（$BoaAge$）作为董事网络中心度（CEN_mean）的工具变量。

本节采用两阶段工具变量法（2SLS）对模型（4.3）重新进行估计，结果如表4.17所示。可以看出，三个工具变量的 Anderson canon. corr. LM 统计量的 p 值都为 0.00，拒绝了"工具变量不可识别"的原假设；Cragg-Donald Wald F 统计量分别为 51.22、163.36、17.87，都大于 Stock-Yogo 检验 10% 水平上的临界值 16.38，拒绝了"存在弱工具变量"的原假设，证明本章选取的工具变量具有较强的合理性。在第一阶段的回归中，CEN_mean_ind 与内生变量（CEN_mean）在 1% 的水平下显著负相关，表明同一行业的连锁董事在网络位置上具有一定的竞争关系，这与郑方（2011）的观点相同，即连锁董事如果在两个同行业竞争性公司任职，容易造成利益不兼容，且合谋侵害另一公司的现象；CEN_mean_pro、$BoaAge$ 与内生变量（CEN_mean）都在 1% 的水平下显著正相关，表明同一省份的连锁董事在网络位置上存在相互促进作用，而且连锁董事的年龄优势提高了网络中心度。以上结果均符合工具变量的选取原则。在第二阶段的回归中，将工具变量进行工具化处理，被工具化的董事网络中心度（Ins_CEN_mean）与股权资本成本（RE_hvz）至少在5%的水平下显著负相关，和表4.14中的基准回归结果保持一致，仍然支持了假设H1。

表4.17 工具变量法检验的回归结果

变量	IV: CEN_mean_ind 第一阶段 CEN_mean	IV: CEN_mean_ind 第二阶段 RE_hvz	IV: CEN_mean_pro 第一阶段 CEN_mean	IV: CEN_mean_pro 第二阶段 RE_hvz	IV: $BoaAge$ 第一阶段 CEN_mean	IV: $BoaAge$ 第二阶段 RE_hvz
CEN_mean_ind	-0.3832*** (-7.14)					
CEN_mean_pro			0.4457*** (12.32)			
$BoaAge$					0.7114*** (4.23)	
Ins_CEN_mean		-0.0102*** (-2.97)		-0.0043** (-2.31)		-0.0141** (-2.18)
$Size$	0.2720*** (24.31)	-0.0060*** (-6.22)	0.2641*** (23.69)	-0.0076*** (-13.07)	0.2586*** (22.33)	-0.0049*** (-2.76)
$Growth$	-0.0284*** (-2.69)	0.0049*** (11.88)	-0.0294*** (-2.78)	0.0050*** (13.10)	-0.0259** (-2.44)	0.0047*** (10.58)
$Lever$	0.1622** (2.41)	0.0549*** (28.61)	0.1788*** (2.67)	0.0539*** (30.82)	0.1942*** (2.87)	0.0556*** (25.05)
$Assturn$	0.0879*** (3.27)	0.0008 (0.98)	0.0683** (2.54)	0.0003 (0.39)	0.0823*** (3.07)	0.0011 (1.17)
OCF	0.1570 (0.99)	0.0490*** (10.93)	0.1605 (1.02)	0.0481*** (11.48)	0.1415 (0.90)	0.0496*** (10.25)
$Liquid$	-0.0054 (-0.27)	0.0032*** (6.02)	-0.0042 (-0.21)	0.0033*** (6.48)	-0.0033 (-0.16)	0.0032*** (5.62)
$State$	0.2719*** (10.57)	0.0038*** (3.40)	0.2650*** (10.32)	0.0022*** (2.83)	0.2586*** (9.99)	0.0049*** (2.61)
$Zidex$	-0.0026*** (-5.52)	-0.0001** (-2.57)	-0.0027*** (-5.87)	-0.0001* (-1.91)	-0.0026*** (-5.59)	-0.0001** (-2.36)
$Indep$	-2.2283*** (-10.49)	-0.0221** (-2.41)	-2.1491*** (-10.07)	-0.0090 (-1.43)	-2.2982*** (-10.76)	-0.0309** (-1.99)

续表

变量	IV:CEN_mean_ind 第一阶段 CEN_mean	IV:CEN_mean_ind 第二阶段 RE_hvz	IV:CEN_mean_pro 第一阶段 CEN_mean	IV:CEN_mean_pro 第二阶段 RE_hvz	IV:BoaAge 第一阶段 CEN_mean	IV:BoaAge 第二阶段 RE_hvz
Dual	-0.0481 (-1.64)	0.0027*** (3.27)	-0.0466 (-1.59)	0.0030*** (3.99)	-0.0501* (-1.71)	0.0025*** (2.69)
Place	0.0125 (0.55)	0.0006 (0.98)	-0.0090 (-0.40)	0.0005 (0.90)	0.0072 (0.32)	0.0006 (0.99)
Beta	0.0410 (0.89)	-0.0021* (-1.67)	0.0330 (0.72)	-0.0023* (-1.95)	0.0356 (0.78)	-0.0020 (-1.45)
Industry	控制	控制	控制	控制	控制	控制
Year	控制	控制	控制	控制	控制	控制
常数项	-0.3026 (-0.81)	0.2359*** (22.69)	-3.3406*** (-9.57)	0.2454*** (26.89)	-4.1390*** (-6.15)	0.2294*** (16.09)
Adj. R^2	0.1813	0.2317	0.1872	0.3258	0.1795	0.1220
F值	52.08***	89.00***	53.05***	100.60***	50.91***	78.62***
N	15339	15339	15339	15339	15339	15339
Anderson canon. corr. LM	51.28 [0.00]		162.36 [0.00]		17.93 [0.00]	
Cragg-Donald Wald F	51.22 {16.38}		163.36 {16.38}		17.87 {16.38}	

注：第一阶段小括号内为t值，第二阶段小括号内为z值，方括号内为p值，大括号内为Stock-Yogo检验10%水平上的临界值，下同。

（四）倾向得分匹配

Garcia-Bernardo和Takes（2018）、周雪峰等（2021）认为，连锁董事特别是行业经验丰富、人脉资源广阔、社会认可度高的"明星"董事，在谋求董事席位时或许会主动选择股权资本成本较低的业界绩优公司就职，董事网络位置在某种程度上可能具有样本自选择属性。为了避免"选择性"偏差导致的内生性问题，本节运用倾向得分匹配法（PSM）进行配对处理，以减小样本选择偏误对研究结论的影响。首先，以董事网络中心度的中位数为界，将全样本划分为处理组（董事网络中心度高于中位数）和对照组（董事网络中心度低于中位数），对所有观测值进行随机排序，并把控制变量公司规模、成长能力、财务杠杆水平、总资产周转率、经营现金流、股票流动性、产权性质、股权制衡度、董事会独立性、两职兼任、独立董事履职地点、系统性风险作为协变量。其次，采用最近邻匹配法，通过 Logit 回归估计每个观测值的倾向性指数，保证处理组与对照组的相似性。最后，通过平衡性检验考察最终匹配结果是否满足平行趋势假定，根据 Rosenbaum 和 Rubin（1985）提出的经验标准，当协变量在匹配后的标准偏差绝对值小于 20% 时，匹配过程则被认定是有效的。

表 4.18 的 Panel A 报告了最近邻匹配下平衡性检验结果。可以看出，在匹配后所有匹配变量标准偏差的绝对值全部小于 5%，而且除了 *Indep* 和 *Place* 以外，处理组与对照组的 t 统计量都不显著，表明匹配后处理组与对照组之间并不存在系统差异。需要说明的是，*Indep* 和 *Place* 都是虚拟变量，并不会影响到整体匹配结果。因此，平行趋势假定得到满足，确保了样本选择的随机性，最终得到 7964 个成功匹配的公司年度观测值。

表 4.18 的 Panel B 报告了配对后样本的回归结果。可以看出，*CEN_mean* 的回归系数在 1% 的水平下显著为负，表明在控制公司特征方面的差异，进而缓解了样本选择偏差问题之后，基准回归结论依然成立。

表 4.18 倾向得分匹配的检验结果

匹配变量	匹配过程	均值 处理组	均值 对照组	标准偏差（%）	偏差减少幅度(%)	t 检验 t 值	t 检验 p 值	回归变量	RE_hvz
								CEN_mean	-0.0007*** (-2.72)
Size	匹配前	22.8130	22.1720	47.2	96.6	29.23	0.000	Size	-0.0087*** (-20.49)
	匹配后	22.8080	22.8310	-1.6		-0.96	0.337		
Growth	匹配前	0.2770	0.4058	-12.1	89.6	-7.48	0.000	Growth	0.0047*** (8.98)
	匹配后	0.2771	0.2905	-1.3		-0.90	0.370		

续表

匹配变量	匹配过程	均值 处理组	均值 对照组	标准偏差（%）	偏差减少幅度(%)	t检验 t值	t检验 p值	回归变量	RE_hvz
		Panel A:最近邻匹配下平衡性检验结果						Panel B:PSM 匹配后样本的回归结果	
Lever	匹配前	0.5158	0.4695	22.8	92.8	14.15	0.000	Lever	0.0511***
	匹配后	0.5157	0.5190	-1.7		-1.04	0.297		(21.73)
Assturn	匹配前	0.6547	0.6461	1.8	-32.5	1.11	0.268	Assturn	0.0001
	匹配后	0.6548	0.6663	-2.4		-1.44	0.150		(0.16)
OCF	匹配前	0.0460	0.0445	2.0	68.5	1.23	0.218	OCF	0.0481***
	匹配后	0.0460	0.0465	-0.6		-0.39	0.694		(8.30)
Liquid	匹配前	5.6034	5.7315	-16.4	84.0	-10.15	0.000	Liquid	0.0033***
	匹配后	5.6053	5.5847	2.6		1.60	0.109		(4.79)
State	匹配前	0.6506	0.5132	28.1	97.7	17.42	0.000	State	0.0010
	匹配后	0.6501	0.6470	0.6		0.41	0.685		(1.28)
Zidex	匹配前	13.7370	14.7010	-4.1	88.7	-2.55	0.011	Zidex	-0.0001
	匹配后	13.7470	13.8560	-0.5		-0.30	0.768		(-0.64)
Indep	匹配前	0.3702	0.3745	-8.0	55.6	-4.95	0.000	Indep	0.0022
	匹配后	0.3702	0.3721	-3.5		-2.18	0.030		(0.33)
Dual	匹配前	0.1522	0.2001	-12.6	92.1	-7.80	0.000	Dual	0.0034***
	匹配后	0.1524	0.1486	1.0		0.65	0.513		(3.35)
Place	匹配前	0.4465	0.4197	5.4	48.1	3.35	0.001	Place	0.0006
	匹配后	0.4461	0.4321	2.8		1.74	0.082		(0.85)
Beta	匹配前	1.0791	1.1065	-9.5	98.6	-5.90	0.000	Beta	-0.0038**
	匹配后	1.0798	1.0802	-0.1		-0.08	0.934		(-2.32)
								Industry	控制
								Year	控制
								常数项	0.2551***
									(20.97)
								Adj. R^2	0.3413
								F 值	56.27***
								N	7964

（五）遗漏变量检验

股权资本成本问题具有极端复杂性，一系列微观因素与宏观因素都会导致投资者要求报酬发生波动。但由于模型中考虑的控制变量个数有限，一些难以量化或观测的控制变量无法被包含在模型中，从而可能由于遗漏变量产生内生性问题。本节通过以下三种方法进行遗漏变量检验。

1. 动态模型敏感性检验

Edwards等（2016）指出，动态模型变化值的设计可以在一定程度上避免遗漏变量导致的伪回归。本节借鉴姚立杰等（2020）的做法，检验董事网络中心度逐年变化值（ΔCEN_mean）对股权资本成本逐年变化值（ΔRE_hvz）的敏感性影响。需要说明的是，2019年的变化值来自2019年数据减去2018年数据，2018年的变化值来自2018年数据减去2017年数据，以此类推。动态模型会导致2009年的数据缺失，即样本区间为2010~2019年，共得到13275个公司年度观测值。

动态模型敏感性检验结果如表4.19的第（1）列所示。可以看出，ΔCEN_mean与ΔRE_hvz在1%的水平下显著负相关，进一步表明董事网络中心度提高越多，股权资本成本的降低程度越大，动态模型的检验结果稳健。

2. 控制前三期被解释变量

Wooldridge（2010）提出将前期的被解释变量作为未知遗漏变量的代理变量加入回归模型，可以有效缓解遗漏变量导致的内生性问题，因为影响被解释变量的一些不可观测因素会始终包含于被解释变量之中。根据Wooldridge（2010）的方法，本节在模型（4.3）中，进一步加入前三期被解释变量的均值（RE_hvz_L）作为控制变量重新进行检验。对被解释变量分别进行三期滞后处理后，得到9450个公司年度观测值。

控制前三期被解释变量的检验结果如表4.19的第（2）列所示。可以看出，在控制RE_hvz_L之后，CEN_mean与RE_hvz在1%的水平下显著负相关，假设H1同样成立。

3. 控制公司固定效应

以上回归结果都控制了行业固定效应与年度固定效应,但由于公司层面的因素可能会同时影响董事网络中心度和股权资本成本,模型(4.3)仍有可能存在潜在遗漏变量。本节参考周楷唐等(2017)的做法,在模型(4.3)中同时控制年度固定效应($Year$)与公司固定效应($Firm$),不再控制行业固定效应,以避免行业宏观因素与个体微观因素的信息重叠。

控制公司固定效应的检验结果如表4.19的第(3)列所示。可以看出,在进一步控制公司个体特征之后,CEN_mean与RE_hvz在5%的水平下显著负相关,董事网络中心度与股权资本成本负相关性的结论依然得到验证。

表4.19 遗漏变量检验的回归结果

变量	动态模型敏感性检验 ΔRE_hvz (1)	控制前三期被解释变量 RE_hvz (2)	控制公司固定效应 RE_hvz (3)
ΔCEN_mean	-0.0008*** (-4.21)		
CEN_mean		-0.0011*** (-5.03)	-0.0006** (-2.48)
RE_hvz_L		0.3405*** (20.96)	
$Size$	-0.0064*** (-20.46)	-0.0068*** (-19.45)	-0.0130*** (-21.14)
$Growth$	0.0011* (1.93)	0.0030*** (3.28)	0.0049*** (19.33)
$Lever$	0.040*** (22.23)	0.0444*** (18.91)	0.0594*** (23.88)
$Assturn$	0.0015** (2.05)	0.0005 (0.55)	-0.0010 (-0.86)
OCF	0.0433*** (9.41)	0.0404*** (7.25)	0.0280*** (7.10)
$Liquid$	0.0019*** (3.49)	-0.0023*** (-4.79)	0.0032*** (5.63)

续表

变量	动态模型敏感性检验 ΔRE_hvz （1）	控制前三期被解释变量 RE_hvz （2）	控制公司固定效应 RE_hvz （3）
$State$	-0.0007 (-1.07)	0.0034*** (4.48)	0.0001 (0.02)
$Zidex$	-0.0001*** (-3.59)	0.0001* (1.93)	0.0001 (1.19)
$Indep$	-0.0022 (-0.43)	0.0067 (1.13)	-0.0115 (-1.62)
$Dual$	0.0028*** (3.54)	0.0028*** (2.78)	0.0014 (1.50)
$Place$	0.0003 (0.59)	-0.0040*** (-5.98)	0.0017** (2.54)
$Beta$	0.0015 (1.23)	-0.0031** (-2.55)	-0.0019 (-1.57)
$Industry$	控制	控制	
$Year$	控制	控制	控制
$Firm$			控制
常数项	0.1786*** (20.87)	0.2068*** (22.18)	0.3914*** (21.09)
Adj. R²	0.2291	0.2132	0.4747
F 值	52.37***	40.99***	8.48***
N	13275	9450	15339

（六）格兰杰因果检验

本书认为董事网络中心度会降低股权资本成本，但也许具有另外一种可能，股权资本成本越低的公司，越容易吸引社会资本丰富的优质连锁董事，进而导致联结公司的董事网络位置越居中。本节进一步采用平衡面板格兰杰因果检验方法来处理解释变量与被解释变量可能具有的互为因果关系。

传统的格兰杰因果检验对象仅是时间序列数据，Hurlin 和 Venet（2001）首次提出针对平衡面板数据的格兰杰因果检验法；Hurlin

(2004)进一步优化了检验程序,并指出平衡面板格兰杰因果检验在提高自由度、增大样本量、降低共线性等方面比传统方法更具优势。本书的样本数据在不同年度的观测值不一致,且在不同股权资本成本估算方法下观测值的差异较大,属于非平衡面板数据。本节参考杨旭东(2018)、姚立杰等(2020)的思路,分别对股权资本成本的五种内含报酬率模型估算值及五法平均数,剔除了样本区间跨度不足11年(2009~2019年)的数据后得到六组平衡面板数据,贝叶斯信息准则(BIC)显示最佳滞后期为1期。

表4.20报告了平衡面板格兰杰因果检验结果。Panel A 原假设为"董事网络中心度不是股权资本成本的格兰杰原因",六组平衡面板数据的卡方值都在至少5%的水平下显著,全部拒绝了原假设,说明董事网络中心度是股权资本成本的格兰杰原因。Panel B 原假设为"股权资本成本不是董事网络中心度的格兰杰原因",除了 Gordon 模型的卡方值拒绝了原假设,其余五组平衡面板数据特别是五法平均数(RE_hvz)的卡方值都接受了原假设,说明股权资本成本并非董事网络中心度的格兰杰原因。以上结果综合表明,当滞后期为1期时,存在董事网络中心度到股权资本成本的单向格兰杰因果关系,但并不存在股权资本成本到董事网络中心度的单向格兰杰因果关系,进而缓解了双向因果关系下的内生性问题。

表4.20 平衡面板格兰杰因果检验结果

Panel A:原假设为"董事网络中心度不是股权资本成本的格兰杰原因"					
原假设	平衡面板观测值	BIC最佳滞后期	χ^2值	p值	结论
CEN_mean 不是 RE_hvz 的格兰杰原因	9790	1期	7.5527	0.0000	拒绝
CEN_mean 不是 $Gordon\_hvz$ 的格兰杰原因	4466	1期	2.3996	0.0164	拒绝
CEN_mean 不是 GLS_hvz 的格兰杰原因	2486	1期	4.2093	0.0000	拒绝

续表

Panel A:原假设为"董事网络中心度不是股权资本成本的格兰杰原因"

原假设	平衡面板观测值	BIC最佳滞后期	χ^2值	p值	结论
CEN_mean 不是 OJ_hvz 的格兰杰原因	5412	1期	7.0720	0.0000	拒绝
CEN_mean 不是 PEG_hvz 的格兰杰原因	6248	1期	7.5363	0.0000	拒绝
CEN_mean 不是 $MPEG\_hvz$ 的格兰杰原因	3014	1期	6.2852	0.0000	拒绝

Panel B:原假设为"股权资本成本不是董事网络中心度的格兰杰原因"

原假设	平衡面板观测值	BIC最佳滞后期	χ^2值	p值	结论
RE_hvz 不是 CEN_mean 的格兰杰原因	9790	1期	0.3648	0.7153	接受
$Gordon\_hvz$ 不是 CEN_mean 的格兰杰原因	4466	1期	3.9031	0.0000	拒绝
GLS_hvz 不是 CEN_mean 的格兰杰原因	2486	1期	0.9729	0.3306	接受
OJ_hvz 不是 CEN_mean 的格兰杰原因	5412	1期	0.4273	0.6692	接受
PEG_hvz 不是 CEN_mean 的格兰杰原因	6248	1期	0.2795	0.7798	接受
$MPEG\_hvz$ 不是 CEN_mean 的格兰杰原因	3014	1期	0.5704	0.5684	接受

（七）滞后期分位数回归

以上结果都是基于线性（均值）OLS回归模型进行估计，并未考虑到被解释变量总体上的分布特征。但本书的样本数据并不绝对满足正态分布，可能会造成回归结果的有偏性，从而导致研究假设检验无效。Koenker和Bassett（1978）提出的分位数回归放宽了数据分布的假设条件，且不易受到离群值的影响，可以更为深入地描述被解释变量的全局特征，而不仅仅只是均值，并更为清楚地揭示被解释变量在不同分位数上的异质性问题，是对传统线性（均值）回归很好的补充，能提高研究结论的稳定性与准确性。

本节借鉴丁一兵和刘紫薇（2018）、吴武清等（2020）的研究方法，采用分位数回归对模型（4.3）进行再检验，结果如表4.21所示。根据各分位数的同期回归结果可以看出，当股权资本成本在25%分位数时，CEN_mean 的回归系数在1%的水平下显著为负；在50%分位数时，CEN_mean 的回归系数在5%的水平下显著为负，显著性开始减弱；在75%分位数时，CEN_mean 的回归系数为负但不再显著。由此说明，随着股权资本成本的增大，董事网络中心度对股权资本成本的影响程度呈现由强到弱的变化趋势。当股权资本成本处于较低的水平时，董事网络位置能够凭借监督治理能力与信息资源优势，在当期对股权资本成本产生明显的降低作用；当股权资本成本处于较高的水平时，董事网络位置嵌入的社会资本在当期对股权资本成本并未产生积极的治理效果。那么，董事网络关系对于过高的股权资本成本是否无能为力？如果仍然具有影响作用，那该作用是否存在滞后期？

为了解答这一疑问，本节参考He等（2016）的做法，在股权资本成本的各分位数上对董事网络中心度进行滞后一期处理（CEN_meanL1），不仅能考察不同分位数上可能存在的滞后效应，而且还可以进一步缓解内生性问题。因为解释变量的滞后项属于前定变量，一方面与同期解释变量高度相关，另一方面并不会受到同期被解释变量的逆向影响。根据表4.21的滞后一期回归结果，首先进行同一分位数同期与滞后一期的比较：当股权资本成本在25%分位数时，董事网络中心度同期（CEN_mean）与滞后一期（CEN_meanL1）的回归系数都在1%的水平下显著为负，但绝对值由0.0006上升至0.0009；当股权资本成本在50%分位数时，CEN_mean 与 CEN_meanL1 的回归系数仍然都显著为负，但显著性由5%上升至1%，且绝对值由0.0004上升至0.0007；当股权资本成本在75%分位数时，CEN_mean 的回归系数为负但不显著，CEN_meanL1 的回归系数在5%的水平下显著为负，绝对值由0.0004上升至0.0006。然后进行不同分位数滞后一期的比较：当股权资本成本由25%分位数上升至50%分位数时，CEN_meanL1的回归系数都在1%的水平下显著为负，但绝对值由0.0009下降至0.0007；当股权资本成本由50%分位数上升至75%分位数时，CEN_meanL1的回归系数显著为负，显著性由1%下降至5%，绝对值由0.0007下降至0.0006。这是一个很有趣的发现，董事网络中心度对股权资本成本的降低作用在滞后一期时比同期更加明显，且随着股权资本成本的增大，董事网络位置的影响程度逐渐减弱。而在股权资本成本过高时，董事网络中心度需要在滞后一期才能体现出明显的治理效果。上述结论对于基准回归结果具有很好的补充意义，而且同样支持了假设H1。

表4.21 滞后期分位数回归结果

变量	25%分位数 同期	25%分位数 滞后一期	50%分位数 同期	50%分位数 滞后一期	75%分位数 同期	75%分位数 滞后一期
CEN_mean	-0.0006*** (-3.46)		-0.0004** (-2.26)		-0.0004 (-1.58)	
CEN_meanL1		-0.0009*** (-5.07)		-0.0007*** (-3.73)		-0.0006** (-2.20)
$Size$	-0.0072*** (-29.26)	-0.0067*** (-26.95)	-0.0081*** (-29.93)	-0.0073*** (-26.88)	-0.0088*** (-23.19)	-0.0075*** (-20.77)
$Growth$	0.0013*** (5.39)	0.0017*** (4.05)	0.0041*** (15.46)	0.0034*** (7.47)	0.0077*** (21.10)	0.0062*** (10.88)
$Lever$	0.0397*** (27.05)	0.0383*** (25.53)	0.0491*** (30.28)	0.0462*** (28.14)	0.0630*** (27.77)	0.0581*** (26.65)
$Assturn$	0.0018*** (3.00)	0.0018*** (2.92)	0.0006 (0.89)	0.0010 (1.54)	-0.0013 (-1.38)	-0.0015* (-1.69)
OCF	0.0370*** (10.69)	0.0371*** (10.46)	0.0477*** (12.50)	0.0476*** (12.24)	0.0537*** (10.06)	0.0503*** (9.75)
$Liquid$	0.0018*** (4.03)	0.0018*** (4.04)	0.0025*** (5.15)	0.0027*** (5.35)	0.0040*** (5.87)	0.0038*** (5.72)
$State$	0.0018*** (3.21)	0.0030*** (5.33)	0.0017*** (2.78)	0.0025*** (3.96)	0.0011 (1.26)	0.0020** (2.39)

续表

变量	25%分位数 同期	25%分位数 滞后一期	50%分位数 同期	50%分位数 滞后一期	75%分位数 同期	75%分位数 滞后一期
$Zidex$	-0.0001*	-0.0001**	-0.0001*	-0.0001	-0.0001	-0.0001
	(-1.95)	(-2.28)	(-1.88)	(-1.20)	(-1.51)	(-0.24)
$Indep$	-0.0002	-0.0009	0.0012	0.0040	0.0029	0.0018
	(-0.05)	(-0.20)	(0.23)	(0.81)	(0.41)	(0.28)
$Dual$	0.0022***	0.0023***	0.0028***	0.0030***	0.0042***	0.0038***
	(3.25)	(3.35)	(3.82)	(4.02)	(4.12)	(3.86)
$Place$	0.0005	0.0002	0.0004	0.0005	0.0003	0.0001
	(1.02)	(0.44)	(0.79)	(0.87)	(0.43)	(0.14)
$Beta$	-0.0004	-0.0012	-0.0019*	-0.0022*	-0.0051***	-0.0050***
	(-0.40)	(-1.17)	(-1.73)	(-1.89)	(-3.21)	(-3.22)
$Industry$	控制	控制	控制	控制	控制	控制
$Year$	控制	控制	控制	控制	控制	控制
常数项	0.2009***	0.1656***	0.2361***	0.1810***	0.2738***	0.1937***
	(28.43)	(23.17)	(30.24)	(23.11)	(25.07)	(18.62)
Pseudo R^2	0.1757	0.1928	0.2095	0.2239	0.2425	0.2542
N	15339	13317	15339	13317	15339	13317

第五节 进一步研究：信息环境与制度环境的异质性检验

我国上市公司尽管受到统一的政策监管与规则约束，但不同公司面临的信息环境参差不齐，各个省份之间的制度环境并不均衡。因此，董事网络位置对股权资本成本的影响作用或许不可一概而论，全样本分析可能掩盖了其中的异质性特点，也就无法精准刻画董事网络关系的溢出效应在不同情形下的现实差异。本节从信息环境层面（包括信息披露质量、财政透明度）与制度环境层面（包括投资者保护水平、市场化程度）着手，进一步对全样本进行分组异质性检验。

一 信息环境层面

(一)信息披露质量的异质性检验

有观点认为,我国资本市场还不健全、显性契约不够完备,上市公司提高信息披露质量无法增强股票流动性,再加上投资者具有严重的短视目光与投机倾向,对于公司信息披露缺乏应有的重视和理性的判断(吴文锋等,2007)。然而,随着混合所有制改革、供给侧结构性改革等一系列宏观调控举措的持续落地,我国资本市场环境已经逐步改善,投资者越来越趋于理性,信息披露的监管要求也越来越严格,公司信息披露质量成为上市公司与投资者之间信息交流的基本纽带,是市场投资者预测风险水平、提出风险补偿的核心标准(喻灵,2017)。当上市公司的信息披露质量较高时,能够提升公司信息透明度和股价信息含量,监督管理层优化经营决策、降低非效率投资、缓解逆向选择与道德风险(刘维奇、武翰章,2021)。管理层潜在的机会主义动机和盈余操纵行为可以得到较好的约束,投资者则能借助更多有效信息相对准确地判断预期收益,连锁董事嵌入社会网络结构的信息资源优势也就得到一定程度的替代,董事网络位置对股权资本成本的降低作用可能并不明显。当上市公司的信息披露质量较低时,会加剧投资者的信息劣势,减少股价的信息含量,降低资本市场的有效性,加剧股市的泡沫现象和羊群效应(杜勇、刘婷婷,2021)。管理层在法律允许的范围内可以对信息披露的内容和时机做出一定的选择(Johnstone,2021),投资者无法准确判断公司未来的发展前景,难免会引发更大的恐慌情绪与不信任程度,此时董事网络关系所蕴含的信息媒介功能也就带来了更强的增量作用,表现出对股权资本成本更为明显的抑制效果。因此,在信息披露质量较低的公司,董事网络位置对股权资本成本的降低作用更加显著。

为了证实信息披露质量在研究结果中可能存在的异质性,本节借鉴喻灵(2017)、刘维奇和武翰章(2021)的做法,依据深交所自2002

年起发布的上市公司信息披露质量评级,将 A(优秀)、B(良好)、C(合格)、D(不及格)四种考核结果划分为两个组别:评级 A 归入信息披露质量高组,有 680 个观测值;评级 B、C、D 归入信息披露质量低组,有 3836 个观测值。接下来对模型(4.3)分组考察董事网络中心度对股权资本成本的影响效应,结果如表 4.22 的第(1)列、第(2)列所示。可以看出,信息披露质量高组中 CEN_mean 与 RE_hvz 不具有统计意义上的显著性,信息披露质量低组中 CEN_mean 与 RE_hvz 在1%的水平下显著负相关,且 Suest 检验结果表明,CEN_mean 组间系数的差异在5%的水平下显著,验证了信息披露质量较低时董事网络位置对股权资本成本具有更明显的降低作用。

(二)财政透明度的异质性检验

自 2007 年国务院公布《中华人民共和国政府信息公开条例》以来,财政透明度作为政府公共治理因素的基本体现与核心内容,逐渐被纳入公司治理的研究框架。Kopits 和 Craig(1998)最早提出被广泛接受的财政透明度概念,即政府向社会公众披露政府的结构和功能、财政政策的意图和公共部门的财务信息,以便外部市场和社会公众能够准确评估政府的财政状况和对经济运行可能产生的影响。邓淑莲和朱颖(2017)认为,财政透明度不仅反映了政府对经济活动的干预程度及治理范围,而且强化了社会公众对财政资金使用效果的监督力度及准确认知,能够起到稳定外部投资者风险评估和市场反应的积极作用。在财政透明度越高的地区,地方政府的收支信息越公开、政策意图越明确,也就越有助于当地企业对经济运行环境形成更科学的理性预期,减少了企业对未来经济不确定性的判断偏差,促使企业及时调整经营战略、合理配置经济资源、提高资本运作效率。此外,财政透明度的提高能够有效抑制地方官员的机会主义行为(Vicente et al.,2013),大大减少地方政府的官僚腐败现象(李春根、徐建斌,2016),为地方企业与投资公众创造了风清气正的营商环境。因此,财政透明度的提升意味着外部治理效率的提高，也就减轻了上市公司和投资者对董事网络关系这一非正式制度的依赖，董事网络位置对股权资本成本的降低作用在一定程度上被弱化。反之，在财政透明度较低的地区，地方政府的财政信息不公开或虚假操纵，企业无法准确领会政策意图，甚至误导战略决策方向，所面临的经营环境不确定性和主动投资偏误明显增大，进而堵塞了社会公众的信息获取渠道（曾海洲等，2020），于是更加依赖连锁董事所带来的声誉机制和名人效应来改善信息环境、抑制投资风险。因此，在财政透明度较低的地区，董事网络位置对股权资本成本的降低作用更加显著。

为了证实财政透明度在研究结果中可能存在的异质性，本节借鉴李春根和徐建斌（2016）、王汇华（2020）的做法，采用上海财经大学公共政策研究中心发布的《中国财政透明度报告》中31个省（自治区、直辖市）的得分数据来度量财政透明度。需要指出的是，该数据的时间范围虽然是2009~2018年，但每份报告都是根据前一年各省份的财政信息公开情况来进行打分评价，属于滞后一期数据，即实际对应年度为2008~2017年。本节根据已知数据通过Excel的TREND函数预测2018~2019年的数据，并按照上市公司办公地省份，匹配得到15339个样本观测值所对应的省级财政透明度。以其中位数作为临界点，将全样本划分为财政透明度高和财政透明度低两个组别（重复值过多导致两组观测值不均衡），对模型（4.3）分组考察董事网络中心度对股权资本成本的影响效应，结果如表4.22的第（3）列、第（4）列所示。可以看出，财政透明度高组中 CEN_mean 与 RE_hvz 在5%的水平下显著负相关，财政透明度低组中 CEN_mean 与 RE_hvz 在1%的水平下显著负相关，且Suest检验结果表明，CEN_mean 组间系数的差异在5%的水平下显著，验证了财政透明度低时董事网络位置对股权资本成本具有更明显的降低作用。

表 4.22 信息环境异质性检验的回归结果

变量	RE_hvz 信息披露质量高组 (1)	RE_hvz 信息披露质量低组 (2)	Suest 检验	RE_hvz 财政透明度高组 (3)	RE_hvz 财政透明度低组 (4)	Suest 检验
CEN_mean	-0.0003 (-0.38)	-0.0018*** (-4.63)	3.99** [0.0457]	-0.0006** (-2.04)	-0.0015*** (-5.25)	5.16** [0.0231]
$Size$	-0.0044*** (-3.38)	-0.0084*** (-15.39)		-0.0080*** (-19.55)	-0.0091*** (-23.27)	
$Growth$	0.0112*** (5.68)	0.0062*** (9.04)		0.0042*** (10.15)	0.0018*** (4.91)	
$Lever$	0.0360*** (4.95)	0.0446*** (15.56)		0.0570*** (23.52)	0.0477*** (19.59)	
$Assturn$	0.0073** (2.20)	0.0001 (0.02)		0.0004 (0.43)	0.0004 (0.41)	
OCF	0.0733*** (4.45)	0.0189*** (2.64)		0.0495*** (8.91)	0.0619*** (10.30)	
$Liquid$	0.0050** (2.51)	0.0107*** (10.31)		-0.0001 (-0.11)	0.0016*** (2.65)	
$State$	0.0060** (1.97)	0.0008 (0.63)		-0.0014 (-1.47)	0.0014 (1.45)	
$Zidex$	0.0001 (0.39)	-0.0001* (-1.89)		-0.0001** (-1.96)	-0.0001 (-1.31)	
$Indep$	-0.0163 (-0.93)	-0.0227** (-2.27)		0.0068 (0.88)	0.0001 (0.01)	
$Dual$	0.0033 (1.02)	0.0025* (1.67)		0.0033*** (2.87)	0.0059*** (5.43)	
$Place$	-0.0031 (-1.41)	0.0004 (0.34)		-0.0012 (-1.49)	-0.0057*** (-6.73)	
$Beta$	0.0059 (0.89)	-0.0146*** (-4.63)		-0.0077*** (-4.77)	-0.0029* (-1.95)	
$Industry$	控制	控制		控制	控制	
$Year$	控制	控制		控制	控制	
常数项	0.0624** (2.14)	0.0468*** (5.22)		0.2310*** (20.06)	0.2673*** (25.16)	

续表

变量	RE_hvz		Suest 检验	RE_hvz		Suest 检验
	信息披露质量高组	信息披露质量低组		财政透明度高组	财政透明度低组	
	（1）	（2）		（3）	（4）	
Adj. R²	0.3399	0.3356		0.2252	0.1641	
F 值	7.47***	30.80***		39.50***	26.90***	
N	680	3836		7684	7655	

注：Suest 检验的方括号内为 p 值，下同。

二　制度环境层面

（一）投资者保护水平的异质性检验

我国各省份之间的风土人情、文化习俗、地方执法力度及市场发育程度还存在很大的区域差异，导致不同地区的投资者保护水平参差不齐。La Porta 等（2002）研究指出，当投资者保护水平较低时，公司内部亟须产生一些替代机制来弥补外部治理水平低下所带来的负面效应，如增强董事会声誉、提高会计信息质量等。在投资者保护水平较高的地区，行政法规、司法诉讼等法律渠道更加完备，媒体监督、分析师跟踪等市场化机制也更加健全，中小投资者的合法权益能够得到更大程度的保障，公司管理层的机会主义行为能够得到更大程度的遏制（张勇，2021）。这就变相地增加了高管权力寻租、侵犯中小股东利益的行政处罚概率，提升了公司信息透明度，降低了投资者的信息搜寻难度和信息加工成本。投资者更倾向于利用法律途径、官方媒体等正式制度保障自身正当权益、获取有效信息，进而缓解了对董事网络关系这种非正式制度的依赖，连锁董事通过社会资本降低股权资本成本的重要性相对减弱。在投资者保护水平较低的地区，地方保护主义盛行，政府干预力度增大，严重削弱了法律法规、行政监管等正式制度对上市公司的约束效果（游家兴、刘淳，2011）。管理层在利益寻租的驱使下更可能操纵信息披露，大股东凭借利益输送、关联交易等方式更容易掏空中小股东利益（袁媛等，2019）。外部投资者难以通过正式制度获取利益保障与风险解读，对公司披露的风险信息更为敏感。此时，以社会公信力与个人声誉为基础的董事网络社会资本，因其值得信赖的监督职能和信息优势，越发成为投资者保护环境的一种重要补充机制（高凤莲、王志强，2016）。如果连锁董事在网络体系中处于核心位置，就能够为联结公司赢得更多的声誉资本与战略资源，进而缓解投资者的信任危机与盲从行为，降低公司的委托代理成本和经营不确定性，从而促进股权资本成本更大程度的下降。因此，在投资者保护水平较低的地区，董事网络位置对股权资本成本的降低作用更加显著。

为了证实投资者保护水平在研究结果中可能存在的异质性，本节借鉴袁媛等（2019）的做法，采用北京工商大学商学院投资者保护研究中心（https://bhzx.btbu.edu.cn/）开发的"投资者保护指数"（AIPI）来度量投资者保护水平。需要指出的是，由于AIPI发布的时间范围是2010~2020年，为了最大限度地保留样本，本节假设2009年与2010年的数据一致。以AIPI的中位数作为临界点，将全样本划分为投资者保护水平高和投资者保护水平低两个组别，对模型（4.3）分组考察董事网络中心度对股权资本成本的影响效应，结果如表4.23的第（1）列、第（2）列所示。可以看出，投资者保护水平高组中CEN_mean与RE_hvz不具有统计意义上的显著性，投资者保护水平低组中CEN_mean与RE_hvz在1%的水平下显著负相关，且Suest检验结果表明，CEN_mean组间系数的差异在5%的水平下显著，验证了投资者保护水平低时董事网络位置对股权资本成本具有更明显的降低作用。

（二）市场化程度的异质性检验

我国资本市场的正式制度建设仍不够完备，区域发展的不均衡现象长期存在，导致不同地区之间的市场化进程存在极大的差距（左晓宇、孙谦，2018；孙彤等，2020），进而对信息披露、风险承担、投资选择等公司行为产生十分重要的影响。市场化进程直观体现了区域经济发展水平和资本自由流动程度，而作为一项非正式的制度结构，董事网络关系嵌入的信息传播、资源支持、监督治理等媒介功能和市场化进程息息相关（Blanco-Alcantara et al.，2019）。在市场化程度较高的地区，司法保障体系比较健全，地方政府对企业的干预力度较小，经济资源更多在正式制度框架内由市场自由配置，上市公司更倾向于通过提高信息透明度来增强投资者信心，管理层的逆向选择与道德风险能够得到更严格的监管（李慧云、刘镝，2016），投资者对风险评估与报酬预期也有了更理性的判断，连锁董事网络社会资本的增量作用可能相对较小（张敏等，2015），对股权资本成本的影响程度被削弱。在市场化程度较低的地区，繁多的政府管制项目、薄弱的法律保护机制、狭窄的信息传播渠道，会降低上市公司的自主性信息披露意愿，增加一系列的委托代理成本和交易摩擦成本（赵丽娟、张敦力，2019）。上市公司更需要成本低且易获取的非正式制度来改善信息环境，增强投资者的认同感和信任感，而董事网络关系蕴含的社会资本恰好能满足这一诉求，可以作为外部正式制度缺失的补充机制发挥更为积极的替代作用（陈运森、郑登津，2017），对股权资本成本的影响程度得到进一步增强。因此，在市场化程度较低的地区，董事网络位置对股权资本成本的降低作用更加显著。

为了证实市场化程度在研究结果中可能存在的异质性，本节借鉴姚立杰等（2020）的做法，采用王小鲁、樊纲和胡李鹏所著的《中国分省份市场化指数报告（2018）》一书中31个省（自治区、直辖市）的市场化总指数来度量市场化程度。需要指出的是，该指数的时间范围是2008~2016年，本节根据已知数据通过Excel的TREND函数预测2017~2019年的数据，并按照上市公司办公地省份，匹配得到15339个样本观测值所对应的省级市场化程度。以其中位数作为临界点，将全样本划分为市场化程度高和市场化程度低两个组别（重复值过多导致两组观测值不均衡），对模型（4.3）分组考察董事网络中心度对股权资本成本的影响效应，结果如表4.23的第（3）列、第（4）列所示。可以看出，市场化程度高组中 CEN_mean 与 RE_hvz 在10%的水平下显著负相关，市场化程度低组中 CEN_mean 与 RE_hvz 在1%的水平下显著负相关，且Suest检验结果表明，CEN_mean 组间系数的差异在10%的水平下显著，验证了市场化程度低时董事网络位置对股权资本成本具有更明显的降低作用。

表4.23 制度环境异质性检验的回归结果

变量	RE_hvz 投资者保护水平高组 (1)	RE_hvz 投资者保护水平低组 (2)	Suest 检验	RE_hvz 市场化程度高组 (3)	RE_hvz 市场化程度低组 (4)	Suest 检验
CEN_mean	−0.0001 (−0.32)	−0.0008*** (−3.39)	4.38** [0.0364]	−0.0005* (−1.78)	−0.0012*** (−4.20)	2.79* [0.0949]
$Size$	−0.0103*** (−26.08)	−0.0009*** (−3.43)		−0.0083*** (−20.60)	−0.0081*** (−20.39)	
$Growth$	0.0057*** (17.60)	−0.0065*** (−17.55)		0.0039*** (9.18)	0.0021*** (5.72)	
$Lever$	0.0511*** (24.62)	0.0040*** (9.66)		0.0563*** (23.52)	0.0439*** (17.28)	
$Assturn$	−0.0006 (−0.61)	0.0528*** (21.12)		−0.0003 (−0.25)	0.0011 (1.12)	
OCF	0.0432*** (8.62)	0.0015* (1.65)		0.0536*** (8.99)	0.0553*** (9.70)	
$Liquid$	0.0024*** (3.50)	0.0690*** (12.37)		0.0028*** (4.22)	−0.0010 (−1.61)	
$State$	0.0018** (2.04)	0.0041*** (6.35)		0.0007 (0.74)	−0.0008 (−0.88)	
$Zidex$	−0.0001 (−0.65)	0.0016* (1.96)		−0.0001 (−1.08)	−0.0001*** (−2.92)	
$Indep$	−0.0030 (−0.41)	−0.0001 (−0.70)		−0.0025 (−0.33)	0.0112 (1.43)	

续表

变量	RE_hvz 投资者保护水平高组 (1)	RE_hvz 投资者保护水平低组 (2)	Suest 检验	RE_hvz 市场化程度高组 (3)	RE_hvz 市场化程度低组 (4)	Suest 检验
Dual	0.0027*** (2.72)	−0.0032 (−0.50)		0.0033*** (2.79)	0.0057*** (5.41)	
Place	0.0006 (0.81)	0.0035*** (3.46)		−0.0020** (−2.29)	−0.0044*** (−5.26)	
Beta	−0.0025 (−1.62)	0.0002 (0.26)		−0.0087*** (−5.58)	−0.0009 (−0.57)	
Industry	控制	控制		控制	控制	
Year	控制	控制		控制	控制	
常数项	0.2994*** (26.68)	0.1941*** (18.66)		0.2350*** (21.09)	0.2506*** (21.53)	
Adj. R^2	0.3693	0.3259		0.2224	0.1420	
F 值	67.04***	55.52***		37.31***	22.65***	
N	7670	7669		7618	7721	

第六节　本章研究结论

本章基于资源依赖理论、委托代理理论、组织学习理论和声誉理论，分别从信息资源效应、监督治理效应、学习模仿效应、声誉激励效应四个角度，综合全面地分析了董事网络位置对股权资本成本的影响机制。董事网络位置越居中，越能促进关键信息快速传播，降低信息不对称；越能推动核心资源有效获取，缓解资源依赖；越能监督管理层寻租行为，降低投资者信息风险；越能优化董事会治理决策，降低公司经营风险；越能增强隐性知识的外溢程度，推动公司之间的学习模仿；越能提高连锁董事的社会声望与关系认同程度，激发强大的治理动机和决策能力，从而将股权资本成本降低至合理界域。

本章选取 2009~2019 年发生董事联结关系的中国主板 A 股上市公司作为样本，通过程度中心度、中介中心度、接近中心度三个指标均值的平均数综合度量董事网络位置，并基于 HVZ 模型的每股盈余预测数据，采用五种内含报酬率模型估算结果的平均数综合度量股权资本成本，全面揭示了董事网络关系的联结现状和股权资本成本的现实动态，实证检验了董事网络位置对股权资本成本的影响效应。研究结果显示：2009~2019 年中国主板 A 股上市公司的董事联结比例平均为 93.22%，远远超出西方主要资本市场，个别年度略有起伏但总体呈现上升趋势，董事网络已经成为现代企业生存和发展的重要手段，由此凸显了在中国制度背景下研究董事网络关系的特殊性与重要性。此外，不同行业上市公司构建的董事网络关系存在较大差异，传统行业在吸引优质董事加盟的过程中处于劣势地位。大规模公司的董事网络位置明显高于小规模公司，国有公司的董事网络位置明显高于非国有公司，并一直保持平稳态势。2009~2019 年中国主板 A 股上市公司的股权资本成本平均为 0.0914，而且在近三年维持着大幅增长的势头，2019 年高达 0.1238，与金融供给侧结构性改革的"降成本"举措不相匹配，表明我国信贷歧视、金融错配、结构失衡、供需矛盾等现象仍然长期存在，如何将股权资本成本维持在较低水平还任重而道远。董事网络关系可以成为正式制度缺陷的有效补充机制，董事网络位置越居中，不仅为上市公司带来数量更多、质量更高的关键信息与核心资源，还具有更强烈的动机去优化公司治理效率、提升战略决策能力，通过改善信息环境帮助投资者对未来风险报酬做出更准确的判断，从而对股权资本成本产生积极的约束效果。

为了排除测量误差、遗漏变量、样本选择偏差、双向因果关系等内生性问题对研究结论的影响，本章采用重新测度核心变量、外生事件冲击、工具变量估计、倾向得分匹配、遗漏变量检验、格兰杰因果检验、滞后期分位数回归等方法进行了一系列稳健性检验，测试结果与基准回归都保持一致，进一步支持了上述结论的合理性及有效性。在稳健性检验过程中，本章还发现了一些比较有趣的结论。第一，2013年10月中共中央组织部印发的《关于进一步规范党政领导干部在企业兼职（任职）问题的意见》，严格禁止现职和离退休党政领导干部在企业兼任职务，导致大批官员型独立董事纷纷离职，造成任职公司的董事网络位置急剧下降，从而提高了股权资本成本。第二，同一行业的连锁董事在网络位置上具有一定的竞争关系，即连锁董事如果在两个同行业竞争性公司任职，容易造成利益不兼容，且合谋侵害另一公司的现象；同一省份的连锁董事在网络位置上存在相互促进作用，且连锁董事年龄优势带来了更高的网络中心度。第三，董事网络中心度对股权资本成本的降低作用在滞后一期时比同期更加明显，且随着股权资本成本的增大，董事网络位置对股权资本成本的影响程度呈现由强到弱的变化趋势；而在股权资本成本过高时，董事网络中心度需要滞后一期才能体现出明显的治理效果。这些拓展性结论对于基准回归结果具有很好的补充意义。

考虑到在不同的信息环境与制度环境下，董事网络位置对股权资本成本的影响可能存在现实差异，本章还进行了一系列的异质性检验。研究发现：在信息披露质量较低的公司，以及在财政透明度、投资者保护水平和市场化程度较低的地区，投资者与公司之间的信息不对称加剧，无法准确判断未来的风险报酬，难免会引发更大的恐慌情绪与不信任程度，此时董事网络关系所蕴含的信息媒介功能带来了更强的增量作用，董事网络中心度对股权资本成本的降低作用更加显著。异质性检验结果进一步证实，在我国"关系型"背景下董事网络嵌入的社会资本能在很大程度上弥补正式制度的缺陷，越发成为现代企业拓展生存空间、提升竞争优势的重要平台。

第五章

情境效应研究：董事网络结构的调节作用

  董事网络是一个兼具外生资源依赖和内生嵌入驱动的动态演化系统（Gulati，1998），经济转型的升级、社会责任的要求、信息技术的发展，都在赋予董事网络越来越纵横交织的社会联盟关系，并不断重塑着现代企业的商业模式与组织架构（李维安等，2014a）。在我国正式制度不健全的市场环境中，董事网络更是呈现规模特征、密度特征、派系特征、位置特征、结构特征等多样化特征（张祥建、郭岚，2014）。当前学界大都将董事网络位置作为研究主流，但如果仅仅通过网络中心度来考察董事网络关系对股权资本成本的溢出效应，只能从位置特征的视角反映连锁董事占据的重要位置及控制优势，并不足以全面认识连锁董事拥有的整个网络资源价值，导致研究过程难免存在较大的局限性和片面性。以镶嵌理论（Granovetter，1985）为代表的复杂网络研究学派，致力于研究网络结点（连锁董事）在承接网络连带结构（董事网络结构）时表现出来的"嵌入性"行为。连锁董事的决策行为方式深深镶嵌于董事网络的内部结构之中，具有明显的结构嵌入特征与情境演化性质（Watts and Strogatz，1998；Simsek et al.，2003），一方面表现了"自主性"的个人行为，受到其风险偏好、性格意愿、专业背景、知识体系、经验积累、决策经历等个人属性的影响；另一方面又表现了

"嵌入性"的社会行为，同时还受到人际互动网络中信息交换、资源分享、理性观察、模仿借鉴、人情世故、关系认同等社会属性的影响。因此，在充分肯定董事网络位置这一主流衡量标准的基础上，还需要进一步对董事网络结构的内部情境因素进行剖析，才能更加深刻地理解董事网络关系在不同社会情境下所表现出来的结构性差异。

第四章检验了董事网络位置对股权资本成本的影响效应，但以上效应如果从董事网络结构的视角进一步嵌入我国"关系型"社会的现实情境，内部董事与外部董事之间信息传导和决策作用是否具有强弱之分？连锁董事与控股股东之间私人关系是否存在亲疏之别？联结公司之间信息传播链条的路径距离是否呈现长短差距？董事网络中心度对股权资本成本的正外溢性是否受到以上情境的差异化影响？这些是本书亟待进一步研究的问题。本章基于弱联结优势理论、灰色董事理论、镶嵌理论，分别从董事联结强度、董事亲密度、董事连锁距离三个层面深入剖析董事网络结构的内部情境因素，更为全面地揭示董事网络结构在董事网络位置与股权资本成本之间产生的情境效应。

第一节 董事联结强度的调节作用

一 理论分析与假设

董事网络蕴含了丰富的专业知识、决策经验、人脉关系、社会声誉、商业机会等社会资本，但能否有效转化为联结公司所需要的关键信息和战略资源，不仅取决于连锁董事所占据的网络位置，同时还受到网络结构内部联结强度的制约（Larcker et al.，2013），处于不同网络位置、存在不同关系强度的连锁董事所能掌控的社会资本具有明显的结构性差异。Granovetter（1973）创立的弱联结优势理论首次提出了联结强度的概念。联结是指人和人之间、组织和组织之间因为相互接触、彼此交流所产生的纽带关系。联结强度是指从认识时间、互动频率、情感力量、互惠交换四个维度来考察联结关系的强弱，将其划分为强联结关系与弱联结关系。如果网络结构中个体的年龄、性别、学历、专业背景、职业经历、收入水平等社会经济特征相似度较高，他们对知识信息的了解和掌握程度通常也很接近，一般处于同一组织内部而且彼此联系较为密切，主要起着维系组织关系、保障组织运行的作用（谢德仁、陈运森，2012），属于强联结关系，网络嵌入的社会资本往往具有较高的同质性和冗余性。如果网络结构中个体之间的社会经济特征差异较大，他们一般处于不同的社会阶层，来自不同的职业环境，彼此联系较为松散，更容易形成辐射面更广的网络系统，更可能跨越社会界限充当知识信息与核心资源的传输纽带（Gulati，2015），属于弱联结关系，网络嵌入的社会资本往往具有较高的异质性和互补性。此外，Granovetter（1973）还界定了"信息桥"的概念，即在知识信息由一个组织向另一个组织传递的过程中，如果两个组织各有一个成员是彼此认识的，就能够在二者之间形成一条唯一的信息传递桥梁。董事网络结构蕴含着强度不同的联结关系，而可以发挥"信息桥"作用的联结关系往往来源于弱联结关系。

在董事网络结构中，连锁董事根据职务性质可以划分为内部董事（执行董事）和外部董事（独立董事），二者因为具有不同的社会经济特征，所以信息传导与决策作用存在较大的强弱差异。郑方（2011）、张祥建和郭岚（2014）从企业动机与个人动机两个视角来区分董事联结强度。基于企业动机的角度，如果现代企业希望借助董事联结来实现公司之间信息传播、资源共享、互利互惠等经济目标，抑或达到对某公司进行监督控制的效果，可以通过将其内部董事派驻到目标公司兼任连锁董事来形成董事网络结构（Mizruchi and Stearns，1988）。这一联结关系来源于企业动机的驱使，属于强联结，尽管可以在一定程度上促进知识技能的转移与信息资源的共享，但网络系统需要付出较大的时间成本和人力物力来建立和维护,所形成的董事网络规模通常较小,而且信息传播范围也比较狭窄(Garcia-Bernardo and Takes,2018)。此外,内部董事长期在公司内部任职且大都是高级管理人员,作为同事或上下级,彼此之间有着太多的利益牵制,在共同工作环境下认识时间长,交流机会多,互动频率高,并且认知程度相对有限,在联结过程中获得的知识和信息同质性大、重叠度高(李洋等,2019b),所以内部董事在公司之间构建了强联结关系。基于个人动机的角度,我国独立董事制度的引入促进了外部董事市场的高速发展,一大批业界精英和知名专家出于职业前途、市场声誉及经济利益的考虑,选择进入多家公司董事会兼任连锁董事,从而形成了规模更大、覆盖面更广且盘根错节的董事网络结构(张祥建、郭岚,2014)。这一联结关系来源于个人动机的驱使,属于弱联结,只有将个人社会资本向企业社会资本真正做到持续输出和动态转化,外部董事才能严格履行法律赋予的诸如监督管理层、保护中小股东等基本职能(Mazzola et al.,2016)。此外,外部董事多为行业专家、协会领导、高校教授或财务、法律、技术等方面的职业人士,一般通过专业委员会会议、董事例会或私下场合进行沟通,其监督治理作用主要依靠个人声誉来维持(Fama and Jensen,1983),与管理层的接触频率不高,利益牵绊较少,互惠程度较低,而且多元化的专业背景和知识经验在联结公司之间搭建了"信息桥",拓宽了异质信息来源,铺设了更为快速的信息传递渠道(李洋等,2019c),所以外部董事在公司之间构建了弱联结关系。

自郑方(2011)、谢德仁和陈运森(2012)在国内引入董事联结强度的概念以来,其界定标准目前仍有一定的争议。陈仕华等(2013)提出,内部董事联结是指由至少一方是非独立董事形成的联结关系,外部董事联结是指仅由独立董事形成的联结关系。李洋等(2019b,2019c)深入剖析了董事职务性质在网络结构内部产生的关系强度差异,将内部董事强联结定义为只包括内部董事之间建立的联结关系,将外部董事弱联结定义为至少一方是外部董事（包括内部董事与外部董事之间、外部董事之间）建立的联结关系。本书认为这一界定标准更加符合联结强度的内在逻辑，也更能体现联结关系的强弱特征，因此本节采用该定义对董事联结强度进行量化处理。

内部董事强联结的基础是人情与信任，外部董事弱联结的基础是信息与模仿，二者从本质上来说是两种截然不同的董事网络结构（廖方楠等，2021）。正因为网络结构内部存在联结关系的强弱差异，本节将董事联结强度作为一项现实且普遍存在的情境因素，从网络位置、联结强度两个层面同时解释董事网络怎样影响股权资本成本，以及在不同情境下如何发生改变的问题，从而更为深入地揭示董事网络对股权资本成本内在机制的作用过程。在强联结关系下，内部董事之间通过密切的接触与频繁的交流，可以提升公司决策行为的默契程度，统一未来战略规划的实施步调（Zaheer et al.，2010）。

但根据弱联结优势理论，内部董事强联结之所以"弱"，可从以下三方面来分析。第一，资源控制劣势。与西方资本市场不同，我国上市公司中内部董事在多家公司兼任的比例较低，内部董事联结关系大都存在于"同一家族"的公司，在董事网络结构中处在资源控制的劣势地位，社会资本的流动性往往偏低，异质信息的传播力与核心知识的效仿力不足，处于网络中被动接受的位置，属于相对孤立的群体（李洋等，2019c）。第二，信息传递冗余。由于内部董事长期处于较为封闭的信息环境中，成员之间接触的外部信息比较匮乏、知识经验基本趋同，进而造成有限信息的重复循环，放大了信息的整体噪声，加剧了信息的冗余程度（廖方楠等，2021），无法为联结公司治理能力的增强提出更具战略性的建议，也不能为投资者的风险报酬诉求带来更具外溢性的效果。第三，助长权力寻租。内部董事与管理层之间彼此渗透、界限模糊，对管理层的监督机制形同虚设，甚至二者合谋寻租产生一系列投机行为。特别是我国上市公司的董事长，作为内部董事最重要的代表却更多扮演着CEO的角色（李洋等，2019b），一元化的治理结构为高管权力扩张构筑了防御机制，降低了公司信息透明度，增加了投资者的信息搜寻难度与信息分析成本（Cai et al.，2014）。由此说明，内部董事强联结对于信息质量提升、治理效率改进、投资者利益保护的功效相对较弱，难以将股权资本成本维持在合理界域，进而抑制了董事网络位置对股权资本成本的降低作用。

在弱联结关系下，外部董事弱联结之所以"强"，可从以下三方面来分析。第一，"信息桥"作用突出。2003~2009年我国上市公司的外部董事比例在70%左右（谢德仁、陈运森，2012），本书统计的2009~2019年外部董事比例达到80%以上。由此说明外部董事发挥了关键结点与"信息桥"的主导作用，占据了网络结构中绝大部分的资源控制优势，能够跨越企业障碍及社会边界带来更加多元化和稀缺性的信息资源（高凤莲、王志强，2016），使董事网络具有更广的辐射面与更大的影响力。这不仅促进了联结公司之间异质信息的快速传播，而且缓解了管理层对日常经营活动及风险投资行为的资源依赖，还在战略布局、内部治理等方面为董事会提供了决策支持（孟焰、赖建阳，2019）。第二，异质信息模仿。Bizjak等（2009）发现，外部董事弱联结关系会产生更加强烈的学习模仿效应，即作为有限理性的决策者更偏好外部董事带来的异质信息，会促进彼此对创新研发、股权激励、薪酬设计、成本控制等隐性知识的效仿借鉴，引导联结公司在基础特征上具有趋同性。联结公司既可以共享董事网络内部重要的信息资源，还会相互交流模仿有关治理决策的可靠方案。第三，专家声誉激励。外部董事作为各界精英群体，相比经济收入，更加重视"精英圈子"的关系认同，其履行治理职能的主要动机来自专家声誉积累（周繁等，2008），而较大的信息优势无形中提高了外部董事的社会声望与决策分量（Zhong et al.，2017），将促使其以坚定立场去实施更独立的监督激励机制，营造更科学的公司治理环境，提供更专业的战略决策方案，构建更透明的内外信息渠道。由此说明，外部董事弱联结进一步强化了董事网络中心度在信息传播、资源配置、知识迁移等方面的正外溢性，更大程度地促进了董事网络位置对股权资本成本的降低作用。因此，本节提出研究假设 H2。

H2：董事联结强度对董事网络位置与股权资本成本之间关系呈差异化的调节效应。

H2a：内部董事强联结关系抑制了董事网络位置对股权资本成本的降低作用。

H2b：外部董事弱联结关系促进了董事网络位置对股权资本成本的降低作用。

二 研究设计

（一）样本选择与数据来源

本节继续沿用第四章的样本数据，此处重点介绍董事联结强度的数据来源。

董事联结强度数据的获取，需要根据连锁董事的职务性质，明确区分董事网络结构中不同性质董事联结关系的强弱差异。基础资料主要来自 CSMAR 数据库"人物特征系列"中的"董监高个人特征文件"与"公司研究系列"中的"治理信息文件"，个别缺失资料根据 RESSET 数据库、Wind 数据库以及公司年报、新浪财经、巨潮资讯尽量补齐。如果文件中涉及同时担任高管和内部董事的双重身份的人员，由于其职务重心更倾向于内部管理且构建董事网络的可能性较小，本节将其划分为高管范畴。内部董事之间、内部董事与外部董事之间、外部董事之间具体的联结数都采用手工归集整理，得到 15339 个公司年度观测值。

（二）变量定义

本节继续沿用第四章的解释变量、被解释变量与控制变量，此处重点介绍董事联结强度的衡量方法。

目前学界对于董事网络关系的研究，普遍运用中心度分析法来刻画个体行动者占据网络中心位置的重要程度，但"网络位置"并不能全面体现不同职务性质董事所嵌入的"关系强度"。来自弱联结优势理论的联结强度则另辟蹊径，明确区分了内部董事与外部董事在网络结构内部的群体互动过程中信息传导与决策作用的强弱差异（Granovetter，1973）。联结强度这一定义被引入国内之后，却鲜有学者从该视角对联结关系强弱产生的情境效应进行实证研究，寥寥几篇文献也只停留在概念介绍、界定标准及定性分析层面，主要还是因为董事联结强度当前仍然欠缺有效的量化手段。陈仕华等（2013）在研究董事联结对并购行为的影响时，曾使用虚拟变量模糊考察内外部董事联结关系的类型，但无法具体反映联结强度的大小差异。李洋等（2019b，2019c）指出，董事联结强度的计量需要以一个董事网络系统作为对象，深入剖析内部董事之间、内部董事与外部董事之间、外部董事之间彼此交织的联结关系，逐一归集内部董事强联结和外部董事弱联结各自的联结数，进而得到联结强度的连续变量。

本节通过图论法，分别从董事个人层面与公司层面着手，具体介绍董事联结强度的基本算法，如图5.1所示。根据图论的解释，董事网络可以视作一张网络结构图，包含诸多结点和连线的交叉集合（Wasserman and Faust，1994），且各自被赋予了不同的社会学意义。结点表示一个个体或者一个组织，在董事网络结构中即是指连锁董事个人，其中●代表内部董事I，▲代表外部董事O。连线表示个体或组织之间的社会连带关系，在董事网络结构中即是指连锁董事在多家公司兼任而形成的联结关系，其中实线代表内部董事之间建立的强联结关系，虚线代表内部董事与外部董事之间、外部董事之间建立的弱联结关系。

假设现在有A、B、C、D、E五家"非同一系族"公司，而且每家公司彼此之间没有派驻内部董事到其他公司兼任，内部董事只在各自公司的董事会任职，外部董事则同时在多家公司的董事会任职，进而将这五家公司纳入一个董事网络系统。其中，A 公司的董事会规模最小，有两名内部董事 I_{A1}、I_{A2}，一名外部董事 O_1。B 公司有两名内部董事 I_{B1}、I_{B2}，两名外部董事 O_1、O_2。C 公司与 D 公司的董事会规模相同，都有五名董事，但董事网络结构不同，C 公司有两名内部董事 I_{C1}、I_{C2}，三名外部董事 O_1、O_2、O_3，D 公司有三名内部董事 I_{D1}、I_{D2}、I_{D3}，两名外部董事 O_1、O_3。E 公司的董事会规模最大，有四名内部董事 I_{E1}、I_{E2}、I_{E3}、I_{E4}，三名外部董事 O_1、O_3、O_4。

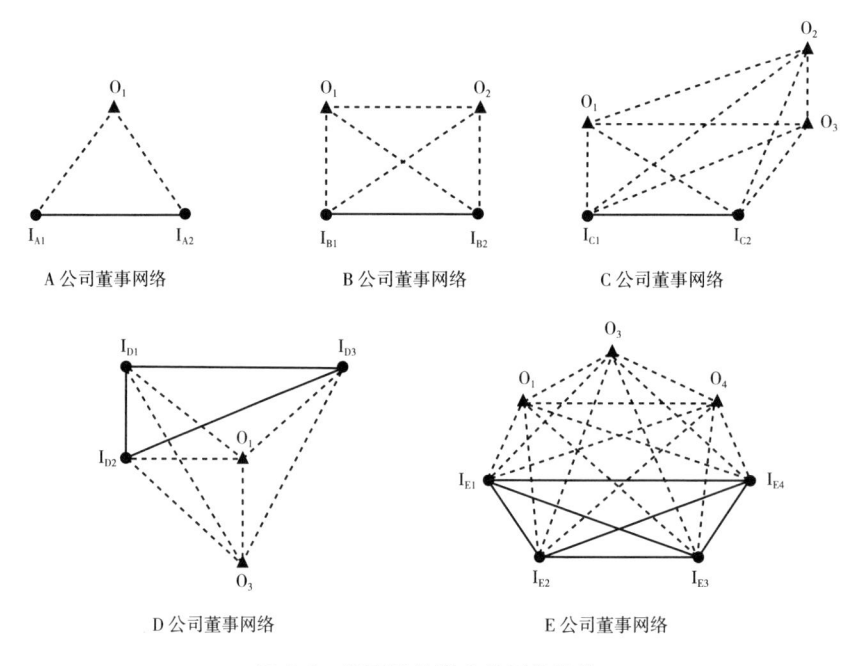

图 5.1 董事联结强度的网络结构

从董事个人层面来分析，首先考察内部董事的联结强度。以 A 公司的内部董事 I_{A1} 为例，由于他没有在 A 公司之外发生联结关系，仅在 A 公司的董事网络结构中与另一名内部董事 I_{A2} 构成了 1 条强联结数，与外部董事 O_1 构成了 1 条弱联结数，共计 2 条联结数。同理，再以 E 公司的内部董事 I_{E1} 为例，由于他只在 E 公司董事会任职，与该公司的其余内部董事 I_{E2}、I_{E3}、I_{E4} 构成了 3 条强联结数,与外部董事 O_1、O_3、O_4 构成了 3 条弱联结数,共计 6 条联结数。接着考察外部董事的联结强度。以外部董事 O_1 为例,他同时在 A、B、C、D、E 五家公司董事会兼任,与 A 公司有 2 条弱联结数,与 B 公司有 3 条弱联结数,与 C 公司、D 公司各有 4 条弱联结数,与 E 公司有 6 条弱联结数,共计 19 条联结数,都是弱联结关系。但由于 O_1、O_2 同时在 B、C 公司董事会任职,重复了 1 条联结数,O_1、O_3 同时在 C、D、E 公司董事会任职,重复了 2 条联结数,所以 O_1 的最终联结数为 16 条。同理,再以外部董事 O_3 为例,他同时在 C、D、E 三家公司董事会兼任,与 C、D 公司各有 4 条联结数,与 E 公司有 6 条联结数,去除重复联结后,共计 12 条联结数,而且都是弱联结关系。通过比较内部董事和外部董事的联结强度可知,外部董事弱联结关系覆盖了更广泛的社会网络结构,嵌入了更丰富的异质信息资源,必然带来更积极的公司治理效应。

本节着重探索公司层面董事联结强度的计量方法及情境效应。从公司层面来分析,A 公司的内部董事 I_{A1} 与 I_{A2} 构成了 1 条强联结数(内内),内部董事 I_{A1}、I_{A2} 分别与外部董事 O_1 两两构成了 2 条弱联结数(内外),即 A 公司董事网络结构中内部董事强联结为 1 条,外部董事弱联结为 2 条。B 公司的内部董事 I_{B1} 与 I_{B2} 构成了 1 条强联结数(内内),内部董事 I_{B1}、I_{B2} 分别与外部董事 O_1、O_2 两两构成了 4 条弱联结数(内外),外部董事 O_1 与 O_2 构成了 1 条弱联结数(外外),即 B 公司董事网络结构中内部董事强联结为 1 条,外部董事弱联结为 5 条。C 公司的内部董事 I_{C1} 与 I_{C2} 构成了 1 条强联结数(内内),内部董事 I_{C1}、I_{C2} 分别与外部董事 O_1、O_2、O_3 两两构成了 6 条弱联结数(内外),外部董事 O_1、O_2、O_3 两两构成了 3 条弱联结数(外外),即 C 公司董事网络结构中内部董事强联结为 1 条,外部董事弱联结为 9 条。D 公司的内部董事 I_{D1}、I_{D2}、I_{D3} 两两构成了 3 条强联结数(内内),内部董事 I_{D1}、I_{D2}、

I_{D3}分别与外部董事O_1、O_3两两构成了6条弱联结数（内外），外部董事O_1与O_3构成了1条弱联结数（外外），即D公司董事网络结构中内部董事强联结为3条，外部董事弱联结为7条。E公司的内部董事I_{E1}、I_{E2}、I_{E3}、I_{E4}两两构成了6条强联结数（内内），内部董事I_{E1}、I_{E2}、I_{E3}、I_{E4}分别与外部董事O_1、O_3、O_4两两构成了12条弱联结数（内外），外部董事O_1、O_3、O_4两两构成了3条弱联结数（外外），即E公司董事网络结构中内部董事强联结为6条，外部董事弱联结为15条。

根据公司层面董事联结强度的推导过程可以看出，内部董事之间（内内）、外部董事之间（外外）的联结数都表现为由1到n顺序排列的一个自然数列之和，内部董事与外部董事之间（内外）的联结数则表现为公司董事会中两类董事人数的乘积。参考李洋等（2019b，2019c）对董事联结强度的定义，内部董事强联结只包括内部董事之间（内内）的联结关系，外部董事弱联结则包括内部董事与外部董事之间（内外）、外部董事之间（外外）的联结关系。此外，为了消除不同公司董事网络的规模差异，本节进一步对联结数取自然对数。

内部董事之间强联结（内内）的计算公式为：

$$Stren\_in\_in = (m-1)+(m-2)+\cdots+1 = \frac{m(m-1)}{2} \tag{5.1}$$

内部董事与外部董事之间弱联结（内外）的计算公式为：

$$Stren\_in\_out = m \cdot n \tag{5.2}$$

外部董事之间弱联结（外外）的计算公式为：

$$Stren\_out\_out = (n-1)+(n-2)+\cdots+1 = \frac{n(n-1)}{2} \tag{5.3}$$

取自然对数后，内部董事强联结（内内）的计算公式为：

$$Stren\_in = \ln[(m-1)+(m-2)+\cdots+1] = \ln\left[\frac{m(m-1)}{2}\right] \tag{5.4}$$

取自然对数后，外部董事弱联结（内外+外外）的计算公式为：

$$Stren\_out = \ln[m \cdot n + (n-1) + (n-2) + \cdots + 1] = \ln\left[m \cdot n + \frac{n(n-1)}{2}\right] \quad (5.5)$$

其中，m 表示某公司董事会中内部董事人数；n 表示某公司董事会中外部董事人数。

（三）模型设计

本节在第四章模型（4.3）的基础上进一步引入董事联结强度变量（$Strength$），包括内部董事强联结（$Stren\_in$）和外部董事弱联结（$Stren\_out$），构建了多元回归模型（5.6），采用 OLS 回归方法来验证研究假设 H2。CEN_mean 的回归系数 α_1 表示董事网络位置与股权资本成本之间的相关性，交互项 $CEN\_mean \times Strength$ 的回归系数 α_3 表示董事联结强度对董事网络位置与股权资本成本之间关系的调节效应。根据假设 H2a，如果内部董事强联结关系抑制了董事网络位置对股权资本成本的降低作用，则预期 α_1 显著为负，且 α_3 显著为正；根据假设 H2b，如果外部董事弱联结关系促进了董事网络位置对股权资本成本的降低作用，则预期 α_1 显著为负，且 α_3 同样显著为负。

$$\begin{aligned}RE\_hvz = &\alpha_0 + \alpha_1 CEN\_mean + \alpha_2 Strength + \alpha_3 CEN\_mean \times Strength + \\&\alpha_4 Size + \alpha_5 Growth + \alpha_6 Lever + \alpha_7 Assturn + \alpha_8 OCF + \alpha_9 Liquid + \\&\alpha_{10} State + \alpha_{11} Zidex + \alpha_{12} Indep + \alpha_{13} Dual + \alpha_{14} Place + \alpha_{15} Beta + \\&\sum Industry + \sum Year + \varepsilon \end{aligned} \quad (5.6)$$

三 实证结果与分析

（一）描述性统计

董事网络位置、股权资本成本和控制变量的描述性统计与第四章第三节相同。表 5.1 的 Panel A 报告了董事联结强度的描述性统计结果。可以看出，内部董事强联结（$Stren\_in$）的最小值为 1.3863，最大值为 3.8286，说明样本公司内部董事之间构建的强联结关系存在较大的差异。其均值为 2.5901，明显小于其中位数 2.7726，表现出一定程度的左偏分布特征，反映了我国大部分主板 A 股上市公司的内部董事强联结都大于均值，董事网络结构中内部董事所带来的资源控制劣势、信息同质冗余、助长权力寻租等负面现象还比较严重。外部董事弱联结（$Stren\_out$）的最小值为 2.0794，最大值为 4.1109，说明样本公司内部董事与外部董事之间、外部董事之间构建的联结关系同样存在较大的差异。其均值为 3.1075，中位数为 3.0910，二者较为接近，整体呈现近似的正态分布，反映了我国主板 A 股上市公司的外部董事弱联结相对正常，董事网络结构中外部董事所带来的"信息桥"作用、学习模仿效应、声誉激励等正面影响基本能够发挥应有的治理效果。

表 5.1 董事联结强度的描述性统计结果及单变量检验结果

Panel A:董事联结强度的描述性统计结果

变量	观测值	均值	标准差	最小值	25%分位数	中位数	75%分位数	最大值
$Stren\_in$	15339	2.5901	0.5200	1.3863	2.3979	2.7726	2.7726	3.8286
$Stren\_out$	15339	3.1075	0.3701	2.0794	2.9444	3.0910	3.1355	4.1109

Panel B:不同董事联结强度下董事网络中心度的单变量检验结果

分组变量	观测值	均值 t 检验		中位数 Mann-Whitney 检验	
		均值	t 值	中位数	z 值
内部董事强联结高组	7669	5.7711	−130.000***	5.5669	−93.878***
内部董事强联结低组	7670	3.6553		3.6308	
外部董事弱联结高组	7670	4.8246	−9.306***	4.7127	−9.375***
外部董事弱联结低组	7669	4.6016		4.4509	

为了初步探讨董事网络中心度是否受到董事联结强度的影响，本节以内部董事强联结（$Stren\_in$）、外部董事弱联结（$Stren\_out$）的中位数作为分组标准，分别使用均值 t 检验、中位数 Mann-Whitney 检验，对不同组别样本的董事网络中心度进行组间比较。表 5.1 的 Panel B 报告了不同董事联结强度下董事网络中心度的单变量检验结果。从均值

来看，内部董事强联结高组与低组的董事网络中心度均值分别为5.7711、3.6553，外部董事弱联结高组与低组的董事网络中心度均值分别为4.8246、4.6016，t检验结果表明，样本均值在1%的水平下都存在显著差异。从中位数来看，内部董事强联结高组与低组的董事网络中心度中位数分别为5.5669、3.6308，外部董事弱联结高组与低组的董事网络中心度中位数分别为4.7127、4.4509，Mann-Whitney检验结果表明，样本中位数在1%的水平下仍然存在显著差异。以上结果表明，无论内部董事强联结还是外部董事弱联结，虽然具有差异化的关系强度，但都在不同职务性质的董事之间构建了纵横交织的社会网络系统，都能通过嵌入董事网络结构中的联结强度提升连锁董事的网络位置。

（二）回归结果与分析

表5.2的第（1）列报告了假设H2a的回归结果。可以看出，董事网络中心度（CEN_mean）与股权资本成本（RE_hvz）在1%的水平下显著负相关，即董事网络中心度越高，股权资本成本越低，第四章的主假设H1进一步被验证。交互项（$CEN\_mean \times Stren\_in$）与股权资本成本（RE_hvz）在1%的水平下显著正相关，即内部董事强联结越高，董事网络中心度对股权资本成本的降低程度越小，本节的假设H2a也得到了验证。这表明内部董事强联结关系长期处在资源控制的劣势地位与相对封闭的信息环境，社会资本的流动性偏低，外部信息的传播力与隐性知识的效仿力不足，容易造成有限信息的重复循环和知识经验的同质冗余，放大了投资者未来风险报酬预测的信息噪声；同时内部董事与管理层之间模糊的边界导致其缺失了监督独立性，甚至助长了合谋寻租行为，降低了公司信息透明度，增加了投资者的信息搜寻难度与信息分析成本。因此，内部董事强联结关系抑制了董事网络位置对股权资本成本的降低作用。

表 5.2 情境效应分析的回归结果：内部董事强联结

变量	RE_hvz (1)	RE_hvz 内部董事强联结高组 (Stren_in≥中位数) (2)	RE_hvz 内部董事强联结低组 (Stren_in<中位数) (3)	Suest 检验
CEN_mean	-0.0030*** (-3.35)	-0.0003 (-0.90)	-0.0020*** (-4.18)	8.19*** [0.0042]
$Stren\_in$	-0.0095*** (-4.75)			
$CEN\_mean \times Stren\_in$	0.0011*** (3.12)			
$Size$	-0.0080*** (-25.99)	-0.0072*** (-19.47)	-0.0098*** (-23.44)	
$Growth$	0.0027*** (7.08)	0.0041*** (9.83)	0.0022*** (5.91)	
$Lever$	0.0502*** (26.18)	0.0540*** (22.90)	0.0501*** (20.17)	
$Assturn$	-0.0003 (-0.34)	-0.0008 (-0.79)	0.0011 (1.09)	
OCF	0.0536*** (11.73)	0.0595*** (10.45)	0.0537*** (9.23)	
$Liquid$	-0.0002 (-0.55)	0.0004 (0.70)	0.0019*** (2.77)	
$State$	-0.0008 (-1.17)	0.0004 (0.49)	0.0002 (0.25)	
$Zidex$	-0.0001*** (-3.23)	-0.0001 (-0.58)	-0.0001** (-2.37)	
$Indep$	-0.0248*** (-3.12)	-0.0080 (-0.74)	0.0093 (1.27)	
$Dual$	0.0051*** (5.99)	0.0065*** (5.64)	0.0027** (2.46)	
$Place$	-0.0027*** (-4.53)	-0.0030*** (-3.79)	-0.0041*** (-4.73)	
$Beta$	-0.0032*** (-2.90)	-0.0063*** (-4.25)	-0.0043*** (-2.73)	
$Industry$	控制	控制	控制	

续表

变量	RE_hvz	RE_hvz		Suest 检验
		内部董事强联结高组 ($Stren\_in \geq$中位数)	内部董事强联结低组 ($Stren\_in <$中位数)	
	（1）	（2）	（3）	
$Year$	控制	控制	控制	
常数项	0.2745***	0.2178***	0.2761***	
	(27.19)	(20.13)	(24.38)	
Adj. R^2	0.1666	0.1904	0.1929	
F 值	41.62***	31.05***	31.56***	
N	15339	7669	7670	

表5.3的第（1）列报告了假设H2b的回归结果。可以看出，董事网络中心度（CEN_mean）与股权资本成本（RE_hvz）在1%的水平下显著负相关，即董事网络中心度越高，股权资本成本越低，第四章的主假设H1进一步被验证。交互项（$CEN\_mean \times Stren\_out$）与股权资本成本（$RE\_hvz$）在1%的水平下显著负相关，即外部董事弱联结越高，董事网络中心度对股权资本成本的降低程度越大，本节的假设H2b也得到了验证。这表明外部董事弱联结关系发挥了关键结点与"信息桥"的主导作用，能够跨越企业障碍及社会边界带来更加多元化和稀缺性的信息资源，使董事网络具有更广的辐射面与更大的影响力，引导联结公司积极学习模仿各类隐性知识，增强了投资者对公司未来发展前景的信任程度；同时信息资源控制优势无形中提高了外部董事的社会声望与决策分量，面对管理层的机会主义行为能够保持更强大的监督独立性和讨价还价能力，建设了更科学的公司治理环境与更透明的内外信息渠道。因此，外部董事弱联结关系促进了董事网络位置对股权资本成本的降低作用。

表 5.3　情境效应分析的回归结果：外部董事弱联结

变量	RE_hvz (1)	RE_hvz 外部董事弱联结高组 (Stren_out≥中位数) (2)	RE_hvz 外部董事弱联结低组 (Stren_out<中位数) (3)	Suest 检验
CEN_mean	-0.0008***	-0.0017***	-0.0007**	6.80***
	(-3.85)	(-6.16)	(-2.46)	[0.0091]
Stren_out	-0.0025***			
	(-2.70)			
CEN_mean× Stren_out	-0.0002***			
	(-3.53)			
Size	-0.0083***	-0.0073***	-0.0100***	
	(-27.05)	(-19.87)	(-26.52)	
Growth	0.0029***	0.0063***	0.0045***	
	(7.52)	(12.21)	(14.90)	
Lever	0.0522***	0.0415***	0.0477***	
	(27.67)	(20.34)	(20.80)	
Assturn	0.0003	0.0015	-0.0008	
	(0.33)	(1.62)	(-0.82)	
OCF	0.0553***	0.0319***	0.0530***	
	(12.23)	(6.15)	(9.95)	
Liquid	0.0011***	0.0085***	0.0035***	
	(2.58)	(12.94)	(5.23)	
State	0.0004	-0.0007	0.0016*	
	(0.64)	(-0.78)	(1.83)	
Zidex	-0.0001**	0.0001	-0.0001***	
	(-2.05)	(0.41)	(-2.70)	
Indep	-0.0005	-0.0096	0.0021	
	(-0.09)	(-1.39)	(0.30)	
Dual	0.0042***	0.0029***	0.0031***	
	(5.06)	(2.74)	(3.14)	
Place	-0.0036***	-0.0003	0.0005	
	(-6.14)	(-0.37)	(0.61)	
Beta	-0.0059***	-0.0087***	0.0003	
	(-5.16)	(-5.02)	(0.21)	
Industry	控制	控制	控制	

续表

变量	RE_hvz	RE_hvz		Suest 检验
		外部董事弱联结高组 ($Stren\_out \geq$ 中位数)	外部董事弱联结低组 ($Stren\_out <$ 中位数)	
	(1)	(2)	(3)	
Year	控制	控制	控制	
常数项	0.2555 *** (30.20)	0.0543 *** (8.95)	0.2798 *** (25.38)	
Adj. R²	0.1918	0.3050	0.3609	
F 值	50.61 ***	52.77 ***	64.68 ***	
N	15339	7670	7669	

（三）稳健性检验

1. 分组检验

本节替换表5.2、表5.3第（1）列中的交互项，对调节变量采用分组回归进行稳健性检验。以内部董事强联结（$Stren\_in$）的中位数作为临界点，将全样本划分为内部董事强联结高组（$Stren\_in \geq$ 中位数）和内部董事强联结低组（$Stren\_in <$ 中位数），分组考察内部董事强联结关系在董事网络中心度（CEN_mean）与股权资本成本（RE_hvz）之间的调节效应，结果如表5.2的第（2）列、第（3）列所示。可以看出，内部董事强联结高组中 CEN_mean 与 RE_hvz 不具有统计意义上的显著性，内部董事强联结低组中 CEN_mean 与 RE_hvz 在1%的水平下显著负相关，且Suest检验结果表明，CEN_mean 组间系数的差异在1%的水平下显著，证实了在内部董事强联结关系下，董事网络位置对股权资本成本的降低作用更小，仍然支持假设H2a。

同理，以外部董事弱联结（$Stren\_out$）的中位数作为临界点，将全样本划分为外部董事弱联结高组（$Stren\_out \geq$ 中位数）和外部董事弱联结低组（$Stren\_out <$ 中位数），分组考察外部董事弱联结关系在董事网络中心度（CEN_mean）与股权资本成本（RE_hvz）之间的调节

效应，结果如表5.3的第（2）列、第（3）列所示。可以看出，外部董事弱联结高组中 CEN_mean 与 RE_hvz 在1%的水平下显著负相关，外部董事弱联结低组中 CEN_mean 与 RE_hvz 在5%的水平下显著负相关，且Suest检验结果表明，CEN_mean 组间系数的差异在1%的水平下显著，证实了在外部董事弱联结关系下，董事网络位置对股权资本成本的降低作用更大，仍然支持假设H2b。

2. 重新测度解释变量

为了排除变量选取方法给实证结果带来的偏误，本节沿用第四章第四节的做法，采用公司层面三个中心度最大值的平均数（CEN_max）、结构洞丰富程度的均值（STH_mean）、结构洞丰富程度的最大值（STH_max）重新衡量董事网络位置，对模型（5.6）进行稳健性检验。表5.4报告了重新测度解释变量的回归结果。可以看出，第（1）~（6）列中董事网络位置的替代变量（CEN_max、STH_mean、STH_max）与股权资本成本（RE_hvz）全都在至少5%的水平下显著负相关，第（1）列、第（3）列、第（5）列中交互项（$CEN\_max \times Stren\_in$、$STH\_mean \times Stren\_in$、$STH\_max \times Stren\_in$）与 RE_hvz 全都在至少5%的水平下显著正相关，第（2）列、第（4）列、第（6）列中交互项（$CEN\_max \times Stren\_out$、$STH\_mean \times Stren\_out$、$STH\_max \times Stren\_out$）与 RE_hvz 全都在1%的水平下显著负相关。以上测试结果都很稳健，假设H2a、H2b仍然得到验证。

表5.4 重新测度解释变量的回归结果：董事联结强度

变量	RE_hvz		RE_hvz		RE_hvz	
	$Stren\_in$	$Stren\_out$	$Stren\_in$	$Stren\_out$	$Stren\_in$	$Stren\_out$
	（1）	（2）	（3）	（4）	（5）	（6）
CEN_max	-0.0012***	-0.0002***				
	(-4.24)	(-3.38)				
STH_mean			-0.0180***	-0.0167***		
			(-4.49)	(-4.19)		

续表

变量	RE_hvz Stren_in (1)	RE_hvz Stren_out (2)	RE_hvz Stren_in (3)	RE_hvz Stren_out (4)	RE_hvz Stren_in (5)	RE_hvz Stren_out (6)
STH_max					-0.0076** (-2.48)	-0.0062** (-2.05)
Strength	-0.0074*** (-4.84)	-0.0032*** (-3.66)	-0.0017* (-1.79)	-0.0016* (-1.68)	-0.0043*** (-5.06)	-0.0042*** (-4.83)
CEN_max× Strength	0.0004*** (3.63)	-0.0001*** (-2.85)				
STH_mean× Strength			0.0012** (1.97)	-0.0026*** (-3.82)		
STH_max× Strength					0.0015*** (2.61)	-0.0023*** (-3.50)
Size	-0.0084*** (-27.34)	-0.0083*** (-27.18)	-0.0083*** (-27.12)	-0.0083*** (-27.07)	-0.0079*** (-25.86)	-0.0080*** (-26.01)
Growth	0.0030*** (7.84)	0.0029*** (7.61)	0.0029*** (7.63)	0.0029*** (7.42)	0.0027*** (6.88)	0.0026*** (6.81)
Lever	0.0519*** (27.45)	0.0520*** (27.54)	0.0520*** (27.57)	0.0523*** (27.71)	0.0503*** (26.29)	0.0505*** (26.38)
Assturn	0.0003 (0.40)	0.0002 (0.31)	0.0003 (0.43)	0.0003 (0.35)	-0.0003 (-0.38)	-0.0003 (-0.37)
OCF	0.0558*** (12.34)	0.0553*** (12.24)	0.0554*** (12.24)	0.0551*** (12.18)	0.0530*** (11.60)	0.0530*** (11.61)
Liquid	0.0009** (2.04)	0.0011** (2.44)	0.0011** (2.39)	0.0012*** (2.66)	-0.0001 (-0.22)	-0.0001 (-0.05)
State	0.0002 (0.28)	0.0003 (0.46)	0.0004 (0.61)	0.0005 (0.75)	-0.0006 (-0.89)	-0.0006 (-0.95)
Zidex	-0.0001** (-2.18)	-0.0001** (-2.08)	-0.0001** (-2.19)	-0.0001** (-2.08)	-0.0001*** (-3.13)	-0.0001*** (-3.10)
Indep	-0.0167** (-2.18)	-0.0002 (-0.03)	-0.0095 (-1.21)	-0.0016 (-0.30)	-0.0215*** (-2.78)	-0.0005 (-0.09)
Dual	0.0045*** (5.33)	0.0043*** (5.15)	0.0043*** (5.16)	0.0043*** (5.07)	0.0050*** (5.92)	0.0051*** (5.97)
Place	-0.0036*** (-6.13)	-0.0036*** (-6.12)	-0.0036*** (-6.17)	-0.0037*** (-6.25)	-0.0027*** (-4.57)	-0.0027*** (-4.61)

续表

变量	RE_hvz		RE_hvz		RE_hvz	
	Stren_in	Stren_out	Stren_in	Stren_out	Stren_in	Stren_out
	(1)	(2)	(3)	(4)	(5)	(6)
Beta	-0.0049***	-0.0056***	-0.0055***	-0.0059***	-0.0039***	-0.0039***
	(-4.40)	(-4.90)	(-4.85)	(-5.21)	(-3.40)	(-3.49)
Industry	控制	控制	控制	控制	控制	控制
Year	控制	控制	控制	控制	控制	控制
常数项	0.2706***	0.2557***	0.2590***	0.2635***	0.2602***	0.2638***
	(29.00)	(30.39)	(29.87)	(31.12)	(29.28)	(30.19)
Adj. R^2	0.1917	0.1914	0.1918	0.1924	0.1668	0.1671
F值	50.57***	50.57***	50.58***	50.68***	41.72***	41.75***
N	15339	15339	15339	15339	15339	15339

3. 动态模型与滞后一期

为了在一定程度上避免遗漏变量导致的伪回归问题，本节沿用第四章第四节的做法，通过对模型（5.6）进行动态变化值的设计，检验董事网络中心度逐年变化值（ΔCEN_mean）、董事联结强度逐年变化值（$\Delta Strength$）、交互项逐年变化值（$\Delta CEN\_mean \times Strength$）对股权资本成本逐年变化值（$\Delta RE\_hvz$）的敏感性影响，结果如表5.5的第（1）列、第（2）列所示。可以看出，ΔCEN_mean 与 ΔRE_hvz 都在1%的水平下显著负相关，内部董事强联结对应的交互项变化值（$\Delta CEN\_mean \times Stren\_in$）与 ΔRE_hvz 在5%的水平下显著正相关，外部董事弱联结对应的交互项变化值（$\Delta CEN\_mean \times Stren\_out$）与 ΔRE_hvz 在1%的水平下显著负相关。动态模型的检验结果稳健，假设H2a、H2b再次被验证。

董事联结强度对董事网络位置与股权资本成本之间关系的调节作用可能存在滞后效应，为了避免同期相关性问题，本节对模型（5.6）的解释变量、调节变量与交互项进行滞后一期处理，在一定程度上也能缓解内生性问题，结果如表5.5的第（3）列、第（4）列所示。可以看出，董事网络中心度滞后一期（CEN_meanL1）与RE_hvz都在1%的水平下显著负相关，内部董事强联结对应的交互项滞后一期（CEN_mean×Stren_inL1）与RE_hvz在1%的水平下显著正相关，外部董事弱联结对应的交互项滞后一期（CEN_mean×Stren_outL1）与RE_hvz在1%的水平下显著负相关。滞后一期的检验结果稳健，假设H2a、H2b同样被验证。

表5.5 动态模型与滞后一期的回归结果：董事联结强度

变量	动态模型敏感性检验 ΔRE_hvz Stren_in (1)	ΔRE_hvz Stren_out (2)	滞后一期检验 RE_hvz Stren_in (3)	RE_hvz Stren_out (4)
ΔCEN_mean	-0.0030*** (-3.38)	-0.0007*** (-3.25)		
ΔStrength	-0.0044** (-2.37)	-0.0007 (-0.76)		
ΔCEN_mean× Strength	0.0009** (2.56)	-0.0002*** (-3.77)		
CEN_meanL1			-0.0039*** (-14.16)	-0.0009*** (-4.12)
StrengthL1			-0.0043*** (-4.08)	-0.0074*** (-8.19)
CEN_mean× StrengthL1			0.0007*** (6.34)	-0.0003*** (-5.37)
Size	-0.0059*** (-18.39)	-0.0058*** (-18.14)	-0.0075*** (-22.24)	-0.0070*** (-22.36)
Growth	0.0012* (1.83)	0.0012* (1.88)	0.0032*** (3.86)	0.0019** (2.49)
Lever	0.0400*** (21.07)	0.0404*** (21.20)	0.0505*** (23.80)	0.0299*** (16.17)
Assturn	0.0015* (1.89)	0.0014* (1.77)	-0.0006 (-0.74)	0.0003 (0.41)
OCF	0.0495*** (10.23)	0.0488*** (10.08)	0.0585*** (11.54)	0.0420*** (9.03)

续表

变量	动态模型敏感性检验 ΔRE_hvz		滞后一期检验 RE_hvz	
	Stren_in	Stren_out	Stren_in	Stren_out
	(1)	(2)	(3)	(4)
Liquid	0.0072***	0.0074***	0.0004	0.0046***
	(16.00)	(16.25)	(0.92)	(11.69)
State	-0.0001	0.0002	0.0020***	-0.0015**
	(-0.13)	(0.28)	(2.81)	(-2.17)
Zidex	-0.0001**	-0.0001**	-0.0001*	-0.0001
	(-2.41)	(-2.24)	(-1.75)	(-1.44)
Indep	-0.0048	-0.0031	0.0017	-0.0100*
	(-0.75)	(-0.57)	(0.25)	(-1.84)
Dual	0.0025***	0.0023***	0.0047***	0.0056***
	(2.97)	(2.75)	(5.00)	(6.42)
Place	-0.0014**	-0.0015**	-0.0044***	-0.0031***
	(-2.39)	(-2.50)	(-6.89)	(-5.06)
Beta	-0.0133***	-0.0144***	-0.0064***	-0.0081***
	(-11.94)	(-12.50)	(-5.45)	(-7.00)
Industry	控制	控制	控制	控制
Year	控制	控制	控制	控制
常数项	0.1748***	0.1664***	0.2494***	0.0863***
	(17.63)	(19.08)	(25.94)	(16.40)
Adj. R^2	0.1411	0.1417	0.1664	0.0953
F值	33.23***	33.28***	36.78***	24.88***
N	13275	13275	11355	13317

第二节 董事亲密度的调节作用

一 理论分析与假设

讲人情、重关系的儒家传统文化，在中国社会结构中流传了上千年,"礼尚往来"的人际互动模式早已深入人心。往而不来,非礼也;来而不往,亦非礼也(《礼记·曲礼上》)。但有人在的地方就有江湖,社会关系不再局限于脉脉温情,而是演变出充满诱惑的经济利益。人情至上、关系为王的经营理念对企业的日常决策行为产生了较大的影响,特别是在我国正式制度弱化、谣言噪声四起的资本市场里,由人情关系编织的社会网络深深嵌入决策主体的行为规则之中,成为现代企业获取社会资本、拓宽信息渠道、弥补制度缺陷、应对市场失灵的基本纽带(申宇等,2016)。然而,有别于西方发达国家崇尚互利互惠的社会网络系统,我国丰富多样的人情关系更是呈现文化的不对等性并形成了亲疏有别的关系格局。DiMaggio(1997)指出,关系文化是决定人际交往程度的重要因素,人与人之间风俗习惯、人情世故的相似性会产生更为亲密的社会关系。Van den Steen(2005)也证实,组织领导通常会聘用与自己有着一致价值观念和共同宗教信仰的雇员。Westphal等(2006)则认为,与兼并收购、产业集群、交叉持股、董事兼任等显性化的联结方式相比,CEO和其他公司高管通过老乡会、校友会、俱乐部、宗教团体等渠道建立的非正式关系,更能降低资源依赖对经营决策的不确定程度,并且这种关系具有高度隐秘性而不易被公众与媒体察觉。人情关系无时无刻不在潜移默化地影响着社会个体的行为方式。行动者之间人际交往的亲密程度,即是本书所定义的"亲密度"。而连锁董事作为社会网络中非常活跃的联结结点,构成了公司治理的关键要素,是维系控股股东、中小投资者、债权人和管理层之间契约关系及利益均衡的重要桥梁,同时扮演着不同的社会角色,自然也就拥有诸多的私人关系(高凤莲、王志强,2015)。董事网络本质上是各类社会关系(如亲属、校友、老乡、同事等)的联结系统,表现为不同类型的网络结构(谢德仁、陈运森,2012)。连锁董事的行为偏好和道德规范内嵌于盘根错节的网络结构中,甚至与由此衍生的裙带利益链和圈层潜规则息息相关。

长期以来,控股股东与中小股东之间的第二类代理问题一直阻碍着我国资本市场健康有序发展，关联交易、资金占用、非法转移等控股股东掏空行为已然成了一大顽疾（焦健等，2017）。我国上市公司的控股股东不仅通过"一股一票"的表决规则操纵了股东大会，而且在董事会决议中具有高度话语权，直接影响到董事成员的遴选过程与履职情况，投票选举制度其实是以表面上的合法与公平掩盖了实质上的非法与偏私，从而为控股股东侵占中小股东利益提供了"合理"的"保护伞"（叶康涛等，2011）。因此，连锁董事网络成为解决委托代理问题、保护中小股东利益的重要机制（Adams et al.，2010）。独立董事进驻董事会对管理层寻租动机实行严格监督、对控股股东掏空行为形成有效掣肘、向董事会战略规划提供咨询建议，既是监管机构设立独立董事制度的初衷和目标，也被视作衡量连锁董事网络公司治理效果的基本标准。中国证监会于2001年发布的《关于在上市公司建立独立董事制度的指导意见》，赋予了独立董事六个方面的特别职权，而保护中小股东免遭控股股东利益侵害则是其中的重中之重（刘诚，2017b）。但我国大部分上市公司的独立董事仅仅满足不少于1/3的监管要求，内部董事则与管理层之间界限模糊、相互渗透，那么有理由怀疑，连锁董事在履职过程中能否保持客观独立性？董事网络究竟是对中小股东忠诚，还是被控股股东俘获？这些问题的背后，其实隐藏着一个非常重要的现实情境因素——连锁董事与控股股东之间社会关系的亲密程度。为了践行中小股东利益保护职能，连锁董事的任命理应由中小股东提名，才能确保其独立性，但事实上我国上市公司的董事大都通过控股股东或CEO提名举荐，聘任依据往往是他们之间是否存在老乡、校友或前同事等亲密社会关系（刘诚，2017a）。同乡会、校友圈、俱乐部、行业协会等关系文化不断渗透到董事网络结构内部，利用这种途径得到董事席位的连锁董事，对于举荐者通常满怀感恩之心，碍于人情关系可能会去迎合控股股东的好恶（Hwang and Kim，2009），董事网络位置所蕴含的社会资本也会不自觉地成为控股股东进行利益寻租和资金转移的"合法"工具。

因此，董事网络中心度并不足以全面考量连锁董事的履职效果，其背后隐含的私人关系亲密度甚至决定着董事个人的监督意愿及治理动机（宁向东、张颖，2012）。

本书将连锁董事与控股股东人际交往的亲密程度定义为"董事亲密度"，这是一项普遍存在且不容忽视的情境因素。Adams等（2010）指责很多文献将连锁董事直接看作独立于控股股东的同质个体，一般通过董事人数比例来解读监督独立性及中小股东保护效果，却遗漏了董事个体的社会结构嵌入特征与社会关系亲密程度。近年来诞生的灰色董事理论（Hwang and Kim, 2009；Fracassi and Tate, 2012；Nguyen, 2012）关注到董事会决策的社会过程，认为连锁董事与控股股东或管理层之间存在的社会关系导致了利他性和非理性，会在很大程度上削弱董事网络的监督意愿和治理动机。Fracassi和Tate（2012）将"灰色董事"（gray director）定义为虽然满足法律规定的独立性，但与控股股东或管理层具有亲密社会关系、隐性经济利益或者政治裙带关联的连锁董事，他们并不具备真正意义上的独立性，对独立董事制度和董事网络系统都产生了"擦边球"式的破坏作用。而灰色董事理论立足于委托代理理论所强调的董事监督职能（Jensen and Meckling, 1976），同时吸纳了友好董事理论所倡导的董事建议职能（Adams and Ferreira, 2007），更加综合全面地探索连锁董事与控股股东的社会关系在监督管理层、保护中小股东等方面的影响效应。叶康涛等（2011）指出，在现任董事长在位期间被聘用的独立董事公开质疑董事会决议和管理层行为的可能性较小。宁向东和张颖（2012）也发现，独立董事与控股股东之间的人际交往越密切，其勤勉程度和诚信水平越有可能大幅下降。在高董事亲密度下，连锁董事与控股股东因为社会关系的相似性形成了更紧密的私人联系，基于约定俗成的圈层规则与行为准绳产生了更强烈的利己倾向，由此建立的"圈子文化"将扭曲董事网络监督治理的客观独立性，导致连锁董事更容易被控股股东俘获（Fracassi and Tate, 2012），变成"不独立"且"懂事"的"花瓶",在董事会发表决策意见时屈从控股股东意愿,从而降低说"不"的可能性,最终违背了保护中小股东利益的初衷(Macaulay et al.,2018)。这会致使连锁董事的监督职能流于形式,造成网络社会资本的重大损失,无法为公司治理效率的改善和价值创造能力的增强提供资源支持(Burt and Burzynska,2017),使投资者面临更高的风险报酬不确定性,进而削弱了董事网络位置对股权资本成本的降低作用。在低董事亲密度下,一方面,职责的硬性要求和外界的强力监督令连锁董事的渎职成本高于徇私收益,这将促使其更加理性地勤勉尽责,减少合谋行为的发生(刘诚,2016);另一方面,董事网络的监督治理职责不会碍于关系情面而被弱化,基于个人声誉及社会地位的考虑,连锁董事将更加积极地通过"信息桥"攫取丰富的战略性资源,帮助董事会和管理层优化决策行为、改善信息环境(Rossoni et al.,2018),从而增强了董事网络位置对股权资本成本的降低作用。因此,本节提出研究假设 H3。

H3:相比高董事亲密度,连锁董事与控股股东的亲密度越低,董事网络位置对股权资本成本的降低作用越强。

二 研究设计

(一)样本选择与数据来源

本节继续沿用第四章的样本,此处重点介绍董事亲密度的数据来源。

董事亲密度数据的获取,需要有效识别连锁董事与控股股东之间存在的老乡关系、校友关系、协会关系、共同工作经历等社会关系。基础资料主要来自 CSMAR 数据库"人物特征系列"的"董监高个人特征文件"中有关内部董事、外部董事、董事长(代表控股股东)的姓名、性别、年龄、籍贯、出生地、毕业院校、职业背景、工作经历、曾就职单位、董事会职务类别、是否在股东单位兼任等信息,个别缺失资料

(特别是行业协会任职信息）通过公司年报、百度百科、新浪财经尽量补齐。个人层面董事亲密度和公司层面董事亲密度的数据都采用手工归集整理，得到 15339 个公司年度观测值。

（二）变量定义

本节继续沿用第四章的解释变量、被解释变量与控制变量，此处重点介绍董事亲密度的衡量方法。

连锁董事与控股股东在现实环境中存在复杂多样的社会关系，比如基于相同籍贯或出生地结下的老乡情谊，毕业于同一所院校具有的校友情结，曾经在同一家单位或协会共事存在的共同履职经历，由于相似的兴趣爱好成为同一所俱乐部会员，因为同样的宗教信仰产生了一致的价值观念，在某次行业聚会中经人介绍变成了"朋友的朋友"。正是因为行动者之间社会关系的类型和范围太过宽泛，所以当前学界对于亲密度的衡量方法还尚未统一。Kramarzy 和 Thesmar（2007）通过高级公务员经历来检验外部董事与大股东、管理层背后私人关系对公司治理效率的影响。Hwang 和 Kim（2009）从老乡、校友、专业、从军经历、行业背景五个维度来考察独立董事与 CEO 之间社会关系的亲密程度。Liu（2010）基于共同工作经历的视角检验连锁董事与大股东亲密度对 CEO 任命、解聘及薪酬的作用机制。Fracassi 和 Tate（2012）从毕业院校、过去工作经历、现在工作联系、其他关联组织四个方面来研究董事亲密度与监督独立性的内在机制。Nguyen（2012）利用精英院校毕业背景来刻画亲密社交圈对连锁董事职业机会与 CEO 薪酬敏感性共同产生的影响。国内关于社会关系亲密度的研究成果近年来也逐渐丰富。大部分文献集中探索我国乡土情结下非常重要的老乡关系，如陆瑶和胡江燕（2016）、胡建雄（2020）都以董事长与 CEO 的老乡关系作为研究视角，分别检验了关系亲密度对公司违规行为、投资效率的影响效应。张十根（2019）则考察了董事会成员与 CEO 的老乡关系对代理成本的抑制作用。还有文献侧重于剖析不同利益群体之间的校友关系，如申宇等

(2016)研究了基金经理与公司高管的校友关系所带来的"小圈子"效应对基金业绩的正向影响。黄福广和贾西猛(2018)探讨了风险投资人与创始人的校友关系对风险投资交易特征及投资绩效的作用机制。王会娟等(2020)考察了私募股权投资管理人与公司高管的校友关系对创新投资的促进作用。刘诚(2016,2017a,2017b)则在其系列文章中,更为全面地界定了外部董事与CEO、外部董事与大股东之间存在的老乡关系、校友关系、共同工作经历这三种社会关系,综合揭示了关系嵌入性对董事会合谋、外部董事监督建议功能及中小股东保护等的影响机制。

Granovetter(1985)指出,在分析行动者的社会嵌入性关系时,既要避免低度社会化,又要防止高度社会化,如果把一切社会关系都进行识别则会导致过度社会化问题。本书着眼于我国儒家文化背景和"关系型"社会情境,吸纳了Hwang和Kim(2009)、Fracassi和Tate(2012)、刘诚(2017b)的做法,从董事网络结构内部各类纵横交错的社会关系中,选取了更加契合现实环境的老乡关系、校友关系、协会关系、共同工作经历这四种关系,综合识别连锁董事与控股股东之间的关系亲密度。由于控股股东是一个相对宽泛的概念,在不同控制权性质的公司中存在个人股东与机构股东两种类型,所以首先需要界定控股股东的研究范围。公司董事长由大股东委派、授权,不仅具有年龄、性别、学历、任期、职业背景等人口统计特征,而且具有集中体现控股股东偏好意愿的组织行为特征。如果公司的最终控制人是个人股东,董事长本人即为控股股东;如果公司的最终控制人是机构股东,董事长就成了控股股东委派的代理人,其任免决议、决策权力、薪酬水平都会受到控股股东的决定性影响。为了保证研究数据的可比性与可得性,本节借鉴刘诚(2017b)、胡建雄(2020)的做法,将董事长视作控股股东的代表。

1. 老乡关系

俗话说,老乡见老乡,两眼泪汪汪。《辞海》将"老乡"定义为具有同一籍贯的人。"老乡"或"同乡"在国外社会关系的研究文献中并不常见,但我国地大物博、幅员辽阔,不同地区的风俗习惯具有很大差异。在人情至上、关系为王的儒家文化背景下,行动者的社会活动已经深深烙上乡土情结的印记,连锁董事的价值观念、处事方式和行为准绳也内嵌于由老乡关系交织的网络结构之中(陆瑶、胡江燕,2016),容易演变出董事—股东之间的裙带利益和圈层潜规则,进而影响董事网络的治理效率和监督独立性(张十根,2019)。本节利用CSMAR数据库的"董监高个人特征文件",以及在百度百科和新浪财经里查阅的信息资料,逐一对比了连锁董事与董事长的籍贯,并具体到地级市层面。如果二者的籍贯在同一个地级市,即连锁董事与控股股东之间具有老乡关系。需要做出以下两点说明:第一,若缺失了籍贯信息但查找到出生地信息,则进一步对比二者的出生地,同样具体到地级市层面;第二,若籍贯信息和出生地信息都缺失,为了最大限度地保留样本,则假定二者不是老乡关系。

2. 校友关系

古人云:"曾记同窗日月酬,未忘分道梦魂憨。"充满美好回忆的同窗情谊,带来强烈认同的校友圈子,其一直是西方社会关系研究的重点内容之一(Hwang and Kim,2009;Fracassi and Tate,2012;Nguyen,2012)。在谣言噪声四起的资本市场中,母校情结及校友关系被视作增强信任的一股清流,特别是从名牌高校毕业所带来的精英集聚效应和共同心理归宿,成为各个阶层拓展人脉、稳固社会关系的重要渠道,也形成董事网络结构中十分特殊的联结结点(申宇等,2016)。本节同样利用CSMAR数据库的"董监高个人特征文件",以及在百度百科和新浪财经里查阅的信息资料,逐一对比了连锁董事与董事长的毕业院校。如果二者毕业于同一所院校,则连锁董事与控股股东之间具有校友关系。需要做出以下三点说明:第一,有些连锁董事与董事长的毕业院校并不一致,但由于很多连锁董事是来自高校财务、法律专业的教授,如果连锁董事现在的任职高校是董事长曾经的母校,也将二者界定为校友关系；第二，没有区分连锁董事与董事长的毕业时间、学位级别、专业背景，即使二者的毕业时间有一定跨度，学位有本科、硕士、博士、MBA、MPAcc等较大差别，所学专业也不尽相同，但通过各学校的校友会组织性地助推，以及他们内心深处产生的关系认同感，也有理由将二者界定为校友关系；第三，由于历史原因，很多高校出现合并、更名等现象，因此在连锁董事与董事长的个人简历信息中，将其毕业时的院校名称全部替换为现在的院校名称之后再进行逐一对比。

3. 协会关系

梁上坤等（2019）指出，我国上市公司约有56%的连锁董事或董事长，还兼任着各大行业协会的名誉专家和重要领导职务。比如，2020年6月29日上海仪电的董事长吴建雄当选上海市人工智能行业协会会长。各大行业协会不仅丰富了董事会成员对于行业知识及宏观政策的准确认知，而且为连锁董事与控股股东建立亲密社会关系提供了重要平台（梁上坤等，2019）。由于现行数据库里没有详细披露连锁董事和董事长的行业协会任职信息，本节主要通过百度百科和新浪财经查阅董事个人资料，逐一对比了连锁董事与董事长在各大行业协会中担任专家、顾问、副理事长、理事长、副会长、会长、秘书长等职务情况。如果二者目前在同一个行业协会任职，即连锁董事与控股股东之间具有协会关系。需要说明的是，本节参考Fracassi和Tate（2012）的做法，只考虑了在相同时段的协会任职情况。因为相比企业、银行、高校、科研机构、政府部门等其他单位来说，行业协会的组织架构和联结模式比较松散，而且多数董事只是挂名了荣誉专家称号，协会成员平时的接触机会不算多、沟通频率也不高，如果董事们在不同时段任职于同一个协会，社会关系对比的意义并不大。

4. 共同工作经历

曾经在同一单位共事的经历，不仅意味着行动者之间拥有更多的合作历程、进入相似的人际圈层，而且还在共同工作环境中积累了彼此信任的工作经验和专业技能，塑造了认同度高的决策思维和格局视野，这也是西方社会关系研究的重点内容之一（Kramarzy and Thesmar，2007；Hwang and Kim，2009；Liu，2010；Fracassi and Tate，2012）。工作经历的类型多种多样，本节基于我国实际现状，参考近期文献观点，主要识别了连锁董事与控股股东的六种共同工作经历，即企业经历、政治（政府、政协或人大）经历、银行经历、会计师事务所经历、学术（高校或科研机构）经历、海外经历。本节利用CSMAR数据库的"董监高个人特征文件"，以及在百度百科和新浪财经里查阅的信息资料，逐一对比了连锁董事与董事长在同一单位工作或兼职过的以上六种经历。如果曾经在同一家单位共事，则连锁董事与控股股东之间具有共同工作经历。需要做出以下两点说明：第一，没有区分工作时间跨度，因为即使连锁董事与董事长在该单位的工作时间有先后顺序，但只要提及这个曾经履职的单位，二者之间就很容易建立强烈的信任感和较高的亲密度；第二，工作经历不仅涵盖了同一单位的同事关系，还包括同一集团内部子公司、分公司的合作关系以及政府部门和下级企业的管理关系，因为在这些工作过程中都会产生大量的交往与合作。

刘诚（2017b）在考察独立董事与大股东的社会关系时，将所有董事灰色关系的虚拟变量加总求平均数来反映灰色关系数量。但公司董事会中只要存在一位高亲密度的董事，必将影响到董事会决策的独立性与透明度，采用这种做法得到的连续变量并不能清晰界定董事亲密度的高低之别。因此，本节尝试采用了一种更加直接有效的方法，通过对连锁董事与控股股东之间老乡关系、校友关系、协会关系、共同工作经历这四种社会关系的逐一识别，手工构建了董事亲密度的虚拟变量，具体分为个人层面与公司层面。其一，个人层面的董事亲密度：当某位连锁董事与控股股东具有以上四种关系的至少一种时，即籍贯或出生地在同一个地级市，或毕业于同一所院校，或目前在同一个行业协会任职，或曾经在同一家单位共事，称为"个人层面的高董事亲密度"，取值为0；当以上四种关系均不满足时，称为"个人层面的低董事亲密度"，取值为1。其二，公司层面的董事亲密度：本书着重探索公司层面董事亲密度的情境效应，以公司为单位把个人层面的董事亲密度进行加总计算。令 $N_{i,t}$ 表示公司 i 在第 t 年度拥有的连锁董事人数，当某家公司某个年度个人层面的董事亲密度之和小于 $N_{i,t}$ 时，代表该公司至少存在一位高亲密度的连锁董事，称为"公司层面的高董事亲密度"，取值为0；当某家公司某个年度个人层面的董事亲密度之和等于 $N_{i,t}$ 时，代表该公司不存在任何一位高亲密度的连锁董事，称为"公司层面的低董事亲密度"，取值为1。董事亲密度的社会关系定义如表5.6所示。

表5.6 董事亲密度的社会关系定义

社会关系识别	董事亲密度定义	董事亲密度说明
老乡关系	连锁董事与控股股东的籍贯或出生地在同一个地级市	具有老乡关系
校友关系	连锁董事与控股股东毕业于同一所院校	具有校友关系
协会关系	连锁董事与控股股东目前在同一个行业协会任职	具有协会关系
共同工作经历	连锁董事与控股股东曾经在同一家单位共事	具有共同工作经历
个人层面的董事亲密度	连锁董事与控股股东具有以上关系的至少一种，取值为0	个人高董事亲密度
个人层面的董事亲密度	连锁董事与控股股东以上四种关系均不满足，取值为1	个人低董事亲密度
公司层面的董事亲密度	个人层面的董事亲密度之和小于 $N_{i,t}$，取值为0	公司高董事亲密度
公司层面的董事亲密度	个人层面的董事亲密度之和等于 $N_{i,t}$，取值为1	公司低董事亲密度

（三）模型设计

本节在第四章模型（4.3）的基础上进一步引入董事亲密度变量（$Intim$），构建了多元回归模型（5.7），采用 OLS 回归方法来验证研究假设 H3。CEN_mean 的回归系数 α_1 表示董事网络位置与股权资本成本之间的相关性，交互项 $CEN\_mean \times Intim$ 的回归系数 α_3 表示董事亲密度对董事网络位置与股权资本成本之间关系的调节效应。根据假设 H3，连锁董事与控股股东的亲密度越低，董事网络位置对股权资本成本的降低作用越强，则预期 α_1 显著为负，且 α_3 同样显著为负。

$$\begin{aligned}RE\_hvz = &\alpha_0 + \alpha_1 CEN\_mean + \alpha_2 Intim + \alpha_3 CEN\_mean \times Intim + \\ &\alpha_4 Size + \alpha_5 Growth + \alpha_6 Lever + \alpha_7 Assturn + \alpha_8 OCF + \alpha_9 Liquid + \\ &\alpha_{10} State + \alpha_{11} Zidex + \alpha_{12} Indep + \alpha_{13} Dual + \alpha_{14} Place + \alpha_{15} Beta + \\ &\sum Industry + \sum Year + \varepsilon\end{aligned} \quad (5.7)$$

三 实证结果与分析

（一）描述性统计

董事网络位置、股权资本成本和控制变量的描述性统计与第四章第三节相同。表 5.7 的 Panel A 报告了董事亲密度的描述性统计结果。可以看出，董事亲密度（$Intim$）的均值为 0.8454，表明在全样本中有 84.54% 的公司属于低董事亲密度，只有 15.46% 的公司才属于高董事亲密度。25% 分位数、中位数、75% 分位数和最大值都为 1，同样表明连锁董事与控股股东因为存在亲密社会关系而受邀加入该公司董事会的情况并未大量出现，只在少数公司才产生这种"灰色董事现象"。这体现了我国大部分主板 A 股上市公司的董事亲密度处于相对偏低的水平，即连锁董事的兼任渠道更多来源于自身的职业背景、个人声誉及嵌入社会结构的网络资源，而不是主要依靠与控股股东之间的私人关系来获取潜在董事席位。

表 5.7 董事亲密度的描述性统计结果及单变量检验结果

Panel A:董事亲密度的描述性统计结果

变量	观测值	均值	标准差	最小值	25%分位数	中位数	75%分位数	最大值
Intim	15339	0.8454	0.3615	0.0000	1.0000	1.0000	1.0000	1.0000

Panel B:不同董事亲密度下董事网络中心度的单变量检验结果

分组变量	观测值	均值 t 检验		中位数 Mann-Whitney 检验	
		均值	t 值	中位数	z 值
董事亲密度低组	12968	4.7117	0.265	4.5728	0.594
董事亲密度高组	2371	4.7205		4.6120	

为了初步探讨董事网络中心度是否受到董事亲密度的影响，本节以董事亲密度（Intim）的虚拟变量作为分组标准，分别使用均值 t 检验、中位数 Mann-Whitney 检验，对两组样本的董事网络中心度进行组间比较。表 5.7 的 Panel B 报告了不同董事亲密度下董事网络中心度的单变量检验结果。从均值来看，董事亲密度低组和高组的董事网络中心度均值分别为 4.7117、4.7205，t 检验结果表明，样本均值不具有统计意义上的显著性。从中位数来看，董事亲密度低组和高组的董事网络中心度中位数分别为 4.5728、4.6120，Mann-Whitney 检验结果表明，样本中位数同样不具有统计意义上的显著性。以上结果表明，连锁董事与控股股东之间私人关系的亲密程度，对其网络中心度并没有产生实质性的影响。一个可能的解释是，"圈子文化"所建立的亲密关系虽然表面上增加了董事的人脉资源和履职机会，但这一社会关系由于要避免公众"说闲话"而不至于大肆公开，通常仅在小范围内存在。一旦双方操作不当，或许还会增加连锁董事"被俘获""不独立"的概率，导致个人声誉下滑，造成网络资源流失。这一结论说明，具有高度隐秘性甚至可能带来负面效应的亲密社会关系，将无法有效提升连锁董事的网络位置。

（二）回归结果与分析

表 5.8 的第（1）列报告了假设 H3 的回归结果。可以看出，董事网

络中心度（CEN_mean）与股权资本成本（RE_hvz）在1%的水平下显著负相关，即董事网络中心度越高，股权资本成本越低，第四章的主假设H1进一步被验证。交互项（$CEN\_mean \times Intim$）与股权资本成本（RE_hvz）在1%的水平下显著负相关，即连锁董事与控股股东的亲密度越低，董事网络中心度对股权资本成本的降低程度越大，本节的假设H3也得到了验证。这表明较低的亲密度可以积极提升连锁董事的勤勉程度和客观独立性，有效抑制控股股东的掏空行为及管理层的寻租行为，并充分利用社会资本整合战略资源、强化监督体系，从而促进董事网络位置对股权资本成本的降低作用。上市公司应该深刻认识董事网络多样化的结构特征，不仅需要考察连锁董事的网络位置高低，还要有效识别连锁董事与控股股东之间的亲疏关系，尽力发挥低亲密度董事更为积极的监督治理效应。

表5.8 情境效应分析的回归结果：董事亲密度

变量	RE_hvz	RE_hvz 董事亲密度低组 ($Intim=1$)	RE_hvz 董事亲密度高组 ($Intim=0$)	Suest 检验
	（1）	（2）	（3）	
CEN_mean	-0.0006*** (-3.13)	-0.0012*** (-5.26)	-0.0001 (-0.24)	3.01* [0.0829]
$Intim$	-0.0013 (-1.58)			
$CEN\_mean \times Intim$	-0.0004*** (-2.78)			
$Size$	-0.0082*** (-26.79)	-0.0084*** (-28.11)	-0.0081*** (-10.54)	
$Growth$	0.0027*** (6.82)	0.0030*** (9.98)	0.0027*** (3.61)	
$Lever$	0.0502*** (26.18)	0.0515*** (27.91)	0.0527*** (11.25)	
$Assturn$	-0.0003 (-0.42)	0.0003 (0.38)	-0.0004 (-0.20)	
OCF	0.0530*** (11.58)	0.0549*** (12.56)	0.0598*** (5.29)	
$Liquid$	0.0001 (0.13)	0.0010** (2.13)	-0.0001 (-0.02)	

续表

变量	RE_hvz	RE_hvz 董事亲密度低组 (Intim = 1)	RE_hvz 董事亲密度高组 (Intim = 0)	Suest 检验
	(1)	(2)	(3)	
$State$	-0.0009 (-1.40)	0.0001 (0.10)	-0.0020 (-1.09)	
$Zidex$	-0.0001*** (-2.94)	-0.0001* (-1.78)	-0.0001** (-2.09)	
$Indep$	0.0061 (1.13)	0.0016 (0.27)	0.0061 (0.44)	
$Dual$	0.0053*** (6.22)	0.0035*** (4.17)	0.0109*** (5.18)	
$Place$	-0.0026*** (-4.44)	-0.0034*** (-5.32)	-0.0029* (-1.82)	
$Beta$	-0.0040*** (-3.50)	-0.0060*** (-5.15)	0.0005 (0.16)	
$Industry$	控制	控制	控制	
$Year$	控制	控制	控制	
常数项	0.2464*** (29.31)	0.2514*** (30.11)	0.2274*** (10.91)	
Adj. R^2	0.1655	0.1877	0.1975	
F值	41.03***	50.93***	11.23***	
N	15339	12968	2371	

（三）稳健性检验

1. 分组检验

本节替换表5.8第（1）列中的交互项，对调节变量采用分组回归进行稳健性检验。以董事亲密度（$Intim$）的虚拟变量作为分组标准，将全样本划分为董事亲密度低组（$Intim = 1$）和董事亲密度高组（$Intim = 0$），分组考察董事亲密度在董事网络中心度（CEN_mean）与股权资本成本（RE_hvz）之间的调节效应，结果如表5.8的第（2）列、第（3）列所示。可以看出，董事亲密度低组中CEN_mean与RE_hvz在1%的水平下显著负相关，董事亲密度高组中 CEN_mean 与 RE_hvz 不具有统计意义上的显著性，且 Suest 检验结果表明，CEN_mean 组间系数的差异在10%的水平下显著，证实了相比高董事亲密度，连锁董事与控股股东的亲密度越低，董事网络位置对股权资本成本的降低作用越大，仍然支持假设 H3。

2. 重新测度解释变量

为了排除变量选取方法给实证结果带来的偏误，本节沿用第四章第四节的做法，采用公司层面三个中心度最大值的平均数（CEN_max）、结构洞丰富程度的均值（STH_mean）、结构洞丰富程度的最大值（STH_max）重新衡量董事网络位置，对模型（5.7）进行稳健性检验。表5.9报告了重新测度解释变量的回归结果。可以看出，第（1）~（3）列中董事网络位置的替代变量（CEN_max、STH_mean、STH_max）与股权资本成本（RE_hvz）全都在1%的水平下显著负相关，交互项（$CEN\_max \times Intim$、$STH\_mean \times Intim$、$STH\_max \times Intim$）与 RE_hvz 全都在至少5%的水平下显著负相关。以上测试结果都很稳健，假设 H3 仍然得到验证。

表5.9　重新测度解释变量的回归结果：董事亲密度

变量	RE_hvz (1)	RE_hvz (2)	RE_hvz (3)
CEN_max	-0.0002*** (-4.23)		
STH_mean		-0.0201*** (-5.65)	
STH_max			-0.0099*** (-3.28)
$Intim$	-0.0015* (-1.81)	-0.0012 (-1.48)	-0.0011 (-1.35)
$CEN\_max \times Intim$	-0.0001** (-2.05)		

续表

变量	RE_hvz (1)	RE_hvz (2)	RE_hvz (3)
STH_mean×Intim		-0.0043*** (-3.63)	
STH_max×Intim			-0.0027*** (-2.87)
Size	-0.0085*** (-28.39)	-0.0084*** (-27.75)	-0.0082*** (-27.27)
Growth	0.0030*** (7.67)	0.0029*** (7.39)	0.0027*** (6.88)
Lever	0.0517*** (27.40)	0.0525*** (27.72)	0.0503*** (26.18)
Assturn	0.0002 (0.31)	0.0003 (0.42)	-0.0003 (-0.41)
OCF	0.0554*** (12.26)	0.0551*** (12.19)	0.0529*** (11.56)
Liquid	0.0011** (2.53)	0.0012*** (2.81)	0.0001 (0.05)
State	0.0001 (0.06)	0.0005 (0.72)	-0.0010 (-1.42)
Zidex	-0.0001* (-1.93)	-0.0001** (-2.05)	-0.0001*** (-2.87)
Indep	0.0046 (0.86)	0.0001 (0.01)	0.0065 (1.21)
Dual	0.0045*** (5.44)	0.0044*** (5.27)	0.0054*** (6.35)
Place	-0.0036*** (-6.08)	-0.0036*** (-6.19)	-0.0027*** (-4.49)
Beta	-0.0055*** (-4.80)	-0.0057*** (-5.07)	-0.0037*** (-3.29)
Industry	控制	控制	控制
Year	控制	控制	控制

续表

变量	*RE_hvz* （1）	*RE_hvz* （2）	*RE_hvz* （3）
常数项	0.2494*** (30.03)	0.2603*** (31.01)	0.2532*** (29.64)
Adj. R²	0.1907	0.1923	0.1657
F 值	49.97***	50.38***	40.91***
N	15339	15339	15339

3. 动态模型与滞后一期

为了在一定程度上避免遗漏变量导致的伪回归问题，本节沿用第四章第四节的做法，通过对模型（5.7）进行动态变化值的设计，检验董事网络中心度逐年变化值（ΔCEN_mean）、董事亲密度逐年变化值（$\Delta Intim$）、交互项逐年变化值（$\Delta CEN\_mean \times Intim$）对股权资本成本逐年变化值（$\Delta RE\_hvz$）的敏感性影响，结果如表 5.10 的第（1）列所示。可以看出，ΔCEN_mean 与 ΔRE_hvz 在 1% 的水平下显著负相关，董事亲密度对应的交互项变化值（$\Delta CEN\_mean \times Intim$）与 ΔRE_hvz 也在 1% 的水平下显著负相关。动态模型的检验结果稳健，假设 H3 再次被验证。

董事亲密度对董事网络位置与股权资本成本之间关系的调节作用可能存在滞后效应，为了避免同期相关性问题，本节对模型（5.7）的解释变量、调节变量与交互项进行滞后一期处理，在一定程度上也能缓解内生性问题，结果如表 5.10 的第（2）列所示。可以看出，董事网络中心度滞后一期（CEN_meanL1）与 RE_hvz 在 1% 的水平下显著负相关，董事亲密度对应的交互项滞后一期（$CEN\_mean \times IntimL1$）与 RE_hvz 也在 1% 的水平下显著负相关。滞后一期的检验结果稳健，假设 H3 同样被验证。

表 5.10 动态模型与滞后一期的回归结果：董事亲密度

变量	动态模型敏感性检验 ΔRE_hvz (1)	滞后一期检验 RE_hvz (2)
ΔCEN_mean	-0.0008*** (-3.74)	
$\Delta Intim$	-0.0018** (-2.12)	
$\Delta CEN\_mean \times Intim$	-0.0005*** (-3.44)	
CEN_meanL1		-0.0016*** (-8.07)
$IntimL1$		-0.0017** (-2.12)
$CEN\_mean \times IntimL1$		-0.0004*** (-2.94)
$Size$	-0.0059*** (-18.51)	-0.0072*** (-23.18)
$Growth$	0.0012* (1.93)	0.0020** (2.56)
$Lever$	0.0404*** (21.21)	0.0284*** (15.34)
$Assturn$	0.0014* (1.75)	0.0004 (0.51)
OCF	0.0490*** (10.13)	0.0418*** (8.98)
$Liquid$	0.0074*** (16.26)	0.0049*** (12.22)
$State$	0.0001 (0.14)	-0.0023*** (-3.32)
$Zidex$	-0.0001** (-2.28)	-0.0001 (-1.28)
$Indep$	-0.0026 (-0.49)	-0.0029 (-0.53)
$Dual$	0.0025*** (2.92)	0.0062*** (7.04)

续表

变量	动态模型敏感性检验 ΔRE_hvz （1）	滞后一期检验 RE_hvz （2）
Place	-0.0015** (-2.48)	-0.0029*** (-4.82)
Beta	-0.0141*** (-12.34)	-0.0073*** (-6.35)
Industry	控制	控制
Year	控制	控制
常数项	0.1658*** (19.46)	0.0613*** (13.65)
Adj. R²	0.1418	0.0899
F 值	33.16***	23.19***
N	13275	13317

第三节 董事连锁距离的调节作用

一 理论分析与假设

随着经济一体化趋势的加剧和信息爆炸时代的来临，现代企业更加热衷于建立各类网络系统来获取关键信息、控制核心资源，资本市场中社会网络关系的竞争白热化趋势愈演愈烈。然而，中国人民大学新闻学院教授陈力丹如是评价："现在是新闻最多的时代，也是新闻最差的时代。"以微信、微博、抖音、Twitter、Facebook 为代表的社交网络工具全面兴起，因其信息类型丰富、操作方便快捷、扩散渠道直接等特点，正在从根本上改变社会网络系统中信息资源的获取途径和传递方式（魏建良、朱庆华，2019）。甚至有很大一部分人偏好于夸大事实来散布耸人听闻的信息，或把查无实据的信息加入个人想象来提高可信度，以达到博人眼球、自我宣泄的心理刺激。在自媒体丛生、谣言满天飞的社会里，企业掌握的信息越来越多，信息更迭的速度越来越快，但有价值、高质量的信息资源却越来越稀缺。铺天盖地的新闻报道导致了信息超载，层层扭曲的传播链条造成了信息失真，进而导致信息的冗余同质程度与筛选整合成本一直居高不下（汤小莉等，2018）。信息在多级传播过程中被若干个传播者逐层过滤，致使最终使用者接收到的信息早已严重背离信息源所发布的原始信息，由此出现了"传播扭曲效应"（DeKay，2015）。传播扭曲效应在社会网络的人际交往过程中是一种非常普遍的现象。每一级信息传播者都会或多或少地对信息源做出一定程度的加工重构（石琳等，2017），经过传播链条的依次累积，原始信息被层层扭曲，再由量变到质变，直至面目全非，从而误导了决策行为和执行效果。那么有理由怀疑，当某位连锁董事将其接收到的知识经验、商业机会等信息在董事网络中进行传播时，受到理解性偏差、个人动机或圈层利益等因素的影响，他可能倾向于夸大或增值那些符合自身利益与既有观念的信息，贬低或忽视那些违背自身利益与既有观念的信息，并乐意对前者进行大面积传播，对后者进行相应的抵制或改造，导致董事网络关系的信息媒介功能被"人性中的共性"严重侵蚀（DeKay，2015）。并且，董事网络结构中信息传播的链条越长，信息的失真程度和扭曲程度也就越大（M. Król and M. E. Król，2019）。

如前文所述，连锁董事靠近网络中心位置，可以为联结公司拓展隐性知识、保密信息的覆盖范围和传输渠道，增加关键信息、核心资源的获取数量和多元化程度。然而，传统社会网络理论的中心度分析法是采用矩阵编码的形式，首先通过构建"董事—公司"二维矩阵（如果某位董事在某家公司董事会任职取 1，否则取 0），接着转换成"董事—董事"一维矩阵（如果两位董事至少在一家公司董事会同时任职取 1，否则取 0），以及"公司—公司"一维矩阵（如果两家公司至少拥有同一位连锁董事取 1，否则取 0），从而为董事网络位置的衡量提供基础数据来源，详见第二章第二节。也就是说，由于构建的只是 0-1 矩阵，如果两位董事在两家及以上的公司董事会同时任职，或者两家公司同时拥有两位及以上的连锁董事，还是将联结关系设定为 1（李洋等，2019c）。这反映出中心度分析法的固有缺陷，即重点考察的是某位董事与网络中其他董事、某家公司与网络中其他公司所发生的直接联结关系，却无法准确辨析更为复杂的间接联结关系。董事网络是所有直接联结关系与间接联结关系共同构成的集合。陈运森和郑登津（2017）明确指出，间接联结关系并不意味着信息流就此中断，虽然形成了更长的传播链条和联结路径，但两家公司之间的社会网络关系依然较强，同样应该包含在董事网络结构的分析范畴之内。因此，传播扭曲效应的"人性弱点"和中心度分析法的固有缺陷共同说明，仅从网络中心度的视角并不足以全面考量连锁董事信息资源的传导质量、扩散速度和转化效率，本节亟须清晰界定董事网络结构嵌入的直接联结关系与间接联结关系，深入考察信息流传播链条中路径距离的长短差距，进一步揭示这一现实因素在董事网络位置与股权资本成本之间产生的情境效应。

董事网络包括了组织（联结公司）与个人（连锁董事）两大主体，在图论中称之为"二模网络"。根据镶嵌理论（Granovetter, 1985）的观点，董事网络必须同时具备两个特征：一是自主性特征，即连锁董事个人是独立自主的行动者（图论中的结点）；二是嵌入性特征，即连锁董事至少在一家公司董事会同时任职，发生了联结关系（图论中的连线）。Granovetter（1985）认为，所有行动者及其联结关系都镶嵌于社会网络结构的互动过程之中，网络个体的行为模式和信息传递的路径距离始终受到彼此的动态影响，在直接联结关系与间接联结关系下必然导致信息传播链条具有不同的路径长度。为了更加清晰地描述不同联结关系下信息传输的路径差异，本节绘制了图 5.2。

图中的结点表示连锁董事个人，其中●代表内部董事 I，▲代表外部董事 O；连线表示连锁董事构建的联结关系，其中实线代表内部董事

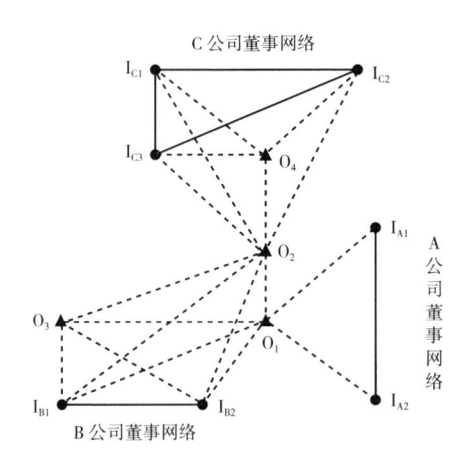

图 5.2　不同联结关系下信息传输的路径差异

之间建立的联结关系，虚线代表内部董事与外部董事之间、外部董事之间建立的联结关系。假设 A、B、C 三家公司形成了一个董事网络系统，可以看出，外部董事 O_1 同时在 A 公司与 B 公司的董事会任职，两家公司通过共享外部董事 O_1 发生了直接联结关系，即 A 公司与 B 公司之间的信息传输路径为 1 步，A 公司的隐性知识和关键信息由外部董事 O_1 传递给了 B 公司，与此同时，B 公司的决策经验和战略资源也由外部董事 O_1 传递给了 A 公司。同理，外部董事 O_2 同时在 B 公司与 C 公司的董事会任职，两家公司通过共享外部董事 O_2 发生了直接联结关系，B 公司与 C 公司之间的信息传输路径仍然为 1 步，信息资源能够在两家公司之间由外部董事 O_2 实现相对快速、准确、高效地流通扩散。A 公司与 C 公司则并没有通过同一位连锁董事直接联结，但 A 公司的外部董事 O_1 与 C 公司的外部董事 O_2 同时在 B 公司的董事会任职，两家公司凭借都在 B 公司兼任的连锁董事发生了间接联结关系，即 A 公司与 C 公司之间的信息传输路径为 2 步。第 1 步：A 公司通过外部董事 O_1 与 B 公司直接联结；第 2 步：A 公司再通过 B 公司的外部董事 O_2 与 C 公司间接联结。对 C 公司而言同样需要迈出 2 步才能到达 A 公司。与前两种情况相比，A公司与C公司之间的信息传播链条更长，导致信息沟通的质量、速度和效率均有所下降，但董事网络同样存在较强的信息媒介作用。

以往社会网络相关文献大都笼统针对"与A公司存在董事联结关系—B公司决策行为"进行"单向"研究，不仅忽略了董事网络学习模仿效应为联结公司带来的"双向"参照作用，而且未能完整反映信息资源传输路径存在的长短差距（陈运森、郑登津，2017）。Larcker等（2013）创造性地随机识别任意两位连锁董事是否具有间接关系以及关系之间的距离远近，以衡量间接联结路径对董事网络信息媒介功能的异质影响，但其侧重于考察董事个人之间的联结路径差异。本节在此基础上做出进一步深化，侧重于探索联结公司之间的"董事连锁距离"，将其定义为不同董事联结关系下信息传播链条的路径长度，并从"A公司信息流—直接或间接连锁董事—B公司信息流"的视角进行"双向配对"研究。通过同年度内联结公司的两两逐一配对，明确辨析公司之间联结关系的不同类型，将"董事连锁距离"划分为"直接连锁距离"、"间接连锁距离"和"3步及以上连锁距离"三种情形。其中，"直接连锁距离"是指两两配对公司之间通过共享同一位连锁董事进行直接联结（信息传输路径为1步，类似于"直接朋友"）。"间接连锁距离"是指两两配对公司之间通过在第三家公司同时任职的连锁董事搭建"信息桥"进行间接联结（信息传输路径为2步，类似于"朋友的朋友"）。"3步及以上连锁距离"是指两两配对公司之间需要通过在第四家及以上公司同时任职的连锁董事"搭桥"才能建立联结关系（信息传输路径在3步及以上，类似于"朋友的朋友的朋友……"），这种情况下信息传播链条过长，信息沟通效果较差（Castilla，2003），本书也就不再专门识别具体的信息传输路径，而是将其归为一类。

董事连锁距离的路径长短，会对社会网络结构中关键信息的传导质量、扩散速度和转化效率产生重要影响（赵炎、郑向杰，2013），还与连锁董事相互进行知识迁移、经验分享、决策优化的准确性和完整性密切相关（Bouwman，2011）。一方面，从信息传递效果来看，董事连锁距离越短，网络成员间隔路径越短，信息在联结公司之间转移流通的损耗和阻力就越小，信息被层层扭曲失真的风险和概率也越低，信息质量及其增值服务都会得到显著提升（石琳等，2017）。另一方面，从信息传递效率来看，董事连锁距离越短，信息传播链条越少，进一步加快了联结公司之间异质信息的辐射速度，提高了连锁董事之间深层次的沟通频率，增强了董事会对社会资本的消化吸收能力（杨艳萍、郜钰格，2020），强化了战略资源的充分整合，促进了隐性知识的深度学习，缩减了有效信息的甄别成本（汤小莉等，2018）。信息传播者（连锁董事）与信息接收者（联结公司）需要同步发力，充分重视董事网络系统中的信息传递效率和信息内容质量，慎重筛选对公司战略发展和价值创造有利的信息源，积极克服信息环境的不确定性与决策过程的模糊性，主动构建与维护嵌入更多直接联结关系的董事网络结构。综上所述，董事连锁距离越短，信息传递与知识转移的速度越快、效果越好、效率越高，越能提高内外部环境的信息质量，提升董事网络位置的治理水平，提高联结公司的信息透明度（Rossoni et al.，2018；杜勇、刘婷婷，2021），助力投资者更为准确地判断未来风险报酬，从而约束股权资本成本的上升。因此，本节提出研究假设H4。

H4：董事连锁距离越短，董事网络位置对股权资本成本的降低作用越强。

二 研究设计

（一）样本选择与数据来源

本节继续沿用第四章的样本，此处重点介绍董事连锁距离的数据来源。

董事连锁距离数据的获取，需要根据信息传播链条中路径距离的长短差距，从"A公司信息流—直接或间接连锁董事—B公司信息流"的视角，对同年度内每位连锁董事所在的公司进行两两逐一配对，明确辨析董事网络结构嵌入的直接联结关系与间接联结关系。基础资料主要来自CSMAR数据库"人物特征系列"中的"董监高个人特征文件"与"公司研究系列"中的"治理信息文件"，个别缺失资料根据RESSET数据库、Wind数据库以及公司年报、新浪财经、巨潮资讯尽量补齐。直接连锁距离、间接连锁距离和3步及以上连锁距离的数据都采用手工归集整理，得到15339个公司年度观测值。

（二）变量定义

本节继续沿用第四章的解释变量、被解释变量与控制变量，此处重点介绍董事连锁距离的衡量方法。

特征路径长度是小世界网络理论的主要特征之一（Davis et al., 2003；汤小莉等，2018）。其核心思想在于，较短的平均路径长度能够导致网络成员之间的信息传递更加快速及时、信息内容质量更加准确完整，从而提高信息传递效率，降低信息扭曲程度（M. Król and M. E. Król，2019）。这一研究视角在国内主要集中于知识创新网络（赵炎、郑向杰，2013；张艺等，2018）、风险投资网络（石琳等，2017；杨艳萍、邰钰格，2020）等基于"抱团"的网络社群与合作联盟领域，但鲜有针对董事网络关系进行信息传播链条的路径差异研究。Fracassi（2016）在检验管理层和董事会网络关系对公司财务政策的趋同影响时，通过独特的对偶模型，对每一位高管和董事所在公司进行两两配对，识别出公司之间联结路径的距离来测量信息传递效率与关系紧密程度。陈运森和郑登津（2017）则基于连锁董事的直接联结关系与间接联结关系，检验了董事网络对公司之间投资水平和投资变化所产生的同群效应，通过设置是否具有直接或间接联结关系的虚拟变量来考察联结关系类型，还进一步使用联结公司同时任职的董事人数来考察联结关系强度。但本书认为，陈运森和郑登津（2017）的做法可能存在两个弊病：一是哑变量无法具体反映信息传播链条中路径距离的长短差距；二是间接联结关系下在配对公司同时任职的董事人数反倒更多，也就得出了间接联结关系比直接联结关系"隐性"联系更紧密的谬论。本节同时借鉴Fracassi（2016）、陈运森和郑登津（2017）的研究思路，并结合董事网络结构中的信息扭曲现象和不同联结关系下的信息传输路径，重新设计了董事连锁距离的衡量方法，通过图5.3进行分析。

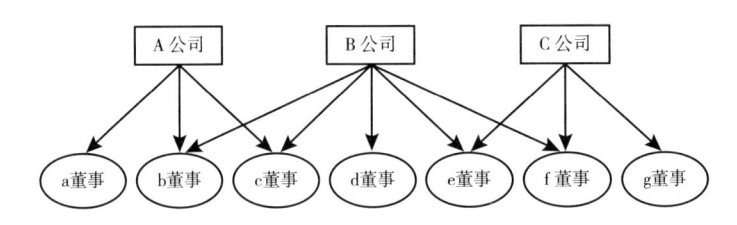

图5.3 董事连锁距离的配对路径

由图5.3可以看出，A公司与B公司通过b董事、c董事发生了直接联结关系，信息传输路径为1步；B公司与C公司通过e董事、f董事也发生了直接联结关系，信息传输路径同样为1步；A公司与C公司虽然没有发生直接联结关系，但通过b董事和e董事、b董事和f董事、c董事和e董事、c董事和f董事都发生了间接联结关系，信息传输路径为2步。基于这一思路，董事连锁距离（$NetStep$）的衡量过程遵循以下步骤：第一，将各年度内每位连锁董事所在的公司进行两两配对，每家公司将会和除自身外的其他公司逐一配对，形成每一组配对公司，同时剔除重复的配对样本；第二，对直接连锁距离（$Step1$）赋值，即判断配对公司之间是否存在距离为1步的直接联结关系，如果二者通过同一位连锁董事直接联结，赋值为3；第三，对间接连锁距离（Step2）赋值，即针对没有发生直接联结关系的配对公司，进一步判断是否存在距离为 2 步的间接联结关系，如果二者通过在第三家公司共同任职的连锁董事间接联结，赋值为 2；第四，对 3 步及以上连锁距离（Step3）赋值，除了直接联结关系与间接联结关系以外，其他配对公司之间都属于距离为 3 步及以上的联结关系，赋值为 1；第五，进一步计算每个年度每家公司三种连锁距离的平均数作为董事连锁距离的代理变量，如公式（5.8）所示。该变量的取值范围在 [1, 3]，数值越大，说明董事连锁距离越短，信息传递的速度越快、质量越好。

$$NetStep = \frac{Step1_{t,(i,j)} + Step2_{t,(i,j)} + Step3_{t,(i,j)}}{N_t} \quad (5.8)$$

其中，$Step1_{t,(i,j)}$、$Step2_{t,(i,j)}$、$Step3_{t,(i,j)}$ 分别表示公司 i 与公司 j 在第 t 年度两两逐一配对之后识别的直接连锁距离、间接连锁距离和 3 步及以上连锁距离；N_t 表示在第 t 年度的样本公司数量；$NetStep$ 表示公司 i 在第 t 年度三种连锁距离的平均数。

（三）模型设计

本节在第四章模型（4.3）的基础上进一步引入董事连锁距离变量（NetStep），构建了多元回归模型（5.9），采用 OLS 回归方法来验证研究假设 H4。CEN_mean 的回归系数 α_1 表示董事网络位置与股权资本成本之间的相关性，交互项 $CEN\_mean \times NetStep$ 的回归系数 α_3 表示董事连锁距离对董事网络位置与股权资本成本之间关系的调节效应。根据假设 H4，如果董事连锁距离越短，董事网络位置对股权资本成本的降低作用越强，则预期 α_1 显著为负，且 α_3 同样显著为负。

$$\begin{aligned}RE\_hvz = &\alpha_0 + \alpha_1 CEN\_mean + \alpha_2 NetStep + \alpha_3 CEN\_mean \times NetStep + \\ &\alpha_4 Size + \alpha_5 Growth + \alpha_6 Lever + \alpha_7 Assturn + \alpha_8 OCF + \alpha_9 Liquid + \\ &\alpha_{10} State + \alpha_{11} Zidex + \alpha_{12} Indep + \alpha_{13} Dual + \alpha_{14} Place + \alpha_{15} Beta + \\ &\sum Industry + \sum Year + \varepsilon\end{aligned} \quad (5.9)$$

三 实证结果与分析

（一）描述性统计

董事网络位置、股权资本成本和控制变量的描述性统计与第四章第三节相同。表 5.11 的 Panel A 报告了董事连锁距离的描述性统计结果。可以看出，董事连锁距离（NetStep）的最小值为 1.0787，最大值为 1.1778，且标准差仅为 0.0263，说明样本公司两两配对之后联结路径的长短差距波动幅度不大，保持平稳状态。其均值为 1.1182，中位数为 1.1191，两个数据比较接近，基本服从正态分布，且只是略高于该变量的取值范围下限 1，说明我国资本市场的网络关系盘根错节，将任何一家公司置身于整个董事网络系统，所嵌入的直接或间接联结关系都属于相对稀缺的网络资源，绝大多数配对公司之间的董事连锁距离应该在 3 步及以上，或者没有发生联结关系。同时，这也反映出我国董事网络结构中纵横交织的社会关系导致信息的传播链条过长，还普遍存在信息扭曲现象，亟须信息传播者（连锁董事）与信息接收者（联结公司）同步发力，充分重视信息传递效率和信息内容质量，主动创建连锁距离更短的优质董事网络。

表 5.11 董事连锁距离的描述性统计结果及单变量检验结果

Panel A：董事连锁距离的描述性统计结果

变量	观测值	均值	标准差	最小值	25%分位数	中位数	75%分位数	最大值
NetStep	15339	1.1182	0.0263	1.0787	1.0947	1.1191	1.1364	1.1778

Panel B：不同董事连锁距离下董事网络中心度的单变量检验结果

分组变量	观测值	均值 t 检验 均值	t 值	中位数 Mann-Whitney 检验 中位数	z 值
董事连锁距离短组	7669	4.8181	−8.760***	4.7065	−8.766***
董事连锁距离长组	7670	4.6081		4.4656	

为了初步探讨董事网络中心度是否受到董事连锁距离的影响，本节以董事连锁距离（*NetStep*）的中位数作为分组标准，分别使用均值 t 检验、中位数 Mann-Whitney 检验，对两组样本的董事网络中心度进行组间比较。表 5.11 的 Panel B 报告了不同董事连锁距离下董事网络中心度的单变量检验结果。从均值来看，董事连锁距离短组和长组的董事网络中心度均值分别为 4.8181、4.6081，t 检验结果表明，样本均值在 1%的水平下存在显著差异。从中位数来看，董事连锁距离短组和长组的董事网络中心度中位数分别为 4.7065、4.4656，Mann-Whitney 检验结果表明，样本中位数在 1%的水平下仍然存在显著差异。以上结果表明，董事网络结构嵌入的直接联结关系与间接联结关系，缩短了信息资源的传播链条，提高了连锁董事的沟通频率，加快了知识经验的迁移速度，增强了社会资本的吸收能力，能够为连锁董事的网络位置提升带来有效助力。

（二）回归结果与分析

表 5.12 的第（1）列报告了假设 H4 的回归结果。可以看出，董事网络中心度（*CEN_mean*）与股权资本成本（*RE_hvz*）在 5%的水平下显著负相关，即董事网络中心度越高，股权资本成本越低，第四章的主假设 H1 进一步被验证。交互项（*CEN_mean×NetStep*）与股权资本成本（*RE_hvz*）在 10%的水平下显著负相关，即董事连锁距离越短，董事网络中心度对股权资本成本的降低程度越大，本节的假设 H4 也得到了验证。这表明较短的董事连锁距离能够在网络结构中嵌入更多的直接联结关系与间接联结关系，精简了信息流载体的传播链条和输送路径，提高了联结公司之间信息资源传递扩散、知识经验学习模仿的速度和效率，并最大限度地避免了保密信息被层层扭曲的可能性，积极保障了隐性知识与社会资本转化过程的准确性及完整性。连锁董事之间的信息交流更加密切、资源共享渠道更加通畅，可以进一步增强董事网络中心位置的监督治理成效和信息媒介优势，为联结公司提供更科学合理的决策咨询

建议，为投资者带来更真实可靠的风险评估参照，从而促进董事网络位置对股权资本成本的降低作用。

表 5.12 情境效应分析的回归结果：董事连锁距离

变量	RE_hvz (1)	RE_hvz 董事连锁距离短组（$NetStep \geqslant$中位数）(2)	RE_hvz 董事连锁距离长组（$NetStep <$中位数）(3)	Suest 检验
CEN_mean	-0.0005** (-2.47)	-0.0017*** (-6.30)	-0.0007** (-2.43)	7.39*** [0.0066]
$NetStep$	-0.0326*** (-3.17)			
$CEN\_mean \times NetStep$	-0.0003* (-1.87)			
$Size$	-0.0086*** (-28.84)	-0.0073*** (-19.86)	-0.0099*** (-26.32)	
$Growth$	0.0050*** (13.33)	0.0058*** (10.70)	0.0045*** (15.27)	
$Lever$	0.0537*** (31.24)	0.0422*** (20.62)	0.0472*** (20.63)	
$Assturn$	-0.0001 (-0.03)	0.0017* (1.90)	-0.0010 (-1.01)	
OCF	0.0473*** (11.43)	0.0315*** (6.08)	0.0532*** (9.95)	
$Liquid$	0.0035*** (6.76)	0.0086*** (13.03)	0.0037*** (5.53)	
$State$	0.0014** (2.36)	-0.0006 (-0.65)	0.0016* (1.79)	
$Zidex$	-0.0001 (-1.18)	0.0001 (0.53)	-0.0001*** (-2.74)	
$Indep$	-0.0012 (-0.25)	-0.0102 (-1.47)	0.0024 (0.34)	
$Dual$	0.0031*** (4.26)	0.0025** (2.34)	0.0032*** (3.29)	
$Place$	0.0004 (0.81)	-0.0004 (-0.57)	0.0006 (0.77)	
$Beta$	-0.0028** (-2.24)	-0.0092*** (-5.32)	-0.0001 (-0.00)	
$Industry$	控制	控制	控制	

续表

变量	RE_hvz	RE_hvz 董事连锁距离短组 ($NetStep \geq$ 中位数)	RE_hvz 董事连锁距离长组 ($NetStep <$ 中位数)	Suest 检验
	（1）	（2）	（3）	
Year	控制	控制	控制	
常数项	0.2884*** (20.09)	0.0543*** (8.94)	0.2778*** (25.16)	
Adj. R²	0.3430	0.3051	0.3611	
F 值	100.40***	52.80***	64.75***	
N	15339	7669	7670	

（三）稳健性检验

1. 分组检验

本节替换表 5.12 第（1）列中的交互项，对调节变量采用分组回归进行稳健性检验。以董事连锁距离（$NetStep$）的中位数作为临界点，将全样本划分为董事连锁距离短组（$NetStep \geq$ 中位数）和董事连锁距离长组（$NetStep <$ 中位数），分组考察董事连锁距离在董事网络中心度（CEN_mean）与股权资本成本（RE_hvz）之间的调节效应，结果如表 5.12 的第（2）列、第（3）列所示。可以看出，董事连锁距离短组中 CEN_mean 与 RE_hvz 在 1% 的水平下显著负相关，董事连锁距离长组中 CEN_mean 与 RE_hvz 在 5% 的水平下显著负相关，且 Suest 检验结果表明，CEN_mean 组间系数的差异在 1% 的水平下显著，证实了董事连锁距离越短，信息传递效率越高，董事网络位置对股权资本成本的降低作用越大，仍然支持假设 H4。

2. 重新测度解释变量

为了排除变量选取方法给实证结果带来的偏误，本节沿用第四章第四节的做法，采用公司层面三个中心度最大值的平均数（CEN_max）、结构洞丰富程度的均值（STH_mean）、结构洞丰富程度的最大值

（STH_max）重新衡量董事网络位置，对模型（5.9）进行稳健性检验。表5.13报告了重新测度解释变量的回归结果。可以看出，第（1）~（3）列中董事网络位置的替代变量（CEN_max、STH_mean、STH_max）与股权资本成本（RE_hvz）全都在1%的水平下显著负相关，交互项（$CEN\_max×NetStep$、$STH\_mean×NetStep$、$STH\_max×NetStep$）与RE_hvz全都在至少5%的水平下显著负相关。以上测试结果都很稳健，假设H4仍然得到验证。

表 5.13　重新测度解释变量的回归结果：董事连锁距离

变量	RE_hvz (1)	RE_hvz (2)	RE_hvz (3)
CEN_max	-0.0003*** (-4.87)		
STH_mean		-0.0102*** (-3.13)	
STH_max			-0.0108*** (-4.10)
$NetStep$	0.0097 (0.84)	-0.0325*** (-3.18)	-0.0234** (-2.17)
$CEN\_max×NetStep$	-0.0001** (-2.06)		
$STH\_mean×NetStep$		-0.0082*** (-2.79)	
$STH\_max×NetStep$			-0.0051** (-1.98)
$Size$	-0.0078*** (-26.17)	-0.0085*** (-28.44)	-0.0086*** (-29.01)
$Growth$	0.0035*** (9.04)	0.0050*** (13.06)	0.0050*** (13.23)
$Lever$	0.0588*** (33.37)	0.0539*** (31.37)	0.0538*** (31.28)
$Assturn$	0.0001 (0.02)	-0.0001 (-0.05)	-0.0001 (-0.02)

续表

变量	RE_hvz (1)	RE_hvz (2)	RE_hvz (3)
OCF	0.0578*** (13.26)	0.0471*** (11.36)	0.0471*** (11.38)
Liquid	0.0029*** (5.36)	0.0036*** (6.94)	0.0035*** (6.82)
State	0.0011* (1.80)	0.0016*** (2.70)	0.0015** (2.50)
Zidex	0.0001 (1.02)	−0.0001 (−1.19)	−0.0001 (−1.16)
Indep	0.0011 (0.21)	−0.0026 (−0.54)	−0.0011 (−0.22)
Dual	0.0038*** (4.53)	0.0030*** (4.11)	0.0032*** (4.31)
Place	−0.0030*** (−5.16)	0.0004 (0.68)	0.0004 (0.70)
Beta	−0.0080*** (−6.18)	−0.0031** (−2.46)	−0.0027** (−2.22)
Industry	控制	控制	控制
Year	控制	控制	控制
常数项	0.2245*** (14.80)	0.2961*** (20.51)	0.2874*** (19.82)
Adj. R²	0.1946	0.3434	0.3437
F 值	133.78***	100.66***	100.67***
N	15339	15339	15339

3. 动态模型与滞后一期

为了在一定程度上避免遗漏变量导致的伪回归问题,本节沿用第四章第四节的做法,通过对模型(5.9)进行动态变化值的设计,检验董事网络中心度逐年变化值(ΔCEN_mean)、董事连锁距离逐年变化值($\Delta NetStep$)、交互项逐年变化值($\Delta CEN\_mean \times NetStep$)对股权资本成本逐年变化值($\Delta RE\_hvz$)的敏感性影响,结果如表5.14的第(1)列所示。

可以看出，ΔCEN_mean 与 ΔRE_hvz 在 1% 的水平下显著负相关，董事连锁距离对应的交互项变化值（$\Delta CEN\_mean \times NetStep$）与 ΔRE_hvz 在 5% 的水平下显著负相关。动态模型的检验结果稳健，假设 H4 再次被验证。

董事连锁距离对董事网络位置与股权资本成本之间关系的调节作用可能存在滞后效应，为了避免同期相关性问题，本节对模型（5.9）的解释变量、调节变量与交互项进行滞后一期处理，在一定程度上也能缓解内生性问题，结果如表 5.14 的第（2）列所示。可以看出，董事网络中心度滞后一期（CEN_meanL1）与 RE_hvz 在 1% 的水平下显著负相关，董事连锁距离对应的交互项滞后一期（$CEN\_mean \times NetStepL1$）与 RE_hvz 在 5% 的水平下显著负相关。滞后一期的检验结果稳健，假设 H4 同样被验证。

表 5.14　动态模型与滞后一期的回归结果：董事连锁距离

变量	动态模型敏感性检验 ΔRE_hvz （1）	滞后一期检验 RE_hvz （2）
ΔCEN_mean	-0.0008*** (-3.81)	
$\Delta NetStep$	-0.0556*** (-4.93)	
$\Delta CEN\_mean \times NetStep$	-0.0005** (-2.53)	
CEN_meanL1		-0.0007*** (-3.56)
$NetStepL1$		-0.0423*** (-4.25)
$CEN\_mean \times NetStepL1$		-0.0003** (-2.10)
$Size$	-0.0064*** (-20.44)	-0.0075*** (-25.90)
$Growth$	0.0012** (2.04)	0.0053*** (7.36)
$Lever$	0.0407*** (22.47)	0.0499*** (29.93)

续表

变量	动态模型敏感性检验 ΔRE_hvz (1)	滞后一期检验 RE_hvz (2)
$Assturn$	0.0015** (2.06)	-0.0004 (-0.52)
OCF	0.0429*** (9.31)	0.0461*** (11.66)
$Liquid$	0.0022*** (3.90)	0.0035*** (7.05)
$State$	-0.0003 (-0.49)	0.0028*** (4.92)
$Zidex$	-0.0001*** (-3.49)	-0.0001 (-0.95)
$Indep$	-0.0031 (-0.59)	-0.0004 (-0.08)
$Dual$	0.0027*** (3.36)	0.0030*** (4.28)
$Place$	0.0003 (0.60)	0.0004 (0.79)
$Beta$	0.0011 (0.86)	-0.0034*** (-2.85)
Industry	控制	控制
Year	控制	控制
常数项	0.2415*** (15.74)	0.2639*** (19.38)
Adj. R^2	0.2306	0.3727
F值	51.11***	99.92***
N	13275	13317

第四节 进一步研究：董事网络结构与正式信息渠道的替代效应

提高信息透明度、缓解信息不对称，是增加股票价格信息含量、减少投资者逆向选择、提升资本市场运行效率、降低股权资本成本的重要途径（刘维奇、武翰章，2021）。信息经济学指出，信息从发布者到传播者再到接收者，需要借助信息媒介才能实现有效传递（胡玮佳、韩丽荣，2020）。在"互联网+大数据"背景下，信息技术飞速发展，现代企业面临的信息环境正在经历革命性转变，信息媒介可以分为正式信息渠道与非正式信息渠道两种类型（孙彤等，2020），对不同的市场监管需求与公司治理目标产生了多样化的信息传递机制。正式信息渠道包括政府新闻发布会、国家统计数据、官方研究报告、交易所门户网站、重要报刊、主流媒体报道、证券分析师跟踪等途径。正式信息源的认可度高、权威性强，但受到诸多的规则限制与政策约束，需要经过必要审核才能公开发布，具有明确的披露要求和内容边界，特别是一些"敏感话题"和"隐性信息"无法自主传播（孙彤等，2020）。非正式信息渠道是指除了正式渠道（具有官方特征或权威性质）以外的其他信息传递方式，包括微信、微博等移动社交平台、各类新闻自媒体，以及围绕组织成员之间文化、声誉、信任等非正式制度而建立起来的社会网络关系。非正式信息源存在明显的社群效应，信息内容更加多元化，表达形式更加个性化，传递途径更加丰富化，具有进入门槛低、覆盖范围广、传递成本低、自主权力大等特点（Fu and Gupta-Mukherjee，2014）。特别是在正式信息渠道相对缺失的市场环境中，非正式信息渠道能够充当一种积极的替代机制来弥补对资本市场的不利影响（陈运森等，2018），有效降低公司与投资者之间的信息不对称程度，显著增强投资者对未来风险报酬的信息解读能力。但应该注意到，非正式信息渠道容易造成信息超载问题和传播扭曲现象，甚至产生大量的不实谣言和虚假行为扰乱市场资源配置方向，这就需要正式信息渠道与非正式信息渠道彼此渗透、相互协调，共同为我国信息环境的改善形成整体合力。

董事网络关系作为我国资本市场最普遍存在的一种非正式信息渠道（陈运森等，2018），是上市公司之间传递专业知识、政策动态、项目经验、商业机会、创新技术、战略规划等保密信息的重要媒介。毫无疑问，董事网络位置带来的正外溢性能够有力补充正式信息渠道的不足，已经成为联结公司提升竞争优势、拓展生存空间的关键平台（Gulati，2015）。但如果考虑到我国"关系型"社会的现实情境，内部董事与外部董事之间信息传导和决策作用的强弱区别，连锁董事与控股股东之间私人关系的亲疏程度，联结公司之间信息传播链条中路径距离的长短差距，这些镶嵌于董事网络结构的内部情境因素既然直接影响到董事网络关系的信息媒介功效和信息传递质量，在董事网络位置与股权资本成本之间具有差异化的情境效应，那么有理由设想，现实情境变量和正式信息渠道之间能否产生相辅相成、相得益彰的作用效果？二者究竟存在替代关系还是互补关系？这是本节亟待进一步研究的问题。

一 正式信息渠道：媒体报道

随着当前新闻传媒市场的高速发展，媒体力量成为一种极其重要的市场信息传递机制（邵志浩、才国伟，2020b）。2017年10月，党的十九大报告明确提出，"坚持正确舆论导向，高度重视传播手段建设和创新，提高新闻舆论传播力、引导力、影响力、公信力"。2020年9月，中共中央办公厅、国务院办公厅印发《关于加快推进媒体深度融合发展的意见》，进一步凸显了全媒体时代借助先进技术驱动媒体机制建设的重要性和急迫性，旨在强化主流媒体与社会受众的有效连接，提升媒体报道在信息传播领域的应用价值。作为正式信息渠道的重要组成部分，新闻媒体能够全方位涉及各类信息的收集、生产、加工、整合、传播等环节，从而将有关政策调控、行业趋向、市场波动、商业契机等信息高效、及时地提供给企业及投资者（梁上坤，2017），对于建立高效资本市场、塑造主流舆论格局、缓解信息不对称发挥了关键作用（姜东旭，2019）。与其他信息渠道相比，媒体报道的信息优势主要表现为以下三方面。第一，拥有广阔的信息收集渠道和敏锐的热点捕捉触觉，容易快速迅捷地挖掘到各种公开或保密的一手素材，形成相对全面、完整的信息集合。第二，具备专业的信息加工能力和先进的信息分析技术，能够使用5G、大数据、云计算、人工智能、区块链等技术设备，从纷繁复杂的各类资料中准确筛选出关键信息，并提炼加工为吸引社会公众眼球的热门话题（何苏燕，2021）。第三，占据丰富的信息传播链条和专属的信息转载通道，可以通过集约高效的采编流程和报道路径，深度融合中央、省、市、县等各级媒体将信息辐射传播，并保证不同媒体机构的转载量和点读量，达到其他信息渠道无法比拟的覆盖范围。因此，一方面，媒体报道发挥了监督作用，通过曝光资金占用、财务造假、利益寻租、不实披露等黑幕，引导社会舆论，提请监管机构介入（Dyck et al.，2010），与董事网络关系的监督治理效应形成有效合力，从而约束管理层机会主义动机和内部人控制现象（Dai et al.，2015），提高公司信息透明度。另一方面，媒体报道发挥了声誉作用，通过正面性的情感语调引导良好的市场预期，释放积极的利好信号，不仅激励管理层通过真实的财务报告、准确的业绩预告向外界传递可靠信息（Liu and McConnell，2013），同时也激励连锁董事以更大的动机和热情恪尽职守、谨慎勤勉，协助董事会提升公司治理水平、降低信息不对称程度，从而实现企业与投资者之间的良好沟通（胡国强等，2020）。

本节采用两种方式来度量媒体报道，分别是媒体新闻报道总量和媒体正面报道倾向。其一，媒体新闻报道总量（Media）：在以往研究中，李培功和沈艺峰（2010）基于6份权威报纸，邵志浩和才国伟（2020b）基于8份权威报纸，梁上坤（2017）、杜金岷等（2020）基于"中国重要报纸全文数据库"（CNKI）进行公司新闻检索，但在互联网时代，报纸的普及程度、覆盖范围和影响作用都要远远低于网络。而百度是国内最大的中文搜索引擎，因此本节利用百度新闻搜索平台，将样本公司的证券代码、公司简称、公司全称作为关键词,通过"标题查询""主题查询"对相关新闻内容进行全面检索,并剔除了因重大事件而导致报道频数异常偏多的样本,然后分年度对每家公司的新闻报道条数进行汇总。参考Dyck等(2010)、Liu和McConnell(2013)、胡国强等(2020)、邵志浩和才国伟(2020a)的做法,为了消除量纲的影响,定义媒体新闻报道总量=ln(1+新闻报道条数)。其二,媒体正面报道倾向(*MedPosi*):根据新闻报道情感语调的差异,可以将其分为正面报道、中性报道与负面报道(杜金岷等,2020;何苏燕,2021)。正面报道能够塑造美好的发展前景,负面报道则会引发恶劣的市场情绪,所以有必要进一步区分媒体报道的情感倾向。通过人工阅读进行识别,若一篇新闻是以赞美、弘扬等正面语气报道公司的先进事迹、成功经验或优良形象,比如"扩大市场份额""成为行业领头羊""技术水平不断上升"等,将其定义为正面报道。反过来,若一篇新闻是以质疑、批评等负面语气报道公司的不良事件、造假行为或违规现象,比如"经营业绩下滑""触发关联交易""被证监会采取行政处罚"等,将其定义为负面报道。居于正面与负面之间,以不带任何感情色彩的中性语气陈述的新闻,将其定义为中性报道。参考Liu和McConnell(2013)、邵志浩和才国伟(2020a)的做法,定义媒体正面报道倾向=(正面新闻报道条数-负面新闻报道条数)/(1+新闻报道条数)。如果当年某公司的媒体新闻报道总量越多,且媒体正面报道倾向越强,则该公司所拥有的正式信息渠道越好。

二 正式信息渠道:分析师跟踪

证券发行注册制改革打破了政府的行政管制,中国资本市场新生态正在逐步形成,对券商的运营模式、执业专业度和研究实力提出了更高的要求。证券分析师在市场经济活动与正式信息传递中的地位日益凸显,他们通过跟踪市场热点问题、整合行业变化信息、挖掘盈余波动数据、分析长期经营状况、判断未来投资前景、进行重大风险提示等形式（胡玮佳、韩丽荣，2020），出具并发布行业解读、盈余预测、投资评级、荐股意见等一系列研究报告，正在逐步成为资本市场上极其重要的专业信息中介和外部治理机制（刘维奇、武翰章，2021）。作为正式信息渠道的重要组成部分，分析师的信息传输功能主要作用于"信息披露者（公司管理层）→信息传播者（证券分析师）→信息接收者（外部投资者及其他利益相关者）"这一路径上（李秉成、郑珊珊，2019）。从中不难看出，分析师是衔接上市公司与投资者之间信息传递的关键纽带（Mouselli and Hussainey, 2014），能够促进有效信息的快速流通，强化上市公司的外部监管，引导社会公众的理性投资，提高市场资源的配置效率。与其他信息渠道相比，分析师跟踪的信息优势主要表现在以下几方面。第一，充分获取信息的来源优势。挖掘真实、准确的信息是分析师进行预测工作的基本前提和质量保证。分析师配备了全方位、多途径收集一手素材的专业团队和信息渠道，信息来源不仅包括上市公司披露的各类公开资料，还包括与上市公司、政府部门、行业协会或其他非正式机构在实地调研、直接拜访、电话访谈、会议交流等过程中获得的非公开资料（赵胜民、张博超，2021），从而掌握更加丰富且相对客观的信息。第二，分析解读信息的专业优势。公司管理层披露的财务报表、业绩预告、重大事项等信息往往存在一定的"阅读门槛"，而广大非专业投资者可能缺乏捕获有效信息的应用技能。分析师具有长期的证券从业经验和专业的信息解读能力，通过将原始信息整合加工为盈余预测、投资建议等更容易理解的研究报告（Hugon et al., 2016），提高了上市公司的信息透明度，降低了投资者的信息搜寻难度与信息筛选成本，有助于投资者明确辨析目标公司的预期风险与未来前景，避免因信息偏差而误导其投资决策。第三，识别造假信息的监督优势。分析师在公司信息的收集、筛选、加工、传播等环节，能够比投资者更准确地识别上市公司是否存在错报漏报、虚假陈述、违规披露等财务造假现象，更专业地判断管理层是否具有内部人控制、无效率投资、关联方交易等机会主义行为（He and Tian，2013），从而对管理层的盈余操纵和寻租动机在无形中施加了外部监督，迫使管理层经营行为受到各方利益相关者的严格监控，改善了公司治理效率，降低了委托代理成本（Mouselli and Hussainey，2014）。第四，应对环境不确定性的宏观层面优势。宏观政策波动频繁、市场环境不确定性大，会加剧投资者的恐慌情绪，同时也提高了投资者对分析师预测的信息需求（钟覃琳、刘媛媛，2020）。这将激励分析师充分利用其在经济、政治、学术等领域的资源积累和宏观知识储备，尽可能客观地预测未来政策的变化趋势及对公司经营的影响程度（Hugon et al.，2016），以更强的动机发布内容更丰富、结论更准确的研究报告来满足投资者需求，从而在宏观层面表现出明显的相对信息优势。

本节采用两种方式来度量分析师跟踪，分别是分析师跟踪团队数量和分析师报告发布数量。其一，分析师跟踪团队数量（Analyst）：同一券商对某家上市公司进行跟踪分析时，是以分析师团队为单位做出盈余预测，并以整个团队的名义发布研究报告。因此，本节借鉴 He 和 Tian（2013）、刘维奇和武翰章（2021）、赵胜民和张博超（2021）的做法，从 CSMAR 数据库中获取了在一个年度内对某公司进行关注调研的分析师团队数，为了消除量纲的影响，定义分析师跟踪团队数量＝ln（1＋分析师关注团队数）。其二，分析师报告发布数量（AnReport）：分析师对某家上市公司进行跟踪分析最终呈现的结果，是出具并发布行业解读、盈余预测、投资评级、荐股意见等一系列研究报告。进一步参考胡玮佳和韩丽荣（2020）的做法，从 CSMAR 数据库中获取在一个年度内对某公司发布的分析师研究报告数，同样消除量纲的影响，定义分析师报告发布数量＝ln（1＋分析师研究报告数）。如果当年某公司的分析师跟踪团队数量越多，且发布的研究报告越多，则该公司拥有的正式信息渠道越好。

三 实证结果与分析

（一）模型设计

为了检验董事网络结构与正式信息渠道之间存在替代效应还是互补效应，本节在模型（5.6）、模型（5.7）、模型（5.9）的基础上构建双重调节效应回归模型（5.10）：

$$\begin{aligned}RE\_hvz =& \alpha_0 + \alpha_1 CEN\_mean + \alpha_2 SV + \alpha_3 CEN\_mean \times SV + \\ & \alpha_4 Formal + \alpha_5 CEN\_mean \times Formal + \alpha_6 SV \times Formal + \\ & \alpha_7 CEN\_mean \times SV \times Formal + \alpha_8 Size + \alpha_9 Growth + \\ & \alpha_{10} Lever + \alpha_{11} Assturn + \alpha_{12} OCF + \alpha_{13} Liquid + \alpha_{14} State + \\ & \alpha_{15} Zidex + \alpha_{16} Indep + \alpha_{17} Dual + \alpha_{18} Place + \alpha_{19} Beta + \\ & \sum Industry + \sum Year + \varepsilon \end{aligned} \quad (5.10)$$

其中，董事网络结构的情境变量（SV）包括董事联结强度（$Strength$）、董事亲密度（$Intim$）、董事连锁距离（$NetStep$），并进一步引入正式信息渠道变量（$Formal$），包括媒体新闻报道总量（$Media$）、媒体正面报道倾向（$MedPosi$）、分析师跟踪团队数量（$Analyst$）、分析师报告发布数量（$AnReport$），采用 OLS 回归方法进行分析。CEN_mean 的回归系数 α_1 表示董事网络位置与股权资本成本之间的相关性，根据主假设 H1，董事网络中心度越高，股权资本成本越低，预期 α_1 显著为负。二项交互项 $CEN\_mean \times SV$ 的回归系数 α_3 表示董事网络结构对董事网络位置与股权资本成本之间关系的调节效应，根据假设 H2a，内部董事强联结关系抑制了董事网络位置对股权资本成本的降低作用，预期 $CEN\_mean \times Stren\_in$ 的系数 α_3 显著为正；根据假设 H2b，外部董事弱联结关系促进了董事网络位置对股权资本成本的降低作用，预期 $CEN\_mean \times Stren\_out$ 的系数 α_3 显著为负；根据假设 H3，连锁董事与控股股东的亲密度越低，董事网络位置对股权资本成本的降低作用越强，预期 $CEN\_mean \times Intim$ 的系数 α_3 显著为负；根据假设 H4，董事连锁距离越短，董事网络位置对股权资本成本的降低作用越强，预期 $CEN\_mean \times NetStep$ 的系数 α_3 显著为负。

需要重点观测三项交互项 $CEN\_mean \times SV \times Formal$ 的回归系数 α_7，表示正式信息渠道对董事网络结构调节效应的进一步调节（调节中的调节），如果二者之间呈现的是替代效应，即正式信息渠道越好，董事网络结构的调节效应越弱，也就意味着，内部董事强联结关系对董事网络位置与股权资本成本之间负相关性的抑制程度越小，预期 $CEN\_mean \times Stren\_in \times Formal$ 的系数 α_7 显著为负；外部董事弱联结关系对董事网络位置与股权资本成本之间负相关性的促进程度越小，预期 $CEN\_mean \times Stren\_out \times Formal$ 的系数 α_7 显著为正；较低的董事亲密度对董事网络位置与股权资本成本之间负相关性的促进程度越小，预期 $CEN\_mean \times Intim \times Formal$ 的系数 α_7 显著为正；较短的董事连锁距离对董事网络位置与股权资本成本之间负相关性的促进程度越小，预期 $CEN\_mean \times NetStep \times Formal$ 的系数 α_7 显著为正。

（二）董事联结强度与正式信息渠道

表 5.15 报告了内部董事强联结与正式信息渠道替代效应检验的回归结果。可以看出，在模型（5.6）的基础上加入媒体报道与分析师跟踪这两类正式信息渠道变量（$Formal$）之后，董事网络中心度（CEN_mean）与股权资本成本（RE_hvz）都在1%的水平下显著负相关，第四章的主假设 H1 进一步被验证。二项交互项（$CEN\_mean \times Stren\_in$）与股权资本成本（RE_hvz）至少在10%的水平下显著正相关，假设 H2a 也再次得到验证。需要重点关注的是三项交互项（$CEN\_mean \times Stren\_in \times Formal$）的回归系数，第（1）~（4）列中媒体新闻报道总量三项交互项（$CEN\_mean \times Stren\_in \times Media$）、媒体正面报道倾向三项交互项（$CEN\_mean \times Stren\_in \times MedPosi$）、分析师跟踪团队数量三项交互项（$CEN\_mean \times Stren\_in \times Analyst$）、分析师报告发布数量三项交互项（$CEN\_mean \times Stren\_in \times AnReport$）的系数至少在10%的水平下显著为负，说明正式信息渠道越好，内部董事强联结关系对董事网络位置与股权资本成本之间负相关性的抑制程度越小。

表 5.15 替代效应检验的回归结果：内部董事强联结与正式信息渠道

变量	RE_hvz 媒体报道 媒体新闻报道总量 (Media) (1)	RE_hvz 媒体报道 媒体正面报道倾向 (MedPosi) (2)	RE_hvz 分析师跟踪 分析师跟踪团队数量 (Analyst) (3)	RE_hvz 分析师跟踪 分析师报告发布数量 (AnReport) (4)
CEN_mean	-0.0071***	-0.0033***	-0.0029***	-0.0035***
	(-6.74)	(-3.75)	(-3.56)	(-4.21)
Stren_in	-0.0031*	-0.0054***	-0.0045**	-0.0041**
	(-1.68)	(-2.71)	(-2.35)	(-2.10)
CEN_mean×Stren_in	0.0006*	0.0009***	0.0006*	0.0006*
	(1.90)	(2.85)	(1.95)	(1.93)
Formal	-0.0038***	0.0069	-0.0082***	-0.0070***
	(-4.53)	(1.06)	(-6.70)	(-6.98)
CEN_mean×Formal	0.0010***	0.0002	0.0007***	0.0006***
	(6.58)	(0.25)	(4.11)	(4.36)
Stren_in×Formal	-0.0002***	-0.0063**	0.0006	0.0005
	(-3.23)	(-2.52)	(1.25)	(1.47)
CEN_mean×Stren_in×Formal	-0.0001***	-0.0002*	-0.0001*	-0.0001**
	(-3.45)	(-1.78)	(-1.88)	(-2.08)
Size	-0.0089***	-0.0079***	-0.0066***	-0.0060***
	(-25.77)	(-24.55)	(-19.23)	(-17.19)
Growth	0.0051***	0.0033***	0.0053***	0.0050***
	(13.60)	(8.59)	(14.09)	(13.32)
Lever	0.0532***	0.0515***	0.0496***	0.0487***
	(30.97)	(27.36)	(28.68)	(27.38)
Assturn	-0.0002	0.0010	0.0011	0.0010
	(-0.27)	(1.36)	(1.57)	(1.41)
OCF	0.0475***	0.0562***	0.0562***	0.0599***
	(11.48)	(12.52)	(13.41)	(13.92)
Liquid	0.0031***	0.0039***	0.0032***	0.0049***
	(6.06)	(7.13)	(6.39)	(9.72)
State	0.0015**	0.0010	0.0006	0.0005
	(2.49)	(1.52)	(1.01)	(0.85)

续表

变量	RE_hvz 媒体报道 媒体新闻报道总量 (Media) (1)	RE_hvz 媒体报道 媒体正面报道倾向 (MedPosi) (2)	RE_hvz 分析师跟踪 分析师跟踪团队数量 (Analyst) (3)	RE_hvz 分析师跟踪 分析师报告发布数量 (AnReport) (4)
Zidex	-0.0001 (-1.28)	-0.0001 (-1.42)	-0.0001*** (-2.67)	-0.0001*** (-2.71)
Indep	-0.0117 (-1.62)	-0.0113 (-1.46)	-0.0092 (-1.27)	-0.0051 (-0.69)
Dual	0.0031*** (4.16)	0.0038*** (4.64)	0.0034*** (4.67)	0.0033*** (4.36)
Place	0.0003 (0.63)	-0.0027*** (-4.72)	0.0001 (0.19)	-0.0006 (-1.17)
Beta	-0.0022* (-1.85)	-0.0084*** (-6.47)	-0.0029** (-2.42)	-0.0029** (-2.36)
Industry	控制	控制	控制	控制
Year	控制	控制	控制	控制
常数项	0.2942*** (26.71)	0.2455*** (24.07)	0.2340*** (22.60)	0.2103*** (20.32)
Adj. R²	0.3458	0.2229	0.3512	0.3136
F 值	96.69***	52.01***	98.50***	84.95***
N	15339	15339	15339	15339

以上结果表明，内部董事因为有限信息的冗余和资源流动的闭塞，在强联结关系下成为相对孤立的网络个体，交流活跃性的不足阻碍了异质信息的互动传播，降低了联结公司的信息透明度，放大了投资者风险评估与报酬预测的信息噪声，从而抑制了董事网络位置对股权资本成本的降低作用。如果上市公司面临的正式信息渠道较好，对董事

网络关系这一非正式信息渠道的需求程度就会减弱，对董事网络结构中负面的情境效应也会产生积极的治理效果。媒体凭借强大的信息渠道与敏锐的新闻触觉，以更先进的信息技术和多样化的传播手段推进热点信息辐射传播、引领主流舆论格局；分析师凭借精准的信息解读与丰富的行业经验，以更合理的盈余预测和更科学的研究报告塑造专业信息中介、优化资源配置效率。成熟与完善的正式信息传递机制，能够对内部董事强联结关系下较为封闭的信息环境和同质冗余的信息内容发挥有效的替代作用。反之，如果上市公司面临的正式信息渠道较差，对董事网络关系这一非正式信息渠道的依赖程度就会增大，对内部董事强联结信息传递劣势的弥补作用也就减小。综上所述，董事网络结构嵌入的内部董事强联结关系与正式信息渠道之间呈现的是替代效应而非互补效应。

表 5.16 报告了外部董事弱联结与正式信息渠道替代效应检验的回归结果。可以看出，在模型（5.6）的基础上加入媒体报道与分析师跟踪这两类正式信息渠道变量（$Formal$）之后，董事网络中心度（CEN_mean）与股权资本成本（RE_hvz）都在 1% 的水平下显著负相关，第四章的主假设 H1 进一步被验证。二项交互项（$CEN\_mean \times Stren\_out$）与股权资本成本（$RE\_hvz$）同样都在 1% 的水平下显著负相关，假设 H2b 也再次得到验证。需要重点关注的是三项交互项（$CEN\_mean \times Stren\_out \times Formal$）的回归系数，第（1）~（4）列中媒体新闻报道总量三项交互项（$CEN\_mean \times Stren\_out \times Media$）、媒体正面报道倾向三项交互项（$CEN\_mean \times Stren\_out \times MedPosi$）、分析师跟踪团队数量三项交互项（$CEN\_mean \times Stren\_out \times Analyst$）、分析师报告发布数量三项交互项（$CEN\_mean \times Stren\_out \times AnReport$）的系数至少在 5% 的水平下显著为正，说明正式信息渠道越好，外部董事弱联结关系对董事网络位置与股权资本成本之间负相关性的促进程度越小。

表 5.16 替代效应检验的回归结果：外部董事弱联结与正式信息渠道

变量	RE_hvz 媒体报道 媒体新闻报道总量 (Media) (1)	RE_hvz 媒体报道 媒体正面报道倾向 (MedPosi) (2)	RE_hvz 分析师跟踪 分析师跟踪团队数量 (Analyst) (3)	RE_hvz 分析师跟踪 分析师报告发布数量 (AnReport) (4)
CEN_mean	-0.0030*** (-3.20)	-0.0012*** (-4.67)	-0.0010*** (-3.24)	-0.0016*** (-4.96)
Stren_out	-0.0242*** (-6.29)	-0.0009 (-0.84)	-0.0049*** (-3.49)	-0.0047*** (-3.28)
CEN_mean×Stren_out	-0.0010*** (-4.28)	-0.0002*** (-3.51)	-0.0003*** (-4.09)	-0.0004*** (-3.95)
Formal	-0.0179*** (-8.62)	-0.0009 (-0.08)	-0.0166*** (-8.52)	-0.0141*** (-8.83)
CEN_mean×Formal	0.0005*** (2.79)	-0.0001 (-0.15)	0.0004** (2.33)	0.0003** (2.49)
Stren_out×Formal	0.0043*** (6.18)	-0.0053 (-1.45)	0.0025*** (3.83)	0.0023*** (4.19)
CEN_mean×Stren_out×Formal	0.0002*** (4.39)	0.0006** (2.56)	0.0002*** (5.13)	0.0002*** (4.77)
Size	-0.0090*** (-25.81)	-0.0082*** (-25.72)	-0.0067*** (-19.34)	-0.0061*** (-17.29)
Growth	0.0052*** (13.78)	0.0030*** (7.80)	0.0052*** (13.96)	0.0049*** (13.07)
Lever	0.0539*** (31.43)	0.0519*** (27.58)	0.0499*** (28.91)	0.0491*** (27.61)
Assturn	-0.0001 (-0.16)	0.0011 (1.45)	0.0011* (1.65)	0.0011 (1.50)
OCF	0.0468*** (11.31)	0.0558*** (12.37)	0.0559*** (13.35)	0.0595*** (13.86)

续表

变量	RE_hvz 媒体报道 媒体新闻报道总量 (Media) (1)	RE_hvz 媒体报道 媒体正面报道倾向 (MedPosi) (2)	RE_hvz 分析师跟踪 分析师跟踪团队数量 (Analyst) (3)	RE_hvz 分析师跟踪 分析师报告发布数量 (AnReport) (4)
Liquid	0.0031*** (5.94)	0.0010** (2.05)	0.0030*** (5.86)	0.0048*** (9.17)
State	0.0017*** (2.75)	0.0008 (1.28)	0.0005 (0.79)	0.0004 (0.69)
Zidex	-0.0001 (-1.26)	-0.0001* (-1.81)	-0.0001** (-2.49)	-0.0001** (-2.53)
Indep	-0.0058 (-1.16)	-0.0023 (-0.43)	-0.0049 (-0.98)	-0.0040 (-0.79)
Dual	0.0028*** (3.77)	0.0039*** (4.70)	0.0032*** (4.36)	0.0031*** (4.04)
Place	0.0004 (0.78)	-0.0033*** (-5.61)	0.0002 (0.38)	-0.0006 (-1.01)
Beta	-0.0020 (-1.61)	-0.0040*** (-3.32)	-0.0027** (-2.15)	-0.0027** (-2.16)
Industry	控制	控制	控制	控制
Year	控制	控制	控制	控制
常数项	0.3592*** (24.43)	0.2533*** (28.76)	0.2418*** (24.50)	0.2193*** (22.18)
Adj. R^2	0.3476	0.2137	0.3527	0.3151
F值	96.97***	52.17***	99.37***	85.44***
N	15339	15339	15339	15339

以上结果表明，外部董事占据了网络结构的关键结点，发挥了"信息桥"的主导作用，把握着社会资本的控制优势，出于对监管职责

的要求和声誉资本的重视,会通过弱联结关系积极搭建异质信息的沟通渠道,主动完善信息风险的管控机制,为投资者营造更公开透明的信息环境,从而促进了董事网络位置对股权资本成本的降低作用。如果上市公司面临的正式信息渠道较好,就能降低对董事网络关系这一非正式信息渠道的依赖,投资者也可以借助更多外部有效信息相对准确地判断预期收益,同时还降低了信息搜寻难度和信息加工成本,导致外部董事弱联结关系下多元化和稀缺性的信息传递优势在一定程度上被正式信息渠道所替代。反之,如果上市公司面临的正式信息渠道较差,对董事网络关系这一非正式信息渠道的需求就较高,外部董事弱联结关系的"信息桥"功能将会带来更大的增量效益。综上所述,董事网络结构嵌入的外部董事弱联结关系与正式信息渠道之间呈现的是替代效应而非互补效应。

(三)董事亲密度与正式信息渠道

表5.17报告了董事亲密度与正式信息渠道替代效应检验的回归结果。可以看出,在模型(5.7)的基础上加入媒体报道与分析师跟踪这两类正式信息渠道变量($Formal$)之后,董事网络中心度(CEN_mean)与股权资本成本(RE_hvz)都在1%的水平下显著负相关,第四章的主假设H1进一步被验证。二项交互项($CEN\_mean \times Intim$)与股权资本成本(RE_hvz)同样都在1%的水平下显著负相关,假设H3也再次得到验证。需要重点关注的是三项交互项($CEN\_mean \times Intim \times Formal$)的回归系数,第(1)~(4)列中媒体新闻报道总量三项交互项($CEN\_mean \times Intim \times Media$)、媒体正面报道倾向三项交互项($CEN\_mean \times Intim \times MedPosi$)、分析师跟踪团队数量三项交互项($CEN\_mean \times Intim \times Analyst$)、分析师报告发布数量三项交互项($CEN\_mean \times Intim \times AnReport$)的系数至少在10%的水平下显著为正,说明正式信息渠道越好,较低的董事亲密度对董事网络位置与股权资本成本之间负相关性的促进程度越小。

表 5.17　替代效应检验的回归结果：董事亲密度与正式信息渠道

变量	RE_hvz 媒体报道 媒体新闻报道总量 (Media) (1)	RE_hvz 媒体报道 媒体正面报道倾向 (MedPosi) (2)	RE_hvz 分析师跟踪 分析师跟踪团队数量 (Analyst) (3)	RE_hvz 分析师跟踪 分析师报告发布数量 (AnReport) (4)
CEN_mean	-0.0060*** (-6.24)	-0.0013*** (-5.49)	-0.0025*** (-7.64)	-0.0023*** (-7.01)
$Intim$	0.0023 (0.58)	-0.0015 (-1.57)	-0.0003 (-0.24)	-0.0001 (-0.07)
$CEN\_mean \times Intim$	-0.0024*** (-3.61)	-0.0004*** (-2.65)	-0.0007*** (-2.66)	-0.0007*** (-3.01)
$Formal$	-0.0113*** (-9.76)	-0.0074 (-1.31)	-0.0098*** (-9.12)	-0.0083*** (-9.53)
$CEN\_mean \times Formal$	0.0011*** (6.17)	-0.0013 (-1.56)	0.0009*** (5.49)	0.0007*** (5.38)
$Intim \times Formal$	-0.0007 (-0.96)	0.0006 (0.18)	-0.0009 (-1.35)	-0.0008 (-1.42)
$CEN\_mean \times Intim \times Formal$	0.0004*** (3.32)	0.0010* (1.69)	0.0002** (1.97)	0.0002** (1.96)
$Size$	-0.0060*** (-17.64)	-0.0082*** (-26.60)	-0.0060*** (-16.80)	-0.0054*** (-15.77)
$Growth$	0.0032*** (8.37)	0.0030*** (7.61)	0.0033*** (8.50)	0.0031*** (7.97)
$Lever$	0.0510*** (26.85)	0.0523*** (27.19)	0.0488*** (25.66)	0.0471*** (24.92)
$Assturn$	0.0004 (0.57)	0.0005 (0.65)	0.0026*** (3.52)	0.0022*** (2.94)
OCF	0.0544*** (12.03)	0.0656*** (14.28)	0.0645*** (14.23)	0.0681*** (14.94)

续表

变量	RE_hvz 媒体报道		RE_hvz 分析师跟踪	
	媒体新闻报道总量 (Media)	媒体正面报道倾向 (MedPosi)	分析师跟踪团队数量 (Analyst)	分析师报告发布数量 (AnReport)
	(1)	(2)	(3)	(4)
Liquid	0.0016***	0.0031***	0.0006	0.0011**
	(3.38)	(6.78)	(1.21)	(2.41)
State	-0.0013*	0.0011*	-0.0001	-0.0008
	(-1.92)	(1.70)	(-0.20)	(-1.18)
Zidex	-0.0001***	-0.0001	-0.0001***	-0.0001***
	(-3.41)	(-1.45)	(-3.00)	(-3.52)
Indep	0.0084	-0.0020	-0.0015	-0.0001
	(1.58)	(-0.38)	(-0.29)	(-0.02)
Dual	0.0052***	0.0039***	0.0042***	0.0046***
	(6.22)	(4.68)	(5.16)	(5.52)
Place	-0.0021***	-0.0037***	-0.0032***	-0.0036***
	(-3.54)	(-6.23)	(-5.63)	(-6.18)
Beta	-0.0049***	-0.0076***	-0.0047***	-0.0058***
	(-4.27)	(-6.65)	(-3.97)	(-5.14)
Industry	控制	控制	控制	控制
Year	控制	控制	控制	控制
常数项	0.2447***	0.2419***	0.2154***	0.1993***
	(22.72)	(28.65)	(23.00)	(22.25)
Adj. R^2	0.1851	0.1799	0.2259	0.2131
F 值	43.23***	46.48***	55.72***	53.65***
N	15339	15339	15339	15339

以上结果表明，连锁董事与控股股东的亲密度较低时，有助于打破约定俗成的圈层规则，减少合谋交易，积极提升董事网络监督治理的勤勉程度和客观独立性，严格遵从中小股东利益保护的初衷，尽力实现社

会资本价值创造的最大化，有效约束管理层的机会主义动机及控股股东的掏空行为，从而促进了董事网络位置对股权资本成本的降低作用。如果上市公司面临的正式信息渠道较好，媒体通过深度曝光公司违规乱纪现象来引导社会舆论压力，甚至提请监管机构及司法部门介入产生强大的法律威慑；分析师通过准确识别公司财务造假现象来进行重大风险提示，并出具行业解读、盈余预测等研究报告，提供专业的投资建议，二者都能发挥有效的外部监督作用，导致低董事亲密度的监督治理优势在一定程度上被正式信息渠道所替代。反之，如果上市公司面临的正式信息渠道较差，低董事亲密度强化监督治理动机、缓解委托代理冲突、保护中小股东利益等独立性功能将会带来更大的增量效益。综上所述，董事网络结构嵌入的董事亲密度与正式信息渠道之间呈现的是替代效应而非互补效应。

（四）董事连锁距离与正式信息渠道

表 5.18 报告了董事连锁距离与正式信息渠道替代效应检验的回归结果。可以看出，在模型（5.7）的基础上加入媒体报道与分析师跟踪这两类正式信息渠道变量（$Formal$）之后，董事网络中心度（CEN_mean）与股权资本成本（RE_hvz）都在1%的水平下显著负相关，第四章的主假设 H1 进一步被验证。二项交互项（$CEN\_mean \times NetStep$）与股权资本成本（RE_hvz）同样都在1%的水平下显著负相关，假设 H4 也再次得到验证。需要重点关注的是三项交互项（$CEN\_mean \times NetStep \times Formal$）的回归系数，第（1）~（4）列中媒体新闻报道总量三项交互项（$CEN\_mean \times NetStep \times Media$）、媒体正面报道倾向三项交互项（$CEN\_mean \times NetStep \times MedPosi$）、分析师跟踪团队数量三项交互项（$CEN\_mean \times NetStep \times Analyst$）、分析师报告发布数量三项交互项（$CEN\_mean \times NetStep \times AnReport$）的系数至少在5%的水平下显著为正，说明正式信息渠道越好，较短的董事连锁距离对董事网络位置与股权资本成本之间负相关性的促进程度越小。

表 5.18 替代效应检验的回归结果：董事连锁距离与正式信息渠道

变量	RE_hvz 媒体报道 媒体新闻报道总量 (Media) (1)	RE_hvz 媒体报道 媒体正面报道倾向 (MedPosi) (2)	RE_hvz 分析师跟踪 分析师跟踪团队数量 (Analyst) (3)	RE_hvz 分析师跟踪 分析师报告发布数量 (AnReport) (4)
CEN_mean	-0.0059*** (-6.25)	-0.0011*** (-5.00)	-0.0020*** (-6.01)	-0.0023*** (-7.03)
NetStep	-0.0040 (-0.35)	0.0129 (1.11)	-0.0016 (-0.14)	-0.0030 (-0.25)
CEN_mean×NetStep	-0.0072*** (-8.48)	-0.0015*** (-6.14)	-0.0030*** (-9.24)	-0.0029*** (-8.73)
Formal	-0.0154*** (-13.77)	-0.0120** (-2.14)	-0.0117*** (-10.90)	-0.0100*** (-11.58)
CEN_mean×Formal	0.0010*** (5.64)	-0.0011 (-1.29)	0.0007*** (4.27)	0.0006*** (4.63)
NetStep×Formal	-0.0021*** (-8.36)	-0.0072*** (-5.55)	-0.0022*** (-8.77)	-0.0018*** (-8.85)
CEN_mean×NetStep×Formal	0.0011*** (7.30)	0.0017** (2.19)	0.0007*** (4.64)	0.0007*** (5.44)
Size	-0.0059*** (-17.65)	-0.0084*** (-27.23)	-0.0052*** (-14.31)	-0.0061*** (-17.55)
Growth	0.0035*** (9.18)	0.0029*** (7.34)	0.0034*** (8.68)	0.0028*** (7.26)
Lever	0.0535*** (28.74)	0.0530*** (28.20)	0.0480*** (25.40)	0.0504*** (26.72)
Assturn	0.0010 (1.32)	0.0013* (1.67)	0.0022*** (2.91)	0.0026*** (3.44)
OCF	0.0560*** (12.57)	0.0549*** (12.18)	0.0649*** (14.45)	0.0640*** (14.16)

续表

变量	RE_hvz 媒体报道 媒体新闻报道总量 (Media) (1)	RE_hvz 媒体报道 媒体正面报道倾向 (MedPosi) (2)	RE_hvz 分析师跟踪 分析师跟踪团队数量 (Analyst) (3)	RE_hvz 分析师跟踪 分析师报告发布数量 (AnReport) (4)
Liquid	0.0028*** (6.06)	0.0008* (1.71)	0.0038*** (6.89)	0.0004 (0.88)
State	0.0007 (1.03)	0.0013* (1.91)	0.0004 (0.59)	0.0004 (0.66)
Zidex	-0.0001** (-2.23)	-0.0001 (-1.27)	-0.0001*** (-3.00)	-0.0001*** (-2.68)
Indep	0.0054 (1.03)	-0.0012 (-0.23)	-0.0001 (-0.02)	-0.0011 (-0.22)
Dual	0.0037*** (4.48)	0.0035*** (4.27)	0.0038*** (4.67)	0.0036*** (4.47)
Place	-0.0029*** (-5.10)	-0.0030*** (-5.23)	-0.0030*** (-5.22)	-0.0032*** (-5.54)
Beta	-0.0069*** (-5.96)	-0.0044*** (-3.84)	-0.0101*** (-7.65)	-0.0050*** (-4.38)
Industry	控制	控制	控制	控制
Year	控制	控制	控制	控制
常数项	0.2834*** (17.30)	0.2456*** (15.91)	0.2010*** (12.22)	0.2359*** (14.75)
Adj. R^2	0.2205	0.2139	0.2432	0.2308
F 值	54.88***	52.64***	58.56***	58.55***
N	15339	15339	15339	15339

以上结果表明，董事连锁距离越短，网络成员间隔路径越短，就能精简信息流载体的传播链条和输送路径，降低信息资源被层层扭曲失真的风险，减少联结公司之间信息转移的损耗和阻力，保障隐性知识与社

会资本转化过程的准确性及完整性，提高连锁董事的信息传递质量，扩大其增值服务空间，从而促进董事网络位置对股权资本成本的降低作用。如果上市公司面临的正式信息渠道较好，对董事网络关系这一非正式信息渠道的需求程度则会下降，主流媒体的新闻报道和分析师的研究报告，能为上市公司输送更多有关政策调控、行业趋向、商业机会等市场信息，同时也为投资者提供了更真实可靠的风险报酬评估参照，导致董事连锁距离的信息传输路径优势在一定程度上被正式信息渠道所替代。反之，如果上市公司面临的正式信息渠道较差，会增强对董事网络关系这一非正式信息渠道的依赖，较短的董事连锁距离、高效率的信息媒介功能就会产生更加明显的治理作用。综上所述，董事网络结构嵌入的董事连锁距离与正式信息渠道之间呈现的是替代效应而非互补效应。

第五节 本章研究结论

本章进一步嵌入我国"关系型"社会的现实情境，基于弱联结优势理论、灰色董事理论、镶嵌理论，分别从董事联结强度、董事亲密度、董事连锁距离三个层面深入剖析董事网络结构的内部情境因素，更加全面地揭示董事网络结构在董事网络位置与股权资本成本之间产生的情境效应。

因为连锁董事职务性质的不同，其信息传导与决策作用具有强弱之分，董事联结强度成为董事网络结构中普遍存在且不容忽视的一项情境因素。本章定义了内部董事强联结与外部董事弱联结的界定标准，并通过图论法剖析了网络结构中内外部董事联结关系的强弱差异，采取自然数列设计了董事联结强度连续变量的计量方法，实证检验了董事联结强度在董事网络位置与股权资本成本之间产生的情境效应。研究结果显示：第一，在我国主板市场的董事网络结构中，内部董事强联结所带来的资源控制劣势、信息同质冗余、助长权力寻租等负面现象还比较严重，外部董事弱联结所带来的"信息桥"作用、学习模仿效应、声誉激励效应等正面影响基本能够发挥治理效果；第二，内部董事强联结与外部董事弱联结虽然具有差异化的关系强度，但都在不同职务性质的董事之间构建了纵横交织的社会网络系统，都能够显著提升董事网络位置；第三，董事联结强度对董事网络位置与股权资本成本之间关系呈差异化的调节效应。内部董事强联结关系长期处在资源控制的劣势地位与相对封闭的信息环境，放大了投资者风险报酬预测的信息噪声，降低了联结公司的信息透明度，从而抑制了董事网络位置对股权资本成本的降低作用。外部董事弱联结关系能够跨越企业障碍及社会边界带来更加多元化和稀缺性的信息资源，提高了联结公司的治理水平，缓解了投资者与公司之间的信息不对称程度，从而促进了董事网络位置对股权资本成本的降低作用。

我国控股股东与中小股东之间的第二类代理问题尤其突出，董事网络成为保护中小股东利益的重要机制。但儒家传统文化在我国已经根深蒂固，社会结构呈现更加亲疏有别的关系格局，连锁董事与控股股东人际交往的亲密程度，即董事亲密度也是董事网络结构中普遍存在且不容忽视的一项情境因素。本章通过对二者之间老乡关系、校友关系、协会关系、共同工作经历四种社会关系的逐一识别，手工构建了董事亲密度的虚拟变量，实证检验了董事亲密度在董事网络位置与股权资本成本之间产生的情境效应。研究结果显示：第一，我国主板市场大部分公司的董事亲密度相对较低，只在少数公司才具有"灰色董事现象"，连锁董事的兼任渠道更多来源于自身的职业背景、个人声誉及嵌入社会结构的网络资源，而不是主要依靠与控股股东之间的私人关系来获取潜在董事席位；第二，连锁董事与控股股东之间私人关系的亲密程度，对其网络中心度并没有产生实质性的影响，依靠"圈子文化"建立的具有高度隐秘性甚至可能带来负面效应的亲密社会关系，将无法明显提升董事网络位置；第三，较低的亲密度可以增强连锁董事的勤勉程度和客观独立性，有效抑制控股股东的掏空行为及管理层的寻租动机，并充分利用社会资本整合战略资源、强化监督体系，从而促进了董事网络位置对股权资本成本的降低作用。

由于连锁董事在公司之间存在不同的联结方式，董事网络结构嵌入了直接联结关系与间接联结关系，进而使信息传播链条中的路径距离呈现长短差距，会对关键信息的传导质量、扩散速度和转化效率产生重要影响，董事连锁距离同样是董事网络结构中普遍存在且不容忽视的一项情境因素。本章通过同年度内联结公司的两两逐一配对，明确辨析公司之间联结关系的不同类型，设计了直接连锁距离、间接连锁距离、3步及以上连锁距离三种情形的序列变量，实证检验了董事连锁距离在董事网络位置与股权资本成本之间产生的情境效应。研究结果显示：第一，我国主板市场的董事网络关系盘根错节，所嵌入的直接或间接联结关系都属于相对稀缺的网络资源，绝大多数配对公司之间的董事连锁距离应该在3步及以上，或者没有发生联结关系；第二，董事网络结构嵌入的直接联结关系与间接联结关系，提高了连锁董事的沟通频率，加快了异质信息的迁移速度，强化了社会资本的吸收能力，能够显著提升董事网络位置；第三，较短的董事连锁距离精简了信息流载体的传播链条和输送路径，提高了联结公司之间信息传递的速度和效率，降低了保密信息被层层扭曲的可能性，为投资者带来了更真实可靠的风险报酬评估参照，从而促进了董事网络位置对股权资本成本的降低作用。

以上结论说明，企业应该深刻认识董事网络多样化的特征维度，不仅需要考察连锁董事的网络位置高低，还应着重关注董事网络结构的内部情境因素。一是明确区分联结关系的强弱差异，充分凸显外部董事"信息桥"的弱联结优势；二是有效识别董事与股东的亲疏程度，尽力发挥低董事亲密度的独立性优势；三是清晰界定信息传播链条的路径长短，主动缔造更短连锁距离的高效率优势。

"互联网+大数据"等信息技术的飞速发展，使现代企业面临的信息环境正在经历革命性转变，以媒体报道、分析师跟踪为代表的正式信息渠道在市场经济活动中的地位日益凸显，成为衔接上市公司与投资者之间信息传递的重要纽带。本章契合信息时代背景，进一步检验了董事网络结构的内部情境因素和正式信息渠道之间是存在替代效应还是存在互补效应。研究结果显示：第一，如果上市公司的正式信息渠道较好，对董事网络关系这一非正式信息渠道的需求程度则会降低，董事网络结构在董事网络位置与股权资本成本之间的情境效应也就减弱；第二，董事网络结构嵌入的董事联结强度、董事亲密度、董事连锁距离这三个内部情境因素，与媒体报道、分析师跟踪这两类正式信息渠道之间呈现的都是替代效应而非互补效应。也就是说，如果上市公司的正式信息渠道较差，其对董事网络关系这一非正式信息渠道的依赖程度则会增大，尽管对内部董事强联结信息传递劣势的弥补作用减小，但外部董事"信息桥"的弱联结优势、较低董事亲密度的独立性优势、较短董事连锁距离的高效率优势将会带来更大的增量效益。

第六章

传导路径研究：企业风险承担的中介作用与董事会团队特征的权变机制

企业创新是引领高质量发展的第一动力，已经成为实现我国经济增长、改革深化与结构转型的重要助推器（陈逢文、冯媛，2019）。但任何创新创业行为必将面临诸多不确定性因素的考验，愿意以高风险损失换取高投资回报的风险承担态度和商业进取精神，成为现代企业抢占市场先机、促进高质量发展的根本保障与内核驱动（Ferris et al., 2017）。企业风险承担不仅表现出高度不确定性和长期价值增值属性（刘衡、苏坤，2017），而且具有极强的资源依赖性（Cain and McKeon, 2016; 赵丽娟、张敦力，2019），如果没有全面充足的关键信息与稀缺资源作为支撑条件，就会增加技术创新和风险投资的失败概率，甚至使企业陷入破产清算的财务危机（Faccio et al., 2016）。然而，由于受到儒家中庸思想的长期影响，我国社会对于风险行为可谓"谈虎色变""避而远之"，再加上当前市场机制还不健全、显性契约仍不完备，企业在正式的制度框架内往往面临较大的资源约束（张敏等，2015）。此外，管理层作为企业风险承担决策的执行主体，本应对风险承担行为进行理性选择，但可能受到个人私利的意愿驱使，又或者出于"明哲保身"的谨慎考虑，管理层一般趋于不求有功、但求无过的保守策略，不愿意对未知的潜在后果付出相应代价，从而偏离了股东财富最大化目标，抑制了企业的风险承担水平，最终损害了投资者基本利益（Chakraborty et al.，2007；朱琪等，2019）。我国企业的风险承担能力整体偏低，通常更倾向于从社会网络结构中寻求风险决策的战略支持（游家兴、刘淳，2011），这就为连锁董事溢出效应的发挥提供了广阔的施展空间。作为一项普遍存在且长期嵌入的非正式制度安排，董事网络通过分布广泛、层次密集的社会关系，促进了异质信息的快速传播与学习模仿，推进了核心资源的有效获取与优化配置，增强了董事会对管理层的监督作用与激励效果（Deutsch et al.，2015），对企业风险承担水平的提升产生了积极影响，进而为投资者利益诉求的实现带来了行为承诺（Panta，2020）。

股权资本成本的实质是投资者基于投资风险所要求获取的必要报酬，风险承担水平则是投资者在评估投资风险时最为核心的参考标准。要想充分利用董事网络所镶嵌的社会资本，从根源上帮助企业一方面稳步降低股权资本成本，另一方面切实满足投资者要求报酬，无论采取怎样的治理机制，最终都要落实到股东所遭遇的投资风险层面（Artiach and Clarkson，2014），必然也就无法绕开企业风险承担这一传导路径，它们之间具有天然的内在逻辑。因此，本章集中研究企业风险承担在董事网络位置影响股权资本成本的过程中所发挥的中介传导作用。

鉴于风险承担行为的极端复杂性与风险决策结果的高度不确定性，经过企业风险承担的中介路径还可能受到诸多内外部因素的差异化影响。基于高阶梯队理论（Hambrick and Mason，1984），董事会作为战略咨询、监督治理的最高权力机构和独特智力群体，其团队特征必然会深远影响到企业风险承担的决策行为及实施成效（孟焰、赖建阳，2019）。董事会成员存在年龄、性别、种族、知识、技能等人口统计特征差异，这更容易帮助企业获取多元化的关键信息及稀缺性的核心资源，各种观点交汇和经验碰撞也能激发更有价值的沟通辩论（Tuggle et al., 2010), 有助于规避墨守成规、克服认知偏差、促进战略变革（白景坤等, 2017), 避免董事会团队陷入集体性僵化思维, 从而提高企业风险承担的意愿倾向和能力水平（Huang et al., 2021)。但从侧面来说, 董事会成员具有内部董事与独立董事等不同的法定来源, 还因为受教育程度、职业背景、任职期限等差异形成了不同的认知特征（李小青、吕靓欣, 2017), 当由这些结构维度、认知维度以及人口统计维度区别较大的成员共同组建董事会时, 整体团队可能会根据相似特征分裂成多个子群体而呈现明显的断裂带（Lau and Murnighan, 1998), 加剧了子群体成员之间的恶性竞争与敌对意识, 降低了整个团队有效信息的吸收程度和战略资源的整合效率（Bahmani et al., 2018), 从而降低了企业风险承担的决策质量及执行效果。

综上所述, 本章进一步将董事会异质性与董事会群体断裂带作为企业风险承担在现实决策环境中的权变因素, 试图同时解释董事网络位置通过怎样的传导路径影响股权资本成本, 以及在不同的董事会团队特征下中介作用强弱如何发生改变的问题, 这有助于深入考察企业风险承担这一中介路径与董事会团队特征交互形成的权变机制, 从而更为全面地揭示董事网络关系对股权资本成本内在机制的综合作用过程。

第一节 企业风险承担的中介作用

一 理论分析与假设

（一）企业风险承担的基本内涵

风险承担在英文中的表达为"risk taking"。从英文语法上来看, 对该复合词语的理解可以是名词"risk"作定语来修饰现在分词"taking", 表示某主体正在承担风险这一行为动作; 也可以理解为现在分词"taking"作补语来补充说明名词"risk", 表示某主体正在承担的风险水平这一状态结果。风险承担在英文中同时被理解为"行为"或"结果"的现象，使得现有文献对其概念界定还比较模糊。但行为与结果密切相关，行为会影响甚至决定结果。企业实施项目投资、兼并收购、创新研发、多元化经营等风险承担行为会影响自身收益，产生不确定性损失，导致企业面临相应程度的风险水平，所以风险水平高低能够体现出风险承担行为的实施程度。

国内研究大都采用 Lumpkin 和 Dess（1996）对风险承担的定义，即风险承担反映了企业为追求高额收益而甘愿以风险作为代价的一种意愿倾向或行为承诺，是企业即使对项目计划的潜在后果没有成功把握的前提下，也愿意积极采取行动去抓住投资机会的商业进取精神，可以作为衡量企业未来发展前景的综合指标（王菁华、茅宁，2015）。但国内学界对企业风险承担的定义仍然存在一定的分歧，如吴超和施建军（2018a）将风险承担视为管理层过度自信导致的冒险决策或公司治理呈现的消极状态，这是风险承担在学术演进过程中产生的认知偏差。本书认为，企业风险承担并非盲目冒进的非理性行为，而是企业首先需要具备积极的风险承担意愿，然后在对自身风险承担能力做出科学评估之后所采取的风险承担行为的理性选择，最终又表现为风险承担水平的波动。因此，企业风险承担覆盖了从心理预期到经济后果的整个风险决策过程，是一项高度复杂的战略层面理性选择行为，代表了丰富的决策信息含量，其基本内涵应该遵循包括意愿、能力、行为、水平在内的逻辑链条，如图 6.1 所示。

企业风险承担意愿（态度）⇒ 企业风险承担能力（前提 科学评估）⇒ 企业风险承担行为（过程 理性选择）⇒ 企业风险承担水平（结果）

图 6.1 企业风险承担的基本内涵

企业风险承担是一把"双刃剑",具有利弊共存的属性。较高的风险承担水平,在微观层面有助于企业充分挖掘投资机会、积极进行创新研发、优化资源配置效率,从而赢得更强的市场先导性,保持更强的核心竞争力(John et al.,2008;余明桂等,2013);在宏观层面有利于促进社会技术进步、加快资本积累速度、提高全要素生产率,从而实现整体经济可持续、高质量发展(宋建波等,2018)。然而,风险承担行为不能盲目冒进,过度的风险承担超出了企业匹配的能力范围,将会导致投资计划混乱无序、外部资源供需失衡,带来严重的经营风险和路径依赖(Ferris et al.,2017),从而增加投资失败甚至濒临破产的概率(Faccio et al.,2016)。总而言之,风险承担是企业积极追求技术创新与价值创造的综合表现,企业应该努力实现并有效维持适度的风险承担区间,才能在获得竞争优势和增长前景的同时,最大限度地规避过度风险承担带来的负面影响。

(二)董事网络位置与企业风险承担

1. 董事网络位置能够降低风险承担决策的不确定性

在我国经济转型与高速发展的过程中,企业的风险承担决策具有长期价值增值属性与高度不确定性(刘衡、苏坤,2017),这将导致决策者很难精准预测风险投资活动背后产生的经济后果(Alhares,2017),不仅降低了管理层的风险投资信心和风险承担意愿,而且弱化了风险决策行为的战略实施路径和市场先导优势。Lieberman 和 Montgomery(1988)认为,风险往往已被市场先行者吸收,学习模仿是企业有效化解竞争劣势的一种战略反应。Lieberman 和 Asaba(2006)则指出,决策环境的模糊性是引发学习模仿效应的直接动因,且不确定性程度越高,相互模仿的可能性越大。我国转型经济的制度背景进一步加剧了企业风险承担的外部环境不确定性,管理层在进行风险决策时更加倾向于模仿市场先行者的成功经验,在降低决策不确定性的同时也能减轻未来投资失败的心理压力(刘衡、苏坤,2017)。作为上市公司最广泛存在的社会关系，董事网络充当了异质信息的传输纽带和媒介，为联结公司彼此之间风险承担行为的效仿借鉴创造了现实条件（Beckman and Haunschild，2002）。连锁董事服务于多家公司的董事会，如果曾经亲自参与过某家公司的风险承担决策过程，也就全面掌握了类似风险投资活动的执行背景、执行要素、执行过程、执行后果等相关知识。当任职公司面临重大的风险投资决策时，连锁董事所积累的风投经验和私有信息能够为投资方案提供科学指导，并因其丰富履历和特殊身份而令这种信息渠道更具直接说服力（陈仕华等，2013），进而成为董事会强有力的智囊团队，降低管理层盲目投资的失败概率。而且，连锁董事越靠近网络中心位置，深度参与风险承担的决策经历越多，隐性知识的覆盖范围越大，关键信息的传递渠道越广，就越有助于联结公司形成更有价值的技术创新思路，实行更有效率的研发投入（Cheng et al.，2021）。因此，董事网络中心度加快了风险决策信息的传播速度，增强了风险投资机会的捕捉能力，加快了风险承担行为的实施步伐，同时还降低了关键信息的搜寻成本和决策过程的不确定性（Kaustia and Rantala，2015），从而提高了企业的风险承担水平。

2. 董事网络位置能够缓解风险承担活动的资源依赖

风险承担与企业高成长战略密切相关，是一项综合复杂的资源消耗活动，会在很大程度上受到外部资源获取能力的客观限制（Cain and McKeon，2016；赵丽娟、张敦力，2019）。诸如技术创新研发、新兴项目投资等风险承担活动都具有极强的资源依赖性，企业风险承担的决策成败及实施效果，在很大程度上取决于能否拥有竞争对手难以复制的战略资源，以及能否将外部资源转化为自身的资源控制优势与资源整合能力（Berardo，2014）。在我国正式制度弱化、资源争夺激烈的现实环境下，风险承担所需要的投资项目、知识技术、高端人才、融资渠道、市场销路等稀缺资源都存在极大的瓶颈约束，如果缺乏足够的资源支持，将会引发投资效率低下乃至投资全盘失败的危机，使企业加速陷入盲目冒进的风险投资困境，最终牺牲投资者的基本利益诉求。而董事网络作为一种非正式的资源共享平台，能够充当正式制度的有效替代品对企业风险承担产生积极的影响。连锁董事自身拥有的管理能力、投资经验、专业知识、创新技术等个人资本，以及镶嵌于网络系统中的异质信息、战略资源、人脉关系、决策影响力等社会资本，可以为企业采取积极的风险承担决策提供更多的资源支持。从投资渠道的角度看，连锁董事越靠近网络中心位置，越能通过知识成果转化，促进联结公司的产品创新与技术进步（Cuevas-Rodríguez et al.，2014）；越能积累同类型项目的先进经验，为联结公司挖掘更多的投资机会并提高投资效率（Hochberg et al.，2007）；还能在创新过程中探索优势互补的合作模式，显著提升联结公司的技术创新绩效（张丹、郝蕊，2018）。从融资渠道的角度看，连锁董事越靠近网络中心位置，越能凭借良好的银企关系为联结公司获取银行信贷资金，并进一步扩大其他金融化渠道（杜勇、刘婷婷，2021）；越能完善创业项目的商业策划，为联结公司赢得更多风险资本（Jiang et al.，2018）；有政府背景的连锁董事甚至还能为联结公司带来财政补贴、土地使用权及绿色融资通道（余明桂等，2010）。因此，董事网络中心度能有效缓解风险承担活动的资源依赖，全面提升管理层对外部核心资源的控制程度与配置效率，从而提高企业的风险承担水平。

3. 董事网络位置能够激发管理层的风险承担意愿

信息不对称引发的委托代理冲突，成为阻碍管理层风险承担意愿的根本性因素（John et al.，2008）。管理层本是企业风险投资决策的执行主体，但在面对高风险投资项目时往往会在"自我效用最大化"与"股东财富最大化"之间进行综合权衡，从而产生道德风险和逆向选择。风险承担行为会给企业带来更多的超额回报和价值增值，能为管理者博得更高的奖励绩效和个人声誉，但风险决策存在较长的投资周期和高度的不确定性，不仅加大了管理者的工作投入与外在压力，而且还影响到其职业生涯的稳定性。如果由于决策失误或操作不当导致项目投资失败，管理层不但无法赚取预期薪酬回报，还会严重降低人力资本价值，甚至遭遇解聘风险与职业危机（Kim et al.，2017）。因此，委托代理框架下管理层未必会把股东利益放在首位（Chakraborty et al.，2007），而是出于自我保护意识或谋取私利动机，产生了"明哲保身""趋利避害"的保守倾向，选择放弃风险高但净现值为正的投资机会，更加安全地追求控制权私利（John et al.，2008）。董事会作为委托代理链条中承上启下的核心枢纽，基本职能之一是监督管理层的权力寻租，并约束其风险回避意识，如果"单打独斗"已经无法满足监督激励的现实需求，董事网络社会资本的重要性就进一步凸显。连锁董事越靠近网络中心位置，越能凭借决策影响力，在面对管理层压力的情况下保持讨价还价能力和监督独立性（何威风等，2016），以更大的动机抑制管理层的自利行为与保守策略；越能凭借信息传输优势，为董事会设计更先进的薪酬方案和股权激励模式（邱强等，2018），充分实现管理者职业努力方向与公司长期战略规划的有机融合，紧密关联个人效益升值与股东财富积累的衔接关系（朱琪等，2019），减轻管理层的风险厌恶心理；越能凭借资源控制优势，为联结公司带来最新科技动向、行业发展趋势、潜在商业机会和项目实施经验（Oh and Barker，2015），帮助管理层克服固有惯性思维，降低决策试错成本，缓解投资不确定性，提升管理层进行风险活动的底气和信心。因此，董事网络中心度可以显著增强董事会的监督激励效应，更大程度地激发管理层的风险承担意愿。

（三）企业风险承担与股权资本成本

企业风险承担与股权资本成本的关系目前尚未被学界广泛关注，现阶段只有少量文献涉及该领域的研究，而研究结论基本都支持了风险承担水平对股权资本成本具有正面的约束效应。Du（2013）基于代理理论与契约理论，指出企业可以利用合理的薪酬契约与股权激励促进管理层积极实施风险承担行为，并通过缓解股票收益与价格的波动性来稳定投资者情绪，进而降低股权资本成本。Chen等（2015）认为，在高管薪酬合同中嵌入股票期权等组合式方案,能够激发管理层选择价值增值项目、优化风险承担战略,促进投资者提升未来财富期望、降低近期要求回报,从而达到约束股权资本成本的治理效果。Alhares(2017)的研究结果显示,良好的公司治理机制通过提高风险承担水平,提升了投资者对目标公司的信任程度与信用评级,从而对股权资本成本产生了显著的抑制作用。能够带来技术进步、创造巨大价值的投资活动往往隐含着很高的风险,勇于承担风险的态度,既是企业家、管理层追逐价值使然,也是企业长期保持高质量发展的内核驱动力(Ferris et al.,2017)。企业风险承担水平越高,就越有积极创新的行为承诺与大胆投资的理性选择,未来进一步加大研发投入、优化资源配置、增强竞争能力、提升经营绩效的可能性也就越大(孟焰、赖建阳,2019),投资者要求报酬可以得到更为有效的保障,股东财富可以实现更大程度的积累。相比一味追求稳健、进取精神不足的保守企业来说,风险承担水平更高的企业拥有更有利的投资机会与更广阔的发展前景,对于现有股东与潜在投资者而言类似于一种看涨期权(Du,2013)。投资者在眼前利益与未来回报的博弈过程中,往往更有信心聚焦于股东财富的长期增长,也就更有可能下调当前的要求报酬来满足企业未来项目投资和可持续发展的资金需求(Cain and McKeon,2016),从而降低了股权资本成本。

与此同时还应认识到,较高的风险承担水平不仅带来未来价值创造的可能性,也会产生预期赢利状况的波动性,特别是在我国经济结构转型升级的制度背景下,高风险投资或许会出现更多的不稳定因素,甚至使企业陷入资金链断裂的财务困境,使投资者遭遇血本无归的重大损失。风险承担行为是一把锋利的"双刃剑",如果不匹配足够的风险承受能力,过度的风险承担也可能提高股权资本成本(Chen et al.,2015)。然而,风险承担水平越高,本身意味着企业已经适应了高风险环境,进而构建了敏锐的风险识别手段、科学的风险预警系统、严密的风险防控机制、完善的风险管理体系,即使在面对不利局面时也具备抵御风险、化解危机的应急预案和调整策略（Kim et al.，2017），能够最大限度地保障投资者的利益诉求。随着市场化进程的加快和政策性导向的健全，投资者面对风险创新的理性投资意识和科学范式认知也在逐步提升（艾珺，2020），从而对风险决策有了更加客观、准确的预估和判断，与风险承担水平更高的企业之间更容易建立信任关系（申丹琳，2019），一旦遭遇风险就不会不切实际地要求增加报酬。

综上所述，连锁董事借助社会网络中嵌入的关键信息、核心资源与声誉资本，增强了公司治理的能力和动机，董事网络位置越高，股权资本成本越低。但董事网络的资本成本治理机制需要依靠企业风险承担来搭建传导路径。董事网络中蕴含的信息渠道和资源平台，为联结公司风险行为的相互模仿创造了现实条件，为高风险投资活动缓解了资源约束，为管理层风险承担意愿的提升带来了底气和信心，董事网络位置越高，风险承担水平越高。而风险承担行为往往表现出长期的价值驱动，未来发展前景与高额业绩承诺给投资者带来了一笔看涨期权，促使股东下调短期利益诉求、专注长期财富积累，风险承担水平越高，股权资本成本越低。至此，企业风险承担成了一条行之有效的作用路径，即董事网络位置对股权资本成本的影响可能是通过企业风险承担来实现的，企业风险承担在董事网络位置与股权资本成本之间关系中扮演了中介传导角色。因此，本节提出研究假设 H5。

H5：董事网络位置通过提高风险承担水平降低了股权资本成本，即企业风险承担在董事网络中心度与股权资本成本之间存在中介效应。

二 研究设计

（一）样本选择与数据来源

本节继续沿用第四章的样本数据，此处重点介绍企业风险承担的数据来源。

企业风险承担的基础数据包括息税折旧摊销前利润（*EBITDA*）、期末总资产等,来自CSMAR数据库的"公司研究系列"文件。首先,将每家样本公司的盈利数据减去该年度公司所在行业的均值,得到经年度和行业均值调整后的盈利值;然后,分别选择3年或5年作为一个观测时段,滚动计算样本公司在每个时段内经年度和行业均值调整后的盈利标准差与盈利极差(最大值与最小值之差)。由于需要跨期使用多年数据滚动计算对应于某一个年度的盈利波动值,所以采用3年作为一个观测时段($t-1$, t, $t+1$)对应的样本区间为2008~2020年,采用5年作为一个观测时段($t-2$, $t-1$, t, $t+1$, $t+2$)的样本区间为2007~2021年。所有数据都采用Stata 14.0进行处理,得到15339个公司年度观测值。

(二)变量定义

本节继续沿用第四章的解释变量、被解释变量与控制变量,此处重点介绍企业风险承担的衡量方法。

如前文所述,企业风险承担在英文中既可以理解为某主体正在承担风险这一"行为",又可以诠释为某主体正在承担的风险水平这一"结果"。由于当前无法对行为进行显性量化,但是对结果的量化则相对容易,所以学界通常借助对风险水平的量化来近似代替对风险承担行为的量化。事实上,现实生活中采用对结果量化来代替对行为量化的例子有很多,比如采用学生学习分数高低来体现学生的学习行为,进而代表学生整个学习状况的优劣。因此,企业风险承担不仅包含管理层为了实现某一目标对各种不确定性活动进行选择的行为,而且包含行为实施之后所导致的结果,在计量上通常采用风险水平来代替衡量风险承担行为的实施程度。

目前学界对于企业风险承担的衡量方法尚未统一,主要包括业绩表现、政策行为、生存状况和风险态度四种类型(王菁华、茅宁,2015)。大部分学者采用一定观测期内的业绩波动程度来衡量风险承担水平,主要包括企业盈利波动性(John et al., 2008; Faccio et al.,

2016)、企业盈利极差（最大值与最小值之差）(Boubakri et al., 2013)、股票回报波动性（Bhagat et al., 2015）。少数学者采用某一项具体的风险行为来衡量风险承担水平，如资本投资强度（Bargeron et al., 2010)、研发强度（Li et al., 2013）、财务杠杆（Dong et al., 2010）。还有极个别学者采用企业存活的时间（Faccio et al., 2011）、初创企业的失败容忍度（Tian and Wang, 2014）等方法近似替代风险承担。由于我国股票市场存在较大的投机现象，股价普遍呈现"同涨同跌"的大盘走势，所以股票回报波动性容易受到市场噪声的随机干扰（何瑛等，2019）。此外，资本投资强度、研发支出、财务杠杆等政策行为只能从某一侧面反映企业的风险活动，且很多非创新型企业并未公开披露完整的研发支出数据（宋建波等，2018），而存活时间、失败容忍度等指标的判别标准则比较主观粗略。考虑到盈利波动性有助于观测一段时间内企业的风险导向，相对其他指标更加全面准确，能在一定程度上代表企业风险承担行为的实施后果，因此国内主流文献大都选取企业盈利波动性反映风险承担水平的高低。

企业盈利波动性是经年度和行业均值调整后的资产收益率（ROA）的标准差。本节借鉴 John 等（2008）、Faccio 等（2016）、余明桂等（2013）、孟焰和赖建阳（2019）的做法，首先用息税折旧摊销前利润 $EBITDA$ 除以期末总资产，得到企业盈利指标 ROA，并将每家样本公司的 ROA 减去该年度公司所在行业的 ROA 均值，得到经年度和行业均值调整后的 Adj_ROA，以消除经济周期和行业环境对企业赢利能力的影响，其中制造业按二级代码分类，其他行业按一级代码分类，见公式（6.1）。然后，以3年作为一个观测时段（$t-1, t, t+1$），滚动计算样本公司在每3年内的 Adj_ROA 标准差，见公式（6.2）。

$$Adj\_ROA_{i,t} = \frac{EBITDA_{i,t}}{Assets_{i,t}} - \frac{1}{N}\sum_{k=1}^{N}\frac{EBITDA_{k,t}}{Assets_{k,t}} \qquad (6.1)$$

$$Risktaking = \sqrt{\frac{1}{T-1}\sum_{t=1}^{T}\left(Adj\_ROA_{i,t} - \frac{1}{T}\sum_{t=1}^{T}Adj\_ROA_{i,t}\right)^2} \mid T=3 \qquad (6.2)$$

其中，ROA 表示公司相应年度的息税折旧摊销前利润（$EBITDA$）占期末总资产（$Assets$）的比例；Adj_ROA 表示经行业调整后的盈利指标；$Risktaking$ 表示风险承担水平；i 表示公司；t 表示年度；N 表示某行业的公司数量；k 表示该行业的第 k 家公司；T 表示观测时段，取值为 3 年。

需要说明的是，国外文献在滚动计算盈利标准差时，通常选择 5 年作为一个观测时段。由于企业风险承担本质上是董事会和管理层为追求卓越绩效表现而挑战未来不确定性的态度倾向，风险决策行为往往仅在其任职期限内开展实施，而我国上市公司每届董事或高管的任期一般为 3 年（余明桂等，2013；张俊芝、谷杉杉，2020），所以本节以 3 年作为一个观测时段进行滚动计算。此外，本书的样本区间为 2009~2019 年，但每家公司至少要有连续 3 年的观测值才能计算风险承担水平（宋建波等，2018），因此每 3 年滚动计算对应的样本区间为 2008~2020 年。具体而言，2009 年对应第 1 个观测时段 2008~2010 年，2010 年对应第 2 个观测时段 2009~2011 年，以此类推，2019 年对应第 11 个观测时段 2018~2020 年。

（三）模型设计

本节采用 Baron 和 Kenny（1986）、温忠麟和叶宝娟（2014）提出的逐步法来检验企业风险承担在董事网络位置降低股权资本成本过程中发挥的中介作用。在第四章模型（4.3）的基础上，进一步构建了多元回归模型（6.3）、模型（6.4），采用 OLS 回归方法来验证研究假设 H5。中介效应的检验程序需要进行以下三个步骤。

$$Risktaking = \beta_0 + \beta_1 CEN\_mean + \beta_2 Size + \beta_3 Growth + \beta_4 Lever + \beta_5 Assturn + \\ \beta_6 OCF + \beta_7 Liquid + \beta_8 State + \beta_9 Zidex + \beta_{10} Indep + \beta_{11} Dual + \\ \beta_{12} Place + \beta_{13} Beta + \sum Industry + \sum Year + \varepsilon \qquad (6.3)$$

$$RE\_hvz = \gamma_0 + \gamma_1 CEN\_mean + \gamma_2 Risktaking + \gamma_3 Size + \gamma_4 Growth + \gamma_5 Lever +$$
$$\gamma_6 Assturn + \gamma_7 OCF + \gamma_8 Liquid + \gamma_9 State + \gamma_{10} Zidex + \gamma_{11} Indep +$$
$$\gamma_{12} Dual + \gamma_{13} Place + \gamma_{14} Beta + \sum Industry + \sum Year + \varepsilon \quad (6.4)$$

第一步，通过模型（4.3）考察董事网络位置对股权资本成本的影响，如果 CEN_mean 的回归系数 α_1 显著则进行后续检验（本书的总效应，已验证 α_1 显著为负）。

第二步，通过模型（6.3）考察董事网络位置对企业风险承担的影响，如果 CEN_mean 的回归系数 β_1 显著则进行后续检验（根据前文分析，董事网络中心度越高，风险承担水平越强，预期 β_1 显著为正）。

第三步，通过模型（6.4）考察企业风险承担在董事网络位置与股权资本成本关系中的中介效应。如果 $Risktaking$ 的回归系数 γ_2 显著，说明董事网络位置对股权资本成本的影响至少有一部分是通过提高企业风险承担水平实现的，中介效应存在（根据假设 H5，董事网络中心度提高了风险承担水平，进而降低了股权资本成本，预期 γ_2 显著为负）。此时还需要进一步判断 CEN_mean 的回归系数 γ_1 是否显著。在控制了 $Risktaking$ 之后，如果 γ_1 仍然显著，说明企业风险承担具有部分中介效应，除此之外还有降低股权资本成本的其他传导路径；如果 γ_1 不再显著，说明企业风险承担具有完全中介效应，成为董事网络位置影响股权资本成本的唯一传导路径。

温忠麟等（2004）认为，Sobel 检验法的可靠程度要高于分步骤依次检验法。本节通过中介作用路径强度的 z 统计量，运用 Sobel 检验进一步确认企业风险承担中介效应的显著性。z 统计量的计算公式为：

$$z = \frac{\beta_1 \gamma_2}{\sqrt{\beta_1^2 S_{\gamma_2}^2 + \gamma_2^2 S_{\beta_1}^2}} \quad (6.5)$$

其中，S_{β_1}、S_{γ_2} 分别是回归系数 β_1 与 γ_2 对应的标准误差。

三 实证结果与分析

(一)描述性统计

董事网络位置、股权资本成本和控制变量的描述性统计与第四章第三节相同。表6.1的Panel A报告了企业风险承担水平的描述性统计结果。可以看出,风险承担水平(*Risktaking*)的均值为0.0531,远大于中位数0.0257,呈现明显的右偏分布特征,表明我国大部分董事联结公司的风险承担水平低于均值,亟须通过内外部治理机制理性增强管理层的风险承担意愿,同时也反映出企业风险承担能力还有进一步提升的空间和潜力。*Risktaking*的最小值为0.0018,最大值为0.6122,且标准差仅为0.0797,表明样本公司的风险承担水平波动幅度不大,在观测期内维持了相对平稳的变化趋势,但各公司之间处于参差不齐的状态,总体情况不容乐观。以上结论与孟焰和赖建阳(2019)、周雪峰等(2021)的统计结果基本一致,证实了样本数据能够表现中国上市公司风险承担水平的客观现状。

表6.1 企业风险承担水平的描述性统计结果与单变量检验结果

Panel A:企业风险承担水平的描述性统计结果

变量	观测值	均值	标准差	最小值	25%分位数	中位数	75%分位数	最大值
Risktaking	15339	0.0531	0.0797	0.0018	0.0128	0.0257	0.0538	0.6122

Panel B:不同董事网络中心度下企业风险承担水平的单变量检验结果

分组变量	观测值	均值 t检验 均值	t值	中位数 Mann-Whitney检验 中位数	z值
董事网络中心度高组	7669	0.0573	-6.606***	0.0274	-8.813***
董事网络中心度低组	7670	0.0488		0.0241	

Panel C:不同风险承担水平下股权资本成本的单变量检验结果

分组变量	观测值	均值 t检验 均值	t值	中位数 Mann-Whitney检验 中位数	z值
风险承担水平高组	7669	0.0905	2.914***	0.0824	3.890***
风险承担水平低组	7670	0.0924		0.0848	

为了初步探讨企业风险承担是否受到董事网络中心度的影响，本节以董事网络中心度（CEN_mean）的中位数作为分组标准，分别使用均值 t 检验、中位数 Mann-Whitney 检验，对两组样本的风险承担水平进行组间比较。表6.1的 Panel B 报告了不同董事网络中心度下企业风险承担水平的单变量检验结果。从均值来看，董事网络中心度高组和低组的风险承担水平均值分别为 0.0573、0.0488，t 检验结果表明，样本均值在 1% 的水平下都存在显著差异。从中位数来看，董事网络中心度高组和低组的风险承担水平中位数分别为 0.0274、0.0241，Mann-Whitney 检验结果表明，样本中位数在 1% 的水平下仍然存在显著差异。以上结果表明，董事网络中心度能够提高企业风险承担水平。董事网络充当了异质信息的传输纽带，为联结公司风险承担行为的效仿借鉴创造了现实条件，降低了风险决策的不确定性。连锁董事拥有的个人资本以及嵌入网络系统的社会资本，为联结公司从事积极的风险投资活动提供了资源支持，缓解了风险决策的资源依赖。董事网络位置居中，还可以进一步增强董事会的监督激励效应，从而激发管理层的风险承担意愿。

为了初步探讨股权资本成本是否受到企业风险承担的影响，本节以企业风险承担（$Risktaking$）的中位数作为分组标准，分别使用均值 t 检验、中位数 Mann-Whitney 检验，对两组样本的股权资本成本进行组间比较。表6.1的 Panel C 报告了不同风险承担水平下股权资本成本的单变量检验结果。从均值来看，风险承担水平高组和低组的股权资本成本均值分别为 0.0905、0.0924，t 检验结果表明，样本均值在 1% 的水平下存在显著差异。从中位数来看，风险承担水平高组和低组的股权资本成本中位数分别为 0.0824、0.0848，Mann-Whitney 检验结果表明，样本中位数在 1% 的水平下仍然存在显著差异。以上结果表明，企业风险承担水平能够降低股权资本成本。风险承担行为是企业保持高质量发展的价值驱动，风险承担水平越高，就越有积极创新的进取精神与大胆投资的理性选择，投资报酬可以得到更为有效的保障，股东财富可以实现更大程度的积累。未来发展前景与高额业绩承诺给投资者带来了一笔看涨期权，促使股东更有信心聚焦于长期财富增长，也就更有可能下调当前的要求报酬以满足企业风险投资活动的资金需求。

（二）回归结果与分析

表 6.2 报告了假设 H5 的回归结果。第（1）列旨在检验董事网络中心度（CEN_mean）对风险承担水平（$Risktaking$）的影响，结果显示，CEN_mean 与 $Risktaking$ 在 1%的水平下显著正相关，说明董事网络位置能够提高企业风险承担。第（2）列是在第（1）列的基础上控制了 $Risktaking$，旨在检验董事网络中心度（CEN_mean）对股权资本成本（RE_hvz）的影响机制中，风险承担水平（$Risktaking$）扮演了何种中介角色。结果显示，$Risktaking$ 与 RE_hvz 在 5%的水平下显著负相关，说明在董事网络位置降低股权资本成本的过程中，至少有一部分是通过提高企业风险承担这一中介路径来实现的；而且在控制了 $Risktaking$ 之后，CEN_mean 与 RE_hvz 仍在 1%的水平下显著负相关。Sobel 检验结果进一步显示，z 值为 -2.397，p 值为 0.0165<0.05，说明企业风险承担在董事网络位置与股权资本成本之间关系中存在部分中介效应，由此验证了假设 H5。

表 6.2 企业风险承担中介作用的回归结果

变量	$Risktaking$	RE_hvz
	（1）	（2）
CEN_mean	0.0028***	-0.0007***
	(6.16)	(-3.19)
$Risktaking$		-0.0084**
		(-2.23)
$Size$	0.0001	-0.0081***
	(0.16)	(-28.87)
$Growth$	-0.0012*	0.0027***
	(-1.94)	(9.69)

续表

变量	*Risktaking*	*RE_hvz*
	（1）	（2）
Lever	0.0103***	0.0499***
	（2.76）	（28.76）
Assturn	0.0001	-0.0003
	（0.03）	（-0.38）
OCF	-0.0213**	0.0531***
	（-2.39）	（12.85）
Liquid	0.0065***	-0.0001
	（6.63）	（-0.22）
State	0.0068***	-0.0010
	（4.67）	（-1.54）
Zidex	0.0001***	-0.0001***
	（5.18）	（-3.18）
Indep	-0.0243**	0.0061
	（-2.04）	（1.11）
Dual	-0.0009	0.0053***
	（-0.53）	（6.62）
Place	-0.0033**	-0.0026***
	（-2.54）	（-4.34）
Beta	-0.0469***	-0.0038***
	（-19.98）	（-3.45）
Industry	控制	控制
Year	控制	控制
常数项	0.0406	0.2188***
	（1.16）	（13.43）
Adj. R²	0.0675	0.1652
F 值	19.81***	51.59***
Sobel 检验		-2.397**
		［0.0165］
N	15339	15339

注：Sobel 检验的方括号内为 p 值，后文不再赘述。

以上结论反映出董事网络位置对股权资本成本的作用机制并不仅仅在于提高风险承担水平这一条路径，或许还可以通过约束代理成本（陈运森，2012a）、强化信息披露质量（高凤莲、王志强，2015）、促进成长性（李敏娜、王铁男，2014）、提升投资效率（左晓宇、孙谦，2018）、加强盈余管理（孟岩、周航，2018）、缓解融资约束（尹筑嘉等，2018）、增强会计稳健性（梁上坤等，2018）、抑制薪酬粘性（李洋等，2019c）、优化内部控制（廖方楠等，2021）等其他渠道来实施资本成本治理机制。本节的研究结果表明，借助社会网络中嵌入的信息资源、商业潜能和先行优势，面对未来收益不确定性科学进行风险评估、积极调整风险倾向，能够成为董事网络治理资本成本的一条有效作用路径。而股权资本成本的实质是股东基于投资风险所要求获取的必要报酬，风险承担水平则是股东在评估投资风险时最为核心的参考标准。要想充分利用董事网络所镶嵌的社会资本，从根源上帮助企业满足投资者诉求、实现股东财富积累，企业风险承担无疑是关键路径之一，无论哪种治理渠道都无法绕开这一极其重要的作用机制。

（三）稳健性检验

1. 分组检验

本节对模型（6.3）、模型（6.4）采用分组回归进行稳健性检验。以董事网络中心度（CEN_mean）的中位数作为临界点，将全样本划分为董事网络中心度高组（$CEN\_mean \geq$ 中位数）和董事网络中心度低组（$CEN\_mean <$ 中位数）。首先，分组考察模型（6.3）董事网络中心度（CEN_mean）对风险承担水平（$Risktaking$）的影响，结果如表6.3的第（1）列、第（2）列所示。可以看出，董事网络中心度高组中CEN_mean与$Risktaking$在1%的水平下显著正相关，董事网络中心度低组中CEN_mean与$Risktaking$在10%的水平下显著正相关，且Suest检验结果表明，CEN_mean组间系数的差异在10%的水平下显著，证实了董事网络中心度越高，越能缓解风险承担决策的不确定性和资源依赖性，越能

激发管理层的风险承担意愿,企业风险承担水平越高。然后,分组考察模型(6.4)董事网络中心度(*CEN_mean*)、风险承担水平(*Risktaking*)共同对股权资本成本(*RE_hvz*)的影响,结果如表6.3的第(3)列、第(4)列所示。可以看出,两个组别中 *Risktaking* 与 *RE_hvz* 都在10%的水平下显著负相关,而且在控制了 *Risktaking* 之后,*CEN_mean* 与 *RE_hvz* 也都在1%的水平下显著负相关。Sobel检验结果进一步显示,董事网络中心度高组的z值为-2.022,p值为0.0432<0.05,董事网络中心度低组的z值为-4.271,p值为0,说明两个组别中企业风险承担的部分中介效应都具有较强的显著性。Suest检验结果表明,*Risktaking*、*CEN_mean* 组间系数的差异都不显著,证实无论处于何种位置的董事网络都能通过提高风险承担水平来降低股权资本成本,企业风险承担在董事网络位置与股权资本成本之间关系中存在的部分中介效应非常稳定,从而支持了假设H5。

表6.3 董事网络中心度分组检验的回归结果

变量	*Risktaking* 董事网络中心度高组 (*CEN_mean*≥中位数) (1)	*Risktaking* 董事网络中心度低组 (*CEN_mean*<中位数) (2)	Suest 检验	*RE_hvz* 董事网络中心度高组 (*CEN_mean*≥中位数) (3)	*RE_hvz* 董事网络中心度低组 (*CEN_mean*<中位数) (4)	Suest 检验
CEN_mean	0.0045*** (4.84)	0.0020* (1.69)	2.81* [0.0939]	-0.0018*** (-4.64)	-0.0028*** (-4.58)	1.98 [0.1592]
Risktaking				-0.0089* (-1.87)	-0.0107* (-1.83)	0.06 [0.8020]
Size	0.0009 (1.03)	-0.0010 (-1.28)		-0.0066*** (-18.37)	-0.0094*** (-22.64)	
Growth	-0.0006 (-0.59)	-0.0016** (-2.13)		0.0042*** (9.78)	0.0024*** (6.49)	

续表

变量	Risktaking 董事网络中心度高组 ($CEN\_mean \geq$ 中位数)(1)	Risktaking 董事网络中心度低组 ($CEN\_mean <$ 中位数)(2)	Suest 检验	RE_hvz 董事网络中心度高组 ($CEN\_mean \geq$ 中位数)(3)	RE_hvz 董事网络中心度低组 ($CEN\_mean <$ 中位数)(4)	Suest 检验
Lever	0.0167*** (3.37)	0.0228*** (4.86)		0.0400*** (19.34)	0.0579*** (24.12)	
Assturn	−0.0016 (−0.81)	0.0001 (0.01)		0.0005 (0.67)	0.0003 (0.35)	
OCF	−0.0472*** (−3.54)	−0.0298*** (−2.63)		0.0524*** (9.38)	0.0573*** (9.85)	
Liquid	0.0077*** (5.90)	0.0056*** (4.17)		0.0046*** (8.42)	0.0014** (2.07)	
State	0.0040* (1.89)	0.0074*** (3.98)		−0.0016* (−1.82)	0.0003 (0.37)	
Zidex	0.0001*** (2.62)	0.0002*** (4.58)		0.0001* (1.89)	−0.0001 (−0.81)	
Indep	−0.0104 (−0.58)	−0.0204 (−1.31)		−0.0147* (−1.95)	0.0063 (0.79)	
Dual	0.0014 (0.50)	−0.0019 (−0.85)		0.0063*** (5.49)	0.0029*** (2.59)	
Place	−0.0028 (−1.45)	−0.0012 (−0.71)		−0.0027*** (−3.35)	−0.0049*** (−5.65)	
Beta	−0.0544*** (−15.23)	−0.0399*** (−13.21)		−0.0087*** (−5.73)	−0.0043*** (−2.75)	
Industry	控制	控制		控制	控制	
Year	控制	控制		控制	控制	
常数项	0.0430*** (3.63)	0.0704*** (3.23)		0.0655*** (13.22)	0.2799*** (25.06)	
Adj. R^2	0.0401	0.0435		0.1073	0.1842	
F 值	21.02***	18.45***		55.22***	83.43***	
Sobel 检验				−2.022** [0.0432]	−4.271*** [0.0000]	
N	7669	7670		7669	7670	

2. 重新测度中介变量

(1) 重新定义企业风险承担的观测时段

本节借鉴 Faccio 等 (2016)、吴超和施建军 (2018b)、何瑛等 (2019)、孟焰和赖建阳 (2019) 的做法，基于经年度和行业均值调整后的 Adj_ROA，将观测时段由 3 年改为 5 年 ($t-2$, $t-1$, t, $t+1$, $t+2$)，滚动计算样本公司在每 5 年内的 Adj_ROA 标准差 ($Risktaking\_roa5$)，见公式 (6.6)，对应的样本区间为 2007～2021 年。变量含义与公式 (6.2) 相同。

$$Risktaking\_roa5 = \sqrt{\frac{1}{T-1}\sum_{t=1}^{T}\left(Adj\_ROA_{i,t} - \frac{1}{T}\sum_{t=1}^{T}Adj\_ROA_{i,t}\right)^2} \mid T=5 \quad (6.6)$$

(2) 重新定义企业风险承担的度量方式

本节借鉴 Boubakri 等 (2013)、余明桂等 (2013)、刘衡和苏坤 (2017)、何瑛等 (2019) 的做法，基于经年度和行业均值调整后的 Adj_ROA，以每 3 年作为一个观测时段 ($t-1$, t, $t+1$)，滚动计算样本公司在每 3 年内的 Adj_ROA 极差 ($Risktaking\_jc3$)，见公式 (6.7)，对应的样本区间为 2008～2020 年。同理，再将观测时段由 3 年改为 5 年 ($t-2$, $t-1$, t, $t+1$, $t+2$)，滚动计算样本公司在每 5 年内的 Adj_ROA 极差 ($Risktaking\_jc5$)，见公式 (6.8)，对应的样本区间为 2007～2021 年。变量含义与公式 (6.2) 相同。

$$Risktaking\_jc3 = \frac{1}{T}[\text{Max}(Adj\_ROA_{i,t}) - \text{Min}(Adj\_ROA_{i,t})] \mid T=3 \quad (6.7)$$

$$Risktaking\_jc5 = \frac{1}{T}[\text{Max}(Adj\_ROA_{i,t}) - \text{Min}(Adj\_ROA_{i,t})] \mid T=5 \quad (6.8)$$

表 6.4 报告了重新测度中介变量的回归结果。可以看出，在第 (1) 列、第 (3) 列、第 (5) 列中，董事网络中心度 (CEN_mean) 与风险承担水平的替代变量 ($Risktaking\_roa5$、$Risktaking\_jc3$、$Risktaking\_jc5$) 全都在 1% 的水平下显著正相关。在第 (2) 列、第

（4）列、第（6）列中，风险承担水平的三个替代变量与股权资本成本（RE_hvz）至少在10%的水平下显著负相关；同时，在控制了风险承担变量之后，CEN_mean 与 RE_hvz 仍然全都在1%的水平下显著负相关。Sobel检验结果进一步显示，三组回归的z值分别为-1.791、-1.857、-12.890，对应的p值分别为 0.0732<0.1、0.0633<0.1、0，说明企业风险承担在董事网络位置与股权资本成本之间关系中存在的部分中介效应具有较强的显著性。以上测试结果都很稳健，假设H5再次得到验证。

表6.4 重新测度中介变量的回归结果

变量	Risktaking_roa5	RE_hvz	Risktaking_jc3	RE_hvz	Risktaking_jc5	RE_hvz
	（1）	（2）	（3）	（4）	（5）	（6）
CEN_mean	0.0029***	-0.0013***	0.0018***	-0.0013***	0.0049***	-0.0010***
	（6.43）	（-6.20）	（6.27）	（-6.42）	（3.31）	（-4.79）
Risktaking_roa5		-0.0062*				
		（-1.73）				
Risktaking_jc3				-0.0105*		
				（-1.78）		
Risktaking_jc5						-0.0037***
						（-3.35）
Size	0.0003	-0.0089***	0.0006	-0.0086***	-0.0071***	-0.0083***
	（0.41）	（-32.14）	（1.62）	（-30.49）	（-3.44）	（-29.22）
Growth	-0.0015**	0.0030***	-0.0014***	0.0031***	-0.0036*	0.0033***
	（-2.38）	（11.05）	（-3.60）	（11.34）	（-1.84）	（12.29）
Lever	0.0098***	0.0540***	0.0044*	0.0529***	0.0218*	0.0526***
	（2.57）	（31.81）	（1.89）	（30.91）	（1.77）	（30.88）
Assturn	0.0001	0.0011	-0.0003	0.0010	0.0210***	0.0009
	（0.03）	（1.61）	（-0.32）	（1.36）	（4.16）	（1.25）
OCF	-0.0205**	0.0529***	-0.0125**	0.0535***	-0.0365	0.0537***
	（-2.26）	（13.13）	（-2.25）	（13.30）	（-1.26）	（13.41）

续表

变量	Risktaking_roa5 (1)	RE_hvz (2)	Risktaking_jc3 (3)	RE_hvz (4)	Risktaking_jc5 (5)	RE_hvz (6)
Liquid	0.0064*** (6.32)	0.0003 (0.56)	0.0052*** (8.22)	0.0006 (1.33)	0.0018 (0.49)	0.0035*** (6.85)
State	0.0063*** (4.24)	0.0008 (1.15)	0.0038*** (4.23)	0.0005 (0.82)	0.0221*** (4.62)	0.0007 (1.09)
Zidex	0.0001*** (5.12)	−0.0001 (−1.41)	0.0001*** (4.38)	−0.0001* (−1.88)	0.0004*** (4.18)	−0.0001 (−1.31)
Indep	−0.0270** (−2.23)	0.0009 (0.17)	−0.0126* (−1.71)	0.0014 (0.26)	−0.1646*** (−4.25)	0.0015 (0.28)
Dual	−0.0010 (−0.57)	0.0040*** (5.13)	−0.0004 (−0.36)	0.0042*** (5.38)	−0.0043 (−0.77)	0.0039*** (5.11)
Place	−0.0030** (−2.28)	−0.0031*** (−5.27)	−0.0025*** (−3.09)	−0.0033*** (−5.60)	−0.0049 (−1.16)	−0.0027*** (−4.67)
Beta	−0.0465*** (−19.35)	−0.0037*** (−3.40)	−0.0323*** (−21.50)	−0.0037*** (−3.33)	−0.0847*** (−9.93)	−0.0084*** (−7.16)
Industry	控制	控制	控制	控制	控制	控制
Year	控制	控制	控制	控制	控制	控制
常数项	0.0396 (1.11)	0.2342*** (14.74)	0.0095 (0.43)	0.2270*** (14.25)	0.2979*** (2.58)	0.2085*** (13.09)
Adj. R^2	0.0654	0.2080	0.0744	0.2105	0.0302	0.2202
F 值	18.60***	65.98***	20.57***	64.92***	8.35***	66.63***
Sobel 检验		−1.791* [0.0732]		−1.857* [0.0633]		−12.890*** [0.0000]
N	15339	15339	15339	15339	15339	15339

(3) 动态模型与滞后一期

为了在一定程度上避免遗漏变量导致的伪回归问题，本节沿用第四章第四节的做法，通过对模型（6.3）、模型（6.4）进行动态变化值的设计，检验董事网络中心度逐年变化值（ΔCEN_mean）对风险承担水平逐年变化值（$\Delta Risktaking$）的敏感性影响，以及董事网络中心度逐年变化值（ΔCEN_mean）、风险承担水平逐年变化值（$\Delta Risktaking$）共同对股权资本成本逐年变化值（ΔRE_hvz）的敏感性影响，结果如表6.5的第（1）列、第（2）列所示。可以看出，第（1）列中ΔCEN_mean与$\Delta Risktaking$在1%的水平下显著正相关，第（2）列中$\Delta Risktaking$与ΔRE_hvz在5%的水平下显著负相关，而且在控制了$\Delta Risktaking$之后，ΔCEN_mean与ΔRE_hvz仍在1%的水平下显著负相关。Sobel检验结果进一步显示，z值为-2.403，p值为0.0163<0.05，说明风险承担水平逐年变化值也存在较为显著的部分中介效应。动态模型的检验结果稳健，假设H5同样被验证。

董事网络位置通过企业风险承担对股权资本成本的影响可能存在滞后效应，为了避免同期相关性问题，本节对模型（6.3）、模型（6.4）的解释变量、中介变量进行滞后一期处理，在一定程度上也能缓解内生性问题，结果如表6.5的第（3）列、第（4）列所示。可以看出，第（3）列中董事网络中心度滞后一期（CEN_meanL1）与风险承担水平滞后一期（$RisktakingL1$）在1%的水平下显著正相关，第（4）列中$RisktakingL1$与RE_hvz在5%的水平下显著负相关，而且在控制了$RisktakingL1$之后，CEN_meanL1与RE_hvz仍在1%的水平下显著负相关。Sobel检验结果进一步显示，z值为-2.632，p值为0.0085<0.01，说明风险承担水平滞后一期也存在较为显著的部分中介效应。滞后一期的检验结果稳健，假设H5同样被验证。

表6.5 动态模型与滞后一期的回归结果

变量	动态模型敏感性检验		滞后一期检验	
	$\Delta Risktaking$	ΔRE_hvz	$RisktakingL1$	RE_hvz
	（1）	（2）	（3）	（4）
ΔCEN_mean	0.0030***	-0.0008***		
	（6.19）	（-3.89）		
$\Delta Risktaking$		-0.0083**		
		（-2.24）		
CEN_meanL1			0.0034***	-0.0011***
			（7.00）	（-5.32）
$RisktakingL1$				-0.0089**
				（-2.46）
Size	0.0001	-0.0058***	0.0010	-0.0079***
	（0.03）	（-20.38）	（1.47）	（-27.73）
Growth	0.0028**	0.0012**	0.0026**	0.0037***
	（2.46）	（2.38）	（2.27）	（7.70）
Lever	0.0088**	0.0400***	0.0056	0.0495***
	（2.15）	（22.73）	（1.36）	（28.64）
Assturn	-0.0005	0.0014**	-0.0012	0.0006
	（-0.31）	（1.98）	（-0.74）	（0.91）
OCF	-0.0273***	0.0492***	-0.0281***	0.0541***
	（-2.77）	（11.66）	（-2.86）	（13.24）
Liquid	0.0073***	0.0072***	0.0105***	0.0007
	（6.89）	（15.84）	（9.37）	（1.47）
State	0.0075***	-0.0001	0.0068***	0.0019***
	（4.81）	（-0.09）	（4.32）	（2.88）
Zidex	0.0002***	-0.0001**	0.0001***	-0.0001
	（5.03）	（-2.56）	（4.79）	（-1.24）
Indep	-0.0221*	-0.0024	-0.0199	0.0026
	（-1.73）	（-0.44）	（-1.57）	（0.49）
Dual	-0.0009	0.0025***	-0.0005	0.0044***
	（-0.45）	（3.11）	（-0.28）	（5.69）
Place	-0.0037***	-0.0014**	-0.0038***	-0.0036***
	（-2.66）	（-2.39）	（-2.71）	（-6.26）
Beta	-0.0543***	-0.0137***	-0.0647***	-0.0068***
	（-20.73）	（-12.07）	（-22.62）	（-5.60）

续表

变量	动态模型敏感性检验		滞后一期检验	
	$\Delta Risktaking$	ΔRE_hvz	$RisktakingL1$	RE_hvz
	（1）	（2）	（3）	（4）
Industry	控制	控制	控制	控制
Year	控制	控制	控制	控制
常数项	0.0420	0.1627***	0.0474	0.2395***
	（1.09）	（9.84）	（1.45）	（17.54）
Adj. R²	0.0719	0.1411	0.0781	0.1893
F 值	18.73***	37.95***	18.90***	49.60***
Sobel 检验		-2.403**		-2.632***
		[0.0163]		[0.0085]
N	13275	13275	13317	13317

第二节　董事会异质性对中介路径的权变机制

一　理论分析与假设

上文检验了企业风险承担在董事网络位置降低股权资本成本的过程中存在的中介作用，但鉴于风险承担行为的极端复杂性与风险决策结果的高度不确定性，经过企业风险承担的中介路径还会受到诸多内外部因素的差异化影响。2006 年，国务院国资委发布的《中央企业全面风险管理指引》，明确强调了董事会全面负责企业风险管理工作的实施，并且需要将具备不同特征的董事成员纳入风险管理工作之中，通过各种观点交汇和经验碰撞激发出更有价值的风险承担决策，才能有效提高决策质量与实施成效。同时，我国《公司法》也规定，企业战略决策需由董事会表决决议，并且获得半数通过方可执行。2021 年 9 月，国务院国资委印发的《中央企业董事会工作规则（试行）》，明确提出董事会是企业经营决策与风险战略的主体，具有定战略、做决策、防风险等重要功能。董事会作为监督治理、咨询建议与重大决策的最高权力机构，在企业风险承担战略的制定过程中具有举足轻重的核心地位，承载着突破原有商业格局、重塑技术创新机会、提出创造性投资方案、强化行业竞争优势等基本使命（Tuggle et al.，2010）。董事会成员的背景特征及认知模式，决定了不同的专业技能、职业经验、决策观念和社会资本，必然会对企业风险承担行为产生不容忽视的深远影响（李维安等，2014b；孟焰、赖建阳，2019）。风险承担活动往往关系到企业的长期战略规划，绝不应该被个人意志所掌控，理应由董事会团队成员进行集体决策，所以需要重点关注董事会集体层面的差异化特征对风险承担水平的作用效果。因此，本节进一步将董事会异质性作为风险决策环境中的权变因素，深入考察经过企业风险承担的中介路径在不同的董事会异质性特征下可能发生的权变机制，从而揭示董事网络关系对股权资本成本内在机制的综合作用过程。

董事会异质性是指董事会成员在年龄、性别、民族、国籍、知识、技能、经验、个性、情感、价值观等方面存在的差异化程度，一般包括人口统计特征层面可观察的外显异质性与潜在认知层面不可观察的内在异质性（Anderson et al.，2011；周建、李小青，2012）。早期研究假设所有决策者都是同质的，忽略了团队成员个体差异对企业决策的影响，直至 Hambrick 和 Mason（1984）提出高阶梯队理论之后，团队异质性特征才得以聚焦并用于解释企业的决策行为。面对经济环境的不确定性，不同决策者对相同事务之所以做出不一致的判断，表面上是受到其年龄、性别、背景、经历、任期等人口统计特征的影响，但不同的人口统计特征形成了不同的认知模式（Carpenter et al.，2004），并呈现差异化的价值理念、判断立场、风险倾向等内在心理特征，塑造着个人对外部环境的感知能力和解决问题的思维方式（Hambrick，2007），从而影响到战略制定、投资选择、业务转型、技术创新等风险承担行为。也就是说，决策者的人口统计特征是"表"，而认知特征是"里"，在研究董事会异质性因素时本应由"表"及"里"探究其根源，但由于潜在认知层面的隐性异质性不容易鉴别与量化，所以高阶梯队理论指出人口统计特征变量涵盖了与工作任务相关的知识、技能、经验、信息和资源等，可以在很大程度上作为决策者心理认知差异的替代变量，且整个团队异质性特征比董事长或CEO的个人特征更能准确预测风险决策结果（Sitthipongpanich and Polsiri，2013）。董事会团队成员具备不同的人口统计特征，会做出不同的风险承担决策，而股权资本成本代表了投资者对企业风险水平的预测结果，可以作为董事会风险承担决策能力强弱的外在市场表现，因此投资者已经日趋重视目标公司的董事会异质性程度，决策团队异质性成为市场投资选择的考量标准之一（焦健等，2017）。

同质性董事会团队与异质性董事会团队在风险承担决策过程中存在明显区别。同质性董事会虽然更有可能达成共识，但也更容易墨守成规、固化思维，很难提供差异化看待问题的视角，很少批判性地思考和讨论彼此之间的观点，做出有偏决策的概率很高，会降低集体决策的质量，同时囿于原有商业模式，较少进行战略创新（周建、李小青，2012），甚至会形成利益共同体（焦健等，2017）。异质性董事会更容易拓宽视野、群策群力，集众家之所长，为决策活动带来全面的分析视角与细致的抉择思路（李维安等，2014c）。特别是风险承担行为面临着更加复杂的市场环境与更加强烈的资源需求，一旦管理层难以应对环境不确定性及资源约束，多样化的董事会结构就能更充分地发挥战略支持作用（Anderson et al.，2011），既可以通过前沿的知识技能与丰富的行业经验为管理层提供有利的咨询建议，又可以借助广阔的网络关系与优质的社会资本为企业赢得更多的核心资源，还能够基于自身的认知基础和价值观念对大量信息进行有效过滤及专业解读，激发各种创新思维、新兴技术的交流与碰撞（Tuggle et al.，2010），纠正风险决策过程可能出现的失误与偏差，提升团队预测结果的可靠性与准确性（李维安等，2014b）。上述观点得到了不同市场背景下诸多文献的实证检验。Bernile等（2016）构建了包含年龄、性别、种族、学位、金融背景在内的董事会异质性综合指标，并考察异质性程度对企业风险和财务政策的影响，结果显示，董事会异质性更高的企业会持续加大研发投入，并形成更高效的创新流程，进而增强了风险承担能力。Giannetti和Zhao（2019）利用祖籍代表董事会成员的价值观，发现具有多元化祖籍的董事会拥有数量更多的技术专利并更高频率地召开董事会议，由此说明董事会异质性能够提升风险承担水平。孟焰和赖建阳（2019）指出，上市公司董事来源结构的异质性对风险承担水平及企业价值均存在积极影响。因此本书认为，董事会作为一个特殊的智力群体，需要对存在个体特征差异的董事成员进行合理搭配，才能帮助企业获取多样化的关键信息及稀缺性的核心资源，才能在董事网络位置降低股权资本成本的过程中，进一步提高企业风险承担的意愿倾向和能力水平，从而更大程度地约束股权资本成本的上升。

Anderson等（2011）将董事会异质性划分为六个要素，包括年龄、性别、民族、受教育程度、职业背景、任期等团队成员的特征差异。前三个要素归入社会异质性，可以增强成员之间的信任，化解认知偏见和情感冲突；后三个要素归入职业异质性，能够促进各类知识经验的讨论思辨，避免群体思维和决策误区。本书选择年龄异质性、性别异质性、受教育程度异质性、职业背景异质性和任期异质性作为董事会异质性的衡量要素。在社会异质性中未考虑民族异质性与国籍异质性，原因在于董事会团队里少数民族和外籍人士的比例极低，对实证结果的影响作用并不大。第一，年龄异质性：不同年龄段的董事表现出截然不同的风险偏好态度，年轻的董事虽然缺乏一定的决策经验，但具有更为积极的风险承担意愿和商业进取精神，也呈现更加强烈的学习能力、创新思维和环境适应性；年长的董事拥有丰富的管理经验、人脉资源和较高的风险识别能力，但在面对高风险投资活动时则显得谨小慎微，实施战略变革、推动技术创新的决心和冲劲相对不足（李维安等，2014b）。年龄异质性可以促使年轻董事与年长董事之间实现优势互补，能够避免发生盲目偏好风险与一味逃避风险的极端情况，确保董事会的风险承担能力更加全面均衡（孟焰、赖建阳，2019）。第二，性别异质性：不同性别的董事对待风险承担行为具有不同的认知视角，相较于男性董事的过度自信和激进果断，女性董事则表现出更加客观、细致、民主的处事风格，更倾向于在法律允许的范围内促进企业产生高质量的外部审计需求（况学文、陈俊，2011），更善于从独特视角提供有价值的关键信息，并充分挖掘容易被忽视的细节问题（Adams and Ferreira，2003）。在男性占据统治地位的董事会团队中加入女性董事，有助于拓宽董事会战略决策创新的眼界，并形成更为科学合理的风险承担区间（Faccio et al.，2016）。第三，受教育程度异质性：董事会团队成员之间不同的受教育程度，既代表了差异化的关系网络、社会地位和职业发展路径，也反映了决策信息在收集、甄别、开发、解读等方面的深度和广度（李长娥、谢永珍，2016）。高学历董事掌握了扎实的理论功底、先进的技术和前沿的决策思维，更有能力满足风险承担行为所需的开阔视野及复杂要求。低学历董事往往更早地步入社会，经过长期的工作历练积累了更加深厚的实践经验和较强的执行能力，可以有效弥补高学历董事实战眼光的不足。因此，受教育程度异质性有助于董事会培育出知识结构全面、信息来源多样、操作经验丰富、风险投资活跃的创新氛围和包容格局（Barrick et al.，2007）。第四，职业背景异质性：职业背景是指董事个体在进入董事会之前所经历的职能类别，代表了决策团队所拥有的知识体系、技能范围和经验积累。董事会在负责企业风险管理工作时，需要从多个专业领域收集有效信息、获取战略资源、挖掘投资机会，职业背景异质性能够集中展现董事个体多元化的创新观点与专业化的分析视角（Tuggle et al.，2010），通过集思广益降低遭遇认知盲区的概率，实现更加综合全面的技能组合，进一步增强成员之间的相互依赖性和团队凝聚力，从而在风险承担战略的提出、论证、评估过程中碰撞出更具建设性的实施方案（周建、李小青，2012）。第五，任期异质性：进入组织的时间长短会导致成员形成不同的认知基础和价值观念，任期越短的董事越不容易受到固有规则的约束限制，越能保持积极主动的风险承担动机；任期越长的董事更加熟悉企业环境，更能有效开展工作，但安于现状、循规守旧的可能性也越大（Hambrick，2007）。任期异质性可以汇聚先后入职的董事成员在经验、效率和认知上的优势，有利于提高董事之间对风险问题沟通交流的创造性和参与度（Tuggle et al.，2010），突破企业原有的管理风格、团队文化和商业模式，并提升风险承担的决策质量和创新绩效（肖挺等，2013）。因此，相比于同质性较高的董事会来说，董事会异质性可以进一步强化风险承担水平的中介效应，从而放大了企业风险承担对股权资本成本的降低作用。

综上所述，基于年龄、性别、受教育程度、职业背景和任期等团队成员个人特征所衡量的董事会异质性，成为风险决策环境下一项不容忽视的现实权变因素，在企业风险承担影响股权资本成本的中介路径上呈现正向调节效应，提高了风险承担水平的中介作用。企业风险承担作为董事网络位置与股权资本成本之间关系的传导路径，在不同的董事会异质性下发生了权变，进而对股权资本成本产生了不同程度的约束效果，董事会异质性越高，企业风险承担对股权资本成本的约束效果越大。值得注意的是，董事会异质性不是董事网络位置与股权资本成本之间关系的调节变量，而是企业风险承担与股权资本成本之间关系的调节变量，此时企业风险承担是有调节的中介变量，理论分析模型如图 6.2 所示。因此，本节提出研究假设 H6。

H6：董事会异质性提高了企业风险承担在董事网络位置与股权资本成本之间的中介作用，即董事会异质性通过进一步提高风险承担水平这一中介路径，增大了股权资本成本的降低程度。经过企业风险承担的中介路径受到董事会异质性的影响，存在有调节的中介效应。

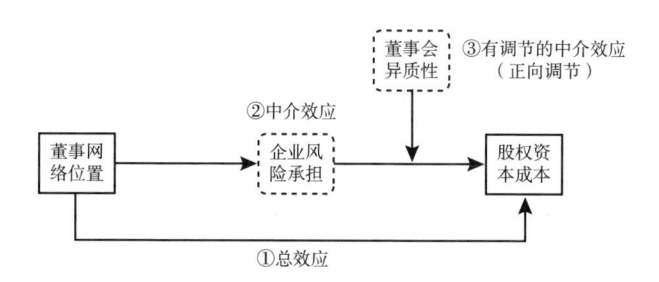

图 6.2 董事会异质性下有调节的中介效应的理论分析模型

二 研究设计

（一）样本选择与数据来源

本节继续沿用第四章的样本数据，此处重点介绍董事会异质性的数据来源。

董事会异质性数据采用 Anderson 等（2011）的鉴别标准，从董事会团队成员的社会异质性与职业异质性两个维度进行辨析，其中社会异质性包括年龄异质性、性别异质性两个要素，职业异质性包括受教育程度异质性、职业背景异质性、任期异质性三个要素。董事会成员的详细资料主要来自 CSMAR 数据库"人物特征系列"中的"董监高个人特征文件"和"董监高任职情况表"中有关年龄、性别、学历、职业背景、任职期限等信息，个别缺失资料根据公司年报、招股说明书、百度百科、新浪财经尽量补齐。所有数据都采用手工归集整理，得到 15339 个公司年度观测值。

（二）变量定义

本节继续沿用第四章的解释变量、被解释变量与控制变量，此处重点介绍董事会异质性的衡量方法。

董事会异质性的衡量参考 Anderson 等（2011）、李维安等（2014c）、焦健等（2017）的做法，对董事会团队成员的年龄、性别、受教育程度、职业背景、任期这五个异质性要素进行标准化处理。其中，年龄和任期通过变异系数表示异质性；性别通过占比表示异质性；受教育程度和职业背景通过赫芬达尔指数表示异质性。

①年龄异质性（Age）。年龄异质性采用董事会成员年龄（自然年数）的变异系数来表示，并按照变异系数的四分位数分别赋值为1、2、3、4，计算公式如式（6.9）所示。

$$年龄异质性(Age) = \frac{董事会成员年龄的标准差}{董事会成员年龄的均值} \qquad (6.9)$$

②性别异质性（$Gender$）。性别异质性采用女性董事人数的占比来表示，并按照比例的四分位数分别赋值为1、2、3、4，计算公式如式（6.10）所示。

$$性别异质性(Gender) = \frac{女性董事人数}{董事会总人数} \qquad (6.10)$$

③受教育程度异质性（$Education$）。根据CSMAR数据库对董事会成员的受教育水平分类并依次赋值，1=大专及以下，2=本科，3=硕士，4=博士，并筛选整理每类受教育水平所对应的董事人数。受教育程度异质性采用董事会成员最高受教育水平的赫芬达尔指数来表示，并按照赫芬达尔指数的四分位数分别赋值为1、2、3、4，计算公式如式（6.11）所示。

$$受教育程度异质性(Education) = 1 - \sum_{i=1}^{4} \left(\frac{每类受教育水平对应的董事人数}{董事会总人数} \right)^2 \qquad (6.11)$$

④职业背景异质性（$Profession$）。根据CSMAR数据库对董事会成员的职业经历依次赋值，1=生产，2=研发，3=设计，4=人力资源，5=管理，6=市场，7=金融，8=财务，9=法律，并筛选整理每类职业经历所对应的董事人数。职业背景异质性采用董事会成员职业经历的赫芬达尔指数来表示，并按照赫芬达尔指数的四分位数分别赋值为1、2、3、

4，计算公式如式（6.12）所示。

$$职业背景异质性(Profession) = 1 - \sum_{i=1}^{9}\left(\frac{每类职业经历对应的董事人数}{董事会总人数}\right)^2 \quad (6.12)$$

⑤任期异质性（Tenure）。任期异质性采用董事会成员在本公司任职时间的变异系数来表示，为精确计算，以月份来度量任职时间，如果大于15天则计为一个月，并按照变异系数的四分位数分别赋值为1、2、3、4，计算公式如式（6.13）所示。

$$任期异质性(Tenure) = \frac{董事会成员在本公司任职月份的标准差}{董事会成员在本公司任职月份的均值} \quad (6.13)$$

⑥董事会异质性（BoaHeter）。最后，将以上五个异质性要素的积分加总，即可得到董事会异质性的综合积分，计算公式如式（6.14）所示。该变量的取值范围为[5，20]，数值越大，说明董事会在年龄、性别、受教育程度、职业背景、任期这五个方面的异质性程度越高。

$$董事会异质性(BoaHeter) = Age + Gender + Education + Profession + Tenure \quad (6.14)$$

（三）模型设计

本节采用温忠麟等（2006）提出的有调节的中介效应检验法，先检验企业风险承担的中介效应，再检验董事会异质性对中介路径的调节效应，由此构建了多元回归模型（6.15）、模型（6.16）、模型（6.17）、模型（6.18），采用OLS回归方法来验证研究假设H6。有调节的中介效应检验程序需要进行以下四个步骤。

第一步，通过模型（6.15）考察董事网络位置、董事会异质性共同对股权资本成本的影响，在控制了 BoaHeter 之后，如果 CEN_mean 的回归系数 λ_1 显著则进行后续检验（本书的总效应，预期 λ_1 显著为负）。

第二步，通过模型（6.16）考察董事网络位置、董事会异质性共同对企业风险承担的影响，在控制了 BoaHeter 之后，如果 CEN_mean

的回归系数 θ_1 显著则进行后续检验（根据前文分析，董事网络中心度越高，风险承担水平越高，预期 θ_1 显著为正）。

第三步，通过模型（6.17）考察董事网络位置、企业风险承担、董事会异质性共同对股权资本成本的影响，在控制了 BoaHeter 之后，如果 Risktaking 的回归系数 π_2 显著，且 CEN_mean 的回归系数 π_1 也显著，说明企业风险承担仍然存在部分中介效应，则进行后续检验（根据假设 H5，董事网络中心度提高了风险承担水平，进而降低了股权资本成本，预期 π_2 显著为负，且 π_1 同样显著为负）。

第四步，通过模型（6.18）考察董事会异质性对企业风险承担在董事网络位置与股权资本成本之间中介路径的调节效应，如果交互项 Risktaking×BoaHeter 的回归系数 ρ_4 显著，说明经过企业风险承担的中介路径受到董事会异质性的影响，存在有调节的中介效应（根据假设 H6，董事会异质性通过进一步提高风险承担水平这一中介路径，增大了股权资本成本的降低程度，预期 ρ_4 显著为负）。

$$\begin{aligned} RE\_hvz = & \lambda_0 + \lambda_1 CEN\_mean + \lambda_2 BoaHeter + \lambda_3 Size + \lambda_4 Growth + \lambda_5 Lever + \\ & \lambda_6 Assturn + \lambda_7 OCF + \lambda_8 Liquid + \lambda_9 State + \lambda_{10} Zidex + \lambda_{11} Indep + \\ & \lambda_{12} Dual + \lambda_{13} Place + \lambda_{14} Beta + \sum Industry + \sum Year + \varepsilon \end{aligned} \quad (6.15)$$

$$\begin{aligned} Risktaking = & \theta_0 + \theta_1 CEN\_mean + \theta_2 BoaHeter + \theta_3 Size + \theta_4 Growth + \theta_5 Lever + \\ & \theta_6 Assturn + \theta_7 OCF + \theta_8 Liquid + \theta_9 State + \theta_{10} Zidex + \theta_{11} Indep + \\ & \theta_{12} Dual + \theta_{13} Place + \theta_{14} Beta + \sum Industry + \sum Year + \varepsilon \end{aligned} \quad (6.16)$$

$$\begin{aligned} RE\_hvz = & \pi_0 + \pi_1 CEN\_mean + \pi_2 Risktaking + \pi_3 BoaHeter + \pi_4 Size + \\ & \pi_5 Growth + \pi_6 Lever + \pi_7 Assturn + \pi_8 OCF + \pi_9 Liquid + \\ & \pi_{10} State + \pi_{11} Zidex + \pi_{12} Indep + \pi_{13} Dual + \pi_{14} Place + \\ & \pi_{15} Beta + \sum Industry + \sum Year + \varepsilon \end{aligned} \quad (6.17)$$

$$\begin{aligned} RE\_hvz = & \rho_0 + \rho_1 CEN\_mean + \rho_2 Risktaking + \rho_3 BoaHeter + \\ & \rho_4 Risktaking \times BoaHeter + \rho_5 Size + \rho_6 Growth + \rho_7 Lever + \\ & \rho_8 Assturn + \rho_9 OCF + \rho_{10} Liquid + \rho_{11} State + \rho_{12} Zidex + \\ & \rho_{13} Indep + \rho_{14} Dual + \rho_{15} Place + \rho_{16} Beta + \sum Industry + \\ & \sum Year + \varepsilon \end{aligned} \quad (6.18)$$

三 实证结果与分析

(一) 描述性统计

董事网络位置、股权资本成本和控制变量的描述性统计与第四章第三节相同,企业风险承担的描述性统计详见本章第一节。表 6.6 的 Panel A 报告了董事会异质性的描述性统计结果。可以看出,董事会异质性(*BoaHeter*)的最小值为 6,略高于该变量的取值范围下限 5,最大值为 18,接近该变量的取值范围上限 20,说明样本公司之间的董事会异质性程度存在较大的差距,且标准差高达 2.6341,说明在观测期内董事成员多元化背景的波动幅度较大,不利于董事会团队在风险承担战略规划过程中充分激发建设性辩论与创新性决策。其均值为 11.4386,略微大于中位数 11,与李维安等(2014c)、焦健等(2017)的统计结果很相近,样本数据呈现一定程度的右偏分布特征,反映了超过 50% 的主板 A 股上市公司董事会异质性低于均值,亟须在董事会中合理引入具有社会异质性和职业异质性的成员,不断丰富董事会结构在集体层面的差异化特征,从而有效提升最高权力机构的科学认知水平、风险承担能力和战略变革质量。

表 6.6 董事会异质性的描述性统计结果与单变量检验结果

Panel A: 董事会异质性的描述性统计结果

变量	观测值	均值	标准差	最小值	25%分位数	中位数	75%分位数	最大值
BoaHeter	15339	11.4386	2.6341	6.0000	10.0000	11.0000	13.0000	18.0000

Panel B: 不同董事会异质性下风险承担水平的单变量检验结果

| 分组变量 | 观测值 | 均值 t 检验 || 中位数 Mann-Whitney 检验 ||
		均值	t 值	中位数	z 值
董事会异质性高组	7485	0.0848	−52.244***	0.0538	−98.125***
董事会异质性低组	7854	0.0228		0.0132	

为了初步探讨企业风险承担是否受到董事会异质性的影响，本节以董事会异质性（$BoaHeter$）的中位数作为分组标准，分别使用均值 t 检验、中位数 Mann-Whitney 检验，对两组样本的风险承担水平进行组间比较。表 6.6 的 Panel B 报告了不同董事会异质性下风险承担水平的单变量检验结果。从均值来看，董事会异质性高组和低组的风险承担水平均值分别为 0.0848、0.0228，t 检验结果表明，样本均值在 1% 的水平下存在显著差异。从中位数来看，董事会异质性高组和低组的风险承担水平中位数分别为 0.0538、0.0132，Mann-Whitney 检验结果表明，样本中位数在 1% 的水平下仍然存在显著差异。以上结果表明，董事会异质性能够提高企业风险承担水平。异质性程度更高的董事会在知识结构、受教育程度、职业经验等方面存在明显的特征差异，能够帮助企业获取关键的有效信息与稀缺的核心资源，激发更有价值的创新观点和多元化的认知视角，增强董事成员之间的相互依赖性和团队凝聚力，为管理层提供高效率的咨询建议与战略支持，并纠正风险决策行为可能出现的失误与偏差，从而提高企业风险承担的意愿和能力。

（二）回归结果与分析

表 6.7 报告了假设 H6 的 OLS 回归结果。第（1）列旨在检验董事网络中心度（CEN_mean）、董事会异质性（$BoaHeter$）共同对股权资本成本（RE_hvz）的影响，是在模型（4.3）的基础上控制了 $BoaHeter$。结果显示，CEN_mean 与 RE_hvz 在 1% 的水平下显著负相关，与模型（4.3）的结果保持一致，而 $BoaHeter$ 与 RE_hvz 不具有统计意义上的显著性，说明董事网络中心度能够有效降低股权资本成本，但董事会异质性对股权资本没有产生直接的影响效应。目前学界并未发现将董事会异质性与股权资本成本纳入同一框架的研究文献，本节的结论也反映出二者之间或许并不存在直接关系。第（2）列旨在检验董事网络中心度（CEN_mean）、董事会异质性（$BoaHeter$）共同对风险承担水平（$Risktaking$）的影响，是在模型（6.3）的基础上控制了 $BoaHeter$。

<<< 第六章 传导路径研究：企业风险承担的中介作用与董事会团队特征的权变机制

结果显示，CEN_mean 与 Risktaking 在1%的水平下显著正相关，同模型（6.3）的结果仍然保持一致，而 BoaHeter 与 Risktaking 也在1%的水平下显著正相关，说明董事网络中心度、董事会异质性对于风险承担水平的提升都能产生积极的驱动作用。第（3）列旨在检验董事网络中心度（CEN_mean）、风险承担水平（Risktaking）、董事会异质性（BoaHeter）共同对股权资本成本（RE_hvz）的影响，是在模型（6.4）的基础上控制了 BoaHeter，也可以说在模型（6.15）的基础上控制了 Risktaking。结果显示，Risktaking 与 RE_hvz 在5%的水平下显著负相关，CEN_mean 与 RE_hvz 也在1%的水平下显著负相关，说明将董事会异质性作为权变因素之后，企业风险承担在董事网络位置与股权资本成本之间还是存在部分中介效应，进一步验证了本节的假设H5，但 BoaHeter 与 RE_hvz 仍然不具有显著性。第（4）列旨在检验董事会异质性对企业风险承担这一中介路径的调节效应，交互项 Risktaking×BoaHeter 与 RE_hvz 在1%的水平下显著负相关，说明董事会异质性在企业风险承担对董事网络位置与股权资本成本关系的中介路径上，具有显著的正向调节效应，董事会异质性通过进一步提高风险承担水平，从而更大程度地降低了股权资本成本，也可以理解为董事会异质性越高，企业风险承担的中介效应越强，股权资本成本的下降幅度越大，由此验证了假设H6。

表6.7　董事会异质性对中介路径调节作用的回归结果

变量	RE_hvz (1)	Risktaking (2)	RE_hvz (3)	RE_hvz (4)
CEN_mean	-0.0007*** (-3.32)	0.0017*** (3.83)	-0.0009*** (-4.28)	-0.0012*** (-5.83)
Risktaking			-0.0087** (-2.25)	-0.0003 (-0.06)
BoaHeter	-0.0002 (-1.27)	0.0153*** (55.71)	-0.0001 (-0.06)	-0.0001 (-0.36)
Risktaking× BoaHeter				-0.0012*** (-3.21)

289

续表

变量	RE_hvz (1)	$Risktaking$ (2)	RE_hvz (3)	RE_hvz (4)
$Size$	-0.0081***	-0.0007	-0.0077***	-0.0078***
	(-26.73)	(-1.10)	(-25.93)	(-25.61)
$Growth$	0.0027***	0.0018***	0.0029***	0.0035***
	(6.93)	(4.22)	(7.47)	(8.98)
$Lever$	0.0500***	-0.0022	0.0562***	0.0586***
	(26.07)	(-0.63)	(31.36)	(32.93)
$Assturn$	-0.0003	0.0006	-0.0005	0.0001
	(-0.36)	(0.35)	(-0.82)	(0.08)
OCF	0.0532***	-0.0118	0.0564***	0.0588***
	(11.63)	(-1.49)	(12.63)	(13.47)
$Liquid$	-0.0001	-0.0026***	-0.0006	0.0030***
	(-0.14)	(-2.67)	(-1.38)	(5.49)
$State$	-0.0010	0.0019	-0.0006	0.0015**
	(-1.55)	(1.45)	(-0.94)	(2.39)
$Zidex$	-0.0001***	0.0001***	-0.0001	0.0001
	(-3.03)	(3.35)	(-0.93)	(0.98)
$Indep$	0.0063	-0.0285***	0.0026	-0.0008
	(1.18)	(-2.88)	(0.49)	(-0.15)
$Dual$	0.0052***	0.0036***	0.0050***	0.0036***
	(6.18)	(2.73)	(5.76)	(4.26)
$Place$	-0.0026***	0.0001	-0.0027***	-0.0030***
	(-4.37)	(0.02)	(-4.60)	(-5.17)
$Beta$	-0.0037***	-0.0218***	-0.0033***	-0.0083***
	(-3.25)	(-9.64)	(-2.94)	(-6.35)
$Industry$	控制	控制	控制	控制
$Year$	控制	控制	控制	控制
常数项	0.2455***	-0.0895***	0.2427***	0.2372***
	(28.97)	(-5.27)	(30.83)	(28.87)
Adj. R^2	0.1650	0.2899	0.1396	0.1977
F值	41.65***	92.42***	113.93***	105.6***
N	15339	15339	15339	15339

研究结果表明，董事网络关系对股权资本成本的治理机制同时体现了连锁董事网络位置特征与董事会团队异质性特征。其中，网络位置特征主要作用于"董事网络中心度→企业风险承担→股权资本成本"这一中介路径上，进而降低股权资本成本。但董事网络位置能否最大限度地发挥积极的治理效应，还需要进一步剖析董事会团队成员的背景差异及认知模式，明确区分人口统计特征的外显异质性与知识、技能、经验、价值观等潜在认知层面的内在异质性。董事会异质性作为一种现实决策环境下的权变因素，通过多元化的观点交汇与经验碰撞、强有力的技能组合与战略创新，对经过企业风险承担的中介路径产生了正向调节效应。研究董事网络位置对股权资本成本的影响机制，亟待充分认识董事会异质性对企业风险承担这一作用路径上所发生的权变机制，该结论为董事联结公司有效提升网络中心位置、合理优化团队异质性程度、不断增强董事会履职效果、严格约束股权资本成本带来了新的增量证据。

（三）稳健性检验

1. 分组检验

本节对模型（6.18）采用分组回归进行稳健性检验。以董事会异质性（$BoaHeter$）的中位数作为临界点，将全样本划分为董事会异质性高组（$BoaHeter \geq$ 中位数）和董事会异质性低组（$BoaHeter <$ 中位数），分组考察董事会异质性对风险承担水平（$Risktaking$）在董事网络中心度（CEN_mean）与股权资本成本（RE_hvz）之间中介路径的调节效应，结果如表6.8所示。可以看出，董事会异质性高组中 $Risktaking$ 与 RE_hvz 在1%的水平下显著负相关，而且在控制了 $Risktaking$ 之后，CEN_mean 与 RE_hvz 仍在1%的水平下显著负相关，说明企业风险承担的部分中介效应具有较强的显著性。董事会异质性低组中尽管 CEN_mean 与 RE_hvz 在5%的水平下显著负相关，但 $Risktaking$ 与 RE_hvz 不具有统计意义上的显著性，说明企业风险承担在董事网络位置与股权资

本成本之间不存在中介效应。Suest 检验结果表明，$Risktaking$ 组间系数的差异在5%的水平下显著，证实了董事会异质性越高，企业风险承担的中介效应越强，对股权资本成本的降低程度越大，假设 H6 再次得到验证。需要特别说明的是，CEN_mean 组间系数的差异并不显著，说明无论董事会团队异质性的高低，连锁董事网络作为正式制度缺陷的长效补充机制，即使在企业风险承担的中介路径不显著时，也能够凭借网络中心位置所嵌入的强大社会资本，通过其他作用渠道促进股权资本成本的下降。该结论进一步验证了董事网络位置对股权资本成本影响效应的稳健性。

表 6.8 董事会异质性分组检验的回归结果

变量	RE_hvz 董事会异质性高组（$BoaHeter \geqslant$ 中位数）	RE_hvz 董事会异质性低组（$BoaHeter <$ 中位数）	Suest 检验
CEN_mean	-0.0008*** (-2.68)	-0.0006** (-1.99)	0.23 [0.6317]
$Risktaking$	-0.0264*** (-3.80)	-0.0081 (-1.61)	6.52** [0.0106]
$Size$	-0.0094*** (-23.59)	-0.0070*** (-17.18)	
$Growth$	0.0017*** (5.13)	0.0044*** (8.70)	
$Lever$	0.0448*** (17.95)	0.0548*** (22.35)	
$Assturn$	-0.0008 (-0.78)	0.0002 (0.19)	
OCF	0.0600*** (10.23)	0.0463*** (7.95)	
$Liquid$	0.0002 (0.38)	-0.0007 (-1.07)	
$State$	-0.0021** (-2.12)	0.0005 (0.54)	
$Zidex$	-0.0001*** (-3.84)	-0.0001 (-1.10)	

续表

变量	RE_hvz 董事会异质性高组 (BoaHeter≥中位数)	RE_hvz 董事会异质性低组 (BoaHeter<中位数)	Suest 检验
Indep	0.0105 (1.33)	0.0026 (0.34)	
Dual	0.0062*** (5.64)	0.0036*** (3.06)	
Place	-0.0032*** (-3.79)	-0.0020** (-2.31)	
Beta	-0.0017 (-1.17)	-0.0066*** (-3.70)	
Industry	控制	控制	
Year	控制	控制	
常数项	0.2753*** (24.92)	0.2189*** (19.42)	
Adj. R^2	0.1741	0.1698	
F 值	28.59***	26.94***	
N	7485	7854	

2. 重新测度调节变量

本节将董事会异质性的离散变量（取值范围为[5, 20]）按照其中位数来构建虚拟变量（*BoaHeter*01），即大于董事会异质性综合积分的中位数取1，小于董事会异质性综合积分的中位数取0，对模型（6.15）、模型（6.16）、模型（6.17）、模型（6.18）重新进行回归分析，结果如表6.9所示。可以看出，第（1）列在控制了 *BoaHeter*01 之后，*CEN_mean* 与 *RE_hvz* 在1%的水平下显著负相关。第（2）列中 *CEN_mean* 与 *Risktaking* 在1%的水平下显著正相关，且 *BoaHeter*01 与 *Risktaking* 也在1%的水平下显著正相关。第（3）列在控制了 *BoaHeter*01 之后，*Risktaking* 与 *RE_hvz* 在10%的水平下显著负相关，且 *CEN_mean* 与 *RE_hvz* 在1%的水平下显著负相关，表明企业风险承担的部分中介效应同样显著存在。第（4）列中交互项 $Risktaking \times BoaHeter01$ 的回归系数在1%的水平下显著为负，表明董事会异质性的虚拟变量对企业风险承担的中介路径仍然具有正向调节作用。在改变了董事会异质性的衡量方法后，表6.9与表6.7的回归结果基本保持不变，假设H6较为稳健。

表6.9 替换为董事会异质性虚拟变量的回归结果

变量	RE_hvz (1)	$Risktaking$ (2)	RE_hvz (3)	RE_hvz (4)
CEN_mean	-0.0011*** (-5.41)	0.0024*** (5.00)	-0.0007*** (-3.24)	-0.0010*** (-4.77)
$Risktaking$			-0.0073* (-1.96)	-0.0002 (-0.04)
$BoaHeter01$	-0.0007 (-1.06)	0.0507*** (39.88)	-0.0006 (-0.93)	-0.0007 (-1.12)
$Risktaking \times BoaHeter01$				-0.0010*** (-2.79)
$Size$	-0.0084*** (-27.80)	0.0001 (0.14)	-0.0081*** (-26.74)	-0.0082*** (-26.31)
$Growth$	0.0030*** (7.71)	0.0004 (0.88)	0.0027*** (6.94)	0.0033*** (8.59)
$Lever$	0.0518*** (27.40)	0.0009 (0.25)	0.0500*** (26.06)	0.0529*** (28.07)
$Assturn$	0.0003 (0.42)	0.0002 (0.10)	-0.0003 (-0.36)	0.0008 (1.10)
OCF	0.0557*** (12.31)	-0.0171** (-1.97)	0.0531*** (11.61)	0.0536*** (12.03)
$Liquid$	0.0011** (2.39)	0.0031*** (2.86)	-0.0001 (-0.10)	0.0036*** (6.66)
$State$	0.0001 (0.12)	0.0056*** (4.01)	-0.0010 (-1.54)	0.0008 (1.15)
$Zidex$	-0.0001** (-2.08)	0.0001*** (3.12)	-0.0001*** (-2.95)	-0.0001 (-1.20)

续表

变量	RE_hvz (1)	Risktaking (2)	RE_hvz (3)	RE_hvz (4)
Indep	0.0032 (0.61)	-0.0213** (-1.97)	0.0061 (1.14)	0.0016 (0.30)
Dual	0.0045*** (5.32)	0.0011 (0.77)	0.0053*** (6.20)	0.0039*** (4.69)
Place	-0.0035*** (-6.02)	-0.0010 (-0.82)	-0.0026*** (-4.40)	-0.0027*** (-4.69)
Beta	-0.0053*** (-4.73)	-0.0428*** (-18.20)	-0.0039*** (-3.43)	-0.0084*** (-6.48)
Industry	控制	控制	控制	控制
Year	控制	控制	控制	控制
常数项	0.2481*** (29.95)	0.0116 (0.62)	0.2446*** (29.19)	0.2080*** (18.23)
Adj. R^2	0.1909	0.1573	0.1652	0.2202
F 值	51.02***	50.90***	41.05***	53.99***
N	15339	15339	15339	15339

第三节 董事会群体断裂带对中介路径的权变机制

一 理论分析与假设

异质性程度较高的董事会可以获取更多样化的关键信息与核心资源，能够激发更有价值的创新观点和认知视角，为战略规划提供更加充分的咨询建议，为价值创造带来更为积极的决策支持。然而，基于高阶梯队理论（Hambrick and Mason，1984）的董事会异质性研究还有着尚未开启的"黑箱"：一是将董事会团队视作一个整体性结构（李维安等，2014c），忽略了董事会内部成员之间社会分类与相似吸引的存在，可能会形成多个子群体进而加剧关系冲突、破坏团队凝聚力（Tuggle et al.，2010）；二是只关注了单个或一组人口统计特征变量对群体效能及组织行为的影响，忽略了个体多重属性特征之间呈现的动态聚合过程与交互分布格局（Crucke and Knockaert，2016）。基于社会认同理论（Tajfel et al.，1971）的观点，董事会作为独特的高端智力群体，其治理功效在很大程度上依赖于社会心理偏好，特别是在群体决策情境下，董事会成员的认知模式、情感倾向和行为动态将变得更加复杂且不容忽视（李小青、周建，2014）。董事会成员在决策互动中根据相似特征进行聚合与分类，从而在异质性的基础上产生了群体分裂（Kaczmarek et al.，2012）。而且，随着董事会异质性程度的上升，团队内部会逐步分裂出更多特征相似的子群体，由此呈现"内群体偏好"与"外群体偏见"的断裂带现象（Lau and Murnighan，1998）。子群体之间的意见分歧、情感对立、矛盾摩擦乃至敌对意识，会给董事会有效信息的吸收程度和战略资源的整合效率带来消极影响（Bahmani et al.，2018），并且进一步作用于风险承担战略的决策质量及执行效果（李维安等，2014b；张章、陈仕华，2017）。因此，有别于董事会异质性，本节将董事会群体断裂带作为风险决策环境中的权变因素，深入考察经过企业风险承担的中介路径在不同的董事会群体断裂带强度下可能发生的权变机制，从而更为全面地揭示董事网络关系对股权资本成本内在机制的综合作用过程。

Lau 和 Murnighan（1998）创立的断裂带理论认为，并非团队成员属性特征差异的分散性，而是属性特征排列的一致性在影响着群体社会化的行为动态。当团队成员之间共享某些相似特征时，他们倾向于围绕这些特征彼此动态聚合而形成多个子群体，即产生了群体断裂带。当更多的特征以相同的方式排列在一起时，同一子群体内部的相似程度更高，不同子群体之间的差异程度更高，群体断裂带的强度也就更大。Lau 和 Murnighan（1998）首次提出群体断裂带的概念，它是指基于团队成员的一个或多个相似的属性特征，将团队划分为若干子群体的一组虚拟的分割线。尽管断裂带来源于特征多样性的群体，但并非所有多样性的群体内部都会产生断裂带（张章、陈仕华，2017）。Thatcher 等（2003）进一步分析了团队异质性与群体断裂带之间的关系，在团队异质性程度较低或较高时，成员之间属性特征相互重叠的概率较小，不容易形成断裂带，或容易形成较弱的断裂带；在团队异质性程度适中时，成员之间鲜明的属性特征更利于发生交互重叠作用，更容易形成较强的断裂带。由此可见，群体断裂带是在团队异质性的基础上发展而来的，二者之间虽然具有较强的关联性，却有着截然不同的本质区别。团队异质性更多反映成员属性特征在群体中分布的离散程度，群体断裂带则着重强调成员多重特征之间通过动态聚合所产生的分布格局（柳学信、曹晓芳，2019）。相比异质性，断裂带不仅综合考虑了团队成员的多元化特征，而且侧重于从组合的视角考察多个属性特征之间的排列方式与拟合关系（王晓亮等，2019），能够更为深入地揭示团队特征对决策行为的作用机制。

董事会群体断裂带来源于个体特征多元化的董事会团队异质性。董事会是具备专业技能、独特经历与自我利益的个体为实现战略目标而相互协作的高智商团队，其成员的属性特征包括年龄、性别、民族、国籍等人口统计特征与受教育程度、职业背景、任职期限、个性情感、价值观念等认知特征（Anderson et al., 2011；周建、李小青，2012）。此外，我国上市公司董事会普遍由内部董事（执行董事）和外部董事（独立董事）共同组成，内部董事与公司签订了全职契约，大都处于高级管理层，肩负着执行责任；外部董事多为行业专家、协会领导、高校教授或财务、法律、技术等方面的职业人士，与公司属于兼职关系，并不承担具体的管理事务与执行责任。正因为两类董事具有不同的法定来源与各自的职责范围，从而导致断裂带内生性地存在于董事会结构之中（李小青、吕靓欣，2017），因此还需要根据董事职务性质进一步考察董事会结构特征。Molleman（2005）指出，团队成员多重属性特征排列组合的一致性程度，直接影响到相似特征的动态聚合与子群体的分类方式，进而决定着群体断裂带的强度大小。本节通过表6.10，举例说明包括结构特征（类型）、人口统计特征（年龄与性别）、认知特征（学历）在内的董事会成员属性特征排列组合与群体断裂带强度之间的逻辑关系。

如表6.10所示，A、B、C三家公司的董事会都由a、b、c、d四位成员构成，且都拥有类型、年龄、性别、学历这四种属性特征，但这些特征在排列组合上呈现不同的一致性程度与子群体的分类方式。A公司董事会的a董事与b董事在相同特征上具有很大的相似性，c董事与d董事同样如此，而且a董事、b董事（子群体1）与c董事、d董事（子群体2）之间在相同特征上具有很大的差异性，因此A公司董事会产生明显的断裂带，可以被划分成两个相对同质的子群体，一个子群体由两位35岁左右、获取本科学历的男性内部董事组成，另一个子群体由两位55岁左右、获取博士研究生学历的女性外部董事组成。由于同一子群体中所有的属性特征都整齐排列，所以只出现了一种清晰的子群体分类方式，所以A公司董事会的群体断裂带强度非常大。B公司董事会基于相似的类型与年龄，a董事与b董事可能形成一个相对同质的子群体，c董事与d董事亦是如此；基于相同的性别和学历，a董事与d董事可能形成一个相对同质的子群体，b董事与c董事亦是如此。由于同一子群体中只有部分的属性特征整齐排列，所以出现了两种子群体的分类方式，所以B公司董事会的群体断裂带强度处于适中水平。C公司董事会各成员只有一种属性特征存在相似之处，其余属性特征都具有较大差异，导致出现了四种子群体的分类方式，没有明显的潜在分割线能将团队分裂，所以C公司董事会的群体断裂带强度较小，甚至很难形成断裂带。

表 6.10 董事会成员属性特征与群体断裂带强度的关系示例

董事会		A公司董事会				B公司董事会				C公司董事会			
董事会成员		a	b	c	d	a	b	c	d	a	b	c	d
属性特征排列	类型	内部董事	内部董事	外部董事	外部董事	内部董事	内部董事	外部董事	外部董事	内部董事	外部董事	内部董事	外部董事
	年龄(岁)	37	35	53	56	37	35	53	56	27	38	60	49
	性别	男性	男性	女性	女性	女性	男性	男性	女性	男性	男性	女性	女性
	学历	本科	本科	博士研究生	博士研究生	本科	博士研究生	博士研究生	本科	本科	博士研究生	博士研究生	本科
群体断裂带强度		非常大 四个特征一致性排列 一种子群体分类方式				适中 两个特征一致性排列 两种子群体分类方式				较小或不存在 一个特征一致性排列 四种子群体分类方式			

为了更加直观地描述董事会群体断裂带的强弱差异，本节从表 6.10 中选取 A 公司与 C 公司董事会成员的类型、性别、学历这三种属性特征，进一步绘制了图 6.3 和图 6.4。可以看出，基于异质性的视角，A 公司与 C 公司的董事会团队异质性程度完全相同；基于断裂带的视角，A 公司与 C 公司的董事会群体断裂带强度却截然不同。如图 6.3 所示，A 公司的内部董事 a 与内部董事 b 不仅从属于相同的成员类型，而且还具有相同的人口统计特征（性别）与认知特征（学历），容易形成一个子群体；同理，外部董事 c 与外部董事 d 则形成了另一个子群体。图 6.3 中的锯齿线犹如一道天然屏障，激发了内部董事和外部董事的社会分类过程，阻碍了信息资源在两个子群体之间的顺畅流通，由此产生了强断裂带。如图 6.4 所示，C 公司董事会成员的属性特征相互交叉，内部董事 a 与外部董事 b 具有相同的性别（男性），内部董事 a 与外部董事 d 具有相同的学历（本科），内部董事 c 与外部董事 b 具有相同的学历（博士研究生），内部董事 c 与外部董事 d 具有相同的性别（女性）。基于法定来源（内部董事和外部董事）而存在的相似吸引，因为其他属性特征的重叠而被削弱。具有重叠特征的董事会成员能够充

当不同子群体之间的沟通纽带，促进内部董事和外部董事更加密切地交流合作，更为有效地共享信息、整合资源，由此产生了弱断裂带。

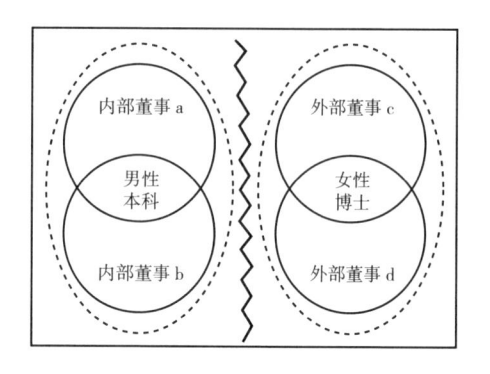

图 6.3　A 公司董事会的强断裂带

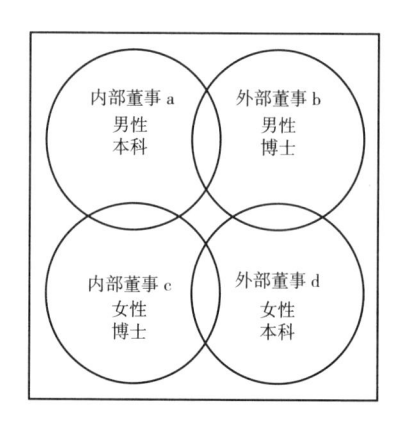

图 6.4　C 公司董事会的弱断裂带

基于 Tajfel 等（1971）提出的社会认同理论，团队成员为了更好地适应社会环境，往往通过个体特征的观察与比较，根据相似特征将其他成员进行"我们—他们"的定义与分类，快速识别出与自己较为相似的成员，从而形成同一子群体，并把与自己差异较大的成员归入其他子群体。进入某一类别的成员通常会在重要特征上逐渐"去个性化"，对所属子群体产生强烈的接受度与认同感，进而成全个人自尊、满足自我激励；同时，还会在内群体与外群体的比较过程中主动夸大不同类别之间的分歧，严格坚守与其他群体的边界。这种"内群体—外群体"的情感倾向，会促使个体对群体内成员主观赋予高度认可，并对其他群体强行施加负面评价，造成"群体内支持"与"群体外歧视"的认知偏见，成为诱发团队分裂、产生关系冲突的根源所在（鲁瑛均、耿云江，2020）。由于团队个体不同的职务性质与多样的社会类别，董事会具有天然的断裂带性质（李小青、周建，2014），且随着董事会内部的断裂和分割越清晰，成员对于子群体的安全感知和心理归宿越强烈，甚至会超越对整个董事会及股东价值的认同程度（Peteghem et al.，2018），明显加剧了不同子群体之间的相互排斥与恶性竞争，严重损害了董事会的和谐稳定与凝聚力，从而阻碍了团队内部的信息交换和知识分享，弱化了成员彼此的思维碰撞与交流意愿，降低了董事会的资源整合效果与风险决策质量。

自群体断裂带概念问世以来，学界主要针对高管团队断裂带与群体效能、组织行为、创新绩效的关系进行了大量研究（Ndofor et al.，2015；Kavuan et al.，2020；林明等，2016；孙玥璠等，2019），结果基本表明，断裂带作为高管团队分裂的前瞻性表现，会对决策行为与组织后果产生破坏性影响。Tuggle 等（2010）首次将群体断裂带应用于董事会的决策情境，研究发现，董事会断裂带强度越大，子群体之间产生了越多的关系冲突与沟通障碍，导致董事会成员难以对公司创新投资战略做出详尽充分的决策论证。Kaczmarek 等（2012）基于职务类型、受教育程度、任职期限和财务背景等与任务相关的属性特征，考察了董事会群体断裂带潜在的价值破坏效应，结果显示，与任务相关的断裂带对公司绩效产生了显著的负面影响，企业需要积极制定应对董事会分裂恶果的有效战略。Crucke 和 Knockaert（2016）认为，不同利益相关者委派的董事会成员形成了较强的群体断裂带，由此引发的任务冲突破坏了团队凝聚力，削弱了董事会咨询建议与战略决策的服务绩效。Peteghem 等（2018）指出，董事会多样性激发了创新能力与沟通思辨能力，丰富了信息资源，扩大了认知范围，但只有当董事会不存在关系冲突并作为一个有凝聚力的团队时，多样性才能带来更高的决策水平，而较强的断裂带会导致较低的公司绩效与较高的 CEO 异常薪酬。国内学者近年来也开始逐步重视群体断裂带对董事会战略决策行为的影响效应。李小青和周建（2014）认为，在强断裂带环境下，子群体成员间的认同差异会产生权力争斗、敌对意识和认知偏见，从而降低董事会的努力程度与信息共享程度，加剧关系冲突与任务冲突。该观点在国内学界具有较高的代表性，相关研究显示，董事会群体断裂带与跨国并购（李维安等，2014c）、战略绩效（李小青、周建，2015）、风险承担（张章、陈仕华，2017）、研发效率（李小青、吕靓欣，2017）负相关，与真实盈余管理（王晓亮等，2019）、股价崩盘风险（梁上坤等，2020）、高管私有收益（梁上坤等，2021）正相关。与国外研究趋同，国内成果也基本证实了群体断裂带将对董事会的监督意愿、治理能力和决策效果产生负面作用。

Watson 和 Kumar（1992）针对不确定性环境下企业风险承担的群体决策差异进行研究，并指出决策团队做出高风险决策的原因取决于两个关键要素：共享目标的达成与决策责任的分担。如果决策团队能够在私有信息传播与核心资源共享的过程中，通过观点交汇和经验碰撞形成被大多数成员接受的风险战略共享目标，而且风险决策失败的责任由整个团队成员共同分担，那么决策团队将会具有更加强烈的风险承担意愿，并偏好于制订和实施风险更高、收益更大的战略计划（张章、陈仕华，2017）。当董事会群体断裂带强度较小时，子群体之间的边界比较模糊，各群体不会相互产生明显的排斥情绪及固定偏见，成员更有可能勇敢表达自我观点且不必考虑被拒绝的尴尬，可以最大限度地发挥整个团队认知多样性及思维弹性的优势，彼此的信息交流与沟通讨论更加高效顺畅，在董事会制定风险承担决策与创新投资战略时更有利于统一决策意见、整合稀缺资源，更容易达成普遍认可的共享目标（Kaczmarek et al., 2012）。与此同时，和谐凝聚的团队氛围可以缓解关系摩擦，模糊社会分类，促进决策责任在成员之间有效扩散，让风险决策的失败后果由董事会集体共担（Peteghem et al., 2018），减轻个体或子群体的心理压力，减弱保守倾向，增强团队成员之间的信任程度与投资信心，从而提高董事会的风险承担意愿与风险决策效率。当董事会群体断裂带强度较大时，子群体之间的边界更加清晰，同一群体成员的安全感与认同度更高，不同群体成员则相互存在消极态度和负面评价，将会导致彼此出现刻板印象、敌对意识乃至信任危机（梁上坤等，2021），妨碍了董事会成员自由的信息交换与知识转移，忽视或扭曲了有价值信息的吸收利用，破坏了战略资源及社会资本的整合配置，加剧了董事会内部的分裂程度及群体对立，面对风险承担行为难以通过积极有效的沟通讨论达成普遍接受的共享目标（Kavuan et al., 2020）。此外，强断裂带在各个子群体之间引发了剧烈的人际冲突与认知分歧，致使董事会团队无法建立信任互助、责任共担的情感纽带。为了规避个人可能承受决策失败的潜在恶果，董事成员往往趋向于"明哲保身"的安全经营策略（Crucke and Knockaert, 2016；鲁瑛均、耿云江，2020），从而削减董事会的战略参与职能和风险承担动机。因此，相比于断裂带较弱的董事会来说，强断裂带董事会将进一步弱化风险承担水平的中介效应，从而减小企业风险承担对股权资本成本的降低程度。

综上所述，基于团队成员多重属性特征在社会分类与相似吸引过程中动态聚合而形成的董事会群体断裂带，成为风险决策环境下一项不容忽视的现实权变因素，在企业风险承担影响股权资本成本的中介路径上呈现负向调节效应，弱化了风险承担水平的中介作用。企业风险承担作为董事网络位置与股权资本成本之间关系的传导路径，在不同的董事会断裂带强度下发生了权变，进而对股权资本成本产生了不同程度的约束效果，董事会断裂带强度越大，企业风险承担对股权资本成本的约束效果越小。值得注意的是,董事会群体断裂带不是董事网络位置与股权资本成本之间关系的调节变量,而是企业风险承担与股权资本成本之间关系的调节变量,此时企业风险承担是有调节的中介变量,理论分析模型如图6.5所示。因此,本节提出研究假设H7。

H7:董事会群体断裂带弱化了企业风险承担在董事网络位置与股权资本成本之间的中介作用,即董事会群体断裂带通过降低风险承担水平这一中介路径,减小了股权资本成本的降低程度。经过企业风险承担的中介路径受到董事会群体断裂带的影响,存在有调节的中介效应。

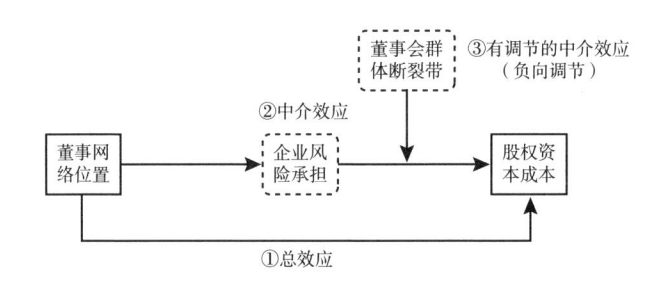

图6.5 董事会群体断裂带下有调节的中介效应的理论分析模型

二 研究设计

(一)样本选择与数据来源

本节继续沿用第四章的样本数据,此处重点介绍董事会群体断裂带的数据来源。

董事会群体断裂带数据参考了多篇国内外主流文献的做法,从董事会的结构特征、人口统计特征、认知特征三大维度出发,选取了成员类型、年龄、性别、受教育程度、职业背景、任期共6个特征要素作为断裂带的划分依据。同时,利用Thatcher等(2003)基于二分模式提出的Fau值算法来度量董事会群体断裂带强度,但该方法通常适合7人以下团队,在我国上市公司中不具有普适性。本节利用Python编程对Fau值算法进行优化,实现了20人以下团队的群体断裂带计算,扩大了Fau值算法的适用范围,提高了其运行效率。董事会成员的详细资料主要来自CSMAR数据库"人物特征系列"中的"董监高个人特征文件"和"董监高任职情况表"中有关年龄、性别、学历、职业背景、任职期限等信息,以及"公司研究系列"中的"治理信息文件"中的董事职务性质信息(内部董事或外部董事),个别缺失资料根据公司年报、招股说明书、百度百科、新浪财经尽量补齐。所有数据都采用手工归集整理并通过Python运算,得到15339个公司年度观测值。

(二)变量定义

本节继续沿用第四章的解释变量、被解释变量与控制变量,此处重点介绍董事会群体断裂带的衡量方法。

董事会群体断裂带的划分依据涉及团队成员的多重属性特征,本节综合了Tuggle等(2010)、Kaczmarek等(2012)、Peteghem等(2018)、李维安等(2014b)、李小青和周建(2015)、张章和陈仕华(2017)、梁上坤等(2021)的做法,涵盖董事会的结构特征、人口统计特征、认知特征三大维度,选取成员类型、年龄、性别、受教育程度、职业背景、任期共6个特征要素作为测量基础。其中,董事会的结构特征只涉及成员类型,是指内部董事和外部董事这两类法定来源,内部董事赋值为1,外部董事赋值为2。董事会的人口统计特征包括了年龄、性别,年龄采用每位董事实际年龄的自然年数来衡量;性别则将男性董事赋值为1,女性董事赋值为2。董事会的认知特征包括了受教育程度、职业背景、任期,受教育程度根据CSMAR数据库的学历分类,大专及以下学历赋值为1,本科学历赋值为2,硕士研究生学历赋值为3,博士研究生学历赋值为4;职业背景根据CSMAR数据库的职业经历分类,生产赋值为1,研发赋值为2,设计赋值为3,人力资源赋值为4,管理赋值为5,市场赋值为6,金融赋值为7,财务赋值为8,法律赋值为9；任期采用每位董事在本公司的任职月份来衡量。

自群体断裂带概念诞生以来，学界一直在寻求其测度方法的改进与突破，目前应用最广泛的方法当属Thatcher等（2003）基于二分模式提出的Fau值算法。Ndofor等（2015）、Bahmani等（2018）、Kavuan等（2020）、李小青和周建（2015）、张章和陈仕华（2017）、梁上坤等（2020，2021）均采用Fau值算法来度量董事会群体断裂带强度，并从不同角度证实了该方法具有较高的可靠性与准确性。假设某公司董事会有n位董事成员，那么该董事会根据多种属性特征分裂成两个子群体的分类方式有S种，而且分类方式的数量随着团队成员数量的递增呈指数增长，$S=2^{n-1}-1$。在所有可能的分类方式下，通过穷举不同子群体组间方差平方和与总体方差平方和的比值，以测算群体总体差异性被子群体差异性解释的程度。Fau值算法的优点在于能够同时处理连续变量与分类变量，对团队成员变动具有较高的敏感性，对缺失数据具有较强的包容性；但缺点在于需要把团队成员人为设定成两个子群体，且团队人数的增加导致子群体的分类方式非常庞大，影响到计算机的运行速度和实现能力（柳学信、曹晓芳，2019）。在数据处理欠发达时期，学界普遍认为Fau值算法或许更适用于团队成员较少（7人以下）的情况，而我国《公司法》规定，上市公司董事会规模应为5~19人，所以国内有些学者指出Fau值算法并不完全适合中国情境（周建、李小青，2012；张章、陈仕华，2017；鲁瑛均、耿云江，2020）。但随着大数据时代的来临，Python语言可以极大提升信息捕获能力和数据处理效率，本节利用Python编程对Fau值算法进行优化，能够实现20人以下团队的群体断裂带计算，但到达18人团队时Python的运行速度也比较缓慢。Fau值算法的计算公式如式（6.19）所示。

$$FauLine_g = \frac{\sum_{j=1}^{6}\sum_{k=1}^{2}n_k^g(\overline{x}_{jk}-\overline{x}_j)^2}{\sum_{j=1}^{6}\sum_{k=1}^{2}\sum_{i=1}^{n_k^g}(x_{ijk}-\overline{x}_j)^2} \quad g=1,2,\cdots,S \qquad (6.19)$$

其中，$FauLine_g$表示董事会群体断裂带强度；i表示某位董事；j表示董事会成员属性特征的个数（本节测量成员类型、年龄、性别、受教育程度、职业背景、任期6个特征形成的断裂带，$j=1，2，3，4，5，6$）；k表示董事会团队划分子群体的个数（本节在二分模式下考察董事会群体断裂带，$k=1，2$）；g表示子群体所有可能的分类方式（$g=1，2，\cdots，S$）；n_k^g表示在第g种分类方式下子群体k中的董事会成员数量；$\bar{x}_{jk}$表示子群体k中的董事会成员在特征j上的平均值；$\bar{x}_j$表示所有董事会成员在特征j上的平均值；x_{ijk}表示子群体k中的董事i在特征j上的取值。

本节利用Python语言来运行公式（6.19），分析所有可能存在的分类方式，并通过软件自动提取各分类方式的最大值。每个子群体至少由两位董事会成员组成，不考虑只有单个董事的子群体。$FauLine_g$的取值范围为[0，1]，数值越大，说明董事会群体断裂带强度越大，即意味着同一子群体内部的同质程度越高，不同子群体之间的异质程度越高，整个董事会团队的意识冲突与关系摩擦也就越剧烈。

（三）模型设计

本节采用温忠麟等（2006）提出的有调节的中介效应检验法，先检验企业风险承担的中介效应，再检验董事会群体断裂带对中介路径的调节效应，由此构建了多元回归模型（6.20）、模型（6.21）、模型（6.22）、模型（6.23），采用OLS回归方法来验证研究假设H7。有调节的中介效应检验程序需要进行以下四个步骤。

第一步，通过模型（6.20）考察董事网络位置、董事会群体断裂带共同对股权资本成本的影响，在控制了$FauLine_g$之后，如果CEN_mean的回归系数λ_1显著则进行后续检验（本书的总效应，预期λ_1显著为负）。

第二步，通过模型（6.21）考察董事网络位置、董事会群体断裂带共同对企业风险承担的影响，在控制了$FauLine_g$之后，如果CEN_mean

的回归系数 θ_1 显著则进行后续检验（根据前文分析，董事网络中心度越高，风险承担水平越高，预期 θ_1 显著为正）。

第三步，通过模型（6.22）考察董事网络位置、企业风险承担、董事会群体断裂带共同对股权资本成本的影响，在控制了 $FauLine_g$ 之后，如果 $Risktaking$ 的回归系数 π_2 显著，且 CEN_mean 的回归系数 π_1 也显著，说明企业风险承担仍然存在部分中介效应，则进行后续检验（根据假设 H5，董事网络中心度提高了风险承担水平，进而降低了股权资本成本，预期 π_2 显著为负，且 π_1 同样显著为负）。

第四步，通过模型（6.23）考察董事会群体断裂带对企业风险承担在董事网络位置与股权资本成本之间中介路径的调节效应，如果交互项 $Risktaking \times FauLine_g$ 的回归系数 ρ_4 显著，说明经过企业风险承担的中介路径受到董事会群体断裂带的影响，存在有调节的中介效应（根据假设 H7，董事会群体断裂带通过进一步降低风险承担水平这一中介路径，减小了股权资本成本的降低程度，预期 ρ_4 显著为正）。

$$RE\_hvz = \lambda_0 + \lambda_1 CEN\_mean + \lambda_2 FauLine_g + \lambda_3 Size + \lambda_4 Growth + \lambda_5 Lever + \\ \lambda_6 Assturn + \lambda_7 OCF + \lambda_8 Liquid + \lambda_9 State + \lambda_{10} Zidex + \lambda_{11} Indep + \\ \lambda_{12} Dual + \lambda_{13} Place + \lambda_{14} Beta + \sum Industry + \sum Year + \varepsilon \quad (6.20)$$

$$Risktaking = \theta_0 + \theta_1 CEN\_mean + \theta_2 FauLine_g + \theta_3 Size + \theta_4 Growth + \theta_5 Lever + \\ \theta_6 Assturn + \theta_7 OCF + \theta_8 Liquid + \theta_9 State + \theta_{10} Zidex + \theta_{11} Indep + \\ \theta_{12} Dual + \theta_{13} Place + \theta_{14} Beta + \sum Industry + \sum Year + \varepsilon \quad (6.21)$$

$$RE\_hvz = \pi_0 + \pi_1 CEN\_mean + \pi_2 Risktaking + \pi_3 FauLine_g + \pi_4 Size + \\ \pi_5 Growth + \pi_6 Lever + \pi_7 Assturn + \pi_8 OCF + \pi_9 Liquid + \\ \pi_{10} State + \pi_{11} Zidex + \pi_{12} Indep + \pi_{13} Dual + \pi_{14} Place + \\ \pi_{15} Beta + \sum Industry + \sum Year + \varepsilon \quad (6.22)$$

$$RE\_hvz = \rho_0 + \rho_1 CEN\_mean + \rho_2 Risktaking + \rho_3 FauLine_g + \\ \rho_4 Risktaking \times FauLine_g + \rho_5 Size + \rho_6 Growth + \rho_7 Lever + \\ \rho_8 Assturn + \rho_9 OCF + \rho_{10} Liquid + \rho_{11} State + \rho_{12} Zidex + \\ \rho_{13} Indep + \rho_{14} Dual + \rho_{15} Place + \rho_{16} Beta + \sum Industry + \\ \sum Year + \varepsilon \quad (6.23)$$

三 实证结果与分析

（一）描述性统计

董事网络位置、股权资本成本和控制变量的描述性统计与第四章第三节相同，企业风险承担的描述性统计详见本章第一节。表6.11的Panel A报告了董事会群体断裂带的描述性统计结果。可以看出，董事会群体断裂带强度（$FauLine_g$）的最小值为0.0073，最大值为0.9055，二者相差了123倍，说明样本公司的董事会群体断裂带处于参差不齐的状态，但标准差仅为0.2246，说明在观测期内各公司董事会断裂带强度的变动幅度比较平稳。通过对最小值（0.0073）、中位数（0.3193）与最大值（0.9055）的比较可以发现，最小值至中位数的差异程度远低于中位数至最大值的差异程度，表明至少50%的样本公司存在较大的董事会群体断裂带强度，董事会内部因子群体分裂而带来的关系摩擦、恶性竞争、决策冲突等现象还比较严重，亟须优化团队成员属性特征的动态聚合过程与交互分布格局，尽量避免董事会分裂的可能性。其均值为0.3446，与李小青和周建（2015）、张章和陈仕华（2017）的测量结果比较接近，反映出样本数据基本能够表现中国上市公司董事会群体断裂带的客观现状。

表6.11　董事会群体断裂带的描述性统计结果与单变量检验结果

Panel A：董事会群体断裂带的描述性统计结果

变量	观测值	均值	标准差	最小值	25%分位数	中位数	75%分位数	最大值
$FauLine_g$	15339	0.3446	0.2246	0.0073	0.1562	0.3193	0.5051	0.9055

Panel B：不同董事会群体断裂带强度下风险承担水平的单变量检验结果

分组变量	观测值	均值 t 检验		中位数 Mann-Whitney 检验	
		均值	t 值	中位数	z 值
董事会群体断裂带强度大组	7670	0.0306	36.413***	0.0134	87.111***
董事会群体断裂带强度小组	7669	0.0756		0.0538	

为了初步探讨企业风险承担是否受到董事会群体断裂带的影响,本节以董事会群体断裂带($FauLine_g$)的中位数作为分组标准,分别使用均值 t 检验、中位数 Mann-Whitney 检验,对两组样本的风险承担水平进行组间比较。表 6.11 的 Panel B 报告了不同董事会群体断裂带强度下风险承担水平的单变量检验结果。从均值来看,董事会群体断裂带强度大组和小组的风险承担水平均值分别为 0.0306、0.0756, t 检验结果表明,样本均值在 1% 的水平下存在显著差异。从中位数来看,董事会群体断裂带强度大组和小组的风险承担水平中位数分别为 0.0134、0.0538, Mann-Whitney 检验结果表明,样本中位数在 1% 的水平下仍然存在显著差异。以上结果表明,董事会群体断裂带降低了企业风险承担水平。断裂带强度大的董事会往往存在"群体内支持"与"群体外歧视"的认知偏见及情感对立,子群体之间的敌对意识与信任危机导致有价值信息被人为忽视或故意扭曲,一方面针对风险投资活动难以通过积极讨论达成普遍接受的共享目标,另一方面为了避免承担风险决策失败责任而趋向于在安全线下保守经营,从而弱化董事会的战略参与职能和风险承担动机。

(二)回归结果与分析

表 6.12 报告了假设 H7 的 OLS 回归结果。第(1)列旨在检验董事网络中心度(CEN_mean)、董事会群体断裂带强度($FauLine_g$)共同对股权资本成本(RE_hvz)的影响,是在模型(4.3)的基础上控制了 $FauLine_g$。结果显示,CEN_mean 与 RE_hvz 在 1% 的水平下显著负相关,与模型(4.3)的结果保持一致,而 $FauLine_g$ 与 RE_hvz 不具有统计意义上的显著性,说明董事网络中心度能够有效降低股权资本成本,但董事会群体断裂带对股权资本成本没有产生直接的影响效应。第(2)列旨在检验董事网络中心度(CEN_mean)、董事会群体断裂带强度($FauLine_g$)共同对风险承担水平($Risktaking$)的影响,是在模型(6.3)的基础上控制了 $FauLine_g$。结果显示,CEN_mean 与 $Risktaking$

在1%的水平下显著正相关,同模型(6.3)的结果仍然保持一致,而 $FauLine_g$ 与 $Risktaking$ 在1%的水平下显著负相关,说明董事网络中心度可以提升风险承担水平,但董事会群体断裂带则会降低风险承担水平。第(3)列旨在检验董事网络中心度(CEN_mean)、风险承担水平($Risktaking$)、董事会群体断裂带强度($FauLine_g$)共同对股权资本成本(RE_hvz)的影响,是在模型(6.4)的基础上控制了 $FauLine_g$,也可以说在模型(6.20)的基础上控制了 $Risktaking$。结果显示,$Risktaking$ 与 RE_hvz 在5%的水平下显著负相关,CEN_mean 与 RE_hvz 也在1%的水平下显著负相关,说明将董事会群体断裂带作为权变因素之后,企业风险承担在董事网络位置与股权资本成本之间还是存在部分中介效应,进一步验证了本章的假设 H5,但 $FauLine_g$ 与 RE_hvz 仍然不具有显著性。第(4)列旨在检验董事会群体断裂带对企业风险承担这一中介路径的调节效应,交互项 $Risktaking \times FauLine_g$ 与 RE_hvz 在1%的水平下显著正相关,说明董事会群体断裂带在企业风险承担对董事网络位置与股权资本成本关系的中介路径上,具有显著的负向调节效应,董事会群体断裂带通过降低风险承担水平,从而减小了股权资本成本的降低程度,也可以理解为董事会群体断裂带强度越大,企业风险承担的中介效应越弱,股权资本成本的下降幅度越小,由此验证了假设 H7。

表 6.12 董事会群体断裂带对中介路径调节作用的回归结果

变量	RE_hvz (1)	$Risktaking$ (2)	RE_hvz (3)	RE_hvz (4)
CEN_mean	-0.0013*** (-6.39)	0.0023*** (4.71)	-0.0010*** (-4.81)	-0.0006*** (-3.14)
$Risktaking$			-0.0076** (-2.11)	-0.0248*** (-3.40)
$FauLine_g$	0.0003 (0.19)	-0.1068*** (-33.44)	0.0009 (0.61)	0.0007 (0.45)

续表

变量	RE_hvz (1)	$Risktaking$ (2)	RE_hvz (3)	RE_hvz (4)
$Risktaking \times FauLine_g$				0.0456*** (2.87)
$Size$	-0.0089*** (-29.17)	0.0010 (1.36)	-0.0082*** (-26.22)	-0.0082*** (-26.81)
$Growth$	0.0030*** (7.78)	0.0010** (1.97)	0.0033*** (8.61)	0.0027*** (6.88)
$Lever$	0.0540*** (28.64)	0.0019 (0.49)	0.0526*** (27.97)	0.0501*** (26.13)
$Assturn$	0.0011 (1.50)	-0.0006 (-0.32)	0.0008 (1.05)	-0.0002 (-0.31)
OCF	0.0531*** (11.83)	-0.0128 (-1.45)	0.0536*** (12.02)	0.0531*** (11.60)
$Liquid$	0.0002 (0.51)	0.0034*** (3.03)	0.0036*** (6.66)	-0.0001 (-0.20)
$State$	0.0007 (1.11)	0.0038*** (2.67)	0.0007 (1.08)	-0.0010 (-1.52)
$Zidex$	-0.0001 (-1.42)	0.0001*** (3.41)	-0.0001 (-1.28)	-0.0001*** (-2.95)
$Indep$	0.0010 (0.20)	-0.0128 (-1.16)	0.0019 (0.36)	0.0053 (0.99)
$Dual$	0.0040*** (4.80)	0.0021 (1.37)	0.0039*** (4.78)	0.0051*** (6.06)
$Place$	-0.0031*** (-5.27)	-0.0015 (-1.18)	-0.0027*** (-4.73)	-0.0026*** (-4.39)
$Beta$	-0.0034*** (-3.02)	-0.0405*** (-16.58)	-0.0087*** (-6.65)	-0.0038*** (-3.34)
Industry	控制	控制	控制	控制
Year	控制	控制	控制	控制
常数项	0.2636*** (31.70)	0.0599*** (3.08)	0.2357*** (26.92)	0.2454*** (29.28)
Adj. R^2	0.2079	0.1504	0.2199	0.1656
F 值	55.40***	57.44***	54.40***	40.50***
N	15339	15339	15339	15339

研究结果表明，董事网络关系对股权资本成本的治理机制同时体现了连锁董事网络位置特征与董事会群体断裂带特征。其中，网络位置特征主要作用于"董事网络中心度→企业风险承担→股权资本成本"这一中介路径上，进而降低股权资本成本。但董事网络位置能否最大限度地发挥积极的治理效应，还需要在董事会多元化特征的基础上进一步剖析由此衍生出来的群体断裂带，合理优化多重属性特征的排列组合与分布格局，科学引导董事成员相互的主观认同与自我分类。董事会群体断裂带作为一种现实决策环境下的权变因素，通过"群体内支持"与"群体外歧视"的认知偏见以及子群体之间的关系冲突，对经过企业风险承担的中介路径产生了负向调节效应。研究董事网络位置对股权资本成本的影响机制，亟待充分认识董事会群体断裂带对企业风险承担这一作用路径上所发生的权变机制，该结论为董事联结公司有效提升网络中心位置、充分考虑个体特征动态聚合、尽量避免董事会团队分裂、严格约束股权资本成本带来了新的增量证据。

（三）稳健性检验

1. 分组检验

本节对模型（6.23）采用分组回归进行稳健性检验。以董事会群体断裂带强度（$FauLine_g$）的中位数作为临界点，将全样本划分为董事会群体断裂带强度大组（$FauLine_g \geq$ 中位数）和董事会群体断裂带强度小组（$FauLine_g <$ 中位数），分组考察董事会群体断裂带对风险承担水平（$Risktaking$）在董事网络中心度（CEN_mean）与股权资本成本（RE_hvz）之间中介路径的调节效应，结果如表 6.13 所示。可以看出，董事会群体断裂带强度大组中尽管 CEN_mean 与 RE_hvz 在 1% 的水平下显著负相关，但 $Risktaking$ 与 RE_hvz 不具有统计意义上的显著性，说明企业风险承担在董事网络位置与股权资本成本之间不存在中介效应。董事会群体断裂带强度小组中 $Risktaking$ 与 RE_hvz 在 1% 的水平下显著负相关，而且在控制了 $Risktaking$ 之后，CEN_mean 与 RE_hvz 仍在 1% 的

水平下显著负相关,说明企业风险承担的部分中介效应具有较强的显著性。Suest 检验结果表明,Risktaking 组间系数的差异在 10% 的水平下显著,证实了董事会群体断裂带强度越大,企业风险承担的中介效应越弱,对股权资本成本的降低程度越小,假设 H7 再次得到验证。需要特别说明的是,CEN_mean 组间系数的差异并不显著,说明无论董事会群体断裂带强度的大小,以及企业风险承担中介路径的强弱,连锁董事网络都可以凭借丰富的社会资本,通过多条作用渠道促进股权资本成本的下降。该结论进一步验证了董事网络位置对股权资本成本影响效应的稳健性。

表 6.13　董事会群体断裂带分组检验的回归结果

变量	RE_hvz 董事会群体断裂带强度大组 ($FauLine_g$ ≥ 中位数)	RE_hvz 董事会群体断裂带强度小组 ($FauLine_g$ < 中位数)	Suest 检验
CEN_mean	-0.0009*** (-3.16)	-0.0010*** (-3.25)	0.00 [0.9484]
Risktaking	-0.0045 (-0.79)	-0.0187*** (-3.52)	3.76* [0.0525]
Size	-0.0090*** (-22.65)	-0.0077*** (-19.18)	
Growth	0.0017*** (4.88)	0.0051*** (10.47)	
Lever	0.0463*** (18.24)	0.0559*** (23.56)	
Assturn	-0.0006 (-0.58)	0.0009 (0.86)	
OCF	0.0592*** (9.97)	0.0521*** (9.18)	
Liquid	-0.0001 (-0.06)	0.0010 (1.57)	
State	-0.0012 (-1.27)	0.0006 (0.67)	

续表

变量	RE_hvz 董事会群体断裂带强度大组（$FauLine_g \geq$ 中位数）	RE_hvz 董事会群体断裂带强度小组（$FauLine_g <$ 中位数）	Suest 检验
$Zidex$	-0.0001*** (-4.21)	-0.0001 (-0.18)	
$Indep$	0.0111 (1.41)	-0.0020 (-0.26)	
$Dual$	0.0064*** (5.73)	0.0033*** (2.90)	
$Place$	-0.0030*** (-3.50)	-0.0030*** (-3.52)	
$Beta$	-0.0008 (-0.58)	-0.0090*** (-5.29)	
$Industry$	控制	控制	
$Year$	控制	控制	
常数项	0.2651*** (23.52)	0.2337*** (21.28)	
Adj. R²	0.1660	0.2016	
F 值	26.44***	33.27***	
N	7670	7669	

2. 重新测度调节变量

本节将董事会群体断裂带强度的连续变量按照其中位数来构建虚拟变量（$FauLine_g01$），即大于董事会群体断裂带强度的中位数取 1，小于董事会群体断裂带强度的中位数取 0，对模型（6.20）、模型（6.21）、模型（6.22）、模型（6.23）重新进行回归分析，结果如表 6.14 所示。可以看出，第（1）列在控制了 $FauLine_g01$ 之后，CEN_mean 与 RE_hvz 在 1% 的水平下显著负相关。第（2）列中 CEN_mean 与 $Risktaking$ 在 1% 的水平下显著正相关，且 $FauLine_g01$ 与 $Risktaking$ 在 1% 的水平下显著负相关。第（3）列在控制了 $FauLine_g01$ 之后，$Risktaking$ 与 RE_hvz 在 10% 的水平下显著负相关，且 CEN_mean 与 RE_hvz 在 1% 的水平下显著负相关，表明企业风险承担的部分中介效应同样显著存在。第（4）列中交互项 $Risktaking \times FauLine_g01$ 的回归系数在1%的水平下显著为正，表明董事会群体断裂带强度的虚拟变量对企业风险承担的中介路径仍然具有负向调节作用。在改变了董事会群体断裂带强度的衡量方法后，表6.14与表6.12的回归结果基本保持一致，假设H7较为稳健。但有一个明显的变化是，在表6.12中 $FauLine_g$ 与 RE_hvz 不具有统计意义上的显著性，在表6.14中 $FauLine_g01$ 与 RE_hvz 在5%的水平下显著正相关，这从侧面反映出董事会群体断裂带导致的信息扭曲、资源内耗等负面影响，将不利于企业把股权资本成本控制在合理的区间范围。

表6.14 替换为董事会群体断裂带虚拟变量的回归结果

变量	RE_hvz （1）	$Risktaking$ （2）	RE_hvz （3）	RE_hvz （4）
CEN_mean	-0.0005***	0.0033***	-0.0012***	-0.0014***
	(-2.70)	(6.61)	(-6.00)	(-6.92)
$Risktaking$			-0.0064*	-0.0215***
			(-1.81)	(-3.19)
$FauLine_g01$	0.0013**	-0.0140***	0.0013**	0.0014**
	(2.43)	(-10.57)	(2.33)	(2.32)
$Risktaking \times FauLine_g01$				0.0391***
				(2.58)
$Size$	-0.0087***	0.0015**	-0.0087***	-0.0087***
	(-29.07)	(2.11)	(-27.80)	(-28.19)
$Growth$	0.0051***	-0.0012**	0.0031***	0.0030***
	(13.62)	(-2.34)	(8.07)	(7.66)
$Lever$	0.0534***	0.0068*	0.0533***	0.0536***
	(31.13)	(1.70)	(28.30)	(27.95)
$Assturn$	0.0001	-0.0012	0.0010	0.0004
	(0.03)	(-0.64)	(1.35)	(0.58)
OCF	0.0476***	-0.0205**	0.0530***	0.0631***
	(11.50)	(-2.23)	(11.85)	(13.86)
$Liquid$	0.0034***	0.0093***	0.0009**	0.0026***
	(6.69)	(8.28)	(1.96)	(5.91)

续表

变量	RE_hvz (1)	Risktaking (2)	RE_hvz (3)	RE_hvz (4)
State	0.0013**	0.0054***	0.0007	0.0010
	(2.14)	(3.69)	(1.08)	(1.48)
Zidex	-0.0001	0.0001***	-0.0001	-0.0001
	(-1.33)	(4.12)	(-1.61)	(-1.46)
Indep	-0.0007	-0.0209*	0.0011	-0.0008
	(-0.16)	(-1.85)	(0.21)	(-0.16)
Dual	0.0032***	-0.0005	0.0041***	0.0039***
	(4.38)	(-0.29)	(5.00)	(4.63)
Place	0.0004	-0.0035***	-0.0032***	-0.0037***
	(0.80)	(-2.67)	(-5.48)	(-6.26)
Beta	-0.0027**	-0.0561***	-0.0056***	-0.0075***
	(-2.25)	(-23.10)	(-4.45)	(-6.62)
Industry	控制	控制	控制	控制
Year	控制	控制	控制	控制
常数项	0.2518***	0.0012	0.2577***	0.2494***
	(29.40)	(0.06)	(29.89)	(29.89)
Adj. R^2	0.3427	0.0807	0.2118	0.1774
F值	101.99***	24.75***	53.87***	48.37***
N	15339	15339	15339	15339

第四节 本章研究结论

要想确保股权资本成本实现稳步下降，同时又能切实满足投资者的要求报酬，无论采取怎样的治理机制，最终都要落实到投资者所遭遇的风险层面。而企业愿意以高风险损失换取高投资回报的积极态度和进取精神，决定着投资者在眼前利益与长期回报之间的博弈权衡。董事网络位置对股权资本成本的作用机制，必然无法绕开企业风险承担这一中介路径，它们之间具有天然的内在逻辑。

本章通过逐步法检验了企业风险承担在董事网络位置降低股权资本成本过程中发挥的中介作用。研究结果显示，第一，我国大部分董事联结公司的风险承担水平较低，且处于参差不齐的状态，亟须通过内外部治理机制理性增强管理层的风险承担意愿，企业风险承担能力还有进一步提升的空间和潜力。第二，董事网络中蕴含的信息渠道和资源平台，为联结公司风险承担行为的效仿借鉴创造了现实条件，降低了风险决策的不确定性；为联结公司从事积极的风险投资活动提供了资源支持，缓解了风险决策的资源依赖；使高管个人效益升值与股东长期财富积累紧密关联，激发了管理层的风险承担意愿，董事网络位置越高，风险承担水平越高。第三，风险承担行为往往表现出长期的价值驱动，未来发展前景与高额业绩承诺给投资者带来了一笔看涨期权，促使股东更有信心聚焦于长期财富增长，也就更有可能下调当前的要求报酬以满足企业风险投资活动的资金需求，风险承担水平越高，股权资本成本越低。第四，风险承担水平是股东在评估投资风险时最为核心的参考标准，要想充分利用董事网络所镶嵌的社会资本，从根源上帮助企业满足投资者诉求、实现股东财富积累，企业风险承担无疑是关键路径之一，在董事网络位置影响股权资本成本的过程中发挥了部分中介效应。

董事会作为监督治理、咨询建议与重大决策的企业最高权力机构，在企业风险承担战略的制定过程中占据核心地位。风险承担活动往往关系到企业的长期战略规划，理应由董事会团队成员进行集体决策，所以需要重点关注董事会集体层面的属性特征对风险承担水平的作用效果。因此，本章进一步将董事会异质性与董事会群体断裂带作为企业风险承担在现实决策环境中的权变因素，试图同时解释董事网络位置通过怎样的传导路径影响股权资本成本，以及在不同的董事会团队特征下中介作用强弱如何发生改变的问题，从而深入考察企业风险承担这一中介路径

<<< 第六章 传导路径研究：企业风险承担的中介作用与董事会团队特征的权变机制

与董事会团队特征交互形成的权变机制，更为全面地揭示董事网络关系对股权资本成本内在机制的综合作用过程。

基于高阶梯队理论，董事会异质性的研究结果显示：第一，我国主板A股上市公司的董事会异质性程度明显偏低，亟须在董事会中积极引入并合理搭配具有社会异质性和职业异质性的成员，不断丰富董事会结构在集体层面的差异化特征，从而有效提升公司最高权力机构的科学认知水平、风险承担能力和战略变革质量。第二，异质性程度更高的董事会在知识结构、受教育程度、职业经验等方面存在明显的特征差异，能够帮助企业激发更有价值的创新观点和多元化的认知视角，为管理层提供高效率的咨询建议与战略支持，并纠正风险决策行为可能出现的失误与偏差，放大企业风险承担的中介作用。第三，董事网络关系对股权资本成本的治理机制同时体现了连锁董事网络位置特征与董事会团队异质性特征，董事会异质性在企业风险承担影响股权资本成本的中介路径上呈现正向调节效应，通过进一步增强风险承担水平的中介作用增大了股权资本成本的降低程度。

基于社会认同理论，董事会群体断裂带的研究结果显示：第一，董事会群体断裂带来源于个体特征多元化的董事会团队异质性。成员多重属性特征排列组合的一致性程度，直接影响到相似特征的动态聚合与子群体的分类方式，进而决定着群体断裂带的强度大小。第二，我国主板A股上市公司的董事会群体断裂带强度明显偏大，董事会内部因子群体分裂而带来的关系摩擦、恶性竞争、决策冲突等现象还比较严重，亟须不断优化团队成员属性特征的动态聚合过程与交互分布格局，尽力降低董事会群体断裂带发生的概率。第三，断裂带强度大的董事会往往存在"群体内支持"与"群体外歧视"的认知偏见及情感对立，子群体之间的敌对意识与信任危机导致有价值信息被人为忽视或故意扭曲，一方面针对风险投资活动难以通过积极讨论达成普遍接受的共享目标，另一方面为了避免承担风险决策失败责任而趋向于在安全线下保守经营，减弱了企业风险承担的中介作用。第四,董事网络关系对股权资本成本的治理机制还同时体现了连锁董事网络位置特征与董事会群体断裂带特征,董事会群体断裂带在企业风险承担影响股权资本成本的中介路径上呈现负向调节效应,通过进一步削弱风险承担水平的中介作用减小了股权资本成本的降低程度。

第七章
结论、建议与展望

第一节　主要研究结论

　　资本成本既是财务决策与公司治理的重要参数，也是投资市场财富分配、国民经济良性运行的核心基准。股权资本成本理应与投资者估计的风险水平正相关，其本质是投资者在眼前利益与未来收益的博弈过程中所提出的要求报酬。然而现实资本市场并非完全有效，尤其是在新冠疫情影响下，股权资本成本受到诸多内外部因素不同程度的影响，是困扰财务学界的一个极端复杂性问题。我国长期以来普遍存在扭曲资本成本内涵、漠视资本成本效用的现象，企业股权资本成本长期偏高已是不争的事实。随着政府金融供给侧结构性改革"降成本"工作的持续推进，控制市场风险溢价、降低股权资本成本是盘活实体经济的重点要务，但投资者保护机制、政策法规监管体系、金融市场发育程度等正式制度还亟待进一步完善。我国正由层级社会向网状社会过渡，董事网络关系作为上市公司非正式制度层面的结构性嵌入，是在复杂多变的网络系统中传递知识信息、决策经验、商业机会和稀缺资源的重要媒介，为联结公司提供了信息传导路径与资源共享平台，能在很大程度上弥补正式制度的缺陷，从而发挥极其重要的资本成本治理功效。本书基于我国独特的"关系型"文化背景与社会情境，以2009~2019年沪深两市主板A股上市公司作为样本，在全面揭示董事网络关系联结现状和股权资本成本现实动态的基础上，系统构建了董事网络关系对股权资本成本内在机制的综合作用过程，主要围绕以下核心问题展开研究，即董事网络位置怎样影响股权资本成本，镶嵌于董事网络结构的内部情境因素（董事联结强度、董事亲密度、董事连锁距离）在二者之间产生怎样的情境效应，企业风险承担在董事网络位置影响股权资本成本的过程中是否存在中介作用，董事会团队特征（董事会异质性、董事会群体断裂带）对中介路径强弱形成怎样的权变机制等，并得到了以下五点主要研究结论。

第一，董事网络关系密集分布，股权资本成本仍然偏高。2009~2019年我国主板A股上市公司的董事联结比例平均为93.22%，个别年度略有起伏但总体呈现上升趋势，表明在我国经济转型升级的关键时期，资本市场显性契约还不完备，正式信息传递渠道相对狭窄，上市公司更加依赖董事网络中嵌入的社会资本来获取信息资源。此外，不同行业上市公司构建的董事网络关系存在较大差异，传统行业在吸引优质董事加盟的过程中处于劣势地位。大规模公司、国有公司的董事网络位置分别高于小规模公司、非国有公司，并一直保持平稳态势。2009~2019年我国主板A股上市公司的股权资本成本平均为0.0914，而且在近三年维持着大幅增长的势头，2019年甚至高达0.1238，这与金融供给侧结构性改革的"降成本"举措不相匹配，表明我国信贷歧视、金融错配、结构失衡、供需矛盾等现象仍然长期存在，如何将股权资本成本维持在较低水平还任重而道远。

第二，董事网络位置对股权资本成本具有降低作用，董事网络中心度越高，股权资本成本越低。董事网络位置对股权资本成本的影响效应主要表现在四个层面：信息资源效应、监督治理效应、学习模仿效应、声誉激励效应。董事网络位置越居中，越能促进关键信息快速传播，降低信息不对称程度；越能推动核心资源有效获取，缓解资源依赖；越能监督管理层寻租行为，降低投资者信息风险；越能优化董事会治理决策，降低公司经营风险；越能增强隐性知识的外溢程度，推动公司之间的学习模仿；越能提高连锁董事的社会声望与关系认同程度，激发强大的治理动机和决策能力，从而帮助投资者对未来风险报酬做出更准确的判断，对股权资本成本产生积极的约束效果。值得一提的是，董事网络位置对股权资本成本的降低作用在滞后一期时比同期更加明显，且随着股权资本成本的增大，董事网络位置的影响程度逐渐减弱；而在股权资本成本过高时，董事网络位置需要在滞后一期才能体现出明显的治理效应。此外，在信息披露质量较低的公司，以及在财政透明度、投资者保护水平和市场化程度较低的地区，投资者与公司之间的信息不对称程度较高，使投资者无法准确判断未来的风险报酬，难免会引发更大的恐慌情绪与不信任程度，此时董事网络关系所蕴含的信息媒介功能成了越发重要的补充机制，董事网络位置对股权资本成本的降低作用更加显著。

第三，董事网络结构在董事网络位置与股权资本成本之间呈现多样化的情境效应。董事网络是一个兼具外生资源依赖和内生嵌入驱动的动态演化系统，连锁董事的决策行为方式具有明显的结构嵌入特征与情境演化性质，还需要进一步剖析董事网络结构的内部情境因素，多角度探索董事网络结构对董事网络位置与股权资本成本之间关系在不同现实情境下表现出来的结构性差异。在董事联结强度方面，不同职务性质董事的信息传导和决策作用具有强弱之分，内部董事强联结关系放大了投资者风险报酬预测的信息噪声，降低了联结公司的信息透明度，抑制了董事网络位置对股权资本成本的降低作用；外部董事弱联结关系能够跨越企业障碍及社会边界带来更加多元化和稀缺性的信息资源，缓解了投资者与公司之间的信息不对称程度，促进了董事网络位置对股权资本成本的降低作用。在董事亲密度方面，连锁董事与控股股东的私人关系存在亲疏之别，相比高董事亲密度，低董事亲密度增强了连锁董事的勤勉程度和客观独立性，约束了控股股东的掏空行为及管理层的寻租动机，保障了中小投资者的切身利益，促进了董事网络位置对股权资本成本的降低作用。在董事连锁距离方面，联结公司之间信息传播链条的路径距离呈现长短差距，较短的董事连锁距离提高了信息资源扩散、知识经验模仿的速度和效率，降低了保密信息被层层扭曲的可能性，为投资者带来了更真实可靠的风险报酬评估参照，促进了董事网络位置对股权资本成本的降低作用。此外，董事网络结构的内部情境因素和以媒体报道、分析师跟踪为代表的正式信息渠道之间存在替代效应，在我国正式信息渠道仍不健全的市场环境中，外部董事"信息桥"的弱联结优势、低董事亲密度的独立性优势、更短董事连锁距离的高效率优势能够带来更大的增量效益。

第四，企业风险承担在董事网络位置影响股权资本成本的过程中发挥了部分中介作用。企业愿意以高风险损失换取高投资回报的积极态度和进取精神，决定着投资者在眼前利益与长期回报之间的博弈权衡。董事网络中蕴含的信息渠道和资源平台，为联结公司风险承担行为的效仿借鉴创造了现实条件，降低了风险决策的不确定性；为联结公司从事积极的风险投资活动提供了资源支持，缓解了风险决策的资源依赖；使高管个人效益升值与股东长期财富积累紧密关联，激发了管理层的风险承担意愿，进而提高了企业风险承担水平。风险承担是企业长期保持高质量发展的内核驱动力，未来发展前景与高额业绩承诺给投资者带来了一笔看涨期权，促使股东更有信心聚焦于长期财富增长，也就更有可能下调当前的要求报酬以满足企业风险投资活动的资金需求，进而降低了股权资本成本。企业风险承担水平是股东在评估投资风险时最为核心的参考标准，要想充分利用董事网络所镶嵌的社会资本，从根源上帮助企业一方面充分满足投资者诉求，另一方面合理约束股权资本成本，企业风险承担无疑是关键路径之一，无论哪种治理渠道都无法绕开这一极其重要的作用机制。

第五，董事会团队特征改变了企业风险承担中介作用的强弱，经过企业风险承担的传导路径在董事会团队特征的影响下发生了权变。董事会作为战略咨询、监督治理的企业最高权力机构，在企业风险承担战略的制定过程中占据核心地位，成员的背景特征及认知模式必然会对企业风险承担行为产生重大影响。风险承担活动往往关系到企业的长期战略规划，绝不应该被个人意志掌控，理应由董事会团队成员进行集体决策，这就需要重点关注董事会集体层面的属性特征对风险承担水平的作用效果，将董事会异质性与董事会群体断裂带作为企业风险承担在现实决策环境中的权变因素，深入考察经过企业风险承担的中介路径在不同的董事会团队特征下可能发生的权变机制。在董事会异质性方面，异质性程度更高的董事会在知识结构、受教育程度、职业经验等方面存在明显的特征差异，能够帮助企业激发更有价值的创新观点和多元化的认知视角，为管理层提供高效率的咨询建议与战略支持，并纠正风险决策行为可能出现的失误与偏差，通过进一步增强企业风险承担的中介作用，增大了股权资本成本的降低程度。在董事会群体断裂带方面，断裂带强度大的董事会往往存在"群体内支持"与"群体外歧视"的认知偏见及情感对立，一方面针对风险投资活动难以通过积极讨论达成普遍接受的共享目标，另一方面为了避免承担风险决策失败责任而趋向于在安全线下保守经营，通过进一步削弱企业风险承担的中介作用，减小了股权资本成本的降低程度。

第二节 研究建议与启示

本书基于上述结论提出以下几点建议与启示。

第一，提升企业董事网络位置，从社会资本层面降低股权资本成本。在学术研究领域，学界应该重视"关系型"社会中企业经济行为的"嵌入性"特征，解决主流经济理论长期存在的"低度社会化"问题，确立社会网络理论、社会资本理论、资源依赖理论、组织学习理论等对股权资本成本影响因素研究的指导作用，发挥董事网络关系这种非正式制度更为积极的正向溢出效应。在企业实践领域，连锁董事作为社会资本的基本载体与非正式制度的重要代表，其价值潜能主要体现在社会属性方面。部分企业招聘连锁董事只是为了机械性地满足中国证监会的监管要求（董事会中独立董事人数不少于1/3），却忽视了连锁董事通过信息传递与资源配置所产生的溢出效应，造成了社会网络资源的巨大损失。在我国正式制度约束力较弱的市场环境中，董事网络所镶嵌的社会资本能够充当正式制度的补充机制，为异质信息传播、战略资源共享、隐性知识外溢、治理水平提升带来强大助力。企业必须充分认识连锁董事的重要媒介功能，深度挖掘董事联结的社会网络价值，主动创造联结公司的网络互动关系，着力构建社会资本充裕、网络中心度高、关系覆盖面广、决策影响力大的董事网络系统。同时，企业不仅应该基于治理需求与发展规划合理制定优质董事的选聘标准，通过市场化途径遴选个人声誉过硬、履职经验丰富、知识技术领先、战略视野开阔的优质董事；而且要重点衡量连锁董事在董事网络关系中嵌入的社会属性和位置特征，尽可能识别网络位置更居中、社会关系更丰富的优质董事，在社会资本层面为股权资本成本的下降构建长效治理机制。

第二，优化企业董事网络结构，明确现实网络情境下的结构性差异。当前学界对董事网络关系的认知主要聚焦于以网络中心度为代表的位置特征，而董事网络内部具有情境演化性质的结构特征还未引起足够重视。近年来逐渐兴起的弱联结优势理论、灰色董事理论、镶嵌理论等学术流派，旨在探索个体在网络群体互动过程中对彼此之间社会化行为结果的动态影响机制，对传统社会网络理论研究起到了有效的补充作用，并表现出越来越高的应用价值。企业应该深刻认识董事网络多样化的特征维度，不仅需要考察连锁董事的网络位置高低，还应着重关注董事网络结构的内部情境因素。

①剖析联结关系强弱，凸显外部董事"信息桥"的弱联结优势。我国上市公司董事网络结构中内部董事所带来的资源控制劣势、信息同质冗余、助长权力寻租等负面现象还比较严重，外部董事所带来的"信息桥"作用、学习模仿效应、声誉激励效应等正面影响基本能够发挥应有的治理效果。企业务必切实理解董事联结强度的"双刃剑"效应，明确界定联结关系的强弱差异，合理平衡内外部董事的比例结构，一方面，尽力回避内部董事强联结关系的负面影响，积极搭建内外部董事之间的沟通渠道，严格监管内部董事与管理层可能发生的合谋行为；另一方面，不断扩大外部董事弱联结关系的辐射范围，充分激发"信息桥"的主导作用，有效扩大董事网络的信息传播优势与资源控制优势。

②谨防灰色董事关系，发挥低董事亲密度的独立性优势。我国连锁董事所谓"不独立"且"懂事"的"花瓶"现象不能"一刀切"，过于"懂事"并非由独立董事制度本身的原因造成的，而是连锁董事与控股股东之间亲密的社会关系导致其"不独立"，进而阻碍了监督职能的有效发挥，扭曲了为中小股东代言的决心和信念。不能因为高董事亲密度带来了负面影响就全盘否定连锁董事网络的正外溢性，企业需要不断完善连锁董事的提名选聘机制，加强识别董事成员与控股股东以及其他利益相关者之间的社会关系，尽量减少甚至杜绝引入高亲密度的连锁董事，时刻谨防隐含的灰色董事关系对董事会独立性的侵蚀，合理构建真正代表中小股东利益的董事网络系统。

③精简信息传播链条，缔造更短连锁距离的高效率优势。我国董事网络结构中纵横交织的社会关系导致信息的传播链条过长，还普遍存在信息扭曲现象，亟须信息传播者（连锁董事）与信息接收者（联结公司）同步发力，充分重视信息传递效率和信息内容质量。连锁董事应该理性规避传播扭曲效应带来的负面影响，反复鉴别知识的科学性与信

息的真实性，积极克服信息环境的不确定性与决策过程的模糊性。公司董事会需要时刻谨记"偏听则明、偏信则暗"的道理，慎重筛选对公司战略发展和价值创造有利的信息源，坚信"谣言止于智者"；同时综合权衡董事连锁距离的长短差距，尽量缩短信息资源的传播链条，有效削减冗余过度的联结路径，主动构建与维护嵌入更多直接联结关系的董事网络结构。

第三，提升企业风险承担水平，为投资者利益诉求的实现带来行为承诺。人们对企业风险承担的理解还存在一定的误区，无论学术研究领域还是企业实践领域，都亟须及时纠正风险承担概念的认知偏差，深刻领悟风险承担活动的基本内涵。企业风险承担覆盖了从心理预期到经济后果的整个风险决策过程，是一项高度复杂的战略层面理性选择行为，代表了丰富的决策信息含量，成为企业积极追求技术创新与价值创造、努力实现持续高质量发展的综合表现。企业一方面应该科学看待其长期价值增值属性，正确识别并勇于开展风险高但净现值为正的投资项目；另一方面应该合理权衡其高度不确定性，通过内外部治理机制努力实现并有效维持适度的风险承担区间，才能在获取竞争优势和增长前景的同时，最大限度地规避过度风险承担带来的不利局面。与此同时，企业要想充分发挥董事网络的资本成本治理机制，还得依靠风险承担来搭建传导路径，全面借助网络关系中嵌入的信息资源、商业潜能和先行优势，科学进行风险评估、积极调整风险战略、理性实施风险投资，给投资者创造一份类似于看涨期权的高额业绩承诺，才能从根源上引导股东下调短期要求报酬，从而稳步降低股权资本成本。

第四，整合董事会团队结构配置，一方面提升成员背景的异质性程度，另一方面弱化内部群体的断裂带强度。董事会团队特征具有两面性：一是高阶梯队理论指导下的董事会异质性，二是社会认同理论指导下的董事会群体断裂带。学术研究应该科学厘清这两大理论体系之间的逻辑衔接与本质区别，辩证看待二者对董事会团队特征截然不同的指导作用，深入揭示董事会成员属性在群体中分布的离散程度和分布格局对决策行为的作用机制。企业应该深刻解读国家关于风险管理的政策要领，高度重视董事会结构优化配置的重大意义，有效维持团队成员多元化特征的平衡搭配，动态调整子群体之间多重属性的社会分类。基于高阶梯队理论，多样化的董事会结构能够激发各种创新思维、新兴技术的交流与碰撞，纠正风险决策过程可能出现的失误与偏差。但我国上市公司董事会的异质性程度较低且波动幅度较大，并不利于决策团队在风险承担战略的提出、论证、评估过程中提出更具建设性的实施方案。企业亟须在董事会中积极引入并合理搭配具有社会异质性和职业异质性的成员，不断丰富董事会结构在集体层面的多元化背景，从而有效提升公司最高权力机构的科学认知水平、风险承担能力和战略变革质量。然而，基于社会认同理论，只有当董事会成员不存在关系冲突并作为一个有凝聚力的团队时，异质性才能形成更高的决策水平，而较强的断裂带会导致潜在的价值破坏效应，董事会异质性的正面作用可能会被董事会群体断裂带的负面作用所抵消。在较高的异质性程度与较弱的断裂带共同作用下，董事会成员在风险承担决策与创新投资战略上更有利于统一决策意见、达成共享目标，并让风险决策的失败后果由董事会集体共担，从而提高董事会的风险承担意愿与风险决策效率。但我国上市公司存在较大的董事会群体断裂带强度，董事会内部因子群体分裂而带来的关系摩擦、恶性竞争、决策冲突等现象还比较严重。企业在配置董事会结构时，应该吸纳背景特征分布广泛、多重属性相互交叉的董事成员加盟，增强董事会内部的制衡约束，打破现有子群体的边界隔阂，搭建成员间沟通的衔接纽带。同时，董事长需要提升个人的权威性和影响力，积极营造和谐的团队氛围，有效化解剧烈的敌对意识，科学引导成员的主观认同。此外，企业还可以设立仲裁与问责委员会等专门机构来消除认知分歧、落实权力责任，从根源上提高董事会团队的监督治理效力和战略支持功能。

第三节 研究局限与展望

董事网络关系是一项涉及领域广泛、交叉学科众多的综合性研究，股权资本成本作为一种经济后果，只是从企业微观视角检验董事网络关系正外溢性的一个缩影。目前以董事网络为代表的社会网络关系以及非正式制度对股权资本成本的影响效应研究在现有文献中并不多见，还需要长期不懈的深入探索。本书在董事网络的资本成本治理机制这一领域进行了有益尝试，并初步取得了一定的研究成果。但受到研究能力、技术方法、数据可获得性等方面的限制，本书还具有以下几点不足之处，希望在后续研究中进一步完善与深化。

第一，董事网络关系与其他社会网络之间的多维度联结与动态演化问题。我国社会结构中广泛存在多种多样的社会关系，现代企业作为嵌入社会结构的重要个体，彼此之间交错纵横的社会网络关系除了董事网络之外，还包括股东网络、高管网络、供应商网络、大客户网络、产业网络、贸易网络、技术网络等其他类型。本书仅探讨了上市公司最普遍存在的董事网络关系，对其他网络关系并未有所触及。后续研究可以专门考察某一类网络的公司治理效应，也可以更深入地检验董事网络与其他网络之间多维度联结所形成的交互影响作用。此外，董事网络并非静态的网络形式，而是呈现松散、密集、断裂、重构、加强、减弱等一系列动态演化过程。当前，董事网络的相关研究（包括本书）只是侧重于描述某一静态时间截面的董事联结状况，还没有上升到网络关系动态演化这一复杂性问题，这也给学界指明了一个更深层次的未来研究热点。

第二，董事网络结构的情境因素拓展与计量方法问题。基于中心度或结构洞来衡量董事网络位置成了当前董事网络关系的研究主流。本书尊重这一主流做法，将董事网络位置作为主变量进行总效应分析，但同时又从董事网络结构的视角另辟蹊径，引入董事联结强度、董事亲密度、董事连锁距离这三个现实且普遍的内部情境因素，力求从不同层次探讨董事网络的资本成本治理机制。但董事网络结构的情境因素绝不仅限于这三个层面，比如董事网络的适度联结区间（联结过度或联结不足），连锁董事个人的风险偏好、性格特征与机会主义动机，连锁董事的具体职业背景及嵌入的社会资本类型（知识和信息、战略资源、声誉机制等），连锁董事因权力、地位、声望的差距而产生的非正式层级等，都可以作为董事网络结构在未来进一步拓展的方向。此外，本书通过剖析内外部董事联结关系的强弱差异，采取自然数列设计了董事联结强度的连续变量；通过对连锁董事与控股股东之间老乡关系、校友关系、协会关系、共同工作经历这四种社会关系的逐一识别，手工构建了董事亲密度的虚拟变量；通过同年度内联结公司的两两逐一配对，根据不同联结路径设计了董事连锁距离的序列变量，这些算法还需要经受后续研究的科学性检验。可以说，关于董事网络结构的分析思路及计量方法，既是本书的创新之处，也是本书的局限之处，有待未来深入挖掘。

第三，股权资本成本估算模型的运用问题。有关股权资本成本的估算方法目前已经趋于成熟，本书基于普适性原则并参考了大多数文献的通行做法，通过 HVZ 模型的盈余预测数据，采用了五种事前内含报酬率模型（Gordon、GLS、OJ、PEG、MPEG）估算值的平均数作为主变量进行总效应分析，并根据分析师的盈余预测数据重新计算了内含报酬率五法平均数，再加上两种事后风险报酬模型（CAPM、FF3M）进行稳健性检验。然而，一是因为缺乏一套完整权威的盈余预测数据，二是因为众多参数的设定具有较强主观性，三是因为还有其他股权资本成本估算模型无法涉及，所以本书的股权资本成本估算值在准确度方面可能存在一定局限。随着股权资本成本估算技术的不断进步，未来还可以通过更多的模型对股权资本成本衡量方法的合理性、研究结论的可靠性做出有效验证。

第四，董事网络位置对股权资本成本作用机制的设计问题。本书只是得出企业风险承担在董事网络位置影响股权资本成本的过程中具有部分中介效应，但并未全面揭示其他传导路径（如信息传递质量、信用议价能力、会计稳健性、冗余资源等）可能产生的作用机制，这是本书的不足之处，同时也表明，董事网络关系与股权资本成本之间存在多样化的治理渠道，并不仅仅只有提高风险承担水平这一条路径来降低股权资本成本。此外，本书将董事会团队特征作为风险决策环境中的权变因素，进一步考察董事会异质性与董事会群体断裂带对企业风险承担中介作用强弱所产生的权变机制，但鉴于风险承担行为的极端复杂性与风险决策结果的高度不确定性，经过企业风险承担的中介路径还会受到其他内外部因素的差异化影响，未来可以尝试将更多的因素纳入研究范围，为董事网络的资本成本治理机制构建更为综合完整的逻辑框架。

第五，董事会团队特征的测量基础问题。本书参考现有文献的做法，对董事会异质性的衡量，选取团队成员的年龄、性别、受教育程度、职业背景、任期共5个属性特征，通过逐一标准化处理后得到异质性程度的综合积分；对董事会群体断裂带的衡量，选取团队成员的类型、年龄、性别、受教育程度、职业背景、任期共6个属性特征，采用Fau值算法来度量群体断裂带强度，并利用Python编程对Fau值算法进行优化。然而，考虑到数据的可获得性、可观察性以及当前技术方法的限制，本书都以董事会成员的人口统计特征作为测量基础，却暂未包含价值理念、判断立场、风险倾向等心理特征与认知特征，而潜在认知层面的隐性特征可能才是真正决定董事会决策行为与治理效能的重要因素。未来研究亟待将不可观察的非人口统计特征纳入测量范围。

第六，实证样本的选择问题。本书仅针对沪深两市主板A股上市公司进行实证分析，并没有将诸如中小板、创业板、科创板等其他板块涵盖其中。相比主板公司来说，其他板块公司对关键信息的获取能力明显不足、核心资源的匮乏程度往往较高，可能更加需要借助董事网络关系来充分应对外部竞争环境。在此情形下，董事网络关系对股权资本成本的作用机制在其他板块中可能具有不一致的表现。未来可以针对其他板块的董事网络关系进行研究，也可以将主板与其他板块进行对比分析，从而全面解读董事网络溢出效应的异质影响，并有效提升社会资本的配置效率。

参考文献

〔英〕阿弗里德·马歇尔，2005，《经济学原理》，廉运杰译，华夏出版社。

艾珺，2020，《企业风险承担水平、现金股利与债券融资成本》，《财会通讯》第 10 期。

白景坤、李红艳、屈玲霞，2017，《动态环境下上市公司高管团队的异质性如何影响战略变革——基于沪深两市中小企业板上市公司数据的实证分析》，《宏观经济研究》第 2 期。

〔美〕彼得·纽曼、〔美〕默里·米尔盖特、〔英〕约翰·伊特韦尔，2000，《新帕尔格雷夫货币金融大辞典（第一卷）》，胡坚译，经济科学出版社。

曹廷求、张钰、刘舒，2013，《董事网络、信息不对称和并购财富效应》，《经济管理》第 8 期。

陈逢文、冯媛，2019，《新创企业社会网络、风险承担与企业绩效——环境不确定性的调节作用》，《研究与发展管理》第 2 期。

陈旻、曲晓辉、孙雪娇，2018，《后趋同时代的权益资本成本异质性分析》，《会计研究》第 2 期。

陈仕华、姜广省、卢昌崇，2013，《董事联结、目标公司选择与并购绩效——基于并购双方之间信息不对称的研究视角》，《管理世界》

第 12 期。

陈逸同、董正英，2018，《企业网络中心性与绩效的倒 U 型关系——创业导向的中介作用及环境不确定性的调节作用》，《科技管理研究》第 12 期。

陈运森，2012a，《独立董事的网络特征与公司代理成本》，《经济管理》第 10 期。

陈运森，2012b，《独立董事网络中心度与公司信息披露质量》，《审计研究》第 5 期。

陈运森，2015，《社会网络与企业效率：基于结构洞位置的证据》，《会计研究》第 1 期。

陈运森、谢德仁，2011，《网络位置、独立董事治理与投资效率》，《管理世界》第 7 期。

陈运森、谢德仁，2012，《董事网络、独立董事治理与高管激励》，《金融研究》第 2 期。

陈运森、郑登津，2017，《董事网络关系、信息桥与投资趋同》，《南开管理评论》第 3 期。

陈运森、郑登津、黄健峤，2018，《非正式信息渠道影响公司业绩吗？——基于独立董事网络的研究》，《中国会计评论》第 1 期。

邓淑莲、朱颖，2017，《财政透明度对企业产能过剩的影响研究——基于"主观"与"被动"投资偏误的视角》，《财经研究》第 5 期。

丁一兵、刘紫薇，2018，《制造业企业国际化是否提高了企业生产率——基于上市公司的面板分位数研究》，《国际商务（对外经济贸易大学学报）》第 5 期。

董南雁、梁巧妮、林青，2017，《管理层业绩预告策略与隐含资本成本》，《南开管理评论》第 2 期。

杜金岷、李亚菲、吴非，2020，《股票流动性、媒体关注与企业创新》，《中国经济问题》第 3 期。

杜勇、刘婷婷，2021，《企业金融化的同群效应：基于连锁董事网络的研究》，《财经科学》第 4 期。

段海艳，2009，《连锁董事关系网络对企业融资行为影响的实证研究》，《软科学》第 12 期。

段海艳，2012，《连锁董事、组织冗余与企业创新绩效关系研究》，《科学学研究》第 4 期。

段海艳、仲伟周，2008，《企业连锁董事研究现状及展望》，《外国经济与管理》第 7 期。

范建红、陈怀超，2015，《董事会社会资本对企业研发投入的影响研究——董事会权力的调节效应》，《研究与发展管理》第 5 期。

冯来强、孔祥婷、曹慧娟，2017，《董事高管责任保险与权益资本成本——来自信息质量渠道的实证研究证据》，《会计研究》第 11 期。

甘丽凝、陈思、胡珉、王俊秋，2019，《管理层语调与权益资本成本——基于创业板上市公司业绩说明会的经验证据》，《会计研究》第 6 期。

高凤莲、王志强，2015，《"董秘"社会资本对信息披露质量的影响研究》，《南开管理评论》第 4 期。

高凤莲、王志强，2016，《独立董事个人社会资本异质性的治理效应研究》，《中国工业经济》第 3 期。

高露丹、李洋、王婷婷，2021，《连锁董事网络对企业风险承担的治理研究》，《金融与经济》第 3 期。

郝云宏、马帅，2018，《董事网络能够治理管理者过度自信吗？——基于企业非效率投资的视角》，《现代财经（天津财经大学学报）》第 9 期。

何苏燕，2021，《媒体报道会影响企业并购支付方式吗——基于股票错误定价视角的解释》，《山西财经大学学报》第 7 期。

何威风、刘巍、黄凯莉，2016，《管理者能力与企业风险承担》，《中国软科学》第5期。

何瑛、于文蕾、杨棉之，2019，《CEO复合型职业经历、企业风险承担与企业价值》，《中国工业经济》第9期。

胡国强、甄玉晗、肖志超，2020，《媒体关注抑制管理者投资迎合行为吗？——基于代理成本视角》，《会计与经济研究》第3期。

胡建雄，2020，《同乡关系与企业投资效率——来自中国上市公司的经验证据》，《山西财经大学学报》第1期。

胡玮佳、韩丽荣，2020，《分析师关注降低上市公司的会计信息风险了吗？——来自中国A股上市公司的经验证据》，《管理评论》第4期。

花冯涛，2021，《不确定性与公司特质风险：基于隐含权益资本成本的中介效应检验——兼论独立董事的调节作用》，《管理评论》第2期。

黄福广、贾西猛，2018，《校友关系、信任与风险投资交易》，《经济管理》第7期。

江涛、陈富永、汤思禹，2019，《基于"关系型"社会情境的董事网络对并购绩效影响研究》，《中国软科学》第11期。

江媛、王治，2018，《董事会报告可读性、制度环境与股权资本成本》，《财经理论与实践》第5期。

姜东旭，2019，《舆论场域融合中媒体的激励机制与选择逻辑》，《现代传播（中国传媒大学学报）》第3期。

姜付秀、支晓强、张敏，2008，《投资者利益保护与股权融资成本——以中国上市公司为例的研究》，《管理世界》第2期。

焦健、刘银国、刘想，2017，《股权制衡、董事会异质性与大股东掏空》，《经济学动态》第8期。

况学文、陈俊，2011，《董事会性别多元化、管理者权力与审计需求》,《南开管理评论》第 6 期。

李秉成、郑珊珊,2019,《管理者能力能够提高资本市场信息效率吗?——基于股价同步性的分析》,《审计与经济研究》第 3 期。

李长娥、谢永珍,2016,《产品市场竞争、董事会异质性对技术创新的影响——来自民营上市公司的经验证据》,《华东经济管理》第 8 期。

李春根、徐建斌,2016,《中国财政预算透明与地区官员腐败关系研究》,《当代财经》第 1 期。

李慧云、刘镝,2016,《市场化进程、自愿性信息披露和权益资本成本》,《会计研究》第 1 期。

李留闯,2015,《相对业绩评价和 CEO 薪酬——基于董事联结的分析》,《山西财经大学学报》第 5 期。

李敏娜、王铁男,2014,《董事网络、高管薪酬激励与公司成长性》,《中国软科学》第 4 期。

李培功、沈艺峰,2010,《媒体的公司治理作用:中国的经验证据》,《经济研究》第 4 期。

李维安、林润辉、范建红,2014a,《网络治理研究前沿与述评》,《南开管理评论》第 5 期。

李维安、刘振杰、顾亮,2014b,《董事会异质性、董事会断裂带与银行风险承担——金融危机下中国银行的实证研究》,《财贸研究》第 5 期。

李维安、刘振杰、顾亮,2014c,《董事会异质性、断裂带与跨国并购》,《管理科学》第 4 期。

李小青、Hung-Gay Fung、朱清香、刘志雄,2020,《连锁董事网络、融资约束与民营企业社会责任》,《管理学报》第 8 期。

李小青、吕靓欣,2017,《董事会社会资本、群体断裂带与企业研发效率——基于随机前沿模型的实证分析》,《研究与发展管理》第 4 期。

李小青、周建，2014，《董事会群体断裂带的内涵、来源以及对决策行为的影响——文献综述与理论研究框架构建》，《外国经济与管理》第 3 期。

李小青、周建，2015，《董事会群体断裂带对企业战略绩效的影响研究——董事长职能背景和董事会持股比例的调节作用》，《外国经济与管理》第 11 期。

李洋、汪平、曹琴，2019a，《社会网络视角下的管理层权力与高管薪酬粘性——基于董事联结的调节效应》，《商业研究》第 5 期。

李洋、汪平、王庆娟，2019b，《董事联结能抑制薪酬粘性吗？——管理层权力的中介效应研究》，《经济与管理研究》第 7 期。

李洋、汪平、张丁，2019c，《连锁董事网络位置、联结强度对高管薪酬粘性的治理——促进还是抑制？》，《现代财经（天津财经大学学报）》第 5 期。

李卓松，2018，《企业风险承担、高管金融背景与债券融资成本》，《金融评论》第 2 期。

梁上坤，2017，《媒体关注、信息环境与公司费用粘性》，《中国工业经济》第 2 期。

梁上坤、陈冬、付彬、房琨，2018，《独立董事网络中心度与会计稳健性》，《会计研究》第 9 期。

梁上坤、李烜博、陈玥，2019，《公司董事联结与薪酬契约参照——中国情境下的分析框架和经验证据》，《中国工业经济》第 6 期。

梁上坤、徐灿宇、王瑞华，2020，《董事会断裂带与公司股价崩盘风险》，《中国工业经济》第 3 期。

梁上坤、徐灿宇、赵刚，2021，《董事会断裂带与高管私有收益》，《经济科学》第 1 期。

梁雯、刘淑莲、李济含，2018，《网络位置、董事经验与企业并购》，《山西财经大学学报》第 7 期。

廖方楠、韩洪灵、陈丽蓉，2021，《独立董事连锁对内部控制的影响机理：基于声誉效应与学习效应的实证研究》，《管理工程学报》第2期。

林明、戚海峰、李兴森，2016，《混合所有制企业高管团队断裂带对突破性创新绩效的影响：基于混合高管结构权力平衡的调节效应》，《预测》第4期。

刘超、徐丹丹、郑忱阳，2020，《国有企业双重目标与投资效率改进——基于独立董事网络和国企混改视角》，《经济体制改革》第1期。

刘诚，2016，《社会关系、董事会合谋与CEO薪酬敏感性》，《中央财经大学学报》第5期。

刘诚，2017a，《独立董事社会关系增进还是削弱了董事会的功能——基于灰色董事行为的博弈分析》，《经济理论与经济管理》第8期。

刘诚，2017b，《独立董事在股东保护中的忠诚与俘获》，《经济与管理评论》第5期。

刘浩、李灏、金娟，2014，《不对称的声誉机制与独立董事市场需求——来自中国A股ST公司的经验证据》，《财经研究》第4期。

刘衡、苏坤，2017，《连锁董事网络对公司风险承担的影响》，《经济学报》第1期。

刘亭立、曹锦平，2014，《连锁独立董事对公司绩效影响的实证研究》，《财会通讯》第9期。

刘维奇、武翰章，2021，《分析师改善了市场信息环境吗？——来自公司特质风险的证据》，《中央财经大学学报》第1期。

刘颖、钟田丽，2019，《连锁董事影响管理者负债融资决策吗？——基于风险承担视角的实证检验》，《内蒙古社会科学》（汉文版）第4期。

刘颖、钟田丽、张天宇，2015，《连锁董事网络、控股股东利益侵占与融资结构关系——基于我国中小板上市公司的实证检验》,《经济管理》第 4 期。

柳学信、曹晓芳,2019,《群体断裂带测度方法研究进展与展望》,《经济管理》第 1 期。

卢昌崇、陈仕华、J. Schwalbach,2006,《连锁董事理论:来自中国企业的实证检验》,《中国工业经济》第 1 期。

鲁瑛均、耿云江,2020,《混合所有制企业社会责任与创新关系研究——基于董事会群体断裂带视角》,《财经论丛》第 4 期。

陆贤伟、王建琼、董大勇,2013,《董事网络、信息传递与债务融资成本》,《管理科学》第 3 期。

陆瑶、胡江燕,2016,《CEO 与董事间"老乡"关系对公司违规行为的影响研究》,《南开管理评论》第 2 期。

罗家德,2010,《社会网分析讲义》(第二版),社会科学文献出版社。

罗孟旎,2018,《内部控制、外部审计与资本成本研究——兼论混合所有制改革的财务基础》,《经济体制改革》第 3 期。

毛新述、叶康涛、张顿,2012,《上市公司权益资本成本的测度与评价——基于我国证券市场的经验检验》,《会计研究》第 11 期。

孟岩、周航,2018,《治理环境、网络位置与盈余管理——社会网络治理效应的经验证据》,《中南财经政法大学学报》第 4 期。

孟焰、赖建阳,2019,《董事来源异质性对风险承担的影响研究》,《会计研究》第 7 期。

倪娟、彭凯、胡熠,2019,《连锁董事的"社会人"角色与企业债务成本》,《中国软科学》第 2 期。

宁向东、张颖,2012,《独立董事能够勤勉和诚信地进行监督吗——独立董事行为决策模型的构建》,《中国工业经济》第 1 期。

〔美〕欧文·费雪,2013,《利息理论》,陈彪如译,商务印书馆。

庞家任、张鹤、张梦洁，2020，《资本市场开放与股权资本成本——基于沪港通、深港通的实证研究》，《金融研究》第 12 期。

邱强、卜华、陈健，2018，《管理层股权激励方式选择与风险承担——基于内生性视角的研究》，《当代财经》第 1 期。

曲亮、任国良，2014，《"质"的耕耘还是"量"的拓展？——浙江上市公司连锁董事网络对企业绩效的非线性影响》，《浙江工商大学学报》第 4 期。

全进、刘文军、谢帮生，2018，《领导干部自然资源资产离任审计、政治关联与权益资本成本》，《审计研究》第 2 期。

任兵、区玉辉、林自强，2001，《企业连锁董事在中国》，《管理世界》第 6 期。

任兵、区玉辉、彭维刚，2004，《连锁董事、区域企业间连锁董事网与区域经济发展——对上海和广东两地 2001 年上市公司的实证考察》，《管理世界》第 3 期。

任兵、区玉辉、彭维刚，2007，《连锁董事与公司绩效：针对中国的研究》，《南开管理评论》第 1 期。

桑广强、李桂萍、何倩，2019，《股利税差异化、风险承担与股权资本成本》，《商业会计》第 5 期。

邵志浩、才国伟，2020a，《媒体报道的信息中介作用：来自我国银行授信的证据》，《国际金融研究》第 1 期。

邵志浩、才国伟，2020b，《媒体报道与企业外部融资》，《中南财经政法大学学报》第 4 期。

申丹琳，2019，《社会信任与企业风险承担》，《经济管理》第 8 期。

申宇、赵静梅、何欣，2016，《校友关系网络、基金投资业绩与"小圈子"效应》，《经济学》（季刊）第 1 期。

沈艺峰、肖珉、黄娟娟，2005，《中小投资者法律保护与公司权益资本成本》，《经济研究》第 6 期。

石琳、党兴华、杨倩、冉霞，2017，《风险投资网络社群集聚性与可达性对成功退出的影响》，《科技进步与对策》第 17 期。

宋建波、文雯、王德宏、申伟，2018，《管理层权力、内外部监督与企业风险承担》，《经济理论与经济管理》第 6 期。

宋鹏、田丽丽、李常洪，2019，《交叉持股网络与企业风险承担》，《经济问题》第 6 期。

孙多娇、杨有红，2018，《公司治理结构和分析师预测对隐含资本成本影响及实证研究》，《中国软科学》第 7 期。

孙彤、薛爽、徐佳怡，2020，《非正式信息传递机制能降低公司权益融资成本吗？——基于企业家微博的实证检验》，《财经研究》第 11 期。

孙玥璠、陈爽、张永冀，2019，《高管团队异质性、群体断裂带与企业风险承担》，《管理评论》第 8 期。

汤小莉、孙笑明、田高良、黄虎、王静雪，2018，《小世界网络的动态性对企业关键研发者创造力的影响》，《管理工程学报》第 4 期。

田高良、李留闯、齐保垒，2011，《连锁董事、财务绩效和公司价值》，《管理科学》第 3 期。

万良勇、胡璟，2014，《网络位置、独立董事治理与公司并购——来自中国上市公司的经验证据》，《南开管理评论》第 2 期。

万良勇、郑小玲，2014，《董事网络的结构洞特征与公司并购》，《会计研究》第 5 期。

汪平，2018，《资本成本：理论与估算技术》，经济管理出版社。

汪平、王晓娜，2017，《管理层持股与股权资本成本》，《外国经济与管理》第 2 期。

汪平、张孜瑶，2014，《股权资本成本、市场化进程与高管-员工薪酬差距——来自中国上市公司的经验证据》，《外国经济与管理》第 7 期。

汪平、邹颖，2012，《资本成本之谜：到底是什么决定与影响了资本成本》，《财会通讯》第25期。

王汇华，2020，《政府会计、财政透明度与经济治理——基于中国省级面板数据的经验研究》，《中国软科学》第3期。

王会娟、余梦霞、张路、岳衡，2020，《校友关系与企业创新——基于PE管理人和高管的关系视角》，《会计研究》第3期。

王菁华、茅宁，2015，《企业风险承担研究述评及展望》，《外国经济与管理》第12期。

王良辉、张俊瑞、曹建安，2018，《论董事联结的"双刃剑效应"——基于并购绩效的实证研究》，《山西财经大学学报》第12期。

王晓亮、蒋勇、刘振杰，2019，《董事会断裂带、会计稳健性与真实盈余管理》，《审计研究》第5期。

王营，2021，《企业避税同群效应研究——基于董事网络的证据》，《中南财经政法大学学报》第2期。

王营、曹廷求，2014，《董事网络增进企业债务融资的作用机理研究》，《金融研究》第7期。

王永青、单文涛、彭正银，2019，《连锁董事网络与权益资本成本：影响效应及路径检验》，《商业研究》第2期。

魏卉、李平，2020，《社会资本与企业权益资本成本——经济体制转型下社会资本工具效用的异质性》，《工业技术经济》第11期。

魏建良、朱庆华，2019，《基于信息级联的网络意见传播及扭曲效应国外研究进展》，《情报学报》第10期。

魏乐、张秋生、赵立彬，2013，《连锁董事网络对企业并购影响的实证研究》，《西北农林科技大学学报》（社会科学版）第3期。

温忠麟、叶宝娟，2014，《中介效应分析：方法和模型发展》，《心理科学进展》第5期。

温忠麟、张雷、侯杰泰，2006，《有中介的调节变量和有调节的中介变量》,《心理学报》第 3 期。

温忠麟、张雷、侯杰泰、刘红云,2004,《中介效应检验程序及其应用》,《心理学报》第 5 期。

吴超、施建军,2018a,《绩效下滑、董事网络与企业风险承担》,《经济与管理研究》第 7 期。

吴超、施建军,2018b,《结构洞特征、独立董事治理与企业风险承担》,《商业经济与管理》第 5 期。

吴文锋、吴冲锋、芮萌,2007,《提高信息披露质量真的能降低股权资本成本吗?》,《经济学》(季刊)第 4 期。

吴武清、赵越、田雅婧、苏子豪,2020,《研发补助的"挤入效应"与"挤出效应"并存吗?——基于重构研发投入数据的分位数回归分析》,《会计研究》第 8 期。

吴伊菌、董斌,2020,《独立董事网络位置与企业技术创新行为》,《现代经济探讨》第 9 期。

肖挺、刘华、叶芃,2013,《高管团队异质性与商业模式创新绩效关系的实证研究:以服务行业上市公司为例》,《中国软科学》第 8 期。

肖作平、尹林辉,2015,《终极所有权性质与股权融资成本——来自中国证券市场的经验证据》,《证券市场导报》第 7 期。

肖作平、周嘉嘉,2012,《制度环境和权益资本成本——来自中国省际数据的比较研究》,《证券市场导报》第 8 期。

谢德仁、陈运森,2012,《董事网络:定义、特征和计量》,《会计研究》第 3 期。

徐浩萍、吕长江,2007,《政府角色、所有权性质与权益资本成本》,《会计研究》第 6 期。

严若森、华小丽、钱晶晶,2018,《组织冗余及产权性质调节作用下连锁董事网络对企业创新投入的影响研究》,《管理学报》第 2 期。

晏国菀、谢光华,2017,《董事联结、董事会职能与并购绩效》,

《科研管理》第 9 期。

杨旭东，2018，《市场地位、企业捐赠与权益资本成本》，《财政研究》第 5 期。

杨艳萍、邰钰格，2020，《网络规模与 2-步可达性对风险投资绩效的影响——知识属性的调节作用》，《管理评论》第 6 期。

姚立杰、陈雪颖、周颖、陈小军，2020，《管理层能力与投资效率》，《会计研究》第 4 期。

叶康涛、陆正飞，2004，《中国上市公司股权融资成本影响因素分析》，《管理世界》第 5 期。

叶康涛、祝继高、陆正飞、张然，2011，《独立董事的独立性：基于董事会投票的证据》，《经济研究》第 1 期。

尹筑嘉、曾浩、毛晨旭，2018，《董事网络缓解融资约束的机制：信息效应与治理效应》，《财贸经济》第 11 期。

游家兴、刘淳，2011，《嵌入性视角下的企业家社会资本与权益资本成本——来自我国民营上市公司的经验证据》，《中国工业经济》第 6 期。

于晓华，2014，《如何正确运用计量经济模型进行实证分析——实证分析中的数据、模型与参数》，《农业技术经济》第 7 期。

余明桂、回雅甫、潘红波，2010，《政治联系、寻租与地方政府财政补贴有效性》，《经济研究》第 3 期。

余明桂、李文贵、潘红波，2013，《管理者过度自信与企业风险承担》，《金融研究》第 1 期。

喻灵，2017，《股价崩盘风险与权益资本成本——来自中国上市公司的经验证据》，《会计研究》第 10 期。

袁媛、田高良、廖明情，2019，《投资者保护环境、会计信息可比性与股价信息含量》，《管理评论》第 1 期。

〔英〕约翰·梅纳德·凯恩斯，2011，《就业、利息和货币通论》，高鸿业译，商务印书馆。

曾海洲、赵梓彤、林细细，2020，《财政透明度、融资成本与地方债务风险异质性效应——国家治理的市场反应》，《中国经济问题》第6期。

张丹、郝蕊，2018，《连锁董事网络能够促进企业技术创新绩效吗？——基于研发投入的中介效应研究》，《科技管理研究》第12期。

张军华，2014，《产品市场竞争、制度环境与权益资本成本》，《山西财经大学学报》第4期。

张俊芝、谷杉杉，2020，《董事特征与企业风险承担能力——基于董事网络的中介效应》，《财经问题研究》第9期。

张敏、童丽静、许浩然，2015，《社会网络与企业风险承担——基于我国上市公司的经验证据》，《管理世界》第11期。

张十根，2019，《CEO与董事间的"老乡"关系、内部控制质量与代理成本》，《财经理论与实践》第4期。

张祥建、郭岚，2014，《国外连锁董事网络研究述评与未来展望》，《外国经济与管理》第5期。

张艺、龙明莲、朱桂龙，2018，《产学研合作网络对学研机构科研团队的学术绩效影响——知识距离的调节作用》，《科技管理研究》第21期。

张勇，2021，《独立董事关系网络位置与企业商业信用融资——基于程度中心度和结构洞视角》，《中南财经政法大学学报》第2期。

张章、陈仕华，2017，《董事会群体断裂带与企业风险承担——基于社会认同理论的实证研究》，《财经问题研究》第1期。

张正勇、邓博夫，2017，《社会责任报告鉴证会降低企业权益资本成本吗?》，《审计研究》第1期。

赵峰、高明华，2012，《民营企业的政治关联能降低权益资本成本吗?》，《山西财经大学学报》第8期。

赵丽娟、张敦力，2019，《CEO 社会资本与企业风险承担——基于委托代理和资源获取的理论视角》，《山西财经大学学报》第 2 期。

赵胜民、张博超，2021，《分析师关注如何影响公司投资行为——基于不同投资类型的分析》，《中央财经大学学报》第 5 期。

赵昕、许杰、丁黎黎，2018，《董事网络、独立董事治理与上市公司过度投资行为研究》，《审计与经济研究》第 1 期。

赵炎、郑向杰，2013，《网络聚集性、连通性与企业知识创新——基于中国 10 个高科技行业的联盟关系网络分析》，《科学学与科学技术管理》第 3 期。

郑方，2011，《治理与战略的双重嵌入性——基于连锁董事网络的研究》，《中国工业经济》第 9 期。

支晓强、何天芮，2010，《信息披露质量与权益资本成本》，《中国软科学》第 12 期。

钟军委、张祥建、钱有飞，2017，《连锁董事网络、社会资本与企业投资效率——来自 A 股上市公司的经验证据》，《产业经济研究》第 4 期。

钟覃琳、刘媛媛，2020，《分析师报告在经济政策不确定时期具有更高的信息含量吗？——基于投资者需求和分析师供给的双重视角》，《会计研究》第 3 期。

周繁、谭劲松、简宇寅，2008，《声誉激励还是经济激励——独立董事"跳槽"的实证研究》，《中国会计评论》第 2 期。

周建、李小青，2012，《董事会认知异质性对企业创新战略影响的实证研究》，《管理科学》第 6 期。

周军，2018，《社会网络视角下独立董事与企业创新绩效》，《财经论丛》第 4 期。

周楷唐、麻志明、吴联生，2017，《高管学术经历与公司债务融资成本》，《经济研究》第 7 期。

周雪峰、李珍珠、王红建，2021，《董事网络位置对企业创新投资的影响——风险承担的遮掩和中介效应》，《研究与发展管理》第 2 期。

朱宝宪、何治国，2002，《β 值和帐面/市值比与股票收益关系的实证研究》，《金融研究》第 4 期。

朱琪、陈香辉、侯亚，2019，《高管股权激励影响公司风险承担行为：上市公司微观数据的证据》，《管理工程学报》第 3 期。

邹颖、汪平、张丽敏，2017，《中国上市公司资本成本的理性估算与国际比较》，《世界经济文汇》第 1 期。

邹颖、汪平、张丽敏，2019，《公司盈余预测与资本成本估算——截面回归模型预测 VS. 分析师预测》，《数理统计与管理》第 1 期。

左晓宇、孙谦，2018，《董事网络、公司中心度与投资效率》，《经济与管理研究》第 6 期。

Adams, R. B., Ferreira, D. 2003. "Women in the Boardroom and Their Impact on Governance and Performance." *Journal of Financial Economics* 94 (2): 291-309.

Adams, R. B., Ferreira, D. 2007. "A Theory of Friendly Boards." *The Journal of Finance* 62 (1): 217-250.

Adams, R. B., Hermalin, B. E., Weisbach, M. S. 2010. "The Role of Boards of Directors in Corporate Governance: A Conceptual Framework & Survey." *Journal of Economic Literature* 48 (1): 58-107.

Aharoni, G., Grundy, B., Zeng, Q. 2013. "Stock Returns and the Miller Modigliani Valuation Formula: Revisiting the Fama French Analysis." *Journal of Financial Economics* 110 (2): 347-357.

Alhares, A. 2017. "A Cross-country Study of the Effects of Corporate Governance Mechanisms on Risk-taking, Credit Rating and Cost of Capital." Doctoral Thesis, University of Huddersfield.

Almeida, P., Kogut, B. 1999. "Localization of Knowledge and the

Mobility of Engineers in Regional Networks." *Management Science* 45 (7): 905-917.

Anderson, R. C., Reeb, D. M., Upadhyay, A., Zhao, W. 2011. "The Economics of Director Heterogeneity." *Financial Management* 40 (1): 5-38.

Argyris, C., Schon, D. A. 1978. *Organizational Learning: A Theory of Action Perspective* (Massachusetts, US: Addison-Wesley Publishing Co), pp. 419-427.

Arnett, D. B., Wittmann, C. M., Hansen, J. D. 2021. "A Process Model of Tacit Knowledge Transfer between Sales and Marketing." *Industrial Marketing Management* 93 (1): 259-269.

Artiach, T. C., Clarkson, P. M. 2014. "Conservatism, Disclosure and the Cost of Equity Capital." *Australian Journal of Management* 39 (2): 293-314.

Attig, N., Cleary, S., Ghoul, S. E., et al. 2013. "Institutional Investment Horizons and the Cost of Equity Capital." *Financial Management* 42 (2): 441-477.

Bahmani, K., Semnani-Azad, Z., Sycara, K., Lewis, M. 2018. "Team Faultline Measures: Rescaling the Weights of Diversity Attributes." *Proceedings of the 51st Hawaii International Conference on System Sciences*: 379-387.

Bang, D. N., Nielsen, K. M. 2010. "The Value of Independent Directors: Evidence from Sudden Deaths." *Journal of Financial Economics* 98 (3): 550-567.

Bargeron, L. L., Lehn, K. M., Zutter, C. J. 2010. "Sarbanes–Oxley and Corporate Risk-taking." *Journal of Accounting and Economics* 49 (49): 34-52.

Barnes, J. A. 1954. "Class and Committees in a Norwegian Island Parish." *Human Relations* 7 (1): 39-58.

Baron, R. M., Kenny, D. A. 1986. "The Moderator-mediator Variable Distinction in Social Psychological Research: Conceptual, Strategic, and Statistical Considerations." *Journal of Personality and Social Psychology* 51 (6): 1173-1182.

Barrick, M. R., Bradley, B. H., Kristof-Brown, A. L., et al. 2007. "The Moderating Role of Top Management Team Interdependence: Implications for Real Teams and Working Groups." *Academy of Management Journal* 50 (3): 544-557.

Barros, T. D. S., Cárdenas, J., Mendes-Da-Silva, W. 2021. "The Effect of Interlocking Directorates on Mergers and Acquisitions in Brazil." *Journal of Management and Governance* 25 (1): 811-839.

Beckman, C. M., Haunschild, P. R. 2002. "Network Learning: The Effects of Partner' Experience Heterogeneity on Corporate Acquisitions." *Administrative Science Quarterly* 47 (1): 92-124.

Belkhir, M., Boubakri, N., Grira, J. 2017. "Political Risk and the Cost of Capital in the MENA Region." *Emerging Markets Review* 33 (12): 155-172.

Berardo, R. 2014. "Bridging and Bonding Capital in Two-mode Collaboration Networks." *Policy Studies Journal* 42 (2): 197-225.

Berle, A. A., Means, G. C. 1932. *The Modern Corporation and Private Property* (New York, US: Macmillian), pp. 2-36.

Bernanke, B., Gertler, M. 1989. "Agency Costs, Net Worth, and Business Fluctuations." *American Economic Review* 79 (1): 14-31.

Bernile, G., Bhagwat, V., Yonker, S. 2016. "Board Diversity, Firm Risk, and Corporate Policies." *Journal of Financial Economics* 127 (3):

588-612.

Bhagat, S., Bolton, B., Lu, J. 2015. "Size, Leverage, and Risk-taking of Financial Institutions." *Journal of Banking & Finance* 59 (10): 520-537.

Bizjak, J., Lemmon, M., Whitby, R. 2009. "Option Backdating and Board Interlocks." *Review of Financial Studies* 22 (11): 4821-4847.

Blanco-Alcantara, D., Diez-Esteban, J. M., Romero-Merino, M. E. 2019. "Board Networks as a Source of Intellectual Capital for Companies: Empirical Evidence from a Panel of Spanish Firms." *Management Decision* 57 (10): 2653-2671.

Botosan, C. A., Plumlee, M. A. 2002. "A Re-examination of Disclosure Level and the Expected Cost of Equity Capital." *Journal of Accounting Research* 40 (1): 21-40.

Boubakri, N., Cosset, J. C., Saffar, W. 2013. "The Role of State and Foreign Owners in Corporate Risk-taking: Evidence from Privatization." *Journal of Financial Economics* 108 (3): 641-658.

Boubakri, N., Guedhami, O., Mishra, D., Saffar, W. 2012. "Political Connections and the Cost of Equity Capital." *Journal of Corporate Finance* 18 (3): 541-559.

Bouwman, C. H. S. 2011. "Corporate Governance Propagation through Overlapping Directors." *The Review of Financial Studies* 24 (7): 2358-2394.

Braun, M., Briones, I., Islas, G. 2019. "Interlocking Directorates, Access to Credit, and Business Performance in Chile during Early Industrialization." *Journal of Business Research* 105 (12): 381-388.

Brigham, E. F., Ehrhardt, M. C. 2014. *Financial Management: Theory and Practice* (14th Edition) (Boston, US: Cengage Learning), pp. 56-79.

Bruner, R. F., Eades, K. M., Harris, R. S., Higgins, R. C. 1998.

"Best Practices in Estimating the Cost of Capital: Survey and Synthesis." *Financial Practice and Education*, Financial Management Association International 8 (1): 13-28.

Bukvic, I. B., Starcevic, D. P., Fosic, I. 2016. "Adequacy of the CAPM for Estimating the Cost of Equity Capital: Empirical Study on Underdeveloped Market." 13th International Conference on Economic and Social Development-Economic and Social Development, pp. 25-35.

Burt, R. S., Burzynska, K. 2017. "Chinese Entrepreneurs, Social Networks, and Guanxi." *Management and Organization Review* 13 (2): 1-40.

Burt, R. S. 1983. *Corporate Profits and Cooptation Networks of Market Constraints and Directorate Ties in the American Economy* (New York, US: Academic Press), pp. 306-338.

Burt, R. S. 1992. *Structural Holes: The Social Structure of Competition* (Cambridge, US: Harvard University Press), pp. 5-16.

Busato, F., Coletta, C. M., Manganiello, M. 2019. "Estimating the Cost of Equity Capital: Forecasting Accuracy for U. S. REIT Sector." *International Real Estate Review* 22 (3): 399-430.

Cai, Y., Dan, S. D., Kim, Y., Pan, C. 2014. "Board Interlocks and the Diffusion of Disclosure Policy." *Review of Accounting Studies* 19 (3): 1086-1119.

Cai, Y., Sevilir, M. 2012. "Board Connections and M&A Transactions." *Journal of Financial Economics* 103 (2): 327-349.

Cain, M. D., McKeon, S. B. 2016. "CEO Personal Risk-taking and Corporate Policies." *Journal of Financial and Quantitative Analysis* 51 (1): 139-164.

Campbell, J. L., Dhaliwal, D. S., Schwartz, W. C. 2012. "Financing

Constraints and the Cost of Capital: Evidence from the Funding of Corporate Pension Plans." *Social Science Electronic Publishing* 25 (3): 868-912.

Carpenter, M. A., Geletkanycz, M. A., Sanders, G. W. 2004. "Upper Echelons Research Revisited: Antecedents, Elements, and Consequences of Top Management Team Composition." *Journal of Management* 30 (6): 749-788.

Castilla, E. J. 2003. "Networks of Venture Capital Firms in Silicon Valley." *International Journal of Technology Management* 25 (25): 113-135.

Chakraborty, A., Sheikh, S., Subramanian, N. 2007. "Termination Risk and Managerial Risk Taking." *Journal of Corporate Finance* 13 (1): 170-188.

Chen, Y., Truong, C., Veeraraghavan, M. 2015. "CEO Risk-taking Incentives and the Cost of Equity Capital." *Journal of Business Finance & Accounting* 42 (7): 915-946.

Cheng, Z. J., Rai, A., Tian, F., Xu, S. 2021. "Social Learning in Information Technology Investment: The Role of Board Interlocks." *Management Science* 67 (1): 547-576.

Christian, A., Mirco, L. 2013. "Is Busy Really Busy? Board Governance Revisited." *Journal of Business Finance & Accounting* 40 (9-10): 1221-1246.

Chu, T., Haw, I. M., Lee, B. H., Wu, W. 2014. "Cost of Equity Capital, Control Divergence, and Institutions: The International Evidence." *Review of Quantitative Finance & Accounting* 43 (3): 483-527.

Chuluun, T., Prevost, A., Puthenpurackal, J. 2014. "Board Ties and the Cost of Corporate Debt." *Financial Management* 43 (3): 533-568.

Coleman, J. S. 1988. "Social Capital in the Creation of Human Capital." *American Journal of Sociology* 94: S95-S120.

Crucke, S., Knockaert, M. 2016. "When Stakeholder Representation Leads to Faultlines: A Study of Board Service Performance in Social Enterprises." *Journal of Management Studies* 53 (5): 768-793.

Cuevas-Rodríguez, G., Cabello-Medina, C., Carmona-Lavado, A. 2014. "Internal and External Social Capital for Radical Product Innovation: Do They Always Work Well Together?" *British Journal of Management* 25 (2): 266-284.

Cukurova, S. 2012. "Interlocking Directors and Target Selection in Mergers and Acquisitions." *SSRN Electronic Journal*, http://dx.doi.org/10.2139/ssrn.1966816.

Dai, L., Parwada, J. T., Zhang, B. 2015. "The Governance Effect of the Media's News Dissemination Role: Evidence from Insider Trading." *Journal of Accounting Research* 53 (2): 331-366.

Damodaran, A. 2021. "Equity Risk Premiums (ERP): Determinants, Estimation and Implications (The 2021 Edition)." *SSRN Electronic Journal*, https://ssrn.com/abstract=3825823.

Daniliuc, S., Li, L., Wee, M. 2021. "Busy Directors and Firm Performance: A Replication and Extension of Hauser (2018)." *Accounting and Finance* 61 (S1): 1415-1423.

Davern, M. 1997. "Social Networks and Economic Sociology." *American Journal of Economic and Sociology* 56 (3): 287-302.

Davis, G. F., Yoo, M., Baker, W. E. 2003. "The Small World of the American Corporate Elite, 1982-2001." *Strategic Organization* 1 (2): 301-326.

DeKay, M. L. 2015. "Predecisional Information Distortion and the Self-fulfilling Prophecy of Early Preferences in Choice." *Current Directions in Psychological Science* 24 (5): 405-411.

Deutsch, Y., Keil, T., Laamanen, T. 2015. "A Dual Agency View of Board Compensation: The Joint Effects of Outside Director and CEO Stock Options on Firm Risk." *Strategic Management Journal* 32 (2): 212-227.

Dewing, A. S. 1921. *The Financial Policy of Corporations* (New York, US: The Ronald Press Company), pp. 86-153.

Dhaliwal, D., Judd, J. S., Serfling, M., Shaikh, S. 2016. "Customer Concentration Risk and the Cost of Equity Capital." *Journal of Accounting and Economics* 61 (1): 12-22+94.

DiMaggio, P. J. 1997. "Culture and Cognition." *Annual Review of Sociology* 23 (1): 263-287.

Dixon, F. H. 1914. "The Economic Significance of Interlocking Directorates in Railway Finance." *Journal of Political Economy* 22 (10): 937-954.

Dong, Z., Wang, C., Xie, F. 2010. "Do Executive Stock Options Induce Excessive Risk Taking?" *Journal of Banking & Finance* 34 (10): 2518-2529.

Dooley, P. C. 1969. "The Interlocking Directorate." *American Economic Review* 59 (3): 314-323.

Drago, C., Millo, F., Ricciuti, R., Santella, P. 2015. "Corporate Governance Reforms, Interlocking Directorship and Company Performance in Italy." *International Review of Law and Economics* 41 (3): 38-49.

Du, C. 2013. "Cost of Capital as a Moderator of the Effect of Equity: Based Compensation on Risk-taking by Managers." *International Journal of Management* 30 (6): 649-665.

Durand, D. 1952. "Cost of Debt and Equity Fund for Business: Trends Problems of Measurement." NBER Chapters: Conference on Research in Business Finance, pp. 215-262.

Dyck, A., Morse, A., Zingales, L. 2010. "Who Blows the Whistle on Corporate Fraud?" *Journal of Finance* 65 (6): 2213-2253.

Easley, D., O'Hara, M. 2004. "Information and the Cost of Capital." *The Journal of Finance* 59 (4): 1553-1583.

Easton, P. D. 2004. "PE Ratio, PEG Ratios, and Estimating the Implied Expected Rate of Return on Equity Capital." *The Accounting Review* 79 (1): 73-95.

Edwards, A., Schwab, C. M., Shevlin, T. J. 2016. "Financial Constraints and Cash Tax Savings." *The Accounting Review* 91 (3): 859-881.

Elton, E. J. 1999. "Expected Return, Realized Return, and Asset Pricing Tests." *The Journal of Finance* 54 (4): 1199-1220.

Faccio, M., Marchica, M. T., Mura, R. 2011. "Large Shareholder Diversification and Corporate Risk-taking." *Review of Financial Studies* 24 (11): 3601-3641.

Faccio, M., Marchica, M. T., Mura, R. 2016. "CEO Gender, Corporate Risk-taking, and the Efficiency of Capital Allocation." *Journal of Corporate Finance* 39 (8): 193-209.

Fama, E. F., French, K. R. 1993. "Common Risk Factors in the Returns on Stocks and Bonds." *Journal of Financial Economics* 33 (1): 3-56.

Fama, E. F., French, K. R. 2015. "A Five-factor Asset Pricing Model." *Journal of Financial Economics* 116 (1): 1-22.

Fama, E. F., Jensen, M. C. 1983. "Separation of Ownership and Control." *The Journal of Law and Economics* 26 (2): 301-325.

Fama, E. F. 1980. "Agency Problems and the Theory of the Firm." *Journal of Political Economy* 88 (2): 288-307.

Ferris, S. P., Jagannathan, M., Pritchard, A. C. 2003. "Too Busy to Mind the Business? Monitoring by Directors with Multiple Board Appointments." *The Journal of Finance* 58 (3): 1087-1111.

Ferris, S. P., Javakhadze, D., Rajkovic, T. 2017. "CEO Social Capital, Risk-taking and Corporate Policies." *Journal of Corporate Finance* 47 (12): 46-71.

Fich, E. M., Shivdasani, A. 2006. "Are Busy Boards Effective Monitors?" *The Journal of Finance* 61 (2): 689-724.

Fich, E. M., Shivdasani, A. 2007. "Financial Fraud, Director Reputation, and Shareholder Wealth." *Journal of Financial Economics* 86 (2): 306-336.

Field, L., Lowry, M., Mkrtchyan, A. 2013. "Are Busy Boards Detrimental?" *Journal of Financial Economics* 109 (1): 63-82.

Field, L. C., Mkrtchyan, A. 2017. "The Effect of Director Experience on Acquisition Performance." *Journal of Financial Economics* 123 (3): 488-511.

Fourati, H., Affes, H. 2011. "Financial Constraints, Human and Social Capital and Risk-taking Attitude in the Foundation of New Firms." *Strategic change* 20 (5-6): 219-232.

Fracassi, C., Tate, G. A. 2012. "External Networking and Internal Firm Governance." *The Journal of Finance* 67 (1): 153-193.

Fracassi, C. 2016. "Corporate Finance Policies and Social Networks." *Management Science* 63 (8): 2420-2438.

Freeman, L. 1979. "Centrality in Social Networks: Conceptual Clarification." *Social Networks* 1 (3): 215-239.

Fu, R., Gupta-Mukherjee, S. 2014. "Geography, Informal Information Flows and Mutual Fund Portfolios." *Financial Management* 43 (1): 181-214.

Garcia-Bernardo, J., Takes, F. W. 2018. "The Effects of Data Quality on the Analysis of Corporate Board Interlock Networks." *Information Systems* 78 (11): 164-172.

Gebhardt, W. R., Lee, C., Swaminathan, B. 2001. "Toward an Implied Cost of Capital." *Journal of Accounting Research* 39 (1): 135-176.

Gherardi, S., Nicolini, D. 2002. "Learning in a Constellation of Interconnected Practices: Canon or Dissonance?" *Journal of Management Studies* 39 (4): 419-436.

Ghoul, S. E., Guedhami, O., Kim, H., Park, K. 2018. "Corporate Environmental Responsibility and the Cost of Capital: International Evidence." *Social Science Electronic Publishing* 149 (2): 1-27.

Giannetti, M., Zhao, M. 2019. "Board Ancestral Diversity and Firm-Performance Volatility." *Journal of Financial & Quantitative Analysis* 54 (3): 1117-1155.

Gitman, L. J. 1991. *Principles of Managerial Finance* (6th Edition) (New York, US: Harper Collins Publisher), p. 443.

Goncalves, A. F., Rossoni, L., Mendes-Da-Silva, W. 2019. "Board Social Capital Reduces Implied Cost of Capital for Private Companies but Not of State-owned Companies." *Management Decision* 57 (10): 2672-2692.

Gordon, M. J. 1962. *The Investment, Financing, and Valuation of the Corporation* (Homewood, Illinois, US: Richard D. Irwin, Inc), pp. 86-97.

Granovetter, M. 1973. "The Strength of Weak Ties." *American Journal of Sociology* 78 (6): 1360-1380.

Granovetter, M. 1985. "Economic Action and Social Structure: The Problem of Embeddedness." *American Journal of Sociology* 91 (3): 481-510.

Gulati, R. 1998. "Alliances and Networks." *Strategic Management Journal* 19 (4): 293-317.

Gulati, R. 2015. "Network Location and Learning: The Influence of

Network Resources and Firm Capabilities on Alliance Formation." *Strategic Management Journal* 20 (5): 397-420.

Hail, L., Leuz, C. 2006. "International Differences in the Cost of Equity Capital: Do Legal Institutions and Securities Regulation Matter?" *Journal of Accounting Research* 44 (3): 485-531.

Hambrick, D. C., Mason, P. A. 1984. "Upper Echelons: The Organization as a Reflection of Its Top Managers." *Academy of Management Review* 9 (2): 193-206.

Hambrick, D. C. 2007. "Upper Echelons Theory: An Update." *The Academy of Management Review* 32 (2): 334-343.

Hannan, M. T., Freeman, J. 1984. "Structural Inertia and Organizational Change." *American Sociological Review* 49 (2): 149-164.

Haunschild, P. R. 1993. "Interorganizational Imitation: The Impact of Interlocks on Corporate Acquisition Activity." *Administrative Science Quarterly* 38 (4): 564-592.

He, F., Cheng, Y., Tong, T. 2016. "Estimation of Extreme Conditional Quantiles Through an Extrapolation of Intermediate Regression Quantiles." *Statistics & Probability Letters* 113 (6): 30-37.

He, J., Tian, X. 2013. "The Dark Side of Analyst Coverage: The Case of Innovation." *Journal of Financial Economics* 109 (3): 856-878.

Helmers, C., Patnam, M., Rau, P. R. 2017. "Do Board Interlocks Increase Innovation? Evidence from a Corporate Governance Reform in India." *Journal of Banking & Finance* 80 (7): 51-70.

Herbig, P., Milewicz, J., Golden, J. 1994. "A Model of Reputation Building and Destruction." *Journal of Business Research* 31 (1): 23-31.

Himmelberg, C. P., Hubbard, R. G., Love, I. 2002. "Investment, Protection, Ownership, and the Cost of Capital." National Bank of

Belgium, Working Paper Research 25.

Hochberg, Y. V., Ljungqvist, A., Lu, Y. 2007. "Whom You Know Matters: Venture Capital Networks and Investment Performance." *Journal of Finance* 62 (1): 251-301.

Hope, O. K., Kang, T., Thomas, W. B., Yoo, Y. K. 2009. "Impact of Excess Auditor Remuneration on the Cost of Equity Capital around the World." *Journal of Accounting, Auditing and Finance* 24 (2): 177-210.

Hou, K., Dijk, M. V., Zhang, Y. 2012. "The Implied Cost of Capital: A New Approach." *Journal of Accounting and Economics* 53 (3): 504-526.

Huang, H., Han, S. H., Cho, K. 2021. "Co-opted Boards, Social Capital, and Risk-taking." *Finance Research Letters* 38 (1): 511-536.

Hugon, A., Kumar, A., Lin, A. P. 2016. "Analysts, Macroeconomic News, and the Benefit of Active In-House Economists." *The Accounting Review* 91 (2): 513-534.

Hurlin, C., Venet, B. 2001. "Granger Causality Tests in Panel Data Models with Fixed Coefficients." *SSRN Electronic Journal*, https://www.researchgate.net/publication/229050746.

Hurlin, C. 2004. "Testing Granger Causality in Heterogeneous Panel Data Models with Fixed Coefficients." *SSRN Electronic Journal*, https://www.researchgate.net/publication/228767196.

Hwang, B. H., Kim, S. 2009. "It Pays to Have Friends." *Journal of Financial Economics* 93 (1): 138-158.

Jackson, M. O. 2008. *Social and Economic Networks* (New Jersey, US: Princeton University Press), pp. 153-189.

Jensen, M., Meckling, W. 1976. "Theory of the Firm: Managerial Behavior, Agency Costs and Ownership Structure." *Journal of Financial*

Economics 3 (4): 305-360.

Jiang, X., Liu, H., Fey, C., et al. 2018. "Entrepreneurial Orientation, Network Resource Acquisition, and Firm Performance: A Network Approach." *Journal of Business Research* 87 (6): 46-57.

John, K., Litov, L., Yeung, B. 2008. "Corporate Governance and Risk-taking." *The Journal of Finance* 63 (4): 1679-1728.

Johnstone, D. J. 2021. "Accounting Information, Disclosure, and Expected Utility: Do Investors Really Abhor Uncertainty?" *Journal of Business Finance & Accounting* 48 (2): 3-35.

Kaczmarek, S., Kimino, S., Pye, A. 2012. "Board Task-related Faultlines and Firm Performance: A Decade of Evidence." *Corporate Governance: An International Review* 20 (4): 337-351.

Kaplan, S. N., Reishus, D. 1990. "Outside Directorships and Corporate Performance." *Journal of Financial Economics* 27 (2): 389-410.

Kaustia, M., Rantala, V. 2015. "Social Learning and Corporate Peer Effects." *Journal of Financial Economics* 117 (3): 653-669.

Kavuan, K., Ate, N. Y., Nadolska, A. 2020. "Acquisition Target Selection and Technological Relatedness: The Moderating Role of Top Management Team Demographic Faultlines." *Strategic Organization*, https://doi.org/10.1177/1476127020919329.

Keister, L. A. 1998. "Engineering Growth: Business Group Structure and Firm Performance in China's Transition Economy." *American Journal of Sociology* 104 (2): 404-440.

Kilduff, M., Tsai, W. 2003. *Social Networks and Organizattions* (London, UK: Sage Publications Ltd), pp. 26-89.

Kim, J. B., Ma, M. L. Z., Wang, H. P. 2015. "Financial Development and the Cost of Equity Capital: Evidence from China." *China Journal of*

Accounting Research 8 (4): 243-277.

Kim, K., Patro, S., Pereira, R. 2017. "Option Incentives, Leverage, and Risk-taking." *Journal of Corporate Finance* 43 (4): 1-18.

Koenker, R., Bassett, G. 1978. "Regression Quantiles." *Econometrica* 46 (1): 33-50.

Kopits, G., Craig, J. 1998. *Transparency in Government Operations* (Washington, US: International Monetary Fund), pp. 1-9.

Kramarzy, F., Thesmar, D. 2007. "Social Networks in the Boardroom." *Journal of the European Economic Association* 11 (4): 780-807.

Kroszner, R. S., Strahan, P. E. 2001. "Throwing Good Money after Bad? Board Connections and Conflicts in Bank Lending." NBER Working Paper, No. 8694.

Król, M., Król, M. E. 2019. "A Valence Asymmetry in Predecisional Distortion of Information: Evidence from an Eye Tracking Study with Incentivized Choices." *Journal of Experimental Psychology, Learning, Memory, and Cognition* 45 (12): 2209-2223.

La Porta, R., Lopez-de-Silanes, F., Shleifer, A., Vishny, R. 2002. "Investor Protection and Corporate Valuation." *Journal of Finance* 57 (3): 1147-1170.

Lang, J. R., Lockhart, D. E. 1990. "Increased Environmental Uncertainty and Changes in Board Linkage Patterns." *Academy of Management Journal* 33 (1): 106-128.

Larcker, D. F., So, E. C., Wang, C. C. Y. 2013. "Boardroom Centrality and Firm Performance." *Journal of Accounting and Economics* 55 (2-3): 225-250.

Lau, D. C., Murnighan, J. K. 1998. "Demographic Diversity and Faultlines: The Compositional Dynamics of Organizational Groups." *Academy of Management Review* 23 (2): 325-340.

Laumann, E. O., Galaskiewicz, J., Marsden, P. V. 1978. "Community Structure as Interorganizational Linkages." *Annual Review of Sociology* 4 (1): 455-484.

Li, K., Griffin, D., Yue, H., et al. 2013. "How Does Culture Influence Corporate Risk-taking?" *Journal of Corporate Finance* 23 (4): 1-22.

Li, K. K., Mohanram, P. 2014. "Evaluating Cross-sectional Forecasting Models for Implied Cost of Capital." *Review of Accounting Studies* 19 (3): 1186-1190.

Lieberman, M. B., Asaba, S. 2006. "Why Do Firms Imitate Each Other?" *Academy of Management Review* 31 (2): 366-385.

Lieberman, M. B., Montgomery, D. B. 1988. "First-mover Advantages." *Strategic Management Journal* 9 (S1): 41-58.

Lin, N. 2002. *Social Capital: A Theory of Social Structure and Action* (Cambridge, UK: Cambridge University Press), pp. 18-29.

Lin, T. Y., Chang, M. Y. 2017. "Impact of an Independent Director System on a Board of Directors and the System's Relation to Corporate Performance. Case Study of Listed Companies in Taiwan." *Investment Management & Financial Innovations* 11 (1): 56-69.

Lintner, J. 1965. "The Valuation of Risk Assets and the Selection of Risky Investments in Stock Portfolios and Capital Budgets." *The Review of Economics and Statistics* 47 (1): 13-37.

Liu, B., McConnell, J. J. 2013. "The Role of the Media in Corporate Governance: Do the Media Influence Managers' Capital Allocation Decisions?" *Journal of Financial Economics* 110 (1): 1-17.

Liu, Y. 2010. "The Impact of Networks on CEO Turnover, Appointment, and Compensation." *SSRN Electronic Journal*, https：//ssrn.com/abstract = 1573244.

Lumpkin, G. T., Dess, G. G. 1996. "Clarifying the Entrepreneurial Orientation Construct and Linking It to Performance." *Academy of Management Review* 21 (1)：135-172.

Macaulay, C. D., Richard, O. C., Peng, M. W., Hasenhuttl, M. 2018. "Alliance Network Centrality, Board Composition, and Corporate Social Performance." *Journal of Business Ethics* 151 (9)：997-1008.

Martin, G., Gözübüyük, R., Becerra, M. 2015. "Interlocks and Firm Performance：The Role of Uncertainty in the Directorate Interlock-performance Relationship." *Strategic Management Journal* 36 (2)：235-253.

Mazzi, F., André, P., Dionysiou, D., Tsalavoutas, I. 2016. "Compliance with Goodwill Related Mandatory Disclosure Requirements and the Cost of Equity Capital." *Accounting and Business Research* 47 (3)：268-312.

Mazzola, E., Perrone, G., Kamuriwo, D. S. 2016. "The Interaction between Inter-firm and Interlocking Directorate Networks on Firm's New Product Development Outcomes." *Journal of Business Research* 69 (2)：672-682.

Mitchell, J. C. 1969. *Social Networks in Urban Situations* (Manchester, UK：Manchester University Press), pp. 6-19.

Mizruchi, M. S., Stearns, L. B. 1988. "A Longitudinal Study of the Formation of Interlocking Directorates." *Administrative Science Quarterly* 33 (2)：194-210.

Mizruchi, M. S. 1996. "What Do Interlocks Do? An Analysis, Critique, and Assessment of Research on Interlocking Directorates." *Annual Review of*

Sociology 22 (3): 271-298.

Modigliani, F., Miller, M. H. 1958. "The Cost of Capital, Corporation Finance and the Theory of Investment." *American Economic Review* 48 (3): 261-297.

Molleman, E. 2005. "Diversity in Demographic Characteristics, Abilities and Personality Traits: Do Faultlines Affect Team Functioning?" *Group Decision and Negotiation* 14 (3): 173-193.

Mossin, J. 1966. "Equilibrium in a Capital Asset Market." *Econometrica* 34 (4): 768-783.

Mouselli, S., Hussainey, K. 2014. "Corporate Governance, Analyst Following and Firm Value." *Corporate Governance* 14 (4): 453-466.

Ndofor, H. A., Sirmon, D. G., He, X. 2015. "Utilizing the Firm's Resources: How TMT Heterogeneity and Resulting Faultlines Affect TMT Tasks." *Strategic Management Journal* 36 (11): 1656-1674.

Nguyen, B. D. 2012. "Does the Rolodex Matter? Corporate Elite's Small World and the Effectiveness of Boards of Directors." *Management Science* 58 (2): 236-252.

Non, M. C., Franses, P. H. 2007. "Interlocking Boards and Firm Performance: Evidence from a New Panel Database." *SSRN Electronic Journal*, https://ssrn.com/abstract=978189.

Nonaka, I., Takeuchi, H. 1995. *The Knowledge-creating Company: How Japanese Companies Create the Dynamics of Innovation* (New York, US: Oxford University Press), pp. 56-133.

Oh, W. Y., Barker, V. L. 2015. "Not All Ties Are Equal: CEO Outside Directorships and Strategic Imitation in R&D Investment." *Journal of Management* 44 (4): 1312-1337.

Ohlson, J. A., Juettner-Nauroth, B. E. 2005. "Expected EPS and

EPS Growth as Determinants of Value." *Journal of Business Finance and Accounting* 10 (2-3): 349-365.

Ohlson, J. A. 1995. "Earnings, Book Values, and Dividends in Equity Valuation." *Contemporary Accounting Research* 11 (2): 661-687.

Okazaki, T., Sawada, M., Yokoyama, K. 2005. "Measuring the Extent and Implications of Director Interlocking in the Pre-war Japanese Banking Industry." *Journal of Economic History* 65 (4): 1082-1115.

Panta, H. 2020. "Does Social Capital Influence Corporate Risk-taking?" *Journal of Behavioral and Experimental Finance*, 26: 100301.

Peng, M. W., Au, K. Y., Wang, D. 2001. "Interlocking Directorates as Corporate Governance in Third World Multinationals: Theory and Evidence from Thailand." *Asia Pacific Journal of Management* 18 (2): 161-181.

Pennings, J. M. 1980. *Interlocking Directorates* (San Francisco, US: Jossey Bass), pp. 21-56.

Peteghem, M. V., Bruynseels, L., Gaeremynck, A. 2018. "Beyond Diversity: A Tale of Faultlines and Frictions in the Board of Directors." *Accounting Review* 93 (2): 339-367.

Pfeffer, J., Salancik, G. R. 1978. *The External Control of Organizations: A Resource Dependence Perspective* (New York, US: Harper & Row), pp. 29-98.

Pichard-Stamford, J. P. 2000. "Légitimité et Enracinement du Dirigeant par le Réseau des Administrateurs." *Revue Finance Contrle Stratégie* (3): 143-178.

Piskorski, C. 2005. "Power Imbalance, Mutual Dependence, and Constraint Absorption: A Closer Look at Resource Dependence Theory." *Administrative Science Quarterly* 50 (2): 167-199.

Portes, A. 1998. "Social Capital: Its Origins and Applications in Modern

Sociology." *Annual Review of Sociology* 24 (8): 1-24.

Putnam, R. D. 1995. "Bowling Alone: America's Declining Social Capital." *Journal of Democracy* 6 (1): 65-78.

Radcliffe‐Brown, A. R. 1940. "On Social Structure." *Journal of the Royal Anthropological Institute of Great Britain and Ireland* 70 (1): 1-12.

Reverte, C. 2009. "Do Better Governed Firms Enjoy a Lower Cost of Equity Capital?: Evidence from Spanish Firms." *Corporate Governance International Journal of Business in Society* 9 (2): 133-145.

Rosenbaum, P. R., Rubin, D. B. 1985. "Constructing a Control Group Using Multivariate Matched Sampling Methods That Incorporate the Propensity Score." *The American Statistician* 39 (1): 33-38.

Rossoni, L., Aranha, C., Mendes‐Da‐Silva, W. 2018. "The Complexity of Social Capital: The Influence of Board and Ownership Interlocks on Implied Cost of Capital in an Emerging Market." *Complexity*, https://doi.org/10.1155/2018/6248427.

Sánchez, L. P. C., Barroso-Castro, C. 2015. "It Is Useful to Consider the Interlocks According to the Type of Board Member (Executive or Non-executive) Who Possesses Them? Their Effect on Firm Performance." *Revista Europea De Dirección Y Economía De La Empresa* 24 (3): 130-137.

Santos, R. L., Silveira, A. D. M. D., Barros, L. A. B. D. C. 2007. "Board Interlocking in Brazil: Directors' Participation in Multiple Companies and Its Effect on Firm Value and Profitability." *Revista Brasilra De Finanas* 5 (2): 1-28.

Scott, J. 1991. "Networks of Corporate Power: A Comparative Assessment." *Annual Review of Sociology* 17 (1): 181-203.

Sharpe, W. F. 1964. "Capital Asset Prices: A Theory of Market Equilibrium under Conditions of Risk." *The Journal of Finance* 19 (3):

425-442.

Silva, F., Majluf, N., Paredes, R. 2006. "Family Ties, Interlocking Directors and Performance of Business Groups in Emerging Countries: The Case of Chile." *Journal of Business Research* 59 (3): 315-321.

Simsek, Z., Lubatkin, N. M. H., Floyd, S. W. 2003. "Inter-firm Networks and Entrepreneurial Behavior: A Structural Embeddedness Perspective." *Journal of Management* 29 (3): 427-442.

Sitthipongpanich, T., Polsiri, P. 2013. "Who's on Board? Influence of Diversity and Network of Thai Boards of Directors on Firm Value." *Journal of Applied Business Research* 29 (6): 1763-1780.

Solomon, E. 1955. "Measuring a Company's Cost of Capital." *The Journal of Business* 28 (4): 240-252.

Soule, R. P. 1953. "Trends in the Cost of Capital." *Harvard Business Review* 31 (2): 33-47.

Stokman, F. N., Ziegler, R., Scott, J. 1985. *Networks of Corporate Power: A Comparative Analysis of Ten Countries* (Cambridge, UK: Polity Press), pp. 89-117.

Sukhahuta, D., Lonkani, R., Tangsomchai, C., et al. 2016. "Effect of Corporate Governance on Relationship Between CEO Power and Cost of Equity." *The Social Sciences* 11 (17): 4272-4284.

Tajfel, H., Billing, M. G., Bundy, R. P., Flament, C. 1971. "Social Categorization and Intergroup Behaviour." *European Journal of Social Psychology* 1 (2): 149-178.

Thatcher, S. M. B., Jehn, K. A., Zanutto, E. L. 2003. "Cracks in Diversity Research: The Effects of Diversity Faultlines on Conflict and Performance." *Group Decision and Negotiation* 12 (3): 217-241.

Tian, X., Wang, T. Y. 2014. "Tolerance for Failure Corporate

Innovation." *Review of Finance Studies* 27（1）：211-255.

Tortoriello, M. 2015. "The Social Underpinnings of Absorptive Capacity: The Moderating Effects of Structural Holes on Innovation Generation Based on External Knowledge." *Strategic Management Journal* 35（4）：586-597.

Tseng, C. Y., Demirkan, S. 2020. "Joint Effect of CEO Overconfidence and Corporate Social Responsibility Discretion on Cost of Equity Capital." *Journal of Contemporary Accounting and Economics* 17（1）：187-223.

Tuggle, C. S., Schnatterly, K., Johnson, R. A. 2010. "Attention Patterns in the Boardroom: How Board Composition and Processes Affect Discussion of Entrepreneurial Issues." *Academy of Management Journal* 53（3）：550-571.

Uzzi, B. 1999. "Embeddedness in the Making of Financial Capital: How Social Relations and Networks Benefit Firms Seeking Financing." *American Sociological Review* 64（4）：481-505.

Van den Steen, E. 2005. "Organizational Beliefs and Managerial Vision." *The Journal of Law, Economics, & Organization* 21（1）：256-283.

Vicente, C., Benito, B., Bastida, F. 2013. "Transparency and Political Budget Cycles at Municipal Level." *Swiss Political Science Review* 19（2）：139-156.

Vitolla, F., Salvi, A., Raimo, N., et al. 2020. "The Impact on the Cost of Equity Capital in the Effects of Integrated Reporting Quality." *Business Strategy and the Environment* 29（2）：519-529.

Wasserman, S., Faust, K. 1994. *Social Network Analysis: Methods and Application* (New York, US: Cambridge University Press), pp. 234-256.

Watson, W., Kumar, K. 1992. "Differences in Decision Making Regarding Risk Taking: A Comparison of Culturally Diverse and Culturally Homogeneous Task Groups." *International Journal of Intercultural Relations*

16 (1): 53-65.

Watts, D. J., Strogatz, S. H. 1998. "Collective Dynamics of Small World Networks." *Nature* 4 (6): 440-442.

Wellman, B., Berkowitz, S. D. 1988. *Social Structure: A Network Approach* (New York, US: Cambridge University Press), pp. 1-10.

Wernerfelt, B. 1984. "A Resource-based View of the Firm." *Strategic Management Journal* 5 (2): 171-180.

Westphal, J. D., Boivie, S., Chng, D. H. M. 2006. "The Strategic Impetus for Social Network Ties: Reconstituting Broken CEO Friendship Ties." *Strategic Management Journal* 27 (5): 425-445.

Woolcock, M. 1998. "Social Capital and Economic Development: Towards a Theoretical Synthesis and Policy Framework." *Theory and Society* 27 (2): 151-208.

Wooldridge, J. M. 2010. *Econometric Analysis of Cross Section and Panel Data* (Cambridge, Massachusetts, US: The MIT Press), pp. 107-114.

Zaheer, A., Gözübüyük, R., Milanov, H. 2010. "It's the Connections: The Network Perspective in Interorganizational Research." *Academy of Management Perspectives* 24 (1): 62-77.

Zhong, Q., Liu, Y., Yuan, C. 2017. "Director Interlocks and Spillover Effects of Board Monitoring: Evidence from Regulatory Sanctions." *Accounting & Finance* 57 (5): 1605-1633.

Zhou, X., Li, Q., Zhao, W., Cai, H. 2003. "Embeddedness and Contractual Relationships in China's Transitional Economy." *American Sociological Review* 68 (1): 75-102.

Zona, F., Gomez-Mejia, L. R, Withers, M. C. 2015. "Board Interlocks and Firm Performance: Toward a Combined Agency-resource Dependence Perspective." *Journal of Management* 44 (2): 589-618.

图书在版编目(CIP)数据

董事网络关系与股权资本成本/李洋著.--北京：社会科学文献出版社，2024.3
ISBN 978-7-5228-3217-3

Ⅰ.①董… Ⅱ.①李… Ⅲ.①上市公司-股权管理-研究-中国 Ⅳ.①F279.246

中国国家版本馆 CIP 数据核字（2024）第 025609 号

董事网络关系与股权资本成本

著　　者 / 李　洋
出 版 人 / 冀祥德
组稿编辑 / 高　雁
责任编辑 / 颜林柯
文稿编辑 / 陈丽丽
责任印制 / 王京美

出　　版 / 社会科学文献出版社·经济与管理分社（010）59367226
　　　　　 地址：北京市北三环中路甲29号院华龙大厦　邮编：100029
　　　　　 网址：www.ssap.com.cn
发　　行 / 社会科学文献出版社（010）59367028
印　　装 / 三河市尚艺印装有限公司

规　　格 / 开　本：787mm×1092mm　1/16
　　　　　 印　张：24　字　数：332千字
版　　次 / 2024年3月第1版　2024年3月第1次印刷
书　　号 / ISBN 978-7-5228-3217-3
定　　价 / 148.00元

读者服务电话：4008918866

版权所有 翻印必究